2013

CHINA POPULATION AND EMPLOYMENT STATISTICS YEARBOOK

国家统计局人口和就业统计司　编

COMPILED BY
Department of Population and Employment Statistics
National Bureau of Statistics of China

中国人口和就业统计年鉴

蒋正华题

图书在版编目（CIP）数据

中国人口和就业统计年鉴. 2013 : 汉英对照 / 国家统计局人口和就业统计司编. -- 北京 : 中国统计出版社, 2013.12
ISBN 978-7-5037-7015-9

Ⅰ. ①中… Ⅱ. ①国… Ⅲ. ①人口调查－统计资料－中国－2013－年鉴－汉、英②就业－统计资料－中国－2013－年鉴－汉、英 Ⅳ. ①C924.25-54②D669.2-54

中国版本图书馆 CIP 数据核字（2013）第 262803 号

中国人口和就业统计年鉴—2013

作　　者 / 国家统计局人口和就业统计司
责任编辑 / 徐　涛
封面设计 / 杨　超　李雪燕
出版发行 / 中国统计出版社
通信地址 / 北京市丰台区西三环南路甲 6 号　邮政编码/100073
电　　话 / 邮购（010）63376909　书店（010）68783171
网　　址 / http://csp.stats.gov.cn
印　　刷 / 河北天普润印刷厂
经　　销 / 新华书店
开　　本 / 890×1240mm　1/16
字　　数 / 744 千字
印　　张 / 23.25
版　　别 / 2013 年 12 月第 1 版
版　　次 / 2013 年 12 月第 1 次印刷
定　　价 / 280.00 元

本书附同版本 CD-ROM 一张，光盘内容以书面文字为准。
如有印装差错，由本社发行部调换。

《中国人口和就业统计年鉴—2013》
编委会和编辑工作人员

编 委 会

顾　　问：马建堂

主　　任：张为民

副 主 任：冯乃林　彭永涛　张志斌　胡　英

编　　委：（以姓氏笔画为序）

于弘文　李金德　肖　宁　武　洁

武　超　孟灿文　崔红艳

编辑工作人员

编　　辑：（以姓氏笔画为序）

李桂芝　杨建春　徐　岚　郭　徽　梁尔卫

责任编辑：徐　涛

CHINA POPULATION AND EMPLOYMENT STATISTICS YEARBOOK-2013 EDITORIAL BOARD AND STAFF

编辑说明

一、《中国人口和就业统计年鉴—2013》是一部以全面反映我国人口和就业状况为主的资料性年刊，收集了全国和各省、自治区、直辖市人口就业统计的主要数据，同时附录了世界部分国家和地区的相关数据。

二、本年鉴由国家统计局人口和就业统计司负责编辑整理，并得到公安部治安管理局、原国家人口和计划生育委员会发展规划与信息司等单位的大力支持和协助。

三、本年鉴内容分为八部分：（一）综合数据；（二）2012 年全国人口变动情况抽样调查数据；（三）2012 年劳动力抽样调查主要数据；（四）2012 年城镇单位就业人员统计数据；（五）2012 年全国户籍统计人口数据；（六）2012 年全国计划生育统计人口数据；（七）世界部分国家及地区人口和就业统计数据；（八）2012 年人口变动和劳动力调查制度说明及主要统计指标解释。

四、2012 年全国人口变动调查的调查时点为 2012 年 11 月 1 日零时。该调查以全国为总体，以各省、自治区、直辖市为次总体，采用分层、多阶段、整群概率比例抽样方法，在全国 31 个省、自治区、直辖市抽取了 2122 个县(市、区)、4413 个乡(镇、街道)、4799 个调查小区中的 112 万人。经加权后汇总，2012 年全国人口出生率为 12.10‰，死亡率为 7.15‰，自然增长率为 4.95‰。按此推算，2012 年末全国总人口为 135404 万人，出生人口为 1635 万人，死亡人口为 966 万人，净增人口为 669 万人。本年鉴第二部分除表 2-1、表 2-2 外，其余各表中的绝对数为样本数，全国抽样比为 0.831‰。

五、本年鉴中收集的 2012 年全国人口变动情况抽样调查数据（第二部分）和 2012 年全国户籍统计人口数据（第五部分），统计方法和口径不同，请用户在使用时加以注意。

六、本年鉴涉及的全国性统计数据，均未包括香港、澳门特别行政区和台湾省数据。

七、符号使用说明：

年鉴各表中的“空格”表示该项统计指标数据不足本表最小单位数、数据不详或无该项数据；“#”表示其中的主要项。

八、本年鉴在资料的整理和编排方面难免存在不足和疏误，敬请用户指正。

PREFACE

I. *China Population and Employment Statistics Yearbook 2013* is an annual statistical publication, which contains data on basic condition of population and employment in 2012 as well as for the previous years for the whole nation and 31 provinces, autonomous regions and municipalities directly under the Central Government. It also includes the relevant data of some other countries and territories in the world.

II. The yearbook is compiled by the Department of Population and Employment Statistics of the National Bureau of Statistics of China, and assisted by the Public Order Bureau of the Ministry of Public Security and the Department of Development and Planning of former National Population and Family Planning Commission of China.

III. The yearbook contains the following eight chapters: 1.General Survey; 2.Data from 2012 National Sample Survey on Population Changes; 3.Main Data from 2012 Labor Force Survey; 4. Data from Statistics on Employment in Urban Units in 2012; 5.Data from Household Registration in 2012; 6.Data from Family Planning Statistics in 2012; 7.Population and Employment Data of Selected Countries and Territories of the World; 8.Explanatory Notes on Main Statistical Indicators.

IV. The reference time of 2012 National Sample Survey on Population Changes and Labor Force was at zero hour on November 1 in 2012. The sample survey adopted multi-stage systematic PPES cluster sampling scheme, taking the whole nation as the population and each province, autonomous region or municipality as sub-population. A total of 1.12 million people were selected from 4799 survey districts in 4413 townships (towns or street committees) in 2122 counties (cities or districts) of the 31 provinces, autonomous regions and municipalities. The weighted estimation procedure suggested that the birth rate was 12.10 per thousand, the death rate was 7.15 per thousand and the natural growth rate was 4.95 per thousand for China in 2012. Based on these rates, it was further estimated that China had a total population of 1354.04 million at the end of 2012, with 16.35 million births, 9.66 million deaths and a net increase of 6.69 million people during the year. Except table 2-1 and table 2-2, the rest of tabulations in Chapter Two were sample data. The sampling fraction for the nation was 0.831 per thousand.

V. The population data of Chapter Two in the yearbook are from 2012 National Sample Survey on Population Changes, and those of Chapter Five are from the household registration, which use different definitions and data collection methods. Users should notice that the data under the same or similar heading in these two chapters may be different.

VI. The national data in the yearbook do not include that of Hong Kong Special Administrative Region, Macao Special Administrative Region and Taiwan Province.

VII. Notations used in the yearbook:

(blank space) indicates that the figure is not large enough to be measured with the smallest unit in the table, or data are unknown or are not available; "#" indicates a major breakdown of the total.

VIII. We welcome comments and suggestions from users with regard to deficiencies and mistakes in data editing and compilation.

目　　录

CONTENTS

第一部分　综合数据

Chapter One: General Survey

第二部分 2012 年全国人口变动情况抽样调查数据

Chapter Two: Data from 2012 National Sample Survey on Population Changes

第三部分 2012 年劳动力抽样调查主要数据

Chapter Three: Main Data from 2012 Labor Force Survey

第四部分　2012 年城镇单位就业人员统计数据

Chapter Four: Data from Statistics on Employment in Urban Units in 2012

第五部分　2012 年全国户籍统计人口数据

Chapter Five: Data from Household Registration in 2012

第六部分 2012 年全国计划生育统计人口数据

Chapter Six: Data from Family Planning Statistics in 2012

第七部分 世界部分国家及地区人口和就业统计数据

Chapter Seven: Population and Employment Data of Selected Countries and Territories of the World

一、世界部分国家人口和就业统计数据

I.Population and Employment Data of Selected Countries of the World

第八部分 2012 年人口变动和劳动力调查制度说明及主要指标解释

Chapter Eight: Explanatory Notes on Main Statistical Indicators

第一部分

Chapter One

综合数据

General Survey

1-1 分地区年末人口数

单位：万人

地 区	Region	1990	1991	1992	1993	1994	1995	1996	1997
全 国	**National Total**	**114333**	**115823**	**117171**	**118517**	**119850**	**121121**	**122389**	**123626**
北 京	Beijing	1086	1094	1102	1112	1125	1251	1259	1240
天 津	Tianjin	884	909	920	928	935	942	948	953
河 北	Hebei	6159	6220	6275	6334	6388	6437	6484	6525
山 西	Shanxi	2899	2942	2979	3012	3045	3077	3109	3141
内蒙古	Inner Mongolia	2163	2184	2207	2232	2260	2284	2307	2326
辽 宁	Liaoning	3967	3990	4016	4042	4067	4092	4116	4138
吉 林	Jilin	2483	2509	2532	2555	2574	2592	2610	2628
黑龙江	Heilongjiang	3543	3575	3608	3640	3672	3701	3728	3751
上 海	Shanghai	1337	1340	1345	1349	1356	1415	1419	1457
江 苏	Jiangsu	6767	6844	6911	6967	7021	7066	7110	7148
浙 江	Zhejiang	4168	4202	4236	4266	4294	4319	4343	4435
安 徽	Anhui	5675	5761	5834	5897	5955	6013	6070	6127
福 建	Fujian	3037	3079	3116	3150	3183	3237	3261	3282
江 西	Jiangxi	3810	3865	3913	3966	4015	4063	4105	4150
山 东	Shandong	8493	8570	8610	8642	8671	8705	8738	8785
河 南	Henan	8649	8763	8862	8946	9027	9100	9172	9243
湖 北	Hubei	5439	5512	5580	5653	5719	5772	5825	5873
湖 南	Hunan	6128	6209	6267	6311	6355	6392	6428	6465
广 东	Guangdong	6346	6439	6525	6607	6689	6868	6961	7051
广 西	Guangxi	4261	4324	4380	4438	4493	4543	4589	4633
海 南	Hainan	663	674	686	701	711	724	734	743
重 庆	Chongqing								3042
四 川	Sichuan	10804	10897	10998	11104	11214	11325	11430	8430
贵 州	Guizhou	3268	3315	3361	3409	3458	3508	3555	3606
云 南	Yunnan	3731	3782	3832	3885	3939	3990	4042	4094
西 藏	Tibet	222	226	228	232	236	240	244	248
陕 西	Shaanxi	3316	3363	3405	3443	3481	3514	3543	3570
甘 肃	Gansu	2255	2285	2314	2345	2378	2438	2467	2494
青 海	Qinghai	448	454	461	467	474	481	488	496
宁 夏	Ningxia	470	480	487	495	504	513	521	530
新 疆	Xinjiang	1529	1555	1581	1605	1632	1661	1689	1718

注：1.1990、2000、2010年数据为当年人口普查数据推算数；其余年份数据为年度人口抽样调查推算数据。2005年起各地区数据为常住人口口径。

2.2012年，根据第六次全国人口普查数据，北京对2006-2009年数据，西藏对2001-2009年数据进行了修订。

3.全国人口数中包括中国人民解放军现役军人，分地区人口数中未包括。

Population at Year-end by Region

(10 000 persons)

1998	1999	2000	2001	2002	2003	2004	2005	2006	2007	2008	2009	2010	2011	2012
124761	**125786**	**126743**	**127627**	**128453**	**129227**	**129988**	**130756**	**131448**	**132129**	**132802**	**133450**	**134091**	**134735**	**135404**
1246	1257	1364	1385	1423	1456	1493	1538	1601	1676	1771	1860	1962	2019	2069
957	959	1001	1004	1007	1011	1024	1043	1075	1115	1176	1228	1299	1355	1413
6569	6614	6674	6699	6735	6769	6809	6851	6898	6943	6989	7034	7194	7241	7288
3172	3204	3247	3272	3294	3314	3335	3355	3375	3393	3411	3427	3574	3593	3611
2345	2362	2372	2381	2384	2386	2393	2403	2415	2429	2444	2458	2472	2482	2490
4157	4171	4184	4194	4203	4210	4217	4221	4271	4298	4315	4341	4375	4383	4389
2644	2658	2682	2691	2699	2704	2709	2716	2723	2730	2734	2740	2747	2749	2750
3773	3792	3807	3811	3813	3815	3817	3820	3823	3824	3825	3826	3833	3834	3834
1464	1474	1609	1668	1713	1766	1835	1890	1964	2064	2141	2210	2303	2347	2380
7182	7213	7327	7359	7406	7458	7523	7588	7656	7723	7762	7810	7869	7899	7920
4456	4475	4680	4729	4776	4857	4925	4991	5072	5155	5212	5276	5447	5463	5477
6184	6237	6093	6128	6144	6163	6228	6120	6110	6118	6135	6131	5957	5968	5988
3299	3316	3410	3445	3476	3502	3529	3557	3585	3612	3639	3666	3693	3720	3748
4191	4231	4149	4186	4222	4254	4284	4311	4339	4368	4400	4432	4462	4488	4504
8838	8883	8998	9041	9082	9125	9180	9248	9309	9367	9417	9470	9588	9637	9685
9315	9387	9488	9555	9613	9667	9717	9380	9392	9360	9429	9487	9405	9388	9406
5907	5938	5646	5658	5672	5685	5698	5710	5693	5699	5711	5720	5728	5758	5779
6502	6532	6562	6596	6629	6663	6698	6326	6342	6355	6380	6406	6570	6596	6639
7143	7270	8650	8733	8842	8963	9111	9194	9442	9660	9893	10130	10441	10505	10594
4675	4713	4751	4788	4822	4857	4889	4660	4719	4768	4816	4856	4610	4645	4682
753	762	789	796	803	811	818	828	836	845	854	864	869	877	887
3060	3075	2849	2829	2814	2803	2793	2798	2808	2816	2839	2859	2885	2919	2945
8493	8550	8329	8143	8110	8176	8090	8212	8169	8127	8138	8185	8045	8050	8076
3658	3710	3756	3799	3837	3870	3904	3730	3690	3632	3596	3537	3479	3469	3484
4144	4192	4241	4287	4333	4376	4415	4450	4483	4514	4543	4571	4602	4631	4659
252	256	258	264	268	272	276	280	285	289	292	296	300	303	308
3596	3618	3644	3653	3662	3672	3681	3690	3699	3708	3718	3727	3735	3743	3753
2519	2543	2515	2523	2531	2537	2541	2545	2547	2548	2551	2555	2560	2564	2578
503	510	517	523	529	534	539	543	548	552	554	557	563	568	573
538	543	554	563	572	580	588	596	604	610	618	625	633	639	647
1747	1774	1849	1876	1905	1934	1963	2010	2050	2095	2131	2159	2185	2209	2233

Note: a) Data of 1990, 2000 and 2010 are the census year estimates; the rest are the estimates from the annual national sample survey of population. Since 2005, data by region are of usual residents.

b) Data of 2006-2009 of Beijing and data of 2001-2009 of Tibet were revised according to the 2010 National Population Census results in 2012

c) The millitary personnel of Chinese People's Liberation Army are included in the national total population, but are not included in the population by region.

1-2 按性别分人口数
Population by Sex

单位：万人 (10 000 persons)

年 份 Year	总人口(年末) Total Population (year-end)	男 Male 人口数 Population	男 Male 比重(%) Proportion	女 Female 人口数 Population	女 Female 比重(%) Proportion
1949	54167	28145	51.96	26022	48.04
1950	55196	28669	51.94	26527	48.06
1951	56300	29231	51.92	27069	48.08
1955	61465	31809	51.75	29656	48.25
1960	66207	34283	51.78	31924	48.22
1965	72538	37128	51.18	35410	48.82
1970	82992	42686	51.43	40306	48.57
1971	85229	43819	51.41	41410	48.59
1972	87177	44813	51.40	42364	48.60
1973	89211	45876	51.42	43335	48.58
1974	90859	46727	51.43	44132	48.57
1975	92420	47564	51.47	44856	48.53
1976	93717	48257	51.49	45460	48.51
1977	94974	48908	51.50	46066	48.50
1978	96259	49567	51.49	46692	48.51
1979	97542	50192	51.46	47350	48.54
1980	98705	50785	51.45	47920	48.55
1981	100072	51519	51.48	48553	48.52
1982	101654	52352	51.50	49302	48.50
1983	103008	53152	51.60	49856	48.40
1984	104357	53848	51.60	50509	48.40
1985	105851	54725	51.70	51126	48.30
1986	107507	55581	51.70	51926	48.30
1987	109300	56290	51.50	53010	48.50
1988	111026	57201	51.52	53825	48.48
1989	112704	58099	51.55	54605	48.45
1990	114333	58904	51.52	55429	48.48
1991	115823	59466	51.34	56357	48.66
1992	117171	59811	51.05	57360	48.95
1993	118517	60472	51.02	58045	48.98
1994	119850	61246	51.10	58604	48.90
1995	121121	61808	51.03	59313	48.97
1996	122389	62200	50.82	60189	49.18
1997	123626	63131	51.07	60495	48.93
1998	124761	63940	51.25	60821	48.75
1999	125786	64692	51.43	61094	48.57
2000	126743	65437	51.63	61306	48.37
2001	127627	65672	51.46	61955	48.54
2002	128453	66115	51.47	62338	48.53
2003	129227	66556	51.50	62671	48.50
2004	129988	66976	51.52	63012	48.48
2005	130756	67375	51.53	63381	48.47
2006	131448	67728	51.52	63720	48.48
2007	132129	68048	51.50	64081	48.50
2008	132802	68357	51.47	64445	48.53
2009	133450	68647	51.44	64803	48.56
2010	134091	68748	51.27	65343	48.73
2011	134735	69068	51.26	65667	48.74
2012	135404	69395	51.25	66009	48.75

注：1. 本表各年人口数中包括中国人民解放军现役军人，但未包括香港、澳门特别行政区和台湾省的人口。
2. 1981年及以前数据为户籍统计数;1982、1990、2000、2010年数据为当年人口普查数据推算数；其余年份数据为在年度人口抽样调查基础上，根据人口普查数据修订数(下表同)。

Note: a) Data in this table include the military personnel of Chinese People's Liberation Army, but do not include the population of Hong Kong SAR, Macao SAR and Taiwan Province.
b)Figures 1981 (inclusive) are from household registrations; for the year 1982, 1990, 2000 and 2010 are the census year estimates; the rest of the data covered in those tables are from the annual national sample survey on population changes which have been revised according to the census results.The same applies to the table following.

1-3 人口年龄结构和抚养比
Age Composition and Dependency Ratio of Population

单位：万人 (10 000 persons)

年 份 Year	总人口 (年末) Total Population (year-end)	0-14岁 Aged 0-14		15-64岁 Aged 15-64		65岁及以上 Aged 65 and Over		总抚养比 (%) Gross Dependency Ratio	少儿抚养比 Children Dependency Ratio	老年抚养比 Old Dependency Ratio
		人口数 Population	比重(%) Proportion	人口数 Population	比重(%) Proportion	人口数 Population	比重(%) Proportion			
1953	58796	21331	36.3	34872	59.3	2593	4.4	68.6	61.2	7.4
1964	70499	28686	40.7	39303	55.8	2510	3.6	79.4	73.0	6.4
1982	101654	34146	33.6	62517	61.5	4991	4.9	62.6	54.6	8.0
1987	109300	31347	28.7	71985	65.9	5968	5.4	51.8	43.5	8.3
1990	114333	31659	27.7	76306	66.7	6368	5.6	49.8	41.5	8.3
1995	121121	32218	26.6	81393	67.2	7510	6.2	48.8	39.6	9.2
1996	122389	32311	26.4	82245	67.2	7833	6.4	48.8	39.3	9.5
1997	123626	32093	26.0	83448	67.5	8085	6.5	48.1	38.5	9.7
1998	124761	32064	25.7	84338	67.6	8359	6.7	47.9	38.0	9.9
1999	125786	31950	25.4	85157	67.7	8679	6.9	47.7	37.5	10.2
2000	126743	29012	22.9	88910	70.1	8821	7.0	42.6	32.6	9.9
2001	127627	28716	22.5	89849	70.4	9062	7.1	42.0	32.0	10.1
2002	128453	28774	22.4	90302	70.3	9377	7.3	42.2	31.9	10.4
2003	129227	28559	22.1	90976	70.4	9692	7.5	42.0	31.4	10.7
2004	129988	27947	21.5	92184	70.9	9857	7.6	41.0	30.3	10.7
2005	130756	26504	20.3	94197	72.0	10055	7.7	38.8	28.1	10.7
2006	131448	25961	19.8	95068	72.3	10419	7.9	38.3	27.3	11.0
2007	132129	25660	19.4	95833	72.5	10636	8.1	37.9	26.8	11.1
2008	132802	25166	19.0	96680	72.7	10956	8.3	37.4	26.0	11.3
2009	133450	24659	18.5	97484	73.0	11307	8.5	36.9	25.3	11.6
2010	134091	22259	16.6	99938	74.5	11894	8.9	34.2	22.3	11.9
2011	134735	22164	16.5	100283	74.4	12288	9.1	34.4	22.1	12.3
2012	135404	22287	16.5	100403	74.1	12714	9.4	34.9	22.2	12.7

1-4 按城乡分人口数
Population by Urban and Rural Residence

单位：万人 (10 000 persons)

年 份 Year	总人口(年末) Total Population (year-end)	城 镇 Urban		乡 村 Rural	
		人口数 Population	比重(%) Proportion	人口数 Population	比重(%) Proportion
1949	54167	5765	10.64	48402	89.36
1950	55196	6169	11.18	49027	88.82
1951	56300	6632	11.78	49668	88.22
1955	61465	8285	13.48	53180	86.52
1960	66207	13073	19.75	53134	80.25
1965	72538	13045	17.98	59493	82.02
1970	82992	14424	17.38	68568	82.62
1971	85229	14711	17.26	70518	82.74
1972	87177	14935	17.13	72242	82.87
1973	89211	15345	17.20	73866	82.80
1974	90859	15595	17.16	75264	82.84
1975	92420	16030	17.34	76390	82.66
1976	93717	16341	17.44	77376	82.56
1977	94974	16669	17.55	78305	82.45
1978	96259	17245	17.92	79014	82.08
1979	97542	18495	18.96	79047	81.04
1980	98705	19140	19.39	79565	80.61
1981	100072	20171	20.16	79901	79.84
1982	101654	21480	21.13	80174	78.87
1983	103008	22274	21.62	80734	78.38
1984	104357	24017	23.01	80340	76.99
1985	105851	25094	23.71	80757	76.29
1986	107507	26366	24.52	81141	75.48
1987	109300	27674	25.32	81626	74.68
1988	111026	28661	25.81	82365	74.19
1989	112704	29540	26.21	83164	73.79
1990	114333	30195	26.41	84138	73.59
1991	115823	31203	26.94	84620	73.06
1992	117171	32175	27.46	84996	72.54
1993	118517	33173	27.99	85344	72.01
1994	119850	34169	28.51	85681	71.49
1995	121121	35174	29.04	85947	70.96
1996	122389	37304	30.48	85085	69.52
1997	123626	39449	31.91	84177	68.09
1998	124761	41608	33.35	83153	66.65
1999	125786	43748	34.78	82038	65.22
2000	126743	45906	36.22	80837	63.78
2001	127627	48064	37.66	79563	62.34
2002	128453	50212	39.09	78241	60.91
2003	129227	52376	40.53	76851	59.47
2004	129988	54283	41.76	75705	58.24
2005	130756	56212	42.99	74544	57.01
2006	131448	58288	44.34	73160	55.66
2007	132129	60633	45.89	71496	54.11
2008	132802	62403	46.99	70399	53.01
2009	133450	64512	48.34	68938	51.66
2010	134091	66978	49.95	67113	50.05
2011	134735	69079	51.27	65656	48.73
2012	135404	71182	52.57	64222	47.43

注：按城乡分人口数中现役军人全部计入城镇人口。

Note: The military personnel of Chinese People's Liberation Army are classified as urban population in the item of population by residence.

1-5 分地区年末城镇人口比重
Proportion of Urban Population at Year-end by Region

单位：% (%)

地 区	Region	2005	2006	2007	2008	2009	2010	2011	2012
全 国	National Total	**42.99**	**44.34**	**45.89**	**46.99**	**48.34**	**49.95**	**51.27**	**52.57**
北 京	Beijing	83.62	84.33	84.50	84.90	85.00	85.96	86.20	86.20
天 津	Tianjin	75.11	75.73	76.31	77.23	78.01	79.55	80.50	81.55
河 北	Hebei	37.69	38.77	40.25	41.90	43.74	44.50	45.60	46.80
山 西	Shanxi	42.11	43.01	44.03	45.11	45.99	48.05	49.68	51.26
内蒙古	Inner Mongolia	47.20	48.64	50.15	51.71	53.40	55.50	56.62	57.74
辽 宁	Liaoning	58.70	58.99	59.20	60.05	60.35	62.10	64.05	65.65
吉 林	Jilin	52.52	52.97	53.16	53.21	53.32	53.35	53.40	53.70
黑龙江	Heilongjiang	53.10	53.50	53.90	55.40	55.50	55.66	56.50	56.90
上 海	Shanghai	89.09	88.70	88.70	88.60	88.60	89.30	89.30	89.30
江 苏	Jiangsu	50.50	51.90	53.20	54.30	55.60	60.58	61.90	63.00
浙 江	Zhejiang	56.02	56.50	57.20	57.60	57.90	61.62	62.30	63.20
安 徽	Anhui	35.50	37.10	38.70	40.50	42.10	43.01	44.80	46.50
福 建	Fujian	49.40	50.40	51.40	53.00	55.10	57.10	58.10	59.60
江 西	Jiangxi	37.00	38.68	39.80	41.36	43.18	44.06	45.70	47.51
山 东	Shandong	45.00	46.10	46.75	47.60	48.32	49.70	50.95	52.43
河 南	Henan	30.65	32.47	34.34	36.03	37.70	38.50	40.57	42.43
湖 北	Hubei	43.20	43.80	44.30	45.20	46.00	49.70	51.83	53.50
湖 南	Hunan	37.00	38.71	40.45	42.15	43.20	43.30	45.10	46.65
广 东	Guangdong	60.68	63.00	63.14	63.37	63.40	66.18	66.50	67.40
广 西	Guangxi	33.62	34.64	36.24	38.16	39.20	40.00	41.80	43.53
海 南	Hainan	45.20	46.10	47.20	48.00	49.13	49.80	50.50	51.60
重 庆	Chongqing	45.20	46.70	48.30	49.99	51.59	53.02	55.02	56.98
四 川	Sichuan	33.00	34.30	35.60	37.40	38.70	40.18	41.83	43.53
贵 州	Guizhou	26.87	27.46	28.24	29.11	29.89	33.81	34.96	36.41
云 南	Yunnan	29.50	30.50	31.60	33.00	34.00	34.70	36.80	39.31
西 藏	Tibet	20.85	21.13	21.50	21.90	22.30	22.67	22.71	22.75
陕 西	Shaanxi	37.23	39.12	40.62	42.10	43.50	45.76	47.30	50.02
甘 肃	Gansu	30.02	31.09	32.25	33.56	34.89	36.12	37.15	38.75
青 海	Qinghai	39.25	39.26	40.07	40.86	41.90	44.72	46.22	47.44
宁 夏	Ningxia	42.28	43.00	44.02	44.98	46.10	47.90	49.82	50.67
新 疆	Xinjiang	37.15	37.94	39.15	39.64	39.85	43.01	43.54	43.98

注：2010年数据为当年人口普查数据推算数；其余年份数据为年度人口抽样调查推算数据，部分省份2005-2009年数据根据2010年普查数据进行了修订。

Note: Data of 2010 are the census year estimates; the rest are the estimates from the annual national sample survey of population. Data of some provinces from 2005 to 2009 have been revised according to the Sixth National Population Census in 2010.

1-6 人口出生率、死亡率和自然增长率
Birth Rate, Death Rate and Natural Growth Rate of Population

单位：‰ (‰)

年 份 Year	出生率 Birth Rate	死亡率 Death Rate	自然增长率 Natural Growth Rate
1978	18.25	6.25	12.00
1979	17.82	6.21	11.61
1980	18.21	6.34	11.87
1981	20.91	6.36	14.55
1982	22.28	6.60	15.68
1983	20.19	6.90	13.29
1984	19.90	6.82	13.08
1985	21.04	6.78	14.26
1986	22.43	6.86	15.57
1987	23.33	6.72	16.61
1988	22.37	6.64	15.73
1989	21.58	6.54	15.04
1990	21.06	6.67	14.39
1991	19.68	6.70	12.98
1992	18.24	6.64	11.60
1993	18.09	6.64	11.45
1994	17.70	6.49	11.21
1995	17.12	6.57	10.55
1996	16.98	6.56	10.42
1997	16.57	6.51	10.06
1998	15.64	6.50	9.14
1999	14.64	6.46	8.18
2000	14.03	6.45	7.58
2001	13.38	6.43	6.95
2002	12.86	6.41	6.45
2003	12.41	6.40	6.01
2004	12.29	6.42	5.87
2005	12.40	6.51	5.89
2006	12.09	6.81	5.28
2007	12.10	6.93	5.17
2008	12.14	7.06	5.08
2009	11.95	7.08	4.87
2010	11.90	7.11	4.79
2011	11.93	7.14	4.79
2012	12.10	7.15	4.95

1-7 各地区人口出生率、死亡率和自然增长率

Birth Rate, Death Rate and Natural Growth Rate of Population by Region

单位：‰ (‰)

地区	Region	1990			1991			1992		
		出生率 Birth Rate	死亡率 Death Rate	自然增长率 Natural Growth Rate	出生率 Birth Rate	死亡率 Death Rate	自然增长率 Natural Growth Rate	出生率 Birth Rate	死亡率 Death Rate	自然增长率 Natural Growth Rate
全国	**National Total**	**21.06**	**6.67**	**14.39**	**19.68**	**6.70**	**12.98**	**18.24**	**6.64**	**11.60**
北京	Beijing	13.01	5.81	7.20	8.03	5.82	2.21	9.22	6.11	3.11
天津	Tianjin	15.61	5.78	9.83	11.94	5.78	6.16	12.50	6.00	6.50
河北	Hebei	20.46	6.82	13.64	16.59	6.75	9.84	15.33	6.43	8.90
山西	Shanxi	22.54	6.56	15.98	21.56	6.87	14.69	19.59	6.94	12.65
内蒙古	Inner Mongolia	21.19	7.21	13.98	16.77	6.97	9.80	17.07	6.73	10.34
辽宁	Liaoning	16.30	6.59	9.71	12.10	6.64	5.46	12.57	6.11	6.46
吉林	Jilin	19.49	6.56	12.93	17.09	6.84	10.25	15.74	6.57	9.17
黑龙江	Heilongjiang	18.11	6.35	11.76	15.89	5.70	10.19	16.25	6.12	10.13
上海	Shanghai	10.31	6.64	3.67	7.68	7.01	0.67	7.28	6.74	0.54
江苏	Jiangsu	20.54	6.53	14.01	17.05	6.50	10.55	15.71	6.76	8.95
浙江	Zhejiang	15.33	6.31	9.02	14.48	6.39	8.09	14.72	6.57	8.15
安徽	Anhui	24.47	6.25	18.22	21.19	6.06	15.13	18.76	6.14	12.62
福建	Fujian	24.44	6.71	17.73	20.03	6.26	13.77	18.18	6.02	12.16
江西	Jiangxi	24.59	7.54	17.05	21.20	7.13	14.07	19.53	7.07	12.46
山东	Shandong	18.21	6.96	11.25	15.40	6.54	8.86	11.43	6.88	4.55
河南	Henan	24.92	6.52	18.40	19.78	6.63	13.15	18.13	6.99	11.14
湖北	Hubei	21.60	7.30	14.30	20.70	7.36	13.34	19.05	6.87	12.18
湖南	Hunan	23.93	7.23	16.70	20.50	7.30	13.20	16.70	7.30	9.40
广东	Guangdong	22.26	5.76	16.50	20.54	5.95	14.59	19.31	6.17	13.14
广西	Guangxi	20.20	6.60	13.60	21.89	7.24	14.65	20.19	7.28	12.91
海南	Hainan	24.86	6.26	18.60	22.97	5.97	17.00	21.31	6.07	15.24
重庆	Chongqing									
四川	Sichuan	19.11	7.66	11.45	15.82	7.29	8.53	16.27	7.03	9.24
贵州	Guizhou	23.09	7.90	15.19	22.42	8.11	14.31	22.40	8.52	13.88
云南	Yunnan	23.60	7.92	15.68	21.80	8.10	13.70	21.00	8.00	13.00
西藏	Tibet	23.98	7.55	16.43	23.53	7.40	16.13	23.63	8.09	15.54
陕西	Shaanxi	23.48	6.52	16.96	19.82	6.51	13.31	18.85	6.57	12.28
甘肃	Gansu	20.68	6.20	14.48	19.38	6.05	13.33	19.37	6.64	12.73
青海	Qinghai	24.34	7.47	16.87	23.37	8.35	15.02	22.54	8.14	14.40
宁夏	Ningxia	24.34	5.52	18.82	21.96	5.13	16.83	20.11	5.36	14.75
新疆	Xinjiang	26.44	7.82	18.62	24.45	7.86	16.59	22.80	7.84	14.96

1-7 续表 1 continued

单位：‰ (‰)

地区	Region	1993 出生率 Birth Rate	1993 死亡率 Death Rate	1993 自然增长率 Natural Growth Rate	1994 出生率 Birth Rate	1994 死亡率 Death Rate	1994 自然增长率 Natural Growth Rate	1995 出生率 Birth Rate	1995 死亡率 Death Rate	1995 自然增长率 Natural Growth Rate
全国	**National Total**	**18.09**	**6.64**	**11.45**	**17.70**	**6.49**	**11.21**	**17.12**	**6.57**	**10.55**
北京	Beijing	9.35	6.16	3.19	8.96	5.76	3.20	7.92	5.12	2.80
天津	Tianjin	10.71	6.20	4.51	10.98	6.19	4.79	10.23	6.23	4.00
河北	Hebei	15.43	6.11	9.32	14.93	6.50	8.43	13.93	6.32	7.61
山西	Shanxi	17.48	6.36	11.12	17.46	6.70	10.76	16.60	6.12	10.48
内蒙古	Inner Mongolia	18.48	6.83	11.65	18.98	6.50	12.48	17.23	6.70	10.53
辽宁	Liaoning	12.43	6.11	6.32	12.26	6.03	6.23	12.17	6.15	6.02
吉林	Jilin	15.28	6.31	8.97	14.11	6.35	7.76	12.90	6.09	6.81
黑龙江	Heilongjiang	15.90	5.52	10.38	15.15	5.47	9.68	13.23	5.33	7.90
上海	Shanghai	6.50	7.30	-0.80	5.80	7.00	-1.20	5.75	7.05	-1.30
江苏	Jiangsu	13.97	6.61	7.36	13.78	6.86	6.92	12.32	6.56	5.76
浙江	Zhejiang	13.61	6.58	7.03	13.24	6.60	6.64	12.66	6.75	5.91
安徽	Anhui	17.18	6.51	10.67	16.70	6.86	9.84	16.07	6.41	9.66
福建	Fujian	16.72	5.62	11.10	16.24	5.95	10.29	15.20	5.90	9.30
江西	Jiangxi	20.33	6.89	13.44	19.38	7.00	12.38	18.94	7.28	11.66
山东	Shandong	10.47	6.76	3.71	9.69	6.67	3.02	9.82	6.47	3.35
河南	Henan	15.87	6.35	9.52	15.36	6.34	9.02	14.41	6.28	8.13
湖北	Hubei	20.04	6.93	13.11	18.17	6.68	11.49	16.18	6.91	9.27
湖南	Hunan	14.08	7.13	6.95	13.88	7.03	6.85	13.02	7.15	5.87
广东	Guangdong	18.34	5.84	12.50	18.20	5.78	12.42	18.10	5.70	12.40
广西	Guangxi	19.58	6.35	13.23	18.84	6.60	12.24	17.54	6.53	11.01
海南	Hainan	20.81	5.26	15.55	20.77	6.29	14.48	20.12	5.61	14.51
重庆	Chongqing									
四川	Sichuan	16.77	7.21	9.56	16.93	6.99	9.94	17.08	7.21	9.87
贵州	Guizhou	22.60	8.50	14.10	22.92	8.14	14.78	21.86	7.60	14.26
云南	Yunnan	22.00	8.10	13.90	21.80	8.00	13.80	20.75	8.03	12.72
西藏	Tibet	26.68	7.60	19.08	25.64	8.71	16.93	24.90	8.80	16.10
陕西	Shaanxi	17.63	6.55	11.08	17.59	6.60	10.99	15.93	6.57	9.36
甘肃	Gansu	20.16	6.84	13.32	20.82	6.84	13.98	20.65	6.49	14.16
青海	Qinghai	20.50	8.26	12.24	22.06	6.82	15.24	22.01	6.89	15.12
宁夏	Ningxia	19.43	5.36	14.07	19.67	6.02	13.65	19.28	5.49	13.79
新疆	Xinjiang	21.53	7.68	13.85	20.82	7.43	13.39	18.90	6.45	12.45

1-7 续表 2 continued

单位：‰ (‰)

地 区	Region	1996 出生率 Birth Rate	1996 死亡率 Death Rate	1996 自然增长率 Natural Growth Rate	1997 出生率 Birth Rate	1997 死亡率 Death Rate	1997 自然增长率 Natural Growth Rate	1998 出生率 Birth Rate	1998 死亡率 Death Rate	1998 自然增长率 Natural Growth Rate
全 国	**National Total**	**16.98**	**6.56**	**10.42**	**16.57**	**6.51**	**10.06**	**15.64**	**6.50**	**9.14**
北 京	Beijing	8.02	5.34	2.68	7.91	6.02	1.89	6.00	5.30	0.70
天 津	Tianjin	10.09	6.53	3.56	9.98	6.95	3.03	9.89	6.49	3.40
河 北	Hebei	13.85	6.55	7.30	13.11	6.82	6.29	13.01	6.18	6.83
山 西	Shanxi	16.59	6.25	10.34	16.18	6.06	10.12	16.09	6.17	9.92
内蒙古	Inner Mongolia	16.09	6.43	9.66	15.21	6.96	8.25	14.40	6.17	8.23
辽 宁	Liaoning	12.15	6.19	5.96	11.78	6.38	5.40	11.39	6.81	4.58
吉 林	Jilin	12.53	5.60	6.93	12.22	5.42	6.80	11.81	5.76	6.05
黑龙江	Heilongjiang	12.40	5.05	7.35	12.02	5.17	6.85	11.68	5.32	6.36
上 海	Shanghai	5.60	7.00	-1.40	5.50	6.80	-1.30	5.20	7.00	-1.80
江 苏	Jiangsu	12.11	6.58	5.53	11.43	6.84	4.59	10.97	6.84	4.13
浙 江	Zhejiang	12.09	6.58	5.51	11.41	6.48	4.93	11.15	6.33	4.82
安 徽	Anhui	16.00	6.50	9.50	15.80	6.50	9.30	15.74	6.54	9.20
福 建	Fujian	13.22	5.94	7.28	12.41	6.09	6.32	11.53	6.20	5.33
江 西	Jiangxi	17.53	7.02	10.51	17.43	6.56	10.87	16.85	7.05	9.80
山 东	Shandong	10.60	6.76	3.84	11.28	6.65	4.63	11.58	6.12	5.46
河 南	Henan	14.28	6.44	7.84	13.97	6.30	7.67	14.17	6.37	7.80
湖 北	Hubei	16.08	6.93	9.15	14.81	6.69	8.12	12.58	6.70	5.88
湖 南	Hunan	12.81	7.20	5.61	12.59	6.99	5.60	12.31	7.10	5.21
广 东	Guangdong	18.05	6.09	11.96	16.90	5.40	11.50	16.51	5.61	10.90
广 西	Guangxi	16.83	6.82	10.01	15.93	6.40	9.53	15.87	6.86	9.01
海 南	Hainan	20.08	5.88	14.20	19.18	5.62	13.56	18.48	5.56	12.92
重 庆	Chongqing				13.60	7.36	6.24	13.19	7.68	5.51
四 川	Sichuan	16.68	7.35	9.33	15.75	7.00	8.75	14.62	7.14	7.48
贵 州	Guizhou	22.05	7.69	14.36	22.15	7.67	14.48	22.02	7.76	14.26
云 南	Yunnan	20.87	7.94	12.93	20.82	7.91	12.91	20.01	7.91	12.10
西 藏	Tibet	24.70	8.50	16.20	23.90	7.90	16.00	23.70	7.80	15.90
陕 西	Shaanxi	14.99	6.51	8.48	13.91	6.29	7.62	13.56	6.43	7.13
甘 肃	Gansu	18.43	6.64	11.79	17.22	6.20	11.02	16.45	6.41	10.04
青 海	Qinghai	21.89	7.20	14.69	21.80	6.95	14.85	21.26	6.78	14.48
宁 夏	Ningxia	19.03	5.25	13.78	18.90	5.43	13.47	18.19	5.11	13.08
新 疆	Xinjiang	19.45	6.60	12.85	19.66	6.55	13.11	19.74	6.93	12.81

1-7 续表 3 continued

单位：‰ (‰)

地区	Region	1999 出生率 Birth Rate	1999 死亡率 Death Rate	1999 自然增长率 Natural Growth Rate	2001 出生率 Birth Rate	2001 死亡率 Death Rate	2001 自然增长率 Natural Growth Rate	2002 出生率 Birth Rate	2002 死亡率 Death Rate	2002 自然增长率 Natural Growth Rate
全国	**National Total**	**14.64**	**6.46**	**8.18**	**13.38**	**6.43**	**6.95**	**12.86**	**6.41**	**6.45**
北京	Beijing	6.50	5.60	0.90	6.10	5.30	0.80	6.60	5.70	0.90
天津	Tianjin	9.68	6.73	2.95	7.58	5.94	1.64	7.49	6.04	1.45
河北	Hebei	12.99	6.26	6.73	11.16	6.18	4.98	11.53	6.25	5.28
山西	Shanxi	15.93	6.07	9.86	13.06	5.90	7.16	12.86	6.14	6.72
内蒙古	Inner Mongolia	13.32	6.08	7.24	10.77	5.79	4.98	9.60	5.92	3.68
辽宁	Liaoning	10.38	7.05	3.33	7.74	6.10	1.64	7.38	6.04	1.34
吉林	Jilin	10.68	5.45	5.23	8.76	5.38	3.38	8.30	5.11	3.19
黑龙江	Heilongjiang	10.55	5.49	5.06	8.48	5.49	2.99	7.98	5.44	2.54
上海	Shanghai	5.40	6.50	-1.10	5.02	5.97	-0.95	5.41	5.95	-0.54
江苏	Jiangsu	10.50	6.94	3.56	9.03	6.62	2.41	9.17	6.99	2.18
浙江	Zhejiang	10.64	6.35	4.29	10.02	6.25	3.77	9.98	6.19	3.79
安徽	Anhui	15.10	6.50	8.60	12.46	5.85	6.61	11.20	5.17	6.03
福建	Fujian	11.06	5.85	5.21	11.56	5.52	6.04	11.35	5.57	5.78
江西	Jiangxi	16.51	7.02	9.49	15.44	6.06	9.38	14.74	6.02	8.72
山东	Shandong	11.08	6.27	4.81	11.12	6.24	4.88	11.17	6.62	4.55
河南	Henan	14.07	6.35	7.72	13.20	6.26	6.94	12.41	6.38	6.03
湖北	Hubei	11.57	6.37	5.20	8.51	6.07	2.44	8.38	6.17	2.21
湖南	Hunan	11.72	7.12	4.60	11.80	6.72	5.08	11.56	6.70	4.86
广东	Guangdong	15.32	5.40	9.92	13.95	5.12	8.83	13.29	5.08	8.21
广西	Guangxi	14.96	6.93	8.03	13.80	6.07	7.73	13.30	6.30	7.00
海南	Hainan	17.26	5.23	12.03	15.23	5.76	9.47	15.20	5.72	9.48
重庆	Chongqing	11.90	6.94	4.96	9.70	6.90	2.80	9.36	6.08	3.28
四川	Sichuan	13.80	7.02	6.78	11.16	6.79	4.37	10.44	6.55	3.89
贵州	Guizhou	21.92	7.68	14.24	18.56	7.23	11.33	17.96	7.21	10.75
云南	Yunnan	19.48	7.82	11.66	18.51	7.57	10.94	17.90	7.30	10.60
西藏	Tibet	23.20	7.40	15.80	18.60	6.50	12.10	18.83	6.07	12.76
陕西	Shaanxi	12.51	6.38	6.13	10.50	6.34	4.16	10.48	6.36	4.12
甘肃	Gansu	15.61	6.44	9.17	13.58	6.43	7.15	13.16	6.45	6.71
青海	Qinghai	20.68	6.78	13.90	19.06	6.44	12.62	18.05	6.35	11.70
宁夏	Ningxia	17.97	5.65	12.32	16.55	4.84	11.71	16.42	4.86	11.56
新疆	Xinjiang	18.76	6.96	11.80	16.82	5.69	11.13	16.30	5.43	10.87

1-7 续表 4 continued

单位：‰ (‰)

地 区	Region	2003 出生率 Birth Rate	2003 死亡率 Death Rate	2003 自然增长率 Natural Growth Rate	2004 出生率 Birth Rate	2004 死亡率 Death Rate	2004 自然增长率 Natural Growth Rate	2005 出生率 Birth Rate	2005 死亡率 Death Rate	2005 自然增长率 Natural Growth Rate	2006 出生率 Birth Rate	2006 死亡率 Death Rate	2006 自然增长率 Natural Growth Rate
全 国	**National Total**	**12.41**	**6.40**	**6.01**	**12.29**	**6.42**	**5.87**	**12.40**	**6.51**	**5.89**	**12.09**	**6.81**	**5.28**
北 京	Beijing	5.10	5.20	-0.10	6.10	5.40	0.70	6.29	5.20	1.09	6.26	4.97	1.29
天 津	Tianjin	7.14	6.04	1.10	7.31	5.97	1.34	7.44	6.01	1.43	7.67	6.07	1.60
河 北	Hebei	11.43	6.27	5.16	11.98	6.19	5.79	12.84	6.75	6.09	12.82	6.59	6.23
山 西	Shanxi	12.26	6.04	6.22	12.36	6.11	6.25	12.02	6.00	6.02	11.48	5.73	5.75
内蒙古	Inner Mongolia	9.24	6.17	3.07	9.53	5.98	3.55	10.08	5.46	4.62	9.87	5.91	3.96
辽 宁	Liaoning	6.90	5.83	1.07	6.51	5.60	0.91	7.01	6.04	0.97	6.40	5.30	1.10
吉 林	Jilin	7.25	5.64	1.61	7.39	5.63	1.76	7.89	5.32	2.57	7.67	5.00	2.67
黑龙江	Heilongjiang	7.48	5.45	2.03	7.27	5.45	1.82	7.87	5.20	2.67	7.57	5.18	2.39
上 海	Shanghai	4.85	6.20	-1.35	6.00	6.00	0.00	7.04	6.08	0.96	7.47	5.89	1.58
江 苏	Jiangsu	9.04	7.03	2.01	9.45	7.20	2.25	9.24	7.03	2.21	9.36	7.08	2.28
浙 江	Zhejiang	9.66	6.38	3.28	10.71	5.76	4.95	11.10	6.08	5.02	10.29	5.42	4.87
安 徽	Anhui	11.15	5.20	5.95	11.62	5.50	6.12	12.43	6.23	6.20	12.60	6.30	6.30
福 建	Fujian	11.43	5.58	5.85	11.58	5.62	5.96	11.60	5.62	5.98	12.00	5.75	6.25
江 西	Jiangxi	14.07	5.98	8.09	13.61	5.99	7.62	13.79	5.96	7.83	13.80	6.01	7.79
山 东	Shandong	11.42	6.64	4.78	12.50	6.49	6.01	12.14	6.31	5.83	11.60	6.10	5.50
河 南	Henan	12.10	6.46	5.64	11.67	6.47	5.20	11.55	6.30	5.25	11.59	6.27	5.32
湖 北	Hubei	8.26	5.94	2.32	8.43	6.03	2.40	8.74	5.69	3.05	9.08	5.95	3.13
湖 南	Hunan	11.82	6.87	4.95	11.89	6.80	5.09	11.90	6.75	5.15	11.92	6.73	5.19
广 东	Guangdong	13.66	5.31	8.35	13.13	5.12	8.01	11.70	4.68	7.02	11.78	4.49	7.29
广 西	Guangxi	13.86	6.57	7.29	13.32	6.12	7.20	14.26	6.09	8.16	14.44	6.10	8.34
海 南	Hainan	14.68	5.52	9.16	14.77	5.79	8.98	14.65	5.72	8.93	14.59	5.73	8.86
重 庆	Chongqing	9.89	7.20	2.69	9.45	6.60	2.85	9.40	6.40	3.00	9.90	6.50	3.40
四 川	Sichuan	9.18	6.06	3.12	9.05	6.27	2.78	9.70	6.80	2.90	9.14	6.28	2.86
贵 州	Guizhou	15.91	6.87	9.04	15.08	6.35	8.73	14.59	7.21	7.38	13.97	6.71	7.26
云 南	Yunnan	17.00	7.20	9.80	15.60	6.60	9.00	14.72	6.75	7.97	13.20	6.30	6.90
西 藏	Tibet	17.40	6.30	11.10	17.40	6.20	11.20	17.94	7.15	10.79	17.40	5.70	11.70
陕 西	Shaanxi	10.67	6.38	4.29	10.59	6.33	4.26	10.02	6.01	4.01	10.19	6.15	4.04
甘 肃	Gansu	12.58	6.46	6.12	12.43	6.52	5.91	12.59	6.57	6.02	12.86	6.62	6.24
青 海	Qinghai	16.94	6.09	10.85	16.32	6.45	9.87	15.70	6.21	9.49	15.24	6.27	8.97
宁 夏	Ningxia	15.68	4.73	10.95	15.97	4.79	11.18	15.93	4.95	10.98	15.53	4.84	10.69
新 疆	Xinjiang	16.01	5.23	10.78	16.00	5.09	10.91	16.42	5.04	11.38	15.79	5.03	10.76

1-7 续表 5 continued

单位：‰ (‰)

地 区	Region	2007 出生率 Birth Rate	2007 死亡率 Death Rate	2007 自然增长率 Natural Growth Rate	2008 出生率 Birth Rate	2008 死亡率 Death Rate	2008 自然增长率 Natural Growth Rate	2009 出生率 Birth Rate	2009 死亡率 Death Rate	2009 自然增长率 Natural Growth Rate
全 国	**National Total**	**12.10**	**6.93**	**5.17**	**12.14**	**7.06**	**5.08**	**11.95**	**7.08**	**4.87**
北 京	Beijing	8.32	4.92	3.40	8.17	4.75	3.42	8.06	4.56	3.50
天 津	Tianjin	7.91	5.86	2.05	8.13	5.94	2.19	8.30	5.70	2.60
河 北	Hebei	13.33	6.78	6.55	13.04	6.49	6.55	12.93	6.43	6.50
山 西	Shanxi	11.30	5.97	5.33	11.31	6.01	5.31	10.87	5.98	4.89
内蒙古	Inner Mongolia	10.21	5.73	4.48	9.81	5.54	4.27	9.57	5.61	3.96
辽 宁	Liaoning	6.89	5.36	1.53	6.32	5.22	1.10	6.06	5.09	0.97
吉 林	Jilin	7.55	5.05	2.50	6.65	5.04	1.61	6.69	4.74	1.95
黑龙江	Heilongjiang	7.88	5.39	2.49	7.91	5.68	2.23	7.48	5.42	2.06
上 海	Shanghai	9.07	6.03	3.04	8.89	6.17	2.72	8.64	5.94	2.70
江 苏	Jiangsu	9.37	7.07	2.30	9.34	7.04	2.30	9.55	6.99	2.56
浙 江	Zhejiang	10.38	5.57	4.81	10.20	5.62	4.58	10.22	5.59	4.63
安 徽	Anhui	12.75	6.40	6.35	13.05	6.60	6.45	13.07	6.60	6.47
福 建	Fujian	11.90	5.90	6.00	12.20	5.90	6.30	12.20	6.00	6.20
江 西	Jiangxi	13.86	5.99	7.87	13.92	6.01	7.91	13.87	5.98	7.89
山 东	Shandong	11.11	6.11	5.00	11.25	6.16	5.09	11.70	6.08	5.62
河 南	Henan	11.26	6.32	4.94	11.42	6.45	4.97	11.45	6.46	4.99
湖 北	Hubei	9.19	5.96	3.23	9.21	6.50	2.71	9.48	6.00	3.48
湖 南	Hunan	11.96	6.71	5.25	12.68	7.28	5.40	13.05	6.94	6.11
广 东	Guangdong	11.96	4.66	7.30	11.80	4.55	7.25	11.78	4.52	7.26
广 西	Guangxi	14.19	5.99	8.20	14.40	5.70	8.70	14.17	5.64	8.53
海 南	Hainan	14.62	5.71	8.91	14.71	5.72	8.99	14.66	5.70	8.96
重 庆	Chongqing	10.10	6.30	3.80	10.10	6.30	3.80	9.90	6.20	3.70
四 川	Sichuan	9.21	6.29	2.92	9.54	7.15	2.39	9.15	6.43	2.72
贵 州	Guizhou	13.28	6.60	6.68	13.49	6.77	6.72	13.65	6.69	6.96
云 南	Yunnan	13.08	6.22	6.86	12.63	6.31	6.32	12.53	6.45	6.08
西 藏	Tibet	16.40	5.10	11.30	15.50	5.20	10.30	15.31	5.07	10.24
陕 西	Shaanxi	10.21	6.16	4.05	10.29	6.21	4.08	10.24	6.24	4.00
甘 肃	Gansu	13.14	6.65	6.49	13.22	6.68	6.54	13.32	6.71	6.61
青 海	Qinghai	14.93	6.13	8.80	14.49	6.14	8.35	14.51	6.19	8.32
宁 夏	Ningxia	14.80	5.04	9.76	14.31	4.62	9.69	14.38	4.70	9.68
新 疆	Xinjiang	16.79	5.01	11.78	16.05	4.88	11.17	15.99	5.43	10.56

1-7 续表 6 continued

单位：‰ (‰)

地 区	Region	2010 出生率 Birth Rate	2010 死亡率 Death Rate	2010 自然增长率 Natural Growth Rate	2011 出生率 Birth Rate	2011 死亡率 Death Rate	2011 自然增长率 Natural Growth Rate	2012 出生率 Birth Rate	2012 死亡率 Death Rate	2012 自然增长率 Natural Growth Rate
全 国	**National Total**	**11.90**	**7.11**	**4.79**	**11.93**	**7.14**	**4.79**	**12.10**	**7.15**	**4.95**
北 京	Beijing	7.48	4.41	3.07	8.29	4.27	4.02	9.05	4.31	4.74
天 津	Tianjin	8.18	5.58	2.60	8.58	6.08	2.50	8.75	6.12	2.63
河 北	Hebei	13.22	6.41	6.81	13.02	6.52	6.50	12.88	6.41	6.47
山 西	Shanxi	10.68	5.38	5.30	10.47	5.61	4.86	10.70	5.83	4.87
内蒙古	Inner Mongolia	9.30	5.54	3.76	8.94	5.43	3.51	9.17	5.52	3.65
辽 宁	Liaoning	6.68	6.26	0.42	5.71	6.05	-0.34	6.15	6.54	-0.39
吉 林	Jilin	7.91	5.88	2.03	6.53	5.51	1.02	5.73	5.37	0.36
黑龙江	Heilongjiang	7.35	5.03	2.32	6.99	5.92	1.07	7.30	6.03	1.27
上 海	Shanghai	7.05	5.07	1.98	6.97	5.10	1.87	9.56	5.36	4.20
江 苏	Jiangsu	9.73	6.88	2.85	9.59	6.98	2.61	9.44	6.99	2.45
浙 江	Zhejiang	10.27	5.54	4.73	9.47	5.40	4.07	10.12	5.52	4.60
安 徽	Anhui	12.70	5.95	6.75	12.23	5.91	6.32	13.00	6.14	6.86
福 建	Fujian	11.27	5.16	6.11	11.41	5.20	6.21	12.74	5.73	7.01
江 西	Jiangxi	13.72	6.06	7.66	13.48	5.98	7.50	13.46	6.14	7.32
山 东	Shandong	11.65	6.26	5.39	11.50	6.40	5.10	11.90	6.95	4.95
河 南	Henan	11.52	6.57	4.95	11.56	6.62	4.94	11.87	6.71	5.16
湖 北	Hubei	10.36	6.02	4.34	10.39	6.01	4.38	11.00	6.12	4.88
湖 南	Hunan	13.10	6.70	6.40	13.35	6.80	6.55	13.58	7.01	6.57
广 东	Guangdong	11.18	4.21	6.97	10.45	4.35	6.10	11.60	4.65	6.95
广 西	Guangxi	14.13	5.48	8.65	13.71	6.04	7.67	14.20	6.31	7.89
海 南	Hainan	14.71	5.73	8.98	14.72	5.75	8.97	14.66	5.81	8.85
重 庆	Chongqing	9.17	6.40	2.77	9.88	6.71	3.17	10.86	6.86	4.00
四 川	Sichuan	8.93	6.62	2.31	9.79	6.81	2.98	9.89	6.92	2.97
贵 州	Guizhou	13.96	6.55	7.41	13.31	6.93	6.38	13.27	6.96	6.31
云 南	Yunnan	13.10	6.56	6.54	12.71	6.36	6.35	12.63	6.41	6.22
西 藏	Tibet	15.80	5.55	10.25	15.39	5.13	10.26	15.48	5.21	10.27
陕 西	Shaanxi	9.73	6.01	3.72	9.75	6.06	3.69	10.12	6.24	3.88
甘 肃	Gansu	12.05	6.02	6.03	12.08	6.03	6.05	12.11	6.05	6.06
青 海	Qinghai	14.94	6.31	8.63	14.43	6.12	8.31	14.30	6.06	8.24
宁 夏	Ningxia	14.14	5.10	9.04	13.65	4.68	8.97	13.26	4.33	8.93
新 疆	Xinjiang	15.99	5.43	10.56	14.99	4.42	10.57	15.32	4.48	10.84

1-8 六次全国人口普查人口基本情况
Basic Statistics on National Population Census in 1953, 1964, 1982, 1990, 2000 and 2010

指　　标	Item	1953	1964	1982	1990	2000	2010
总人口（万人）	**Total Population (10 000 persons)**	**58260**	**69458**	**100818**	**113368**	**126583**	**133972**
男	Male	30190	35652	51944	58495	65355	68685
女	Female	28070	33806	48874	54873	61228	65287
性别比（以女性为100）	Sex Ratio (female=100)	107.56	105.46	106.30	106.60	106.74	105.20
家庭户规模（人/户）	**Average Family Household Size (person/household)**	**4.33**	**4.43**	**4.41**	**3.96**	**3.44**	**3.10**
各年龄组人口比重（%）	**Percentage of Population by Age Group (%)**						
0-14岁	Aged 0-14	36.28	40.69	33.59	27.69	22.89	16.60
15-64岁	Aged 15-64	59.31	55.75	61.50	66.74	70.15	74.53
65岁及以上	Aged 65 and Over	4.41	3.56	4.91	5.57	6.96	8.87
民族人口	**Population by Ethnicity**						
汉族（万人）	Han (10 000 persons)	54728	65456	94088	104248	115940	122593
占总人口比重（%）	Percentage to Total Population (%)	93.94	94.24	93.32	91.96	91.59	91.51
少数民族（万人）	Ethnic Minorities (10 000 persons)	3532	4002	6730	9120	10643	11379
占总人口比重（%）	Percentage to Total Population (%)	6.06	5.76	6.68	8.04	8.41	8.49
每十万人拥有的各种受教育程度人口（人）	**Population with Various Education Attainments Per 100 000 Persons (person)**						
大专及以上	Junior College and Above		416	615	1422	3611	8930
高中和中专	Senior Secondary School and Technical Secondary School		1319	6779	8039	11146	14032
初中	Junior Secondary School		4680	17892	23344	33961	38788
小学	Primary School		28330	35237	37057	35701	26779
文盲人口及文盲率	**Illiterate Population and Illiterate Rate**						
文盲人口（万人）	Illiterate Population (10 000 persons)		23327	22996	18003	8507	5466
文盲率（%）	Illiterate Rate (%)		33.58	22.81	15.88	6.72	4.08
城乡人口	**Population by Residence**						
城镇化率（%）	Urbanization Rate (%)	13.26	18.30	20.91	26.44	36.22	49.68
城镇人口（万人）	Urban Population (10 000 persons)	7726	12710	21082	29971	45844	66557
乡村人口（万人）	Rural Population (10 000 persons)	50534	56748	79736	83397	80739	67415
平均预期寿命（岁）	**Life Expectancy (year old)**			**67.77***	**68.55**	**71.40**	**74.83**
男	Male			66.28*	66.84	69.63	72.38
女	Female			69.27*	70.47	73.33	77.37

注：1.1953年、1964年、1982年及1990年全国人口普查标准时点为当年7月1日零时，2000年和2010年全国人口普查标准时点为当年11月1日零时。
2.历次普查总人口数据包括中国人民解放军现役军人。在城乡人口中，中国人民解放军现役军人列为城镇人口统计。
3.1964年文盲人口为13岁及以上不识字人口，1982、1990、2000、2010年文盲人口为15岁及以上不识字或识字很少的人。
4.表中“*”号表示为1981年数据。

Note:a) Standard reference time of national population census in 1953, 1964, 1982 and 1990 was zero hour of July 1st, and in 2000 and 2010 was zero hour of November 1st.
b) Total population from the five national population censuses includes the military personnel. Military personnel is listed as urban population in population by residence.
c) Illiterate population of 1964 National Population Census referred to the population aged 13 and over who are unable to read. Illiterate population of 1982, 1990, 2000 and 2010 National Population Censuses referred to the population aged 15 and over who are unable or have difficulty to read.
d) Data with "*" in this table are of 1981.

1-9 各地区人口平均预期寿命
Population Life Expectancy by Region

单位：岁 (year old)

地 区	Region	1990年预期寿命 Life Expectancy in 1990	男 Male	女 Female	2000年预期寿命 Life Expectancy in 2000	男 Male	女 Female	2010年预期寿命 Life Expectancy in 2000	男 Male	女 Female
全 国	**National Total**	**68.55**	**66.84**	**70.47**	**71.40**	**69.63**	**73.33**	**74.83**	**72.38**	**77.37**
北 京	Beijing	72.86	71.07	74.93	76.10	74.33	78.01	80.18	78.28	82.21
天 津	Tianjin	72.32	71.03	73.73	74.91	73.31	76.63	78.89	77.42	80.48
河 北	Hebei	70.35	68.47	72.53	72.54	70.68	74.57	74.97	72.70	77.47
山 西	Shanxi	68.97	67.33	70.93	71.65	69.96	73.57	74.92	72.87	77.28
内蒙古	Inner Mongolia	65.68	64.47	67.22	69.87	68.29	71.79	74.44	72.04	77.27
辽 宁	Liaoning	70.22	68.72	71.94	73.34	71.51	75.36	76.38	74.12	78.86
吉 林	Jilin	67.95	66.65	69.49	73.10	71.38	75.04	76.18	74.12	78.44
黑龙江	Heilongjiang	66.97	65.50	68.73	72.37	70.39	74.66	75.98	73.52	78.81
上 海	Shanghai	74.90	72.77	77.02	78.14	76.22	80.04	80.26	78.20	82.44
江 苏	Jiangsu	71.37	69.26	73.57	73.91	71.69	76.23	76.63	74.60	78.81
浙 江	Zhejiang	71.78	69.66	74.24	74.70	72.50	77.21	77.73	75.58	80.21
安 徽	Anhui	69.48	67.75	71.36	71.85	70.18	73.59	75.08	72.65	77.84
福 建	Fujian	68.57	66.49	70.93	72.55	70.30	75.07	75.76	73.27	78.64
江 西	Jiangxi	66.11	64.87	67.49	68.95	68.37	69.32	74.33	71.94	77.06
山 东	Shandong	70.57	68.64	72.67	73.92	71.70	76.26	76.46	74.05	79.06
河 南	Henan	70.15	67.96	72.55	71.54	69.67	73.41	74.57	71.84	77.59
湖 北	Hubei	67.25	65.51	69.23	71.08	69.31	73.02	74.87	72.68	77.35
湖 南	Hunan	66.93	65.41	68.70	70.66	69.05	72.47	74.70	72.28	77.48
广 东	Guangdong	72.52	69.71	75.43	73.27	70.79	75.93	76.49	74.00	79.37
广 西	Guangxi	68.72	67.17	70.34	71.29	69.07	73.75	75.11	71.77	79.05
海 南	Hainan	70.01	66.93	73.28	72.92	70.66	75.26	76.30	73.20	80.01
重 庆	Chongqing				71.73	69.84	73.89	75.70	73.16	78.60
四 川	Sichuan	66.33	65.06	67.70	71.20	69.25	73.39	74.75	72.25	77.59
贵 州	Guizhou	64.29	63.04	65.63	65.96	64.54	67.57	71.10	68.43	74.11
云 南	Yunnan	63.49	62.08	64.98	65.49	64.24	66.89	69.54	67.06	72.43
西 藏	Tibet	59.64	57.64	61.57	64.37	62.52	66.15	68.17	66.33	70.07
陕 西	Shaanxi	67.40	66.23	68.79	70.07	68.92	71.30	74.68	72.84	76.74
甘 肃	Gansu	67.24	66.35	68.25	67.47	66.77	68.26	72.23	70.60	74.06
青 海	Qinghai	60.57	59.29	61.96	66.03	64.55	67.70	69.96	68.11	72.07
宁 夏	Ningxia	66.94	65.95	68.05	70.17	68.71	71.84	73.38	71.31	75.71
新 疆	Xinjiang	62.59	61.95	63.26	67.41	65.98	69.14	72.35	70.30	74.86

注：根据人口普查数据计算。
Note: Data in this table are calculated according to the National Population Census.

1-10 全国历年人口密度

Population Density

单位：万人　(10 000 persons)

年　份 Year	总人口 Population	人口密度 (人/平方公里) Population Density (person/sq.km)	年　份 Year	总人口 Population	人口密度 (人/平方公里) Population Density (person/sq.km)
1949	54167	56	1981	100072	104
1950	55196	57	1982	101654	106
1951	56300	59	1983	103008	107
1952	57482	60	1984	104357	109
1953	58796	61	1985	105851	110
1954	60266	63	1986	107507	112
1955	61465	64	1987	109300	114
1956	62828	65	1988	111026	116
1957	64653	67	1989	112704	117
1958	65994	69	1990	114333	119
1959	67207	70	1991	115823	121
1960	66207	69	1992	117171	122
1961	65859	69	1993	118517	123
1962	67295	70	1994	119850	125
1963	69172	72	1995	121121	126
1964	70499	73	1996	122389	127
1965	72538	76	1997	123626	129
1966	74542	78	1998	124761	130
1967	76368	80	1999	125786	131
1968	78534	82	2000	126743	132
1969	80671	84	2001	127627	133
1970	82992	86	2002	128453	134
1971	85229	89	2003	129227	135
1972	87177	91	2004	129988	135
1973	89211	93	2005	130756	136
1974	90859	95	2006	131448	137
1975	92420	96	2007	132129	138
1976	93717	98	2008	132802	138
1977	94974	99	2009	133450	139
1978	96259	100	2010	134091	140
1979	97542	102	2011	134735	140
1980	98705	103	2012	135404	141

1-11 全国劳动统计主要指标
Main Indicators of National Labor Statistics

指　标	Item	2011	2012	2012年比上年增长 % Increase Rate (2010=100)
总人口(万人)	**Total Population (10 000 persons)**	**134735**	**135404**	**0.5**
16岁以上人口数(万人)	**Population Above 16(10 000 persons)**	**110932**	**111586**	**0.6**
经济活动人口(万人)	**Economically Active Population(10 000 persons)**	**78579**	**78894**	**0.4**
全国就业人员年末人数(万人)	**Employment (end of year, 10 000 persons)**	**76420**	**76704**	**0.4**
城镇就业人员	Urban Employment	35914	37102	3.3
单位就业人员	Unit Employment	14413.3	15236.4	5.7
#国有单位	State-owned Units	6704.2	6839.0	2.0
集体单位	Collective-owned Units	603.1	589.7	-2.2
其他单位	Other Ownership Units	7106.0	7807.7	9.9
城镇私营和个体就业人员	Employment in Urban Private Enterprises and Individuals	12138.8	13200.0	8.7
乡村就业人员	Rural Employment	40506	39602	-2.2
城镇单位就业人员工资总额(亿元)	**Total Wages of the Urban Units Employment (100 million yuan)**	**59954.7**	**70914.2**	**18.3**
#国有单位	State-owned Units	28954.8	32950.0	13.8
集体单位	Collective-owned Units	1737.4	1990.4	14.6
其他单位	Other Ownership Units	29262.4	35973.8	22.9
城镇单位就业人员平均工资(元)	**Average Wage of the Urban Units Employment (yuan)**	**41799**	**46769**	**11.9**
#国有单位	State-owned Units	43483	48357	11.2
集体单位	Collective-owned Units	28791	33784	17.3
其他单位	Other Ownership Units	41323	46360	12.2
城镇登记失业人员年末人数(万人)	**Urban Registered Unemployment (10 000 persons)**	**922**	**917**	**-0.5**
非经济活动人口(万人)	**Noneconomically Active Population (10 000 persons)**	**32353**	**32692**	**1.0**

注：自2009年始，"城镇单位就业人员工资总额"和"城镇单位就业人员平均工资"即为2008年及以前的"城镇单位就业人员劳动报酬"和"城镇单位就业人员平均劳动报酬"。往年本年鉴及相关资料中1994-2008年城镇单位就业人员劳动报酬和平均劳动报酬指标与此指标统计口径相同(下表同)。

Note: Since 2009, "Total wages of the urban units employment" and "Average wage of the urban units employment" refer to "Earnings of the urban units employment" and "Average earning of the urban units employment" before 2008. Statistical coverage of "Earnings of the urban units employment" and "Average earning of the urban units employment" in this previous yearbook and relevant books from 1994 to 2008 are the same with the indicators above.The same applies to the tables followings.

1-12 分城乡就业人员年末人数
Number of Employed Persons at Year-end in Urban and Rural Areas

单位: 万人 (10 000 persons)

年 份 Year	就业人员 Total Number of Employed Persons	城镇 Urban		乡村 Rural	
		就业人员 Employed Persons	比重 (%) Proportion	就业人员 Employed Persons	比重 (%) Proportion
1952	20729	2486	12.0	18243	88.0
1953	21364	2754	12.9	18610	87.1
1954	21832	2744	12.6	19088	87.4
1955	22328	2802	12.5	19526	87.5
1956	23018	2993	13.0	20025	87.0
1957	23771	3205	13.5	20566	86.5
1958	26600	5300	19.9	21300	80.1
1959	26173	5389	20.6	20784	79.4
1960	25880	6119	23.6	19761	76.4
1961	25590	5336	20.9	20254	79.1
1962	25910	4537	17.5	21373	82.5
1963	26640	4603	17.3	22037	82.7
1964	27736	4828	17.4	22908	82.6
1965	28670	5136	17.9	23534	82.1
1966	29805	5354	18.0	24451	82.0
1967	30814	5446	17.7	25368	82.3
1968	31915	5630	17.6	26285	82.4
1969	33225	5825	17.5	27400	82.5
1970	34432	6312	18.3	28120	81.7
1971	35620	6868	19.3	28752	80.7
1972	35854	7200	20.1	28654	79.9
1973	36652	7388	20.2	29264	79.8
1974	37369	7687	20.6	29682	79.4
1975	38168	8222	21.5	29946	78.5
1976	38834	8692	22.4	30142	77.6
1977	39377	9127	23.2	30250	76.8
1978	40152	9514	23.7	30638	76.3
1979	41024	9999	24.4	31025	75.6
1980	42361	10525	24.8	31836	75.2

注：全国就业人员1990年及以后的数据根据劳动力调查、人口普查推算(下表同)。

Note: From 1990 to 2000, the total number of employed persons were estimated according to Labour Force Survey and Population Census, The same applies to the following tables.

1-12 续表 continued

单位: 万人 (10 000 persons)

年 份 Year	就业人员 Total Number of Employed Persons	城镇 Urban		乡村 Rural	
		就业人员 Employed Persons	比重 (%) Proportion	就业人员 Employed Persons	比重 (%) Proportion
1981	43725	11053	25.3	32672	74.7
1982	45295	11428	25.2	33867	74.8
1983	46436	11746	25.3	34690	74.7
1984	48197	12229	25.4	35968	74.6
1985	49873	12808	25.7	37065	74.3
1986	51282	13292	25.9	37990	74.1
1987	52783	13783	26.1	39000	73.9
1988	54334	14267	26.3	40067	73.7
1989	55329	14390	26.0	40939	74.0
1990	64749	17041	26.3	47708	73.7
1991	65491	17465	26.7	48026	73.3
1992	66152	17861	27.0	48291	73.0
1993	66808	18262	27.3	48546	72.7
1994	67455	18653	27.7	48802	72.3
1995	68065	19040	28.0	49025	72.0
1996	68950	19922	28.9	49028	71.1
1997	69820	20781	29.8	49039	70.2
1998	70637	21616	30.6	49021	69.4
1999	71394	22412	31.4	48982	68.6
2000	72085	23151	32.1	48934	67.9
2001	72797	24123	33.1	48674	66.9
2002	73280	25159	34.3	48121	65.7
2003	73736	26230	35.6	47506	64.4
2004	74264	27293	36.8	46971	63.2
2005	74647	28389	38.0	46258	62.0
2006	74978	29630	39.5	45348	60.5
2007	75321	30953	41.1	44368	58.9
2008	75564	32103	42.5	43461	57.5
2009	75828	33322	43.9	42506	56.1
2010	76105	34687	45.6	41418	54.4
2011	76420	35914	47.0	40506	53.0
2012	76704	37102	48.4	39602	51.6

1-13 分产业就业人员年末人数

Number of Employed Persons at Year-end by Three Strata Industries

单位：万人 (10 000 persons)

年 份 Year	就业人员合 计 Total Number of Employed Persons	第一产业 Primary Industry 就业人员 Employed Persons	比重 (%) Proportion	第二产业 Secondary Industry 就业人员 Employed Persons	比重 (%) Proportion	第三产业 Tertiary Industry 就业人员 Employed Persons	比重 (%) Proportion
1952	20729	17317	83.5	1531	7.4	1881	9.1
1953	21364	17747	83.1	1715	8.0	1902	8.9
1954	21832	18151	83.1	1882	8.6	1799	8.3
1955	22328	18592	83.3	1913	8.6	1823	8.1
1956	23018	18544	80.6	2468	10.7	2006	8.7
1957	23771	19309	81.2	2142	9.0	2320	9.8
1958	26600	15490	58.2	7076	26.6	4034	15.2
1959	26173	16271	62.2	5402	20.6	4500	17.2
1960	25880	17016	65.7	4112	15.9	4752	18.4
1961	25590	19747	77.2	2856	11.2	2987	11.6
1962	25910	21276	82.1	2059	8.0	2575	9.9
1963	26640	21966	82.5	2038	7.6	2636	9.9
1964	27736	22801	82.2	2183	7.9	2752	9.9
1965	28670	23396	81.6	2408	8.4	2866	10.0
1966	29805	24297	81.5	2600	8.7	2908	9.8
1967	30814	25165	81.7	2661	8.6	2988	9.7
1968	31915	26063	81.7	2743	8.6	3109	9.7
1969	33225	27117	81.6	3030	9.1	3078	9.3
1970	34432	27811	80.8	3518	10.2	3103	9.0
1971	35620	28397	79.7	3990	11.2	3233	9.1
1972	35854	28283	78.9	4276	11.9	3295	9.2
1973	36652	28857	78.7	4492	12.3	3303	9.0
1974	37369	29218	78.2	4712	12.6	3439	9.2
1975	38168	29456	77.2	5152	13.5	3560	9.3
1976	38834	29443	75.8	5611	14.5	3780	9.7
1977	39377	29340	74.5	5831	14.8	4206	10.7
1978	40152	28318	70.5	6945	17.3	4890	12.2
1979	41024	28634	69.8	7214	17.6	5177	12.6
1980	42361	29122	68.7	7707	18.2	5532	13.1

1-13 续表 continued

单位: 万人 (10 000 persons)

年 份 Year	就业人员合计 Total Number of Employed Persons	第一产业 Primary Industry		第二产业 Secondary Industry		第三产业 Tertiary Industry	
		就业人员 Employed Persons	比重 (%) Proportion	就业人员 Employed Persons	比重 (%) Proportion	就业人员 Employed Persons	比重 (%) Proportion
1981	43725	29777	68.1	8003	18.3	5945	13.6
1982	45295	30859	68.1	8346	18.4	6090	13.5
1983	46436	31151	67.1	8679	18.7	6606	14.2
1984	48197	30868	64.0	9590	19.9	7739	16.1
1985	49873	31130	62.4	10384	20.8	8359	16.8
1986	51282	31254	60.9	11216	21.9	8811	17.2
1987	52783	31663	60.0	11726	22.2	9395	17.8
1988	54334	32249	59.3	12152	22.4	9933	18.3
1989	55329	33225	60.1	11976	21.6	10129	18.3
1990	64749	38914	60.1	13856	21.4	11979	18.5
1991	65491	39098	59.7	14015	21.4	12378	18.9
1992	66152	38699	58.5	14355	21.7	13098	19.8
1993	66808	37680	56.4	14965	22.4	14163	21.2
1994	67455	36628	54.3	15312	22.7	15515	23.0
1995	68065	35530	52.2	15655	23.0	16880	24.8
1996	68950	34820	50.5	16203	23.5	17927	26.0
1997	69820	34840	49.9	16547	23.7	18432	26.4
1998	70637	35177	49.8	16600	23.5	18860	26.7
1999	71394	35768	50.1	16421	23.0	19205	26.9
2000	72085	36043	50.0	16219	22.5	19823	27.5
2001	72797	36399	50.0	16234	22.3	20165	27.7
2002	73280	36640	50.0	15682	21.4	20958	28.6
2003	73736	36204	49.1	15927	21.6	21605	29.3
2004	74264	34830	46.9	16709	22.5	22725	30.6
2005	74647	33442	44.8	17766	23.8	23439	31.4
2006	74978	31941	42.6	18894	25.2	24143	32.2
2007	75321	30731	40.8	20186	26.8	24404	32.4
2008	75564	29923	39.6	20553	27.2	25087	33.2
2009	75828	28890	38.1	21080	27.8	25857	34.1
2010	76105	27931	36.7	21842	28.7	26332	34.6
2011	76420	26594	34.8	22544	29.5	27282	35.7
2012	76704	25773	33.6	23241	30.3	27690	36.1

1-14 城镇登记失业人数及失业率(年末数)
Registered Unemployed Persons and Registered Unemployment Rate in Urban Areas (year-end)

年 份 Year	城镇登记失业人数 (万人) Registered Unemployed Persons in Urban Areas (10 000 persons)	比上年增长 (%) Increase over Preceeding year (%)	城镇登记失业率 (%) Registered Unemployment Rate in Urban Areas (%)
1978	530.0		5.3
1979	567.6	7.1	5.4
1980	541.5	-4.6	4.9
1981	439.5	-18.8	3.8
1982	379.4	-13.7	3.2
1983	271.4	-28.5	2.3
1984	235.7	-13.2	1.9
1985	238.5	1.2	1.8
1986	264.4	10.9	2.0
1987	276.6	4.6	2.0
1988	296.2	7.1	2.0
1989	377.9	27.6	2.6
1990	383.2	1.4	2.5
1991	352.2	-8.1	2.3
1992	363.9	3.3	2.3
1993	420.1	15.4	2.6
1994	476.4	13.4	2.8
1995	519.6	9.1	2.9
1996	552.8	6.3	3.0
1997	576.8	4.3	3.1
1998	571.0	-1.0	3.1
1999	575.0	0.7	3.1
2000	595.0	3.5	3.1
2001	681.0	14.4	3.6
2002	770.0	13.1	4.0
2003	800.0	3.9	4.3
2004	827.0	3.4	4.2
2005	839.0	1.5	4.2
2006	847.0	1.0	4.1
2007	830.0	-2.0	4.0
2008	886.0	6.7	4.2
2009	921.0	4.0	4.3
2010	908.0	-1.4	4.1
2011	922.0	1.5	4.1
2012	917.0	-0.5	4.1

1-15 分地区城镇登记失业人员数(年末数)

Registered Unemployed Persons in Urban Areas by Region (year-end)

单位：万人　　(10 000 persons)

地区	Region	2000	2001	2002	2003	2004	2005	2006	2007	2008	2009	2010	2011	2012
北京	Beijing	3.3	5.2	6.0	7.0	6.5	10.6	10.4	10.6	10.3	8.2	7.7	8.1	8.1
天津	Tianjin	10.5	11.4	12.9	12.0	11.8	11.7	11.7	15.0	13.0	15.0	16.1	20.1	20.4
河北	Hebei	17.4	19.5	22.2	25.7	28.0	27.8	28.7	29.3	32.2	34.5	35.1	36.0	36.8
山西	Shanxi	9.7	12.2	14.5	13.1	13.7	14.3	15.6	16.1	17.5	21.6	20.4	21.1	21.0
内蒙古	Inner Mongolia	12.6	14.5	16.3	17.6	18.5	17.7	18.0	18.5	19.9	20.1	20.8	21.8	23.1
辽宁	Liaoning	41.2	55.5	75.6	72.0	70.1	60.4	54.1	44.5	41.7	41.6	38.9	39.4	38.1
吉林	Jilin	23.0	20.2	23.8	28.4	28.2	27.6	26.3	23.9	24.3	23.4	22.7	22.2	22.3
黑龙江	Heilongjiang	25.3	35.5	41.6	35.0	32.9	31.3	31.2	31.5	32.1	31.4	36.2	35.0	41.3
上海	Shanghai	20.1	25.7	28.8	30.1	27.4	27.5	27.8	26.7	26.6	27.9	27.6	27.0	26.7
江苏	Jiangsu	30.4	36.1	42.2	41.8	42.9	41.6	40.4	39.3	41.1	40.7	40.6	41.4	40.5
浙江	Zhejiang	21.8	24.0	27.7	28.3	30.1	29.0	29.1	28.6	30.7	30.7	31.1	31.7	33.4
安徽	Anhui	16.5	19.9	22.6	25.1	26.1	27.8	28.2	27.2	29.3	30.1	26.9	33.1	31.3
福建	Fujian	9.1	13.2	15.0	14.6	14.5	14.9	15.1	14.9	15.0	15.2	14.5	14.6	14.5
江西	Jiangxi	16.7	17.3	17.8	21.6	22.4	22.8	25.3	24.3	26.0	27.3	26.3	24.6	25.7
山东	Shandong	37.5	35.4	39.7	41.3	42.3	42.9	43.7	43.5	60.7	45.1	44.5	45.1	43.4
河南	Henan	21.4	23.1	25.4	26.3	31.2	33.0	35.4	33.1	36.5	38.5	38.2	38.4	38.3
湖北	Hubei	36.6	42.2	44.7	49.3	49.4	52.6	52.6	54.1	55.1	55.3	55.7	55.1	42.3
湖南	Hunan	27.6	30.3	30.4	37.1	43.0	41.9	43.3	44.4	47.0	47.8	43.2	43.1	44.1
广东	Guangdong	30.2	34.5	36.5	35.5	35.9	34.5	36.2	36.2	38.1	39.5	39.3	38.8	39.6
广西	Guangxi	11.3	14.2	14.7	14.9	17.8	18.5	20.0	18.5	18.8	19.1	19.1	18.8	18.9
海南	Hainan	3.7	3.8	4.0	3.6	4.7	5.1	5.2	5.4	5.6	5.3	4.8	2.9	3.6
重庆	Chongqing	10.1	13.7	16.2	16.2	16.8	16.9	15.4	14.1	13.0	13.4	13.0	13.0	12.4
四川	Sichuan	30.8	31.9	33.8	33.1	33.3	34.3	36.1	34.5	37.9	36.3	34.6	36.9	40.7
贵州	Guizhou	10.2	11.1	11.1	11.2	11.6	12.1	12.1	12.1	12.5	12.3	12.2	12.5	12.6
云南	Yunnan	6.8	8.0	9.8	12.1	11.9	13.0	13.8	14.0	14.8	15.4	15.7	16.0	17.4
西藏	Tibet	1.0		1.3		1.2					2.0	2.1	1.0	1.6
陕西	Shaanxi	11.4	14.0	13.5	13.9	18.5	21.5	21.5	21.0	20.8	21.5	21.4	20.9	19.5
甘肃	Gansu	7.4	7.4	8.7	9.3	9.5	9.3	9.7	9.5	9.4	10.3	10.7	10.8	9.8
青海	Qinghai	1.8	2.4	2.9	3.1	3.5	3.6	3.7	3.7	3.9	4.1	4.2	4.4	4.1
宁夏	Ningxia	3.8	3.7	3.5	3.8	4.1	4.4	4.2	4.4	4.8	4.8	4.8	5.2	4.6
新疆	Xinjiang	11.0	9.7	9.9	9.9	13.3	11.1	11.6	11.7	11.8	11.9	11.0	11.1	11.8

1-16 分地区城镇登记失业率(年末数)

Registered Unemployment Rate in Urban Areas by Region (year-end)

单位：% (%)

地 区	Region	2000	2001	2002	2003	2004	2005	2006	2007	2008	2009	2010	2011	2012
北 京	Beijing	0.8	1.2	1.4	1.4	1.3	2.1	2.0	1.8	1.8	1.4	1.4	1.4	1.3
天 津	Tianjin	3.2	3.6	3.9	3.8	3.8	3.7	3.6	3.6	3.6	3.6	3.6	3.6	3.6
河 北	Hebei	2.8	3.2	3.6	3.9	4.0	3.9	3.8	3.8	4.0	3.9	3.9	3.8	3.7
山 西	Shanxi	2.2	2.6	3.4	3.0	3.1	3.0	3.2	3.2	3.3	3.9	3.6	3.5	3.3
内蒙古	Inner Mongolia	3.3	3.7	4.1	4.5	4.6	4.3	4.1	4.0	4.1	4.0	3.9	3.8	3.7
辽 宁	Liaoning	3.7	3.2	6.5	6.5	6.5	5.6	5.1	4.3	3.9	3.9	3.6	3.7	3.6
吉 林	Jilin	3.7	3.1	3.6	4.3	4.2	4.2	4.2	3.9	4.0	4.0	3.8	3.7	3.7
黑龙江	Heilongjiang	3.3	4.7	4.9	4.2	4.5	4.4	4.3	4.3	4.2	4.3	4.3	4.1	4.2
上 海	Shanghai	3.5		4.8	4.9	4.5		4.4	4.2	4.2	4.3	4.4	3.5	3.1
江 苏	Jiangsu	3.2	3.6	4.2	4.1	3.8	3.6	3.4	3.2	3.3	3.2	3.2	3.2	3.1
浙 江	Zhejiang	3.5	3.7	4.2	4.2	4.1	3.7	3.5	3.3	3.5	3.3	3.2	3.1	3.0
安 徽	Anhui	3.3	3.7	4.0	4.1	4.2	4.4	4.2	4.1	3.9	3.9	3.7	3.7	3.7
福 建	Fujian	2.6	3.8	4.2	4.1	4.0	4.0	3.9	3.9	3.9	3.9	3.8	3.7	3.6
江 西	Jiangxi	2.9	3.3	3.4	3.6	3.6	3.5	3.6	3.4	3.4	3.4	3.3	3.0	3.0
山 东	Shandong	3.2	3.3	3.6	3.6	3.4	3.3	3.3	3.2	3.7	3.4	3.4	3.4	3.3
河 南	Henan	2.6	2.8	2.9	3.1	3.4	3.5	3.5	3.4	3.4	3.5	3.4	3.4	3.1
湖 北	Hubei	3.5	4.0	4.3	4.3	4.2	4.3	4.2	4.2	4.2	4.2	4.2	4.1	3.8
湖 南	Hunan	3.7	4.0	4.0	4.5	4.4	4.3	4.3	4.3	4.2	4.1	4.2	4.2	4.2
广 东	Guangdong	2.5	2.9	3.1	2.9	2.7	2.6	2.6	2.5	2.6	2.6	2.5	2.5	2.5
广 西	Guangxi	3.2	3.5	3.7	3.6	4.1	4.2	4.1	3.8	3.8	3.7	3.7	3.5	3.4
海 南	Hainan	3.2	3.4	3.1	3.4	3.4	3.6	3.6	3.5	3.7	3.5	3.0	1.7	2.0
重 庆	Chongqing	3.5	3.9	4.1	4.1	4.1	4.1	4.0	4.0	4.0	4.0	3.9	3.5	3.3
四 川	Sichuan	4.0	4.3	4.5	4.4	4.4	4.6	4.5	4.2	4.6	4.3	4.1	4.2	4.0
贵 州	Guizhou	3.8	4.0	4.1	4.0	4.1	4.2	4.1	4.0	4.0	3.8	3.6	3.6	3.3
云 南	Yunnan	2.6	3.3	4.0	4.1	4.3	4.2	4.3	4.2	4.2	4.3	4.2	4.1	4.0
西 藏	Tibet	4.1		4.9		4.0					3.8	4.0	3.2	2.6
陕 西	Shaanxi	2.7	3.2	3.3	3.5	3.8	4.2	4.0	4.0	3.9	3.9	3.9	3.6	3.2
甘 肃	Gansu	2.7	2.8	3.2	3.4	3.4	3.3	3.6	3.3	3.2	3.3	3.2	3.1	2.7
青 海	Qinghai	2.4	3.5	3.6	3.8	3.9	3.9	3.9	3.8	3.8	3.8	3.8	3.8	3.4
宁 夏	Ningxia	4.6	4.4	4.4	4.4	4.5	4.5	4.3	4.3	4.4	4.4	4.4	4.4	4.2
新 疆	Xinjiang	3.8	3.7	3.7	3.5	3.5	3.9	3.9	3.9	3.7	3.8	3.2	3.2	3.4

1-17　分行业城镇单位就业人员年末人数

Employed Persons at Year-end in Urban Units by Sector

单位：万人　　(10 000 persons)

行　业	Sector	2003	2004	2005	2006	2007
合　计	**Total**	**10969.7**	**11098.9**	**11404.0**	**11713.2**	**12024.4**
农、林、牧、渔业	Agriculture, Forestry, Animal Husbandry and Fishery	484.5	466.1	446.3	435.2	426.3
采矿业	Mining	488.3	500.7	509.2	529.7	535.0
制造业	Manufacturing	2980.5	3050.8	3210.9	3351.6	3465.4
电力、热力、燃气及水生产和供应业	Production and Supply of Electricity, Heat, Gas and Water	297.6	300.6	299.9	302.5	303.4
建筑业	Construction	833.7	841.0	926.6	988.7	1050.8
批发和零售业	Wholesale and Retail Trades	628.1	586.7	544.0	515.7	506.9
交通运输、仓储和邮政业	Transport, Storage and Post	636.5	631.8	613.9	612.7	623.1
住宿和餐饮业	Hotels and Catering Services	172.1	177.1	181.2	183.9	185.8
信息传输、软件和信息技术服务业	Information Transmission, Software and Information Technology	116.8	123.7	130.1	138.2	150.2
金融业	Financial Intermediation	353.3	356.0	359.3	367.4	389.7
房地产业	Real Estate	120.2	133.4	146.5	153.9	166.5
租赁和商务服务业	Leasing and Business Services	183.5	194.4	218.5	236.7	247.2
科学研究和技术服务业	Scientific Research and Technical Services	221.9	222.1	227.7	235.5	243.4
水利、环境和公共设施管理业	Management of Water Conservancy, Environment and Public Facilities	172.5	176.1	180.4	187.0	193.5
居民服务、修理和其他服务业	Services to Households, Repair and Other Services	52.8	54.2	53.9	56.6	57.4
教　育	Education	1442.8	1466.8	1483.2	1504.4	1520.9
卫生和社会工作	Health and Social Service	485.8	494.7	508.9	525.4	542.8
文化、体育和娱乐业	Culture, Sports and Entertainment	127.8	123.4	122.5	122.4	125.0
公共管理、社会保障和社会组织	Public Management, Social Security and Social Organization	1171.0	1199.0	1240.8	1265.6	1291.2

注：本表中的“城镇单位”指“城镇非私营单位”（下相关表同）。
Note: The Urban Unit of this table refers to Urban Unit excluding private units.The same applies to the relevant tables following.

1-17 续表 continued

单位：万人 (10 000 persons)

行　业	Sector	2008	2009	2010	2011	2012
合　计	**Total**	**12192.5**	**12573.0**	**13051.5**	**14413.3**	**15236.4**
农、林、牧、渔业	Agriculture, Forestry, Animal Husbandry and Fishery	410.1	373.7	375.7	359.5	338.9
采 矿 业	Mining	540.4	553.7	562.0	611.6	631.0
制 造 业	Manufacturing	3434.3	3491.9	3637.2	4088.3	4262.2
电力、热力、燃气及水生产和供应业	Production and Supply of Electricity, Heat, Gas and Water	306.5	307.7	310.5	334.7	344.6
建 筑 业	Construction	1072.6	1177.5	1267.5	1724.8	2010.3
批发和零售业	Wholesale and Retail Trades	514.4	520.8	535.1	647.5	711.8
交通运输、仓储和邮政业	Transport, Storage and Post	627.3	634.4	631.1	662.8	667.5
住宿和餐饮业	Hotels and Catering Services	193.2	202.1	209.2	242.7	265.1
信息传输、软件和信息技术服务业	Information Transmission, Software and Information Technology	159.5	173.8	185.8	212.8	222.8
金融业	Financial Intermediation	417.6	449.0	470.1	505.3	527.8
房地产业	Real Estate	172.7	190.9	211.6	248.6	273.7
租赁和商务服务业	Leasing and Business Services	274.7	290.5	310.1	286.6	292.3
科学研究和技术服务业	Scientific Research and Technical Services	257.0	272.6	292.3	298.5	330.7
水利、环境和公共设施管理业	Management of Water Conservancy, Environment and Public Facilities	197.3	205.7	218.9	230.3	243.8
居民服务、修理和其他服务业	Services to Households, Repair and Other Services	56.5	58.8	60.2	59.9	62.1
教　育	Education	1534.0	1550.4	1581.8	1617.8	1653.4
卫生和社会工作	Health and Social Service	563.6	595.8	632.5	679.1	719.3
文化、体育和娱乐业	Culture, Sports and Entertainment	126.0	129.5	131.4	135.0	137.7
公共管理、社会保障和社会组织	Public Management, Social Security and Social Organization	1335.0	1394.3	1428.5	1467.6	1541.5

1-18 分登记注册类型城镇单位就业人员年末人数

Employed Persons at Year-end in Urban Units by Registration Status

单位：万人 (10 000 persons)

年 份 Year	合 计 Total	国有单位 State-owned Units	城镇集体单位 Urban Collective-owned Units	其他单位 Units of Other Types of Ownership
1994	15258.5	11213.9	3285.4	759.2
1995	15300.8	11260.5	3146.7	893.6
1996	15221.1	11243.6	3015.8	961.7
1997	15036.2	11044.2	2882.7	1109.4
1998	12695.7	9058.1	1963.2	1674.5
1999	12130.2	8572.1	1711.8	1846.3
2000	11612.5	8101.9	1499.3	2011.3
2001	11165.8	7639.9	1291.0	2234.9
2002	10985.2	7162.9	1122.0	2700.3
2003	10969.7	6875.6	999.9	3094.3
2004	11098.9	6709.9	897.2	3491.8
2005	11404.0	6488.2	809.9	4105.9
2006	11713.2	6430.5	763.6	4519.1
2007	12024.4	6423.5	718.4	4882.4
2008	12192.5	6447.0	661.8	5083.7
2009	12573.0	6420.2	618.1	5534.7
2010	13051.5	6516.4	597.5	5937.6
2011	14413.3	6704.2	603.1	7106.0
2012	15236.4	6839.0	589.7	7807.7

1-19 分地区按行业分私营企业和个体就业人数(2012年底)

Number of Engaged Persons in Private Enterprises and Self-employed Individuals at Year-end by Sector and Region (2012)

单位: 万人 (10 000 persons)

地区	Region	合计 Total	#制造业 Manufacturing	#建筑业 Construction	#交通运输、仓储和邮政业 Transport, Storage and Post	#批发和零售业 Wholesale and Retail Trades	#住宿和餐饮业 Hotels and Catering Services	#租赁和商务服务业 Leasing and Business Services	#居民服务和其他服务业 Services to Households and Other Services
全国	**National Total**	**19924.4**	**4467.8**	**840.2**	**837.7**	**7721.0**	**1161.9**	**1119.6**	**1149.1**
北京	Beijing	592.3	43.7	26.0	15.7	159.4	28.4	84.5	20.3
天津	Tianjin	148.1	40.9	6.2	5.7	49.0	5.5	11.8	5.6
河北	Hebei	641.3	150.6	17.9	77.2	237.8	23.3	17.5	34.8
山西	Shanxi	386.2	62.9	12.6	89.4	112.0	16.7	6.3	17.6
内蒙古	Inner Mongolia	360.9	35.0	12.5	25.3	143.3	54.3	13.3	29.1
辽宁	Liaoning	807.0	151.1	42.3	67.4	304.4	39.7	36.9	56.5
吉林	Jilin	407.1	51.6	21.0	13.8	159.6	31.8	11.8	35.9
黑龙江	Heilongjiang	504.2	61.3	16.3	27.5	225.1	45.5	22.0	49.4
上海	Shanghai	712.0	130.8	50.3	25.2	261.9	18.1	97.8	17.5
江苏	Jiangsu	2232.9	893.8	185.6	146.3	485.3	58.8	91.0	81.8
浙江	Zhejiang	1546.2	708.2	58.8	26.9	468.5	52.1	70.2	57.9
安徽	Anhui	646.2	131.8	26.6	11.3	288.2	43.3	22.8	48.3
福建	Fujian	652.7	138.8	19.9	10.6	290.8	37.8	44.6	38.2
江西	Jiangxi	659.9	138.5	12.6	19.7	256.4	40.5	25.3	70.9
山东	Shandong	1375.0	352.3	58.4	46.8	591.1	69.0	67.6	75.4
河南	Henan	865.5	176.4	23.6	15.7	419.9	65.2	29.2	60.5
湖北	Hubei	911.5	153.9	31.0	30.8	417.0	74.6	35.9	62.9
湖南	Hunan	721.9	91.7	19.2	15.0	316.9	34.8	106.4	36.8
广东	Guangdong	1808.9	454.9	44.9	31.5	764.6	92.0	124.5	88.0
广西	Guangxi	477.6	64.4	9.0	52.0	216.4	26.5	22.4	21.8
海南	Hainan	116.8	6.3	9.6	9.9	39.1	7.8	10.8	8.8
重庆	Chongqing	548.5	70.4	19.8	11.3	230.5	36.2	50.6	30.5
四川	Sichuan	884.1	132.8	24.3	23.5	425.1	77.0	36.7	59.2
贵州	Guizhou	276.4	30.3	8.0	6.5	132.6	24.1	11.9	17.7
云南	Yunnan	563.0	70.7	36.8	11.0	238.5	45.4	23.1	32.9
西藏	Tibet	51.3	2.8	6.4	1.0	21.6	7.2	2.1	4.2
陕西	Shaanxi	420.5	46.5	14.6	7.4	200.0	45.4	20.1	42.0
甘肃	Gansu	226.0	24.7	11.3	3.8	113.3	25.8	6.2	16.1
青海	Qinghai	69.9	11.5	6.4	1.2	27.8	7.7	1.7	4.3
宁夏	Ningxia	98.9	11.0	3.4	1.9	48.4	8.4	4.8	9.8
新疆	Xinjiang	211.7	28.3	5.0	6.3	76.1	19.0	9.9	14.4

注：本表中的行业分类仍执行2002年版的国民经济行业分类标准(下表同)。

Note: Classification for national standard of industry classification in this table are still implementing the version of 2002. The same applies to the table following.

1-20 分地区按行业分城镇私营企业和个体就业人数(2012年底)

Number of Engaged Persons in Urban Private Enterprises and Self-employed Individuals at Year-end by Sector and Region (2012)

单位: 万人 (10 000 persons)

地 区	Region	合 计 Total	#制造业 Manufact-uring	#建筑业 Constru-ction	#交通运输、仓储和邮政业 Transport, Storage and Post	#批发和零售业 Wholesale and Retail Trades	#住宿和餐饮业 Hotels and Catering Services	#租赁和商务服务业 Leasing and Business Services	#居民服务和其他服务业 Services to Households and Other Services
全 国	**National Total**	**13200.1**	**2357.9**	**599.8**	**573.9**	**5407.2**	**838.2**	**923.2**	**807.1**
北 京	Beijing	357.0	9.7	10.2	6.5	93.7	19.9	58.8	12.8
天 津	Tianjin	130.7	33.2	5.6	5.3	43.7	4.7	11.3	4.9
河 北	Hebei	345.2	66.3	9.3	47.8	137.8	15.3	12.4	22.8
山 西	Shanxi	215.4	22.1	9.0	57.8	66.0	10.6	4.3	9.9
内蒙古	Inner Mongolia	291.4	26.8	11.7	20.6	122.1	34.7	12.2	24.7
辽 宁	Liaoning	607.3	87.7	34.7	51.4	243.0	31.6	33.5	47.6
吉 林	Jilin	313.6	40.5	19.1	11.1	126.7	24.8	10.3	31.3
黑龙江	Heilongjiang	373.4	40.1	12.4	20.8	172.1	34.0	18.0	34.0
上 海	Shanghai	392.9	51.2	28.1	14.8	142.9	15.3	62.1	12.4
江 苏	Jiangsu	1467.0	494.5	119.1	119.3	369.0	51.5	77.5	65.3
浙 江	Zhejiang	895.1	292.6	38.6	17.3	330.7	38.5	61.1	42.9
安 徽	Anhui	480.4	85.2	17.7	7.7	220.8	37.9	16.5	41.8
福 建	Fujian	507.5	90.5	17.8	9.4	233.4	27.6	42.6	29.3
江 西	Jiangxi	336.7	56.6	6.7	9.2	165.6	23.8	16.6	23.9
山 东	Shandong	733.1	142.9	36.9	21.7	334.2	40.6	49.5	42.4
河 南	Henan	501.3	75.5	14.7	7.8	257.6	44.8	21.8	36.9
湖 北	Hubei	634.5	99.9	25.7	18.8	305.1	47.3	29.3	41.8
湖 南	Hunan	537.6	49.0	17.5	10.6	230.5	30.5	94.6	32.1
广 东	Guangdong	1488.6	318.8	39.3	28.2	652.4	77.3	117.5	73.1
广 西	Guangxi	276.5	34.0	7.0	27.4	122.0	17.3	19.3	15.6
海 南	Hainan	100.8	4.6	8.5	8.1	33.6	6.7	10.2	7.7
重 庆	Chongqing	433.7	43.0	18.3	9.7	195.0	31.6	47.5	27.0
四 川	Sichuan	501.1	63.4	19.1	16.4	229.0	47.8	29.0	36.8
贵 州	Guizhou	150.2	14.6	6.0	3.3	71.4	14.3	8.6	10.8
云 南	Yunnan	376.9	46.7	32.3	8.1	153.9	29.7	20.8	22.5
西 藏	Tibet	42.0	2.4	4.5	0.8	17.8	5.9	2.0	3.6
陕 西	Shaanxi	265.6	21.1	9.6	3.3	139.5	28.7	16.7	21.8
甘 肃	Gansu	143.8	12.2	8.4	2.1	74.8	17.7	4.6	10.9
青 海	Qinghai	47.3	4.3	4.4	0.9	21.8	6.5	1.3	3.2
宁 夏	Ningxia	69.7	5.7	2.8	1.5	36.2	6.7	3.7	5.9
新 疆	Xinjiang	183.8	22.7	4.9	6.1	64.9	14.6	9.5	11.4

1-21 分地区私营企业就业人数(2012年底)

Number of Engaged Persons in Private Enterprises at Year-end by Region (2012)

单位: 万户、万人 (10 000 households, 10 000 persons)

地区	Region	户数 Number of Households	就业人数 Number of Engaged Persons	#投资者 Employers	城镇就业人数 Number of Engaged Persons in Urban Areas	#投资者 Employers	乡村就业人数 Number of Engaged Persons in Rural Areas	#投资者 Employers
全国	**National Total**	**1085.7**	**11296.1**	**2200.1**	**7557.4**	**1646.0**	**3738.7**	**554.1**
北京	Beijing	60.0	485.6	114.6	306.2	78.3	179.5	36.3
天津	Tianjin	17.3	101.0	36.6	92.5	33.6	8.5	3.0
河北	Hebei	33.9	250.4	71.4	138.6	53.2	111.8	18.2
山西	Shanxi	20.3	194.6	42.7	105.3	25.7	89.3	17.0
内蒙古	Inner Mongolia	14.7	153.1	32.4	133.1	29.3	20.1	3.1
辽宁	Liaoning	37.4	421.6	68.6	318.7	56.5	102.9	12.1
吉林	Jilin	16.0	166.1	31.9	139.7	28.4	26.4	3.5
黑龙江	Heilongjiang	19.8	217.1	46.8	158.7	35.6	58.5	11.2
上海	Shanghai	84.7	666.5	158.6	362.6	89.1	303.9	69.5
江苏	Jiangsu	131.3	1662.5	233.2	1064.7	168.4	597.7	64.9
浙江	Zhejiang	77.5	986.9	161.9	561.9	110.6	425.0	51.3
安徽	Anhui	30.4	295.5	66.2	195.3	45.7	100.3	20.5
福建	Fujian	34.7	393.9	79.7	336.3	70.0	57.5	9.7
江西	Jiangxi	22.6	329.7	48.3	140.7	28.3	189.0	20.0
山东	Shandong	66.1	755.4	139.9	431.2	97.9	324.2	42.0
河南	Henan	39.4	365.4	92.8	207.8	61.3	157.6	31.5
湖北	Hubei	34.6	338.7	78.7	246.7	62.5	92.0	16.2
湖南	Hunan	24.9	398.4	61.2	281.4	46.1	117.0	15.1
广东	Guangdong	125.6	1097.8	241.2	953.1	215.5	144.7	25.8
广西	Guangxi	22.7	247.9	49.7	137.3	34.4	110.6	15.2
海南	Hainan	10.2	70.0	21.9	62.0	21.1	8.0	0.8
重庆	Chongqing	29.2	370.6	52.7	290.1	42.6	80.5	10.1
四川	Sichuan	44.8	402.9	95.6	216.6	76.1	186.3	19.5
贵州	Guizhou	14.4	123.6	28.9	66.7	17.1	56.8	11.8
云南	Yunnan	20.3	294.7	39.4	236.5	35.1	58.2	4.3
西藏	Tibet	1.0	24.1	2.4	20.0	2.2	4.1	0.2
陕西	Shaanxi	23.8	186.5	44.2	127.2	33.1	59.3	11.1
甘肃	Gansu	9.6	99.8	19.6	64.9	13.5	35.0	6.1
青海	Qinghai	2.2	37.6	4.6	20.1	2.8	17.5	1.8
宁夏	Ningxia	4.6	43.7	10.2	31.5	8.5	12.2	1.8
新疆	Xinjiang	11.7	114.5	24.1	109.8	23.5	4.7	0.6

1-22 分地区个体就业人数(2012年底)

Number of Self-employed Individuals at Year-end by Region (2012)

单位: 万户、万人　　(10 000 households, 10 000 persons)

地区	Region	个体户数 Number of Households	个体就业人数 Number of Engaged Persons	城镇 Urban Area	乡村 Rural Area
全国	**National Total**	**4059.3**	**8628.3**	**5642.7**	**2985.6**
北京	Beijing	69.1	106.7	50.8	55.8
天津	Tianjin	26.1	47.1	38.2	8.9
河北	Hebei	152.0	390.9	206.7	184.2
山西	Shanxi	94.1	191.6	110.1	81.5
内蒙古	Inner Mongolia	96.7	207.8	158.3	49.4
辽宁	Liaoning	167.7	385.4	288.6	96.8
吉林	Jilin	99.1	240.9	173.9	67.0
黑龙江	Heilongjiang	119.4	287.1	214.7	72.4
上海	Shanghai	36.3	45.5	30.3	15.2
江苏	Jiangsu	352.8	570.4	402.3	168.1
浙江	Zhejiang	249.9	559.3	333.2	226.2
安徽	Anhui	151.9	350.7	285.2	65.5
福建	Fujian	95.0	258.9	171.1	87.7
江西	Jiangxi	126.6	330.2	195.9	134.2
山东	Shandong	279.6	619.6	301.8	317.8
河南	Henan	221.6	500.1	293.5	206.6
湖北	Hubei	201.4	572.9	387.8	185.0
湖南	Hunan	168.0	323.5	256.2	67.3
广东	Guangdong	361.9	711.2	535.5	175.7
广西	Guangxi	117.3	229.7	139.1	90.5
海南	Hainan	28.0	46.7	38.7	8.0
重庆	Chongqing	101.7	177.9	143.6	34.3
四川	Sichuan	252.6	481.2	284.4	196.8
贵州	Guizhou	89.5	152.8	83.5	69.4
云南	Yunnan	139.6	268.3	140.3	128.0
西藏	Tibet	10.7	27.3	22.0	5.2
陕西	Shaanxi	90.8	234.0	138.4	95.5
甘肃	Gansu	66.3	126.1	79.0	47.2
青海	Qinghai	13.8	32.3	27.2	5.1
宁夏	Ningxia	22.3	55.2	38.2	17.0
新疆	Xinjiang	57.6	97.2	74.0	23.2

1-23 分行业城镇单位女性就业人员年末人数

Female Employed Persons at Year-end in Urban Units by Sector

单位：万人 (10 000 persons)

行　业	Sector	2003	2004	2005	2006	2007
合　计	**Total**	**4156.1**	**4227.3**	**4324.6**	**4445.7**	**4540.3**
农、林、牧、渔业	Agriculture,Forestry,Animal Husbandry and Fishery	176.1	172.3	165.7	163.5	157.3
采矿业	Mining	119.7	117.1	113.0	115.0	109.7
制造业	Manufacturing	1292.7	1329.8	1397.5	1464.0	1495.0
电力、燃气及水的生产和供应业	Production and Distribution of Electricity,Gas and Water	92.7	93.1	91.3	91.3	90.7
建筑业	Construction	128.4	129.3	134.2	138.1	142.4
交通运输、仓储和邮政业	Transport,Storage and Post	182.5	177.6	171.0	164.7	169.3
信息传输、计算机服务和软件业	Information Transmission, Computer Service and Software	42.1	45.2	48.7	52.4	58.5
批发和零售业	Wholesale and Retail Trades	280.3	260.2	242.3	230.3	228.8
住宿和餐饮业	Hotels and Catering Services	95.0	97.8	98.9	99.5	100.8
金融业	Financial Intermediation	164.5	170.5	172.0	178.6	192.9
房地产业	Real Estate	40.4	44.9	48.3	50.8	56.0
租赁和商务服务业	Leasing and Business Services	62.7	65.6	74.0	78.0	82.1
科学研究、技术服务和地质勘查业	Scientific Research,Technical Services and Geological Prospecting	70.7	70.3	71.6	74.9	75.6
水利、环境和公共设施管理业	Management of Water Conservancy, Environment and Public Facilities	68.8	70.7	73.5	76.6	79.2
居民服务和其他服务业	Services to Households and Other Services	22.2	24.1	21.6	21.9	22.1
教　育	Education	672.8	696.7	713.2	733.8	747.7
卫生、社会保障和社会福利业	Health,Social Securities and Social Welfare	284.5	292.2	300.9	312.9	324.1
文化、体育和娱乐业	Culture, Sports and Entertainment	51.9	50.3	50.1	50.7	52.1
公共管理和社会组织	Public Management and Social Organization	308.1	319.6	336.9	348.6	356.0

注：本表中2003-2011年数据仍执行2002年版的国民经济行业分类标准。

Note: From 2003 to 2011, the classification for national standard of industry classification in this table are still implementing the version of 2002.

1-23 续表 1 continued

单位：万人 (10 000 persons)

行 业	Sector	2008	2009	2010	2011
合 计	**Total**	**4579.6**	**4678.5**	**4861.5**	**5227.7**
农、林、牧、渔业	Agriculture,Forestry,Animal Husbandry and Fishery	148.9	136.1	137.8	132.5
采矿业	Mining	105.1	107.6	105.5	115.9
制造业	Manufacturing	1444.3	1447.9	1501.3	1613.3
电力、燃气及水的生产和供应业	Production and Distribution of Electricity,Gas and Water	90.1	89.8	91.6	95.7
建筑业	Construction	149.3	157.4	165.9	206.5
交通运输、仓储和邮政业	Transport,Storage and Post	171.5	171.2	168.8	178.6
信息传输、计算机服务和软件业	Information Transmission, Computer Service and Software	61.9	66.0	71.3	84.9
批发和零售业	Wholesale and Retail Trades	237.2	239.6	249.7	308.7
住宿和餐饮业	Hotels and Catering Services	105.2	109.2	113.2	131.5
金融业	Financial Intermediation	209.1	225.8	237.7	256.8
房地产业	Real Estate	58.5	64.2	72.4	86.0
租赁和商务服务业	Leasing and Business Services	93.8	97.5	104.1	91.6
科学研究、技术服务和地质勘查业	Scientific Research,Technical Services and Geological Prospecting	80.0	85.6	92.1	90.0
水利、环境和公共设施管理业	Management of Water Conservancy, Environment and Public Facilities	80.9	84.1	89.5	94.3
居民服务和其他服务业	Services to Households and Other Services	24.7	24.0	26.4	25.6
教 育	Education	759.4	775.0	795.0	820.8
卫生、社会保障和社会福利业	Health,Social Securities and Social Welfare	336.8	354.9	379.8	411.4
文化、体育和娱乐业	Culture, Sports and Entertainment	52.5	54.6	55.8	57.4
公共管理和社会组织	Public Management and Social Organization	370.2	388.0	403.7	426.1

1-23 续表 2 continued

单位: 万人 (10 000 person)

行　　业	Sector	2012
合　　计	**Total**	**5458.9**
农、林、牧、渔业	Agriculture, Forestry, Animal Husbandry and Fishery	125.1
采 矿 业	Mining	114.6
制 造 业	Manufacturing	1661
电力、热力、燃气及水生产和供应业	Production and Supply of Electricity, Heat, Gas and Water	97.7
建 筑 业	Construction	233.8
批发和零售业	Wholesale and Retail Trades	339.4
交通运输、仓储和邮政业	Transport, Storage and Post	175.7
住宿和餐饮业	Hotels and Catering Services	140.6
信息传输、软件和信息技术服务业	Information Transmission, Software and Information Technology	90.6
金融业	Financial Intermediation	268.8
房地产业	Real Estate	95.6
租赁和商务服务业	Leasing and Business Services	92.4
科学研究和技术服务业	Scientific Research and Technical Services	101.4
水利、环境和公共设施管理业	Management of Water Conservancy, Environment and Public Facilities	98.2
居民服务、修理和其他服务业	Services to Households, Repair and Other Services	23.1
教　　育	Education	847.5
卫生和社会工作	Health and Social Service	440.1
文化、体育和娱乐业	Culture, Sports and Entertainment	59.4
公共管理、社会保障和社会组织	Public Management, Social Security and Social Organization	453.8

1-24 分登记注册类型城镇单位女性就业人员年末人数

Female Employed Persons at Year-end in Urban Units by Registration Status

单位：万人 (10 000 persons)

年 份 Year	合 计 Total	国有单位 State-owned Units	城镇集体单位 Urban Collective-owned Units	其他单位 Units of Other Types of Ownership
1994	5799.1	3982.5	1451.1	364.5
1995	5889.0	4059.0	1399.0	431.0
1996	5883.3	4088.3	1337.8	457.3
1997	5824.8	4030.2	1271.0	523.6
1999	4613.4	3128.0	702.8	782.7
2000	4411.3	2952.5	605.8	853.0
2001	4225.7	2788.2	509.9	927.5
2002	4156.2	2627.7	436.9	1091.5
2003	4156.1	2529.6	383.9	1242.6
2004	4227.3	2480.7	336.7	1410.0
2005	4324.6	2399.3	299.1	1626.2
2006	4445.7	2386.9	277.7	1781.1
2007	4540.3	2383.0	254.5	1902.8
2008	4579.6	2401.7	234.2	1943.7
2009	4678.5	2391.6	212.7	2074.2
2010	4861.5	2447.4	205.2	2208.9
2011	5227.7	2522.4	195.9	2509.4
2012	5458.9	2590.1	188.4	2680.4

1-25 分登记注册类型城镇单位就业人员平均工资及指数
Average Wage of Employed Persons in Urban Units and Related Indices by Status of Registration

年 份 Year	平均工资(元) Average Wage(yuan)					指数(以上年为100) Indices(preceding year=100)				
	合计 Total	#在岗职工 Of Which: Staff and Workers	国有单位 State-owned Units	城镇集体单位 Urban Collective-owned Units	其他单位 Units of Other Types of Ownership	合计 Total	#在岗职工 Of Which: Staff and Workers	国有单位 State-owned Units	城镇集体单位 Urban Collective-owned Units	其他单位 Units of Other Types of Ownership
1995	5348	5500	5553	3934	7728	118.9	121.2	117.3	121.1	119.9
1996	5980	6210	6207	4312	8521	111.8	112.9	111.8	109.6	110.3
1997	6444	6470	6679	4516	9092	107.8	104.2	107.6	104.7	106.7
1998	7446	7479	7579	5314	9241	115.5	106.6	113.5	117.7	101.6
1999	8319	8346	8443	5758	10142	111.7	111.6	111.4	108.4	109.8
2000	9333	9371	9441	6241	11238	112.2	112.3	111.8	108.4	110.8
2001	10834	10870	11045	6851	12437	116.1	116.0	117.0	109.8	110.7
2002	12373	12422	12701	7636	13486	114.2	114.3	115.0	111.5	108.4
2003	13969	14040	14358	8627	14843	112.9	113.0	113.0	113.0	110.1
2004	15920	16024	16445	9723	16519	114.0	114.1	114.5	112.7	111.3
2005	18200	18364	18978	11176	18362	114.3	114.6	115.4	114.9	111.2
2006	20856	21001	21706	12866	21004	114.6	114.4	114.4	115.1	114.4
2007	24721	24932	26100	15444	24271	118.5	118.7	120.2	120.0	115.6
2008	28898	29229	30287	18103	28552	116.9	117.2	116.0	117.2	117.6
2009	32244	32736	34130	20607	31350	111.6	112.0	112.7	113.8	109.8
2010	36539	37147	38359	24010	35801	113.3	113.5	112.4	116.5	114.2
2011	41799	42452	43483	28791	41323	114.4	114.3	113.4	119.9	115.4
2012	46769	47593	48357	33784	46360	111.9	112.1	111.2	117.3	112.2

1-26 分登记注册类型城镇单位就业人员平均实际工资指数

Average Real Wage Indices of Employed Persons in Urban Units by Status of Registration

年 份 Year	平均实际工资指数(1994年=100) Average Real Wage Indices(year of 1994=100)					平均实际工资指数(上年=100) Average Real Wage Indices(preceding year=100)				
	合计 Total	#在岗职工 Of Which: Staff and Workers	国有单位 State-owned Units	城镇集体单位 Urban Collective-owned Units	其他单位 Units of Other Types of Ownership	合计 Total	#在岗职工 Of Which: Staff and Workers	国有单位 State-owned Units	城镇集体单位 Urban Collective-owned Units	其他单位 Units of Other Types of Ownership
1995	101.8	103.8	100.4	103.7	102.6	101.8	103.8	100.4	103.7	102.6
1996	104.6	107.7	103.2	104.5	104.0	102.8	103.8	102.7	100.7	101.3
1997	109.3	108.9	107.7	106.1	107.7	104.5	101.1	104.4	101.6	103.5
1998	127.1	116.8	123.0	125.6	110.1	116.2	107.2	114.2	118.4	102.3
1999	143.9	132.1	138.8	137.9	122.4	113.2	113.1	112.9	109.8	111.2
2000	160.1	147.1	154.0	148.3	134.6	111.3	111.4	110.9	107.5	109.9
2001	184.6	169.5	178.9	161.7	147.9	115.3	115.2	116.2	109.0	109.9
2002	212.9	195.8	207.8	182.0	162.0	115.4	115.5	116.2	112.6	109.5
2003	238.2	219.3	232.8	203.8	176.7	111.9	112.0	112.0	112.0	109.1
2004	262.8	242.3	258.1	222.3	190.3	110.3	110.5	110.9	109.1	107.7
2005	295.7	273.3	293.1	251.6	208.3	112.5	112.8	113.6	113.1	109.4
2006	333.9	307.9	330.3	285.3	234.7	112.9	112.7	112.7	113.4	112.7
2007	378.6	349.7	379.9	327.6	259.6	113.4	113.6	115.0	114.8	110.6
2008	419.1	388.2	417.4	363.6	289.1	110.7	111.0	109.8	111.0	111.4
2009	472.0	438.7	474.6	417.6	320.3	112.6	113.0	113.7	114.8	110.8
2010	518.2	482.5	517.0	471.4	354.5	109.8	110.0	108.9	112.9	110.7
2011	562.8	523.6	556.8	536.9	388.5	108.6	108.5	107.7	113.9	109.6
2012	613.4	571.6	603.0	613.1	424.7	109.0	109.2	108.3	114.2	109.3

1-27 分行业城镇单位就业人员平均工资
Average Wage of Employed Persons in Urban Units by Sector

单位：元 (yuan)

行　业	Sector	2003	2004	2005	2006	2007
合　计	**Total**	**13969**	**15920**	**18200**	**20856**	**24721**
农、林、牧、渔业	Agriculture, Forestry, Animal Husbandry and Fishery	6884	7497	8207	9269	10847
采 矿 业	Mining	13627	16774	20449	24125	28185
制 造 业	Manufacturing	12671	14251	15934	18225	21144
电力、热力、燃气及水生产和供应业	Production and Supply of Electricity, Heat, Gas and Water	18574	21543	24750	28424	33470
建 筑 业	Construction	11328	12578	14112	16164	18482
批发和零售业	Wholesale and Retail Trades	10894	13012	15256	17796	21074
交通运输、仓储和邮政业	Transport, Storage and Post	15753	18071	20911	24111	27903
住宿和餐饮业	Hotels and Catering Services	11198	12618	13876	15236	17046
信息传输、软件和信息技术服务业	Information Transmission, Software and Information Technology	30897	33449	38799	43435	47700
金融业	Financial Intermediation	20780	24299	29229	35495	44011
房地产业	Real Estate	17085	18467	20253	22238	26085
租赁和商务服务业	Leasing and Business Services	17020	18723	21233	24510	27807
科学研究和技术服务业	Scientific Research and Technical Services	20442	23351	27155	31644	38432
水利、环境和公共设施管理业	Management of Water Conservancy, Environment and Public Facilities	11774	12884	14322	15630	18383
居民服务、修理和其他服务业	Services to Households, Repair and Other Services	12665	13680	15747	18030	20370
教　育	Education	14189	16085	18259	20918	25908
卫生和社会工作	Health and Social Service	16185	18386	20808	23590	27892
文化、体育和娱乐业	Culture, Sports and Entertainment	17098	20522	22670	25847	30430
公共管理、社会保障和社会组织	Public Management, Social Security and Social Organization	15355	17372	20234	22546	27731

1-27 续表 continued

单位：元 (yuan)

行业	Sector	2008	2009	2010	2011	2012
合计	**Total**	**28898**	**32244**	**36539**	**41799**	**46769**
农、林、牧、渔业	Agriculture, Forestry, Animal Husbandry and Fishery	12560	14356	16717	19469	22687
采矿业	Mining	34233	38038	44196	52230	56946
制造业	Manufacturing	24404	26810	30916	36665	41650
电力、热力、燃气及水生产和供应业	Production and Supply of Electricity, Heat, Gas and Water	38515	41869	47309	52723	58202
建筑业	Construction	21223	24161	27529	32103	36483
批发和零售业	Wholesale and Retail Trades	25818	29139	33635	40654	46340
交通运输、仓储和邮政业	Transport, Storage and Post	32041	35315	40466	47078	53391
住宿和餐饮业	Hotels and Catering Services	19321	20860	23382	27486	31267
信息传输、软件和信息技术服务业	Information Transmission, Software and Information Technology	54906	58154	64436	70918	80510
金融业	Financial Intermediation	53897	60398	70146	81109	89743
房地产业	Real Estate	30118	32242	35870	42837	46764
租赁和商务服务业	Leasing and Business Services	32915	35494	39566	46976	53162
科学研究和技术服务业	Scientific Research and Technical Services	45512	50143	56376	64252	69254
水利、环境和公共设施管理业	Management of Water Conservancy, Environment and Public Facilities	21103	23159	25544	28868	32343
居民服务、修理和其他服务业	Services to Households, Repair and Other Services	22858	25172	28206	33169	35135
教育	Education	29831	34543	38968	43194	47734
卫生和社会工作	Health and Social Service	32185	35662	40232	46206	52564
文化、体育和娱乐业	Culture, Sports and Entertainment	34158	37755	41428	47878	53558
公共管理、社会保障和社会组织	Public Management, Social Security and Social Organization	32296	35326	38242	42062	46074

1-28 分地区城镇单位就业人员平均工资

Average Wage of Employed Persons in Urban Units by Region

单位：元 (yuan)

地　区	Region	2003	2004	2005	2006	2007	2008	2009	2010	2011	2012
全　国	**National Total**	**13969**	**15920**	**18200**	**20856**	**24721**	**28898**	**32244**	**36539**	**41799**	**46769**
北　京	Beijing	25008	29216	33660	39684	45823	55844	57779	65158	75482	84742
天　津	Tianjin	18511	21146	24122	27628	33312	39990	43937	51489	55658	61514
河　北	Hebei	11105	12793	14583	16456	19742	24276	27774	31451	35309	38658
山　西	Shanxi	10620	12794	15473	18106	21315	25489	28066	33057	39230	44236
内蒙古	Inner Mongolia	11208	13233	15910	18382	21794	25949	30486	35211	41118	46557
辽　宁	Liaoning	12921	14787	17156	19365	22882	27179	30523	34437	38154	41858
吉　林	Jilin	11048	12388	14380	16393	20371	23294	25943	29003	33610	38407
黑龙江	Heilongjiang	10787	12209	13980	15894	18481	21764	24805	27735	31302	36406
上　海	Shanghai	25565	27965	31578	37585	44976	52122	58336	66115	75591	78673
江　苏	Jiangsu	15619	18054	20885	23657	27212	31297	35217	39772	45487	50639
浙　江	Zhejiang	21116	23243	25696	27570	30818	33622	36553	40640	45162	50197
安　徽	Anhui	10419	12693	15019	17610	21699	25703	28723	33341	39352	44601
福　建	Fujian	14343	15627	17190	19424	22277	25555	28366	32340	38588	44525
江　西	Jiangxi	10382	11713	13524	15370	18144	20597	24165	28363	33239	38512
山　东	Shandong	12554	14321	16564	19135	22734	26234	29398	33321	37618	41904
河　南	Henan	10639	11970	14119	16791	20639	24438	26906	29819	33634	37338
湖　北	Hubei	10575	11692	13725	15779	19548	22384	26547	31811	36128	39846
湖　南	Hunan	12002	13624	15306	17400	21060	24146	26534	29670	34586	38971
广　东	Guangdong	20052	22230	24122	26400	29658	33282	36469	40432	45060	50278
广　西	Guangxi	11611	13234	15079	17571	21251	24798	27322	30673	33032	36386
海　南	Hainan	10396	12622	14377	15843	19220	21767	24790	30775	36244	39485
重　庆	Chongqing	12409	14373	16583	19172	22965	26640	30499	34727	39430	44498
四　川	Sichuan	12320	13887	15638	17612	21081	24725	28149	32567	37330	42339
贵　州	Guizhou	10801	12163	14081	16481	20254	23979	27437	30433	36102	41156
云　南	Yunnan	12629	14255	15732	18262	19912	23305	26163	29195	34004	37629
西　藏	Tibet	23730	27339	26437	29119	42820	44055	45347	49898	49464	51705
陕　西	Shaanxi	11276	12907	14562	16646	20977	25478	29566	33384	38143	43073
甘　肃	Gansu	12062	13328	14654	16991	20657	23632	26743	29096	32092	37679
青　海	Qinghai	15044	16601	18556	21981	25318	30101	32481	36121	41370	46483
宁　夏	Ningxia	12811	14431	16973	20900	25723	30050	32916	37166	42703	47436
新　疆	Xinjiang	13185	14406	15507	17704	21249	24686	27617	32003	38238	44576

1-29 分地区按行业分城镇私营单位就业人员平均工资(2012年)
Average Wage of Employed Persons in Urban Private Units by Sector and Region (2012)

单位：元 (yuan)

地 区	Region	合 计 Total	农、林、牧、渔业 Agriculture, Forestry, Animal Husbandry and Fishery	采 矿 业 Mining	制 造 业 Manufacturing	电力、热力、燃气及水生产和供应业 Production and Supply of Electricity, Heat, Gas and Water	建 筑 业 Construction	批发和零售业 Wholesale and Retail Trades
全 国	**National Average**	**28752**	**21973**	**29684**	**28215**	**25478**	**30911**	**27233**
北 京	Beijing	42882	27381	37949	38498	39565	38143	37981
天 津	Tianjin	35309	35218	36063	35721	28620	36283	33793
河 北	Hebei	25158	22213	25338	25677	24391	26586	23034
山 西	Shanxi	23452	17600	30641	23173	25722	26741	21380
内蒙古	Inner Mongolia	29761	27286	37107	30836	31645	28733	26900
辽 宁	Liaoning	26369	20952	25945	26041	24884	29134	24841
吉 林	Jilin	21970	18039	26032	20431	18677	23515	22510
黑龙江	Heilongjiang	21753	16960	25327	22133	20606	24127	19201
上 海	Shanghai	28898	20357		27226	29707	29377	24952
江 苏	Jiangsu	32069	26974	27955	32020	30331	32435	31261
浙 江	Zhejiang	32117	25843	29919	29819	27377	36473	30828
安 徽	Anhui	27601	24076	29563	28085	26107	33100	23489
福 建	Fujian	31104	27207	32418	30476	24573	32952	29467
江 西	Jiangxi	23506	19218	25232	23488	27635	26219	19428
山 东	Shandong	29206	27206	30959	29390	33262	29567	27740
河 南	Henan	21255	17071	22361	20844	21024	24054	19339
湖 北	Hubei	23037	16140	24971	22640	23430	23870	20739
湖 南	Hunan	24396	19898	31685	23981	24818	28694	20023
广 东	Guangdong	31920	22948	27276	31670	19181	30928	33511
广 西	Guangxi	25086	19501	25997	25332	26489	26524	26279
海 南	Hainan	24446	16988	28525	24367	18648	28931	23730
重 庆	Chongqing	31035	25085	34615	30214	32177	31310	30120
四 川	Sichuan	25912	22843	31302	25324	27148	26390	24242
贵 州	Guizhou	25962	15413	34425	22300	38523	23071	19673
云 南	Yunnan	20950	17124	21086	17849	10058	25442	21358
西 藏	Tibet							
陕 西	Shaanxi	22753	19514	30298	22450	21277	23290	22306
甘 肃	Gansu	20922	15366	24488	19563	18746	22158	21971
青 海	Qinghai	23056	19468	23728	24265	22685	24321	21666
宁 夏	Ningxia	25734	18442	30835	27413	22627	27830	21092
新 疆	Xinjiang	29486	23683	40580	28876	28189	37844	24048

1-29 续表 1 continued

单位：元 (yuan)

地 区	Region	交通运输、仓储和邮政业 Transport, Storage and Post	住宿和餐饮业 Hotels and Catering Services	信息传输、软件和信息技术服务业 Information Transmission, Software and Information Technology	金融业 Financial Intermediation	房地产业 Real Estate	租赁和商务服务业 Leasing and Business Services
全 国	**National Average**	**28159**	**23933**	**39518**	**32696**	**30778**	**31796**
北 京	Beijing	36321	32120	68161	61216	49156	47112
天 津	Tianjin	36772	27537	47917	34213	51706	33877
河 北	Hebei	28904	23100	25719	25611	25891	23894
山 西	Shanxi	18800	18909	20660	30753	29294	15226
内蒙古	Inner Mongolia	32525	25795	26911	31313	28478	27429
辽 宁	Liaoning	26680	23044	29164	27639	27829	27245
吉 林	Jilin	24017	20187	27738	29012	22136	23185
黑龙江	Heilongjiang	21883	24169	20160	25287	21659	17817
上 海	Shanghai	30793	27130	54206	36489	26576	34836
江 苏	Jiangsu	31778	28282	38178	34808	32984	33849
浙 江	Zhejiang	35254	26535	38008	49879	32880	33957
安 徽	Anhui	30112	22920	18914	22772	28043	22931
福 建	Fujian	33544	25701	37595	31149	32337	31025
江 西	Jiangxi	23624	19226	22032	27422	28539	23014
山 东	Shandong	29986	26700	32124	31242	31404	30525
河 南	Henan	19581	19352	19111	21652	22621	21498
湖 北	Hubei	19763	21107	44776	33975	30361	21929
湖 南	Hunan	22577	20042	29163	22832	24057	23141
广 东	Guangdong	33049	25233	58905	35722	33140	36607
广 西	Guangxi	24762	22250	20541	22470	27385	25998
海 南	Hainan	21325	18868	21353	22685	29734	26203
重 庆	Chongqing	29152	24310	34392	43965	39720	31591
四 川	Sichuan	26508	23652	29774	29824	27573	23638
贵 州	Guizhou	21203	18740	32767	48843	28345	17931
云 南	Yunnan	21553	18120	16276	25443	19163	20281
西 藏	Tibet						
陕 西	Shaanxi	23220	20264	26518	25580	27613	24531
甘 肃	Gansu	23037	18661	23540	16821	15803	22243
青 海	Qinghai	23028	21977	19872	20949	21236	23822
宁 夏	Ningxia	20839	19310	20880	23392	27830	20812
新 疆	Xinjiang	28966	23806	25610	28847	31252	23595

1-29 续表 2 continued

单位：元 (yuan)

地 区	Region	科学研究和技术服务业 Scientific Research and Technical Services	水利、环境和公共设施管理业 Management of Water Conservancy, Environment and Public Facilities	居民服务、修理和其他服务业 Services to Households, Repair and Other Services	教育 Education	卫生和社会工作 Health and Social Service	文化、体育和娱乐业 Culture, Sports and Entertainment	公共管理、社会保障和社会组织 Public Management, Social Security and Social Organization
全 国	**National Average**	**36598**	**26402**	**24068**	**26625**	**29173**	**26177**	**10858**
北 京	Beijing	46245	49671	32248	42034	46936	35961	26988
天 津	Tianjin	36718	27581	23513	31826	33344	29614	29002
河 北	Hebei	28733	21438	21601	22185	25230	21939	26803
山 西	Shanxi	23954	20681	18731	17734	17952	18629	
内蒙古	Inner Mongolia	26257	26860	26291	26109	27969	28495	26143
辽 宁	Liaoning	25633	23026	23457	25565	24510	25503	20296
吉 林	Jilin	27630	19969	21610	23077	30105	20126	
黑龙江	Heilongjiang	28047	17068	15659	20862	21135	16878	15000
上 海	Shanghai	43638	25651	20532	35895	35336	26906	
江 苏	Jiangsu	37866	31329	30309	32264	33202	29752	
浙 江	Zhejiang	37042	28464	25546	32629	41195	29909	
安 徽	Anhui	35976	22857	19401	33398	25733	24269	22396
福 建	Fujian	37321	25445	27669	29732	33243	30545	19073
江 西	Jiangxi	26142	23439	19253	22516	26729	21529	
山 东	Shandong	32427	28470	28352	27557	28121	27681	26270
河 南	Henan	26399	20480	18705	21028	24293	19982	15342
湖 北	Hubei	27240	19402	20319	22516	24418	22016	18011
湖 南	Hunan	23251	23092	20722	27836	29732	20565	14179
广 东	Guangdong	48696	26524	28900	29118	39262	28311	
广 西	Guangxi	26386	20987	22174	21415	27247	20601	
海 南	Hainan	31582	30118	18295	19529	31616	19775	15600
重 庆	Chongqing	37319	26410	25508	30287	33498	31373	24777
四 川	Sichuan	27495	28175	22779	25687	27579	25821	
贵 州	Guizhou	26225	14028	17123	22876	24984	17100	17330
云 南	Yunnan	23568	20773	20332	18704	16435	11786	20226
西 藏	Tibet							
陕 西	Shaanxi	34187	20493	20881	25160	21051	23631	8884
甘 肃	Gansu	19670	17053	16549	25631	21298	17270	13622
青 海	Qinghai	26093	17024	20525	18369	21617	20627	
宁 夏	Ningxia	24422	28715	19353	23280	24749	18183	14470
新 疆	Xinjiang	30500	22446	21843	23493	26461	18168	

1-30 国内生产总值及构成
Gross Domestic Product and Its Composition

单位：亿元 (100 million yuan)

年 份 Year	国内生产总 值 Gross Domestic Product	第一产业 Primary Industry		第二产业 Secondary Industry		第三产业 Tertiary Industry		人均国内生产总值（元） Per Capita GDP (yuan)
		绝对数 Value	比重（%） Proportion	绝对数 Value	比重（%） Proportion	绝对数 Value	比重（%） Proportion	
1978	3645.2	1027.5	28.2	1745.2	47.9	872.5	23.9	381
1979	4062.6	1270.2	31.3	1913.5	47.1	878.9	21.6	419
1980	4545.6	1371.6	30.2	2192.0	48.2	982.0	21.6	463
1981	4891.6	1559.5	31.9	2255.5	46.1	1076.6	22.0	492
1982	5323.4	1777.4	33.4	2383.0	44.8	1163.0	21.8	528
1983	5962.7	1978.4	33.2	2646.2	44.4	1338.1	22.4	583
1984	7208.1	2316.1	32.1	3105.7	43.1	1786.3	24.8	695
1985	9016.0	2564.4	28.4	3866.6	42.9	2585.0	28.7	858
1986	10275.2	2788.7	27.1	4492.7	43.7	2993.8	29.1	963
1987	12058.6	3233.0	26.8	5251.6	43.6	3574.0	29.6	1112
1988	15042.8	3865.4	25.7	6587.2	43.8	4590.3	30.5	1366
1989	16992.3	4265.9	25.1	7278.0	42.8	5448.4	32.1	1519
1990	18667.8	5062.0	27.1	7717.4	41.3	5888.4	31.5	1644
1991	21781.5	5342.2	24.5	9102.2	41.8	7337.1	33.7	1893
1992	26923.5	5866.6	21.8	11699.5	43.5	9357.4	34.8	2311
1993	35333.9	6963.8	19.7	16454.4	46.6	11915.7	33.7	2998
1994	48197.9	9572.7	19.9	22445.4	46.6	16179.8	33.6	4044
1995	60793.7	12135.8	20.0	28679.5	47.2	19978.5	32.9	5046
1996	71176.6	14015.4	19.7	33835.0	47.5	23326.2	32.8	5846
1997	78973.0	14441.9	18.3	37543.0	47.5	26988.1	34.2	6420
1998	84402.3	14817.6	17.6	39004.2	46.2	30580.5	36.2	6796
1999	89677.1	14770.0	16.5	41033.6	45.8	33873.4	37.8	7159
2000	99214.6	14944.7	15.1	45555.9	45.9	38714.0	39.0	7858
2001	109655.2	15781.3	14.4	49512.3	45.2	44361.6	40.5	8622
2002	120332.7	16537.0	13.7	53896.8	44.8	49898.9	41.5	9398
2003	135822.8	17381.7	12.8	62436.3	46.0	56004.7	41.2	10542
2004	159878.3	21412.7	13.4	73904.3	46.2	64561.3	40.4	12336
2005	184937.4	22420.0	12.1	87598.1	47.4	74919.3	40.5	14185
2006	216314.4	24040.0	11.1	103719.5	47.9	88554.9	40.9	16500
2007	265810.3	28627.0	10.8	125831.4	47.3	111351.9	41.9	20169
2008	314045.4	33702.0	10.7	149003.4	47.4	131340.0	41.8	23708
2009	340902.8	35226.0	10.3	157638.8	46.2	148038.0	43.4	25608
2010	401512.8	40533.6	10.1	187383.2	46.7	173596.0	43.2	30015
2011	473104.0	47486.2	10.0	220412.8	46.6	205205.0	43.4	35198
2012	518942.1	52373.6	10.1	235162.0	45.3	231406.5	44.6	38420

注：1.本表按当年价格计算。
2.2012年为初步核实数据(下表同)。

Note: a) Data in this table are calculated at current prices.
b) Data of 2012 were preliminary verification. The same applies to the table following.

1-31 国内生产总值指数

Indices of Gross Domestic Product

(上年=100) (preceding year=100)

年 份 Year	国内生产总值 Gross Domestic Product	第一产业 Primary Industry	第二产业 Secondary Industry	第三产业 Tertiary Industry	人均国内生产总值 Per Capita GDP
1978	111.7	104.1	115.0	113.8	110.2
1979	107.6	106.1	108.2	107.9	106.1
1980	107.8	98.5	113.6	106.0	106.5
1981	105.2	107.0	101.9	110.4	103.9
1982	109.1	111.5	105.6	113.0	107.5
1983	110.9	108.3	110.4	115.2	109.3
1984	115.2	112.9	114.5	119.3	113.7
1985	113.5	101.8	118.6	118.2	111.9
1986	108.8	103.3	110.2	112.0	107.2
1987	111.6	104.7	113.7	114.4	109.8
1988	111.3	102.5	114.5	113.2	109.5
1989	104.1	103.1	103.8	105.4	102.5
1990	103.8	107.3	103.2	102.3	102.3
1991	109.2	102.4	113.9	108.9	107.7
1992	114.2	104.7	121.2	112.4	112.8
1993	114.0	104.7	119.9	112.2	112.7
1994	113.1	104.0	118.4	111.1	111.8
1995	110.9	105.0	113.9	109.8	109.7
1996	110.0	105.1	112.1	109.4	108.9
1997	109.3	103.5	110.5	110.7	108.2
1998	107.8	103.5	108.9	108.4	106.8
1999	107.6	102.8	108.1	109.3	106.7
2000	108.4	102.4	109.4	109.7	107.6
2001	108.3	102.8	108.4	110.3	107.5
2002	109.1	102.9	109.8	110.4	108.4
2003	110.0	102.5	112.7	109.5	109.3
2004	110.1	106.3	111.1	110.1	109.4
2005	111.3	105.2	112.1	112.2	110.7
2006	112.7	105.0	113.4	114.1	112.0
2007	114.2	103.7	115.1	116.0	113.6
2008	109.6	105.4	109.9	110.4	109.1
2009	109.2	104.2	109.9	109.6	108.7
2010	110.4	104.3	112.3	109.8	109.9
2011	109.3	104.3	110.3	109.4	108.8
2012	107.7	104.5	107.9	108.1	107.1

注：本表按不变价格计算。

Note: Data in this table are calculated at constant prices.

第二部分

Chapter Two

2012 年全国人口变动情况抽样调查数据

Data from 2012 National Sample Survey on Population Changes

2-1 各地区人口数及人口自然变动情况
Total Population and Natural Changes by Region

地区	Region	出生率 (‰) Birth Rate (‰)	死亡率 (‰) Death Rate (‰)	自然增长率 (‰) Natural Growth Rate (‰)	总人口(年末) (万人) Total Population (year-end) (10 000 persons)
全 国	National Total	**12.10**	**7.15**	**4.95**	**135404**
北 京	Beijing	9.05	4.31	4.74	2069
天 津	Tianjin	8.75	6.12	2.63	1413
河 北	Hebei	12.88	6.41	6.47	7288
山 西	Shanxi	10.70	5.83	4.87	3611
内蒙古	Inner Mongolia	9.17	5.52	3.65	2490
辽 宁	Liaoning	6.15	6.54	-0.39	4389
吉 林	Jilin	5.73	5.37	0.36	2750
黑龙江	Heilongjiang	7.30	6.03	1.27	3834
上 海	Shanghai	9.56	5.36	4.20	2380
江 苏	Jiangsu	9.44	6.99	2.45	7920
浙 江	Zhejiang	10.12	5.52	4.60	5477
安 徽	Anhui	13.00	6.14	6.86	5988
福 建	Fujian	12.74	5.73	7.01	3748
江 西	Jiangxi	13.46	6.14	7.32	4504
山 东	Shandong	11.90	6.95	4.95	9685
河 南	Henan	11.87	6.71	5.16	9406
湖 北	Hubei	11.00	6.12	4.88	5779
湖 南	Hunan	13.58	7.01	6.57	6639
广 东	Guangdong	11.60	4.65	6.95	10594
广 西	Guangxi	14.20	6.31	7.89	4682
海 南	Hainan	14.66	5.81	8.85	887
重 庆	Chongqing	10.86	6.86	4.00	2945
四 川	Sichuan	9.89	6.92	2.97	8076
贵 州	Guizhou	13.27	6.96	6.31	3484
云 南	Yunnan	12.63	6.41	6.22	4659
西 藏	Tibet	15.48	5.21	10.27	308
陕 西	Shaanxi	10.12	6.24	3.88	3753
甘 肃	Gansu	12.11	6.05	6.06	2578
青 海	Qinghai	14.30	6.06	8.24	573
宁 夏	Ningxia	13.26	4.33	8.93	647
新 疆	Xinjiang	15.32	4.48	10.84	2233

注：1.本表数据根据2012年人口变动情况抽样调查数据推算。
2.全国总人口包括现役军人数，分地区数字中未包括；全国总人口未包括香港、澳门特别行政区和台湾省的人口数据。
3.全国总人口根据2012年人口变动情况抽样误差和调查误差进行了修正，分地区人口未做修正。

Note:a) Data in this table are estimates from the 2012 National Sample Survey on Population Changes.
b) The military personnel were included in the national total population, but were not included in the population by region. The national total population does not include the population of Hong Kong SAR, Macao SAR and Taiwan Province.
c) The national total population were adjusted on the basis of sampling errors and survey errors from the 2012 National Sample Survey on Population Changes. Similar adjustments were not made to regional figures.

2-2 各地区人口的城乡构成

Population by Urban and Rural Residence and Region

单位：万人 (10 000 persons)

地 区	Region	总人口 (年末) Total Population (year-end)	城镇人口 Urban Population		乡村人口 Rural Population	
			人口数 Population	比重 (%) Proportion	人口数 Population	比重 (%) Proportion
全 国	National Total	**135404**	**71182**	**52.57**	**64222**	**47.43**
北 京	Beijing	2069	1784	86.20	286	13.80
天 津	Tianjin	1413	1152	81.55	261	18.45
河 北	Hebei	7288	3411	46.80	3877	53.20
山 西	Shanxi	3611	1851	51.26	1760	48.74
内蒙古	Inner Mongolia	2490	1438	57.74	1052	42.26
辽 宁	Liaoning	4389	2881	65.65	1508	34.35
吉 林	Jilin	2750	1477	53.70	1273	46.30
黑龙江	Heilongjiang	3834	2182	56.90	1652	43.10
上 海	Shanghai	2380	2126	89.30	255	10.70
江 苏	Jiangsu	7920	4990	63.00	2930	37.00
浙 江	Zhejiang	5477	3461	63.20	2016	36.80
安 徽	Anhui	5988	2784	46.50	3204	53.50
福 建	Fujian	3748	2234	59.60	1514	40.40
江 西	Jiangxi	4504	2140	47.51	2364	52.49
山 东	Shandong	9685	5078	52.43	4607	47.57
河 南	Henan	9406	3991	42.43	5415	57.57
湖 北	Hubei	5779	3092	53.50	2687	46.50
湖 南	Hunan	6639	3097	46.65	3542	53.35
广 东	Guangdong	10594	7140	67.40	3454	32.60
广 西	Guangxi	4682	2038	43.53	2644	56.47
海 南	Hainan	887	457	51.60	429	48.40
重 庆	Chongqing	2945	1678	56.98	1267	43.02
四 川	Sichuan	8076	3516	43.53	4561	56.47
贵 州	Guizhou	3484	1269	36.41	2216	63.59
云 南	Yunnan	4659	1831	39.31	2828	60.69
西 藏	Tibet	308	70	22.75	238	77.25
陕 西	Shaanxi	3753	1877	50.02	1876	49.98
甘 肃	Gansu	2578	999	38.75	1579	61.25
青 海	Qinghai	573	272	47.44	301	52.56
宁 夏	Ningxia	647	328	50.67	319	49.33
新 疆	Xinjiang	2233	982	43.98	1251	56.02

注：本表数据根据2012年人口变动情况抽样调查数据推算。

a) Data in the table are estimates from the 2012 National Sample Survey on Population Changes.

2-3 全国分年龄、性别的人口数

Population by Age and Sex

单位：人、% (person,%)

年龄 Age	人口数 Population 合计 Total	男 Male	女 Female	占总人口比重 Percentage to Total Population 合计 Total	男 Male	女 Female	性别比 (女=100) Sex Ratio (Famale=100)
总计 Total	**1124661**	**576354**	**548307**	**100.00**	**51.25**	**48.75**	**105.12**
0-4	**63981**	**34694**	**29287**	**5.69**	**3.08**	**2.60**	**118.46**
0	12312	6687	5625	1.09	0.59	0.50	118.87
1	10683	5707	4976	0.95	0.51	0.44	114.69
2	12925	7066	5859	1.15	0.63	0.52	120.60
3	13797	7524	6273	1.23	0.67	0.56	119.95
4	14264	7710	6554	1.27	0.69	0.58	117.65
5-9	**61309**	**33252**	**28057**	**5.45**	**2.96**	**2.49**	**118.52**
5	12816	6857	5959	1.14	0.61	0.53	115.07
6	12907	7013	5893	1.15	0.62	0.52	119.00
7	12287	6675	5612	1.09	0.59	0.50	118.93
8	12307	6741	5566	1.09	0.60	0.49	121.10
9	10993	5967	5026	0.98	0.53	0.45	118.71
10-14	**59845**	**32370**	**27475**	**5.32**	**2.88**	**2.44**	**117.82**
10	11280	6045	5235	1.00	0.54	0.47	115.46
11	12034	6456	5578	1.07	0.57	0.50	115.74
12	12143	6662	5481	1.08	0.59	0.49	121.55
13	11640	6403	5237	1.03	0.57	0.47	122.27
14	12748	6804	5944	1.13	0.61	0.53	114.47
15-19	**73914**	**38909**	**35005**	**6.57**	**3.46**	**3.11**	**111.15**
15	13466	7057	6409	1.20	0.63	0.57	110.13
16	14955	7872	7083	1.33	0.70	0.63	111.14
17	15872	8465	7407	1.41	0.75	0.66	114.29
18	14430	7632	6798	1.28	0.68	0.60	112.26
19	15190	7882	7308	1.35	0.70	0.65	107.86
20-24	**101742**	**52033**	**49709**	**9.05**	**4.63**	**4.42**	**104.68**
20	17480	9271	8210	1.55	0.82	0.73	112.92
21	18453	9428	9025	1.64	0.84	0.80	104.47
22	23079	11611	11468	2.05	1.03	1.02	101.25
23	21820	11080	10740	1.94	0.99	0.95	103.17
24	20909	10643	10266	1.86	0.95	0.91	103.67
25-29	**89936**	**45257**	**44679**	**8.00**	**4.02**	**3.97**	**101.29**
25	21057	10619	10438	1.87	0.94	0.93	101.73
26	18903	9444	9459	1.68	0.84	0.84	99.85
27	16675	8415	8260	1.48	0.75	0.73	101.88
28	16682	8460	8222	1.48	0.75	0.73	102.89
29	16618	8318	8300	1.48	0.74	0.74	100.22

注：由于各地区数据采用加权汇总的方法，全国人口变动情况抽样调查样本数据合计与各分项相加略有误差(以下表同)。

Note: Because data by region are calculated by the method of weighted sum, total data of the national sample survey on population changes is not equal to the sum of each item. The same applies to the tables following.

2-3 续表 1 continued

单位：人、% (person,%)

年 龄 Age	人口数 Population			占总人口比重 Percentage to Total Population			性别比 (女=100) Sex Ratio (Famale=100)
	合计 Total	男 Male	女 Female	合计 Total	男 Male	女 Female	
30-34	**83586**	**42539**	**41047**	**7.43**	**3.78**	**3.65**	**103.64**
30	18547	9348	9199	1.65	0.83	0.82	101.62
31	16502	8366	8136	1.47	0.74	0.72	102.82
32	15684	8020	7663	1.39	0.71	0.68	104.66
33	16487	8445	8042	1.47	0.75	0.72	105.01
34	16366	8360	8006	1.46	0.74	0.71	104.43
35-39	**89054**	**45524**	**43530**	**7.92**	**4.05**	**3.87**	**104.58**
35	15232	7729	7503	1.35	0.69	0.67	103.01
36	16955	8665	8290	1.51	0.77	0.74	104.53
37	17469	8947	8522	1.55	0.80	0.76	104.99
38	19184	9837	9347	1.71	0.87	0.83	105.24
39	20214	10346	9869	1.80	0.92	0.88	104.83
40-44	**107532**	**54913**	**52620**	**9.56**	**4.88**	**4.68**	**104.36**
40	20673	10576	10098	1.84	0.94	0.90	104.73
41	20834	10700	10135	1.85	0.95	0.90	105.57
42	22667	11530	11137	2.02	1.03	0.99	103.53
43	20767	10590	10177	1.85	0.94	0.90	104.05
44	22591	11518	11073	2.01	1.02	0.98	104.02
45-49	**99312**	**50563**	**48748**	**8.83**	**4.50**	**4.33**	**103.72**
45	17550	8932	8618	1.56	0.79	0.77	103.65
46	19813	10116	9697	1.76	0.90	0.86	104.33
47	20066	10263	9803	1.78	0.91	0.87	104.70
48	19391	9767	9623	1.72	0.87	0.86	101.50
49	22492	11484	11008	2.00	1.02	0.98	104.33
50-54	**61916**	**31554**	**30362**	**5.51**	**2.81**	**2.70**	**103.93**
50	16364	8344	8021	1.46	0.74	0.71	104.03
51	9197	4570	4627	0.82	0.41	0.41	98.77
52	11690	5932	5758	1.04	0.53	0.51	103.03
53	10844	5507	5337	0.96	0.49	0.47	103.18
54	13821	7201	6620	1.23	0.64	0.59	108.78
55-59	**71403**	**36136**	**35267**	**6.35**	**3.21**	**3.14**	**102.46**
55	15186	7762	7424	1.35	0.69	0.66	104.56
56	14087	7194	6893	1.25	0.64	0.61	104.36
57	14392	7290	7102	1.28	0.65	0.63	102.64
58	14487	7283	7204	1.29	0.65	0.64	101.11
59	13252	6607	6645	1.18	0.59	0.59	99.43
60-64	**55427**	**27928**	**27499**	**4.93**	**2.48**	**2.45**	**101.56**
60	13259	6612	6646	1.18	0.59	0.59	99.49
61	11246	5520	5726	1.00	0.49	0.51	96.40
62	11015	5679	5336	0.98	0.50	0.47	106.42
63	10675	5445	5230	0.95	0.48	0.46	104.12
64	9232	4672	4561	0.82	0.42	0.41	102.42

2-3 续表 2 continued

单位：人、% (person,%)

年 龄 Age	人口数 Population			占总人口比重 Percentage to Total Population			性别比 (女=100) Sex Ratio (Famale=100)
	合计 Total	男 Male	女 Female	合计 Total	男 Male	女 Female	
65-69	**37579**	**18728**	**18851**	**3.34**	**1.67**	**1.68**	**99.35**
65	8807	4370	4437	0.78	0.39	0.39	98.48
66	8220	4025	4195	0.73	0.36	0.37	95.93
67	7354	3714	3641	0.65	0.33	0.32	102.01
68	6958	3521	3437	0.62	0.31	0.31	102.46
69	6241	3099	3141	0.55	0.28	0.28	98.66
70-74	**28225**	**13991**	**14234**	**2.51**	**1.24**	**1.27**	**98.30**
70	6199	3156	3043	0.55	0.28	0.27	103.71
71	6166	3028	3137	0.55	0.27	0.28	96.53
72	5702	2838	2864	0.51	0.25	0.25	99.08
73	4809	2355	2454	0.43	0.21	0.22	95.99
74	5349	2614	2736	0.48	0.23	0.24	95.55
75-79	**21250**	**10125**	**11126**	**1.89**	**0.90**	**0.99**	**91.00**
75	4823	2364	2460	0.43	0.21	0.22	96.10
76	4641	2223	2418	0.41	0.20	0.21	91.95
77	4209	1961	2247	0.37	0.17	0.20	87.27
78	3856	1823	2033	0.34	0.16	0.18	89.67
79	3722	1754	1968	0.33	0.16	0.17	89.11
80-84	**12147**	**5428**	**6719**	**1.08**	**0.48**	**0.60**	**80.79**
80	3130	1415	1715	0.28	0.13	0.15	82.49
81	2611	1247	1363	0.23	0.11	0.12	91.48
82	2637	1155	1482	0.23	0.10	0.13	77.93
83	1941	816	1125	0.17	0.07	0.10	72.54
84	1828	795	1033	0.16	0.07	0.09	76.97
85-89	**4780**	**1859**	**2921**	**0.42**	**0.17**	**0.26**	**63.64**
85	1376	571	805	0.12	0.05	0.07	70.94
86	1146	451	696	0.10	0.04	0.06	64.78
87	972	363	609	0.09	0.03	0.05	59.72
88	728	284	444	0.06	0.03	0.04	63.87
89	558	190	368	0.05	0.02	0.03	51.75
90-94	**1439**	**484**	**955**	**0.13**	**0.04**	**0.08**	**50.63**
90	471	168	303	0.04	0.01	0.03	55.41
91	365	123	242	0.03	0.01	0.02	50.68
92	308	96	212	0.03	0.01	0.02	45.37
93	155	59	96	0.01	0.01	0.01	61.86
94	140	38	103	0.01		0.01	36.76
95+	**283**	**66**	**217**	**0.03**	**0.01**	**0.02**	**30.12**

2-4 全国城市分年龄、性别的人口数

City Population by Age and Sex

单位：人、%　　(person,%)

年龄 Age	人口数 Population			占总人口比重 Percentage to Total Population			性别比 (女=100) Sex Ratio (Famale=100)
	合计 Total	男 Male	女 Female	合计 Total	男 Male	女 Female	
总计 Total	**346473**	**176022**	**170451**	**100.00**	**50.80**	**49.20**	**103.27**
0-4	**15132**	**8081**	**7051**	**4.37**	**2.33**	**2.04**	**114.60**
0	2833	1550	1283	0.82	0.45	0.37	120.80
1	2679	1370	1309	0.77	0.40	0.38	104.70
2	3140	1638	1501	0.91	0.47	0.43	109.11
3	3168	1725	1443	0.91	0.50	0.42	119.53
4	3313	1798	1515	0.96	0.52	0.44	118.66
5-9	**14131**	**7545**	**6585**	**4.08**	**2.18**	**1.90**	**114.58**
5	3049	1623	1426	0.88	0.47	0.41	113.83
6	2836	1502	1333	0.82	0.43	0.38	112.68
7	2876	1521	1355	0.83	0.44	0.39	112.26
8	2851	1538	1313	0.82	0.44	0.38	117.15
9	2519	1361	1158	0.73	0.39	0.33	117.47
10-14	**14212**	**7672**	**6540**	**4.10**	**2.21**	**1.89**	**117.31**
10	2693	1458	1234	0.78	0.42	0.36	118.16
11	2840	1503	1337	0.82	0.43	0.39	112.38
12	2890	1590	1299	0.83	0.46	0.38	122.40
13	2784	1527	1257	0.80	0.44	0.36	121.50
14	3006	1593	1412	0.87	0.46	0.41	112.81
15-19	**21941**	**11339**	**10602**	**6.33**	**3.27**	**3.06**	**106.94**
15	3422	1747	1675	0.99	0.50	0.48	104.28
16	4093	2073	2020	1.18	0.60	0.58	102.60
17	4811	2544	2266	1.39	0.73	0.65	112.28
18	4337	2274	2063	1.25	0.66	0.60	110.19
19	5279	2701	2578	1.52	0.78	0.74	104.79
20-24	**36356**	**18393**	**17962**	**10.49**	**5.31**	**5.18**	**102.40**
20	6477	3364	3112	1.87	0.97	0.90	108.10
21	6874	3319	3555	1.98	0.96	1.03	93.35
22	8164	4057	4106	2.36	1.17	1.19	98.81
23	7646	3946	3701	2.21	1.14	1.07	106.62
24	7195	3707	3487	2.08	1.07	1.01	106.31
25-29	**33198**	**16527**	**16672**	**9.58**	**4.77**	**4.81**	**99.13**
25	7365	3680	3685	2.13	1.06	1.06	99.88
26	6846	3398	3448	1.98	0.98	1.00	98.53
27	6106	3056	3050	1.76	0.88	0.88	100.20
28	6408	3195	3213	1.85	0.92	0.93	99.46
29	6473	3197	3276	1.87	0.92	0.95	97.60

2-4 续表 1 continued

单位：人、% (person,%)

年 龄 Age	人口数 Population			占总人口比重 Percentage to Total Population			性别比 (女=100)
	合计 Total	男 Male	女 Female	合计 Total	男 Male	女 Female	Sex Ratio (Famale=100)
30-34	**32242**	**16289**	**15954**	**9.31**	**4.70**	**4.60**	**102.10**
30	7485	3693	3792	2.16	1.07	1.09	97.39
31	6312	3196	3117	1.82	0.92	0.90	102.54
32	6020	3072	2948	1.74	0.89	0.85	104.23
33	6429	3283	3146	1.86	0.95	0.91	104.35
34	5996	3045	2951	1.73	0.88	0.85	103.17
35-39	**31222**	**15905**	**15317**	**9.01**	**4.59**	**4.42**	**103.84**
35	5649	2805	2844	1.63	0.81	0.82	98.60
36	5916	2975	2941	1.71	0.86	0.85	101.14
37	6028	3052	2977	1.74	0.88	0.86	102.52
38	6519	3397	3122	1.88	0.98	0.90	108.79
39	7110	3677	3433	2.05	1.06	0.99	107.12
40-44	**34842**	**17886**	**16956**	**10.06**	**5.16**	**4.89**	**105.48**
40	7092	3737	3356	2.05	1.08	0.97	111.36
41	6863	3499	3364	1.98	1.01	0.97	104.03
42	7463	3782	3681	2.15	1.09	1.06	102.74
43	6612	3361	3251	1.91	0.97	0.94	103.37
44	6811	3507	3305	1.97	1.01	0.95	106.12
45-49	**29891**	**15458**	**14432**	**8.63**	**4.46**	**4.17**	**107.11**
45	5058	2665	2392	1.46	0.77	0.69	111.41
46	5620	2855	2766	1.62	0.82	0.80	103.22
47	6022	3142	2880	1.74	0.91	0.83	109.09
48	6078	3127	2951	1.75	0.90	0.85	105.99
49	7112	3669	3443	2.05	1.06	0.99	106.56
50-54	**19483**	**9958**	**9525**	**5.62**	**2.87**	**2.75**	**104.54**
50	4839	2526	2312	1.40	0.73	0.67	109.27
51	2912	1433	1479	0.84	0.41	0.43	96.88
52	3853	1984	1869	1.11	0.57	0.54	106.15
53	3558	1814	1744	1.03	0.52	0.50	104.03
54	4322	2201	2121	1.25	0.64	0.61	103.76
55-59	**20930**	**10502**	**10427**	**6.04**	**3.03**	**3.01**	**100.72**
55	4735	2408	2327	1.37	0.69	0.67	103.45
56	4162	2110	2052	1.20	0.61	0.59	102.85
57	4187	2108	2079	1.21	0.61	0.60	101.35
58	4172	2081	2090	1.20	0.60	0.60	99.59
59	3674	1795	1879	1.06	0.52	0.54	95.55
60-64	**14703**	**7246**	**7458**	**4.24**	**2.09**	**2.15**	**97.16**
60	3556	1727	1829	1.03	0.50	0.53	94.42
61	2927	1386	1541	0.84	0.40	0.44	89.94
62	2952	1519	1433	0.85	0.44	0.41	105.98
63	2813	1381	1432	0.81	0.40	0.41	96.40
64	2455	1233	1222	0.71	0.36	0.35	100.90

2-4 续表 2 continued

单位：人、% (person,%)

年 龄 Age	人口数 Population			占总人口比重 Percentage to Total Population			性别比 (女=100) Sex Ratio (Famale=100)
	合计 Total	男 Male	女 Female	合计 Total	男 Male	女 Female	
65-69	**9633**	**4546**	**5087**	**2.78**	**1.31**	**1.47**	**89.37**
65	2301	1087	1214	0.66	0.31	0.35	89.53
66	2115	1017	1098	0.61	0.29	0.32	92.67
67	1875	912	963	0.54	0.26	0.28	94.71
68	1742	810	932	0.50	0.23	0.27	86.92
69	1601	720	881	0.46	0.21	0.25	81.77
70-74	**7681**	**3682**	**3999**	**2.22**	**1.06**	**1.15**	**92.07**
70	1649	811	838	0.48	0.23	0.24	96.83
71	1658	795	863	0.48	0.23	0.25	92.06
72	1598	743	856	0.46	0.21	0.25	86.80
73	1328	634	693	0.38	0.18	0.20	91.51
74	1447	698	749	0.42	0.20	0.22	93.29
75-79	**5911**	**2774**	**3137**	**1.71**	**0.80**	**0.91**	**88.42**
75	1316	646	670	0.38	0.19	0.19	96.41
76	1269	558	710	0.37	0.16	0.21	78.60
77	1208	556	652	0.35	0.16	0.19	85.37
78	1088	530	558	0.31	0.15	0.16	94.84
79	1030	483	546	0.30	0.14	0.16	88.48
80-84	**3255**	**1528**	**1727**	**0.94**	**0.44**	**0.50**	**88.46**
80	828	398	430	0.24	0.11	0.12	92.49
81	710	343	367	0.20	0.10	0.11	93.69
82	698	316	382	0.20	0.09	0.11	82.74
83	550	244	307	0.16	0.07	0.09	79.51
84	469	227	242	0.14	0.07	0.07	93.71
85-89	**1298**	**540**	**758**	**0.37**	**0.16**	**0.22**	**71.23**
85	365	155	210	0.11	0.04	0.06	73.58
86	330	133	197	0.10	0.04	0.06	67.76
87	248	93	155	0.07	0.03	0.04	59.92
88	212	103	109	0.06	0.03	0.03	94.95
89	142	55	86	0.04	0.02	0.02	63.85
90-94	**344**	**127**	**217**	**0.10**	**0.04**	**0.06**	**58.64**
90	112	42	70	0.03	0.01	0.02	59.62
91	89	32	58	0.03	0.01	0.02	55.08
92	69	22	47	0.02	0.01	0.01	47.90
93	36	18	18	0.01	0.01	0.01	95.94
94	38	14	24	0.01		0.01	56.77
95+	**69**	**25**	**44**	**0.02**	**0.01**	**0.01**	**56.75**

2-5 全国镇分年龄、性别的人口数

Town Population by Age and Sex

单位：人、%　　　　(person,%)

年 龄 Age	人口数 Population			占总人口比重 Percentage to Total Population			性别比 (女=100) Sex Ratio (Famale=100)
	合计 Total	男 Male	女 Female	合计 Total	男 Male	女 Female	
总计 Total	**251190**	**129052**	**122138**	**100.00**	**51.38**	**48.62**	**105.66**
0-4	**14151**	**7725**	**6426**	**5.63**	**3.08**	**2.56**	**120.22**
0	2586	1365	1221	1.03	0.54	0.49	111.74
1	2313	1288	1024	0.92	0.51	0.41	125.82
2	2862	1582	1280	1.14	0.63	0.51	123.57
3	3130	1720	1410	1.25	0.68	0.56	121.93
4	3260	1770	1490	1.30	0.70	0.59	118.84
5-9	**14120**	**7711**	**6409**	**5.62**	**3.07**	**2.55**	**120.32**
5	2916	1564	1352	1.16	0.62	0.54	115.66
6	3005	1641	1364	1.20	0.65	0.54	120.35
7	2817	1562	1254	1.12	0.62	0.50	124.55
8	2834	1566	1269	1.13	0.62	0.51	123.38
9	2547	1378	1169	1.01	0.55	0.47	117.83
10-14	**13947**	**7585**	**6363**	**5.55**	**3.02**	**2.53**	**119.21**
10	2613	1401	1213	1.04	0.56	0.48	115.51
11	2853	1531	1322	1.14	0.61	0.53	115.82
12	2789	1536	1253	1.11	0.61	0.50	122.64
13	2730	1505	1225	1.09	0.60	0.49	122.81
14	2963	1612	1350	1.18	0.64	0.54	119.41
15-19	**18575**	**10213**	**8362**	**7.39**	**4.07**	**3.33**	**122.14**
15	3367	1824	1543	1.34	0.73	0.61	118.15
16	3881	2154	1727	1.55	0.86	0.69	124.76
17	4294	2426	1868	1.71	0.97	0.74	129.91
18	3758	2040	1718	1.50	0.81	0.68	118.79
19	3276	1769	1507	1.30	0.70	0.60	117.38
20-24	**21630**	**11215**	**10415**	**8.61**	**4.46**	**4.15**	**107.67**
20	3595	1958	1637	1.43	0.78	0.65	119.63
21	3846	2049	1797	1.53	0.82	0.72	114.02
22	4901	2534	2368	1.95	1.01	0.94	107.01
23	4662	2373	2290	1.86	0.94	0.91	103.62
24	4626	2302	2325	1.84	0.92	0.93	99.01
25-29	**19684**	**9716**	**9968**	**7.84**	**3.87**	**3.97**	**97.47**
25	4588	2286	2302	1.83	0.91	0.92	99.32
26	4190	2050	2140	1.67	0.82	0.85	95.77
27	3668	1832	1836	1.46	0.73	0.73	99.81
28	3623	1784	1839	1.44	0.71	0.73	96.99
29	3615	1764	1851	1.44	0.70	0.74	95.29

2-5 续表 1 continued

单位：人、% (person,%)

年 龄 Age	人口数 Population			占总人口比重 Percentage to Total Population			性别比 (女=100) Sex Ratio (Famale=100)
	合计 Total	男 Male	女 Female	合计 Total	男 Male	女 Female	
30-34	**18953**	**9524**	**9430**	**7.55**	**3.79**	**3.75**	**101.00**
30	4011	2039	1971	1.60	0.81	0.78	103.44
31	3739	1835	1904	1.49	0.73	0.76	96.40
32	3565	1791	1774	1.42	0.71	0.71	100.98
33	3800	1887	1913	1.51	0.75	0.76	98.68
34	3839	1971	1868	1.53	0.78	0.74	105.49
35-39	**21090**	**10691**	**10399**	**8.40**	**4.26**	**4.14**	**102.81**
35	3579	1826	1753	1.42	0.73	0.70	104.15
36	4094	2094	2000	1.63	0.83	0.80	104.74
37	4205	2119	2086	1.67	0.84	0.83	101.61
38	4545	2277	2268	1.81	0.91	0.90	100.38
39	4667	2375	2292	1.86	0.95	0.91	103.60
40-44	**25168**	**12823**	**12346**	**10.02**	**5.10**	**4.91**	**103.86**
40	4913	2501	2412	1.96	1.00	0.96	103.68
41	4883	2512	2372	1.94	1.00	0.94	105.90
42	5334	2729	2605	2.12	1.09	1.04	104.75
43	4734	2412	2322	1.88	0.96	0.92	103.90
44	5304	2669	2635	2.11	1.06	1.05	101.27
45-49	**22267**	**11298**	**10969**	**8.86**	**4.50**	**4.37**	**103.00**
45	4056	1999	2057	1.61	0.80	0.82	97.21
46	4474	2344	2130	1.78	0.93	0.85	110.06
47	4485	2332	2153	1.79	0.93	0.86	108.35
48	4377	2190	2187	1.74	0.87	0.87	100.12
49	4876	2433	2443	1.94	0.97	0.97	99.59
50-54	**13425**	**6857**	**6569**	**5.34**	**2.73**	**2.62**	**104.38**
50	3642	1812	1830	1.45	0.72	0.73	99.00
51	2033	1031	1002	0.81	0.41	0.40	102.83
52	2544	1286	1258	1.01	0.51	0.50	102.18
53	2273	1186	1086	0.90	0.47	0.43	109.24
54	2934	1542	1392	1.17	0.61	0.55	110.77
55-59	**15037**	**7542**	**7494**	**5.99**	**3.00**	**2.98**	**100.64**
55	3151	1582	1569	1.25	0.63	0.62	100.85
56	3043	1509	1534	1.21	0.60	0.61	98.37
57	3036	1546	1491	1.21	0.62	0.59	103.68
58	3034	1521	1514	1.21	0.61	0.60	100.46
59	2772	1385	1387	1.10	0.55	0.55	99.86
60-64	**11513**	**5779**	**5733**	**4.58**	**2.30**	**2.28**	**100.81**
60	2847	1444	1404	1.13	0.57	0.56	102.85
61	2354	1111	1243	0.94	0.44	0.50	89.32
62	2218	1136	1082	0.88	0.45	0.43	105.04
63	2179	1143	1036	0.87	0.46	0.41	110.32
64	1914	946	968	0.76	0.38	0.39	97.70

2-5 续表 2 continued

单位：人、% (person,%)

年 龄 Age	人口数 Population			占总人口比重 Percentage to Total Population			性别比 (女=100)
	合计 Total	男 Male	女 Female	合计 Total	男 Male	女 Female	Sex Ratio (Famale=100)
65-69	**7641**	**3784**	**3858**	**3.04**	**1.51**	**1.54**	**98.09**
65	1835	869	966	0.73	0.35	0.38	89.97
66	1677	802	875	0.67	0.32	0.35	91.67
67	1513	782	731	0.60	0.31	0.29	107.05
68	1419	719	700	0.56	0.29	0.28	102.75
69	1198	612	586	0.48	0.24	0.23	104.33
70-74	**5723**	**2814**	**2910**	**2.28**	**1.12**	**1.16**	**96.71**
70	1274	639	635	0.51	0.25	0.25	100.60
71	1233	598	635	0.49	0.24	0.25	94.18
72	1171	582	589	0.47	0.23	0.23	98.74
73	990	498	492	0.39	0.20	0.20	101.13
74	1056	498	558	0.42	0.20	0.22	89.11
75-79	**4402**	**2108**	**2294**	**1.75**	**0.84**	**0.91**	**91.88**
75	1027	503	524	0.41	0.20	0.21	95.90
76	919	447	472	0.37	0.18	0.19	94.61
77	913	441	472	0.36	0.18	0.19	93.34
78	800	369	431	0.32	0.15	0.17	85.65
79	743	348	394	0.30	0.14	0.16	88.31
80-84	**2468**	**1136**	**1332**	**0.98**	**0.45**	**0.53**	**85.29**
80	632	296	336	0.25	0.12	0.13	88.10
81	505	243	262	0.20	0.10	0.10	93.00
82	561	260	301	0.22	0.10	0.12	86.23
83	395	169	226	0.16	0.07	0.09	74.85
84	375	168	207	0.15	0.07	0.08	81.02
85-89	**999**	**411**	**589**	**0.40**	**0.16**	**0.23**	**69.75**
85	275	120	155	0.11	0.05	0.06	77.01
86	231	107	124	0.09	0.04	0.05	86.06
87	198	87	111	0.08	0.03	0.04	78.09
88	157	49	108	0.06	0.02	0.04	45.86
89	138	48	90	0.06	0.02	0.04	53.11
90-94	**326**	**104**	**221**	**0.13**	**0.04**	**0.09**	**47.13**
90	98	29	68	0.04	0.01	0.03	42.96
91	83	27	55	0.03	0.01	0.02	49.29
92	78	25	54	0.03	0.01	0.02	45.93
93	40	14	26	0.02	0.01	0.01	52.93
94	27	9	18	0.01		0.01	51.52
95+	**68**	**16**	**52**	**0.03**	**0.01**	**0.02**	**31.51**

2-6 全国乡村分年龄、性别的人口数

Rural Population by Age and Sex

单位：人、%　　(person,%)

年 龄 Age	人口数 Population			占总人口比重 Percentage to Total Population			性别比 (女=100) Sex Ratio (Famale=100)
	合计 Total	男 Male	女 Female	合计 Total	男 Male	女 Female	
总计 Total	**526998**	**271280**	**255718**	**100.00**	**51.48**	**48.52**	**106.09**
0-4	**34698**	**18888**	**15810**	**6.58**	**3.58**	**3.00**	**119.47**
0	6893	3772	3121	1.31	0.72	0.59	120.88
1	5692	3048	2643	1.08	0.58	0.50	115.32
2	6923	3845	3077	1.31	0.73	0.58	124.97
3	7500	4080	3420	1.42	0.77	0.65	119.30
4	7690	4142	3549	1.46	0.79	0.67	116.71
5-9	**33059**	**17996**	**15063**	**6.27**	**3.41**	**2.86**	**119.47**
5	6850	3670	3181	1.30	0.70	0.60	115.37
6	7066	3869	3196	1.34	0.73	0.61	121.07
7	6593	3591	3003	1.25	0.68	0.57	119.60
8	6621	3637	2984	1.26	0.69	0.57	121.88
9	5928	3229	2699	1.12	0.61	0.51	119.63
10-14	**31686**	**17114**	**14572**	**6.01**	**3.25**	**2.77**	**117.44**
10	5974	3186	2789	1.13	0.60	0.53	114.25
11	6340	3422	2918	1.20	0.65	0.55	117.25
12	6465	3536	2929	1.23	0.67	0.56	120.71
13	6126	3371	2755	1.16	0.64	0.52	122.38
14	6780	3599	3181	1.29	0.68	0.60	113.12
15-19	**33398**	**17358**	**16040**	**6.34**	**3.29**	**3.04**	**108.21**
15	6677	3487	3190	1.27	0.66	0.61	109.31
16	6981	3645	3336	1.32	0.69	0.63	109.26
17	6768	3495	3273	1.28	0.66	0.62	106.77
18	6335	3318	3017	1.20	0.63	0.57	109.97
19	6636	3412	3224	1.26	0.65	0.61	105.86
20-24	**43756**	**22425**	**21331**	**8.30**	**4.26**	**4.05**	**105.13**
20	7409	3948	3461	1.41	0.75	0.66	114.09
21	7733	4060	3673	1.47	0.77	0.70	110.55
22	10014	5020	4994	1.90	0.95	0.95	100.52
23	9512	4762	4750	1.80	0.90	0.90	100.27
24	9089	4634	4454	1.72	0.88	0.85	104.04
25-29	**37054**	**19014**	**18039**	**7.03**	**3.61**	**3.42**	**105.41**
25	9105	4653	4452	1.73	0.88	0.84	104.52
26	7867	3997	3870	1.49	0.76	0.73	103.27
27	6901	3527	3374	1.31	0.67	0.64	104.53
28	6651	3481	3170	1.26	0.66	0.60	109.80
29	6530	3357	3173	1.24	0.64	0.60	105.80

2-6 续表 1 continued

单位：人、% (person,%)

年龄 Age	人口数 Population			占总人口比重 Percentage to Total Population			性别比 (女=100) Sex Ratio (Famale=100)
	合计 Total	男 Male	女 Female	合计 Total	男 Male	女 Female	
30-34	**32390**	**16727**	**15663**	**6.15**	**3.17**	**2.97**	**106.79**
30	7051	3616	3436	1.34	0.69	0.65	105.24
31	6451	3335	3116	1.22	0.63	0.59	107.03
32	6099	3157	2942	1.16	0.60	0.56	107.31
33	6258	3275	2983	1.19	0.62	0.57	109.77
34	6532	3345	3187	1.24	0.63	0.60	104.97
35-39	**36742**	**18928**	**17814**	**6.97**	**3.59**	**3.38**	**106.25**
35	6004	3099	2906	1.14	0.59	0.55	106.64
36	6945	3596	3349	1.32	0.68	0.64	107.38
37	7236	3776	3459	1.37	0.72	0.66	109.15
38	8119	4163	3956	1.54	0.79	0.75	105.23
39	8437	4294	4144	1.60	0.81	0.79	103.61
40-44	**47522**	**24205**	**23318**	**9.02**	**4.59**	**4.42**	**103.80**
40	8668	4338	4330	1.64	0.82	0.82	100.18
41	9088	4689	4399	1.72	0.89	0.83	106.58
42	9870	5019	4851	1.87	0.95	0.92	103.47
43	9421	4816	4604	1.79	0.91	0.87	104.61
44	10475	5342	5133	1.99	1.01	0.97	104.08
45-49	**47154**	**23807**	**23347**	**8.95**	**4.52**	**4.43**	**101.97**
45	8437	4268	4169	1.60	0.81	0.79	102.37
46	9719	4918	4801	1.84	0.93	0.91	102.42
47	9558	4789	4770	1.81	0.91	0.91	100.40
48	8936	4450	4486	1.70	0.84	0.85	99.21
49	10503	5382	5121	1.99	1.02	0.97	105.09
50-54	**29007**	**14739**	**14268**	**5.50**	**2.80**	**2.71**	**103.30**
50	7883	4005	3878	1.50	0.76	0.74	103.28
51	4252	2106	2145	0.81	0.40	0.41	98.19
52	5293	2663	2631	1.00	0.51	0.50	101.21
53	5014	2507	2507	0.95	0.48	0.48	99.97
54	6565	3458	3107	1.25	0.66	0.59	111.33
55-59	**35437**	**18091**	**17345**	**6.72**	**3.43**	**3.29**	**104.30**
55	7300	3772	3528	1.39	0.72	0.67	106.94
56	6882	3574	3307	1.31	0.68	0.63	108.07
57	7168	3636	3532	1.36	0.69	0.67	102.97
58	7281	3681	3600	1.38	0.70	0.68	102.26
59	6806	3427	3379	1.29	0.65	0.64	101.41
60-64	**29212**	**14903**	**14308**	**5.54**	**2.83**	**2.72**	**104.16**
60	6855	3442	3414	1.30	0.65	0.65	100.82
61	5965	3023	2942	1.13	0.57	0.56	102.79
62	5845	3024	2821	1.11	0.57	0.54	107.18
63	5683	2921	2761	1.08	0.55	0.52	105.81
64	4864	2493	2371	0.92	0.47	0.45	105.14

2-6 续表 2 continued

单位：人、% (person,%)

年 龄 Age	人口数 Population			占总人口比重 Percentage to Total Population			性别比 (女=100)
	合计 Total	男 Male	女 Female	合计 Total	男 Male	女 Female	Sex Ratio (Famale=100)
65-69	**20305**	**10398**	**9906**	**3.85**	**1.97**	**1.88**	**104.96**
65	4671	2414	2257	0.89	0.46	0.43	106.94
66	4428	2205	2223	0.84	0.42	0.42	99.21
67	3966	2019	1947	0.75	0.38	0.37	103.72
68	3797	1992	1805	0.72	0.38	0.34	110.36
69	3442	1768	1674	0.65	0.34	0.32	105.57
70-74	**14822**	**7496**	**7326**	**2.81**	**1.42**	**1.39**	**102.33**
70	3277	1706	1570	0.62	0.32	0.30	108.64
71	3275	1636	1639	0.62	0.31	0.31	99.79
72	2933	1513	1419	0.56	0.29	0.27	106.64
73	2491	1223	1268	0.47	0.23	0.24	96.44
74	2846	1418	1429	0.54	0.27	0.27	99.24
75-79	**10937**	**5243**	**5694**	**2.08**	**0.99**	**1.08**	**92.07**
75	2480	1215	1265	0.47	0.23	0.24	96.01
76	2453	1218	1235	0.47	0.23	0.23	98.62
77	2087	964	1123	0.40	0.18	0.21	85.82
78	1968	924	1043	0.37	0.18	0.20	88.56
79	1949	922	1027	0.37	0.17	0.19	89.76
80-84	**6424**	**2764**	**3660**	**1.22**	**0.52**	**0.69**	**75.54**
80	1670	721	949	0.32	0.14	0.18	75.97
81	1395	660	735	0.26	0.13	0.14	89.83
82	1379	580	799	0.26	0.11	0.15	72.51
83	996	403	593	0.19	0.08	0.11	68.05
84	983	400	583	0.19	0.08	0.11	68.57
85-89	**2483**	**908**	**1574**	**0.47**	**0.17**	**0.30**	**57.71**
85	736	296	439	0.14	0.06	0.08	67.52
86	585	210	374	0.11	0.04	0.07	56.15
87	526	184	342	0.10	0.03	0.06	53.68
88	358	131	228	0.07	0.02	0.04	57.53
89	278	87	191	0.05	0.02	0.04	45.63
90-94	**769**	**252**	**517**	**0.15**	**0.05**	**0.10**	**48.78**
90	262	97	165	0.05	0.02	0.03	58.79
91	193	64	129	0.04	0.01	0.02	49.32
92	161	49	111	0.03	0.01	0.02	44.05
93	79	28	51	0.02	0.01	0.01	54.24
94	75	15	60	0.01		0.01	24.29
95+	**146**	**24**	**122**	**0.03**		**0.02**	**19.92**

2-7 各地区人口年龄构成和抚养比

Age Composition and Dependency Ratio of Population by Region

地 区	Region	人口数(人) Population (person)	0-14岁 Aged 0-14	15-64岁 Aged 15-64	65岁及以上 Aged 65 and Over	总抚养比(%) Gross Dependency Ratio (%)	少儿抚养比 Children Dependency Ratio	老年抚养比 Old Dependency Ratio
全 国	**National Total**	**1124661**	**185135**	**833822**	**105704**	**34.88**	**22.20**	**12.68**
北 京	Beijing	17266	1619	14163	1485	21.91	11.43	10.48
天 津	Tianjin	11791	1383	9175	1233	28.52	15.08	13.44
河 北	Hebei	60806	10912	44366	5529	37.06	24.60	12.46
山 西	Shanxi	30128	4732	22997	2400	31.01	20.58	10.44
内蒙古	Inner Mongolia	20775	2878	16261	1636	27.76	17.70	10.06
辽 宁	Liaoning	36621	3802	29181	3639	25.50	13.03	12.47
吉 林	Jilin	22949	2810	18363	1776	24.98	15.31	9.67
黑龙江	Heilongjiang	31990	3878	25285	2827	26.52	15.34	11.18
上 海	Shanghai	19862	1681	16391	1790	21.18	10.26	10.92
江 苏	Jiangsu	66083	8701	49786	7597	32.73	17.48	15.26
浙 江	Zhejiang	45700	5638	36063	3998	26.72	15.63	11.09
安 徽	Anhui	49963	9049	35760	5155	39.72	25.30	14.42
福 建	Fujian	31273	5229	23357	2687	33.89	22.39	11.50
江 西	Jiangxi	37580	8085	26455	3040	42.05	30.56	11.49
山 东	Shandong	80810	13041	59273	8496	36.33	22.00	14.33
河 南	Henan	78483	16129	55431	6923	41.59	29.10	12.49
湖 北	Hubei	48219	6792	36239	5189	33.06	18.74	14.32
湖 南	Hunan	55394	10329	38913	6152	42.35	26.54	15.81
广 东	Guangdong	88395	14471	67753	6172	30.47	21.36	9.11
广 西	Guangxi	39066	8824	26598	3644	46.87	33.17	13.70
海 南	Hainan	7397	1412	5446	538	35.82	25.93	9.89
重 庆	Chongqing	24573	4036	17366	3171	41.50	23.24	18.26
四 川	Sichuan	67386	10937	48488	7961	38.97	22.56	16.42
贵 州	Guizhou	29071	6678	19731	2662	47.33	33.84	13.49
云 南	Yunnan	38874	7603	28257	3015	37.57	26.91	10.67
西 藏	Tibet	2567	567	1860	139	37.99	30.49	7.50
陕 西	Shaanxi	31315	4403	24007	2905	30.44	18.34	12.10
甘 肃	Gansu	21507	3560	15960	1987	34.75	22.30	12.45
青 海	Qinghai	4782	986	3461	335	38.17	28.48	9.69
宁 夏	Ningxia	5400	1154	3888	358	38.88	29.68	9.20
新 疆	Xinjiang	18630	3818	13546	1266	37.53	28.19	9.34

2-8 各地区城市人口年龄构成和抚养比

Age Composition and Dependency Ratio of City Population by Region

地 区	Region	人口数（人）Population (person)	0-14岁 Aged 0-14	15-64岁 Aged 15-64	65岁及以上 Aged 65 and Over	总抚养比（%）Gross Dependency Ratio (%)	少儿抚养比 Children Dependency Ratio	老年抚养比 Old Dependency Ratio
全 国	**National Total**	**346473**	**43475**	**274808**	**28191**	**26.08**	**15.82**	**10.26**
北 京	Beijing	13841	1290	11433	1118	21.06	11.28	9.78
天 津	Tianjin	7908	844	6197	867	27.60	13.61	13.99
河 北	Hebei	12341	1838	9210	1293	33.99	19.96	14.03
山 西	Shanxi	10497	1574	8246	677	27.29	19.08	8.21
内蒙古	Inner Mongolia	7011	906	5617	489	24.82	16.12	8.70
辽 宁	Liaoning	20035	1724	16461	1850	21.71	10.47	11.24
吉 林	Jilin	7713	785	6320	607	22.03	12.43	9.60
黑龙江	Heilongjiang	12021	1169	9592	1260	25.32	12.18	13.13
上 海	Shanghai	15171	1220	12443	1508	21.92	9.80	12.12
江 苏	Jiangsu	27530	3030	21911	2589	25.64	13.83	11.81
浙 江	Zhejiang	18179	1937	15153	1089	19.97	12.78	7.19
安 徽	Anhui	10358	1231	8448	678	22.60	14.57	8.03
福 建	Fujian	11023	1703	8697	624	26.75	19.58	7.17
江 西	Jiangxi	6985	1106	5335	545	30.93	20.73	10.21
山 东	Shandong	24534	3666	18608	2260	31.85	19.70	12.15
河 南	Henan	15061	2540	11367	1154	32.50	22.35	10.15
湖 北	Hubei	15484	1893	12298	1293	25.91	15.40	10.51
湖 南	Hunan	9585	1307	7158	1120	33.90	18.26	15.64
广 东	Guangdong	38777	4784	32179	1813	20.50	14.87	5.63
广 西	Guangxi	5629	879	4257	493	32.22	20.65	11.57
海 南	Hainan	2054	308	1623	123	26.52	18.94	7.57
重 庆	Chongqing	7765	1039	5960	765	30.28	17.44	12.84
四 川	Sichuan	12561	1697	9677	1187	29.80	17.54	12.26
贵 州	Guizhou	5691	903	4314	475	31.93	20.93	11.00
云 南	Yunnan	7362	1011	5746	604	28.12	17.60	10.52
西 藏	Tibet	312	35	258	19	20.97	13.68	7.29
陕 西	Shaanxi	6760	936	5424	400	24.64	17.26	7.38
甘 肃	Gansu	4526	646	3394	486	33.33	19.02	14.31
青 海	Qinghai	1198	169	896	132	33.67	18.92	14.75
宁 夏	Ningxia	1862	336	1412	115	31.92	23.79	8.13
新 疆	Xinjiang	6700	968	5170	561	29.58	18.73	10.85

2-9 各地区镇人口年龄构成和抚养比
Age Composition and Dependency Ratio of Town Population by Region

地 区	Region	人口数（人）Population (person)	0-14岁 Aged 0-14	15-64岁 Aged 15-64	65岁及以上 Aged 65 and Over	总抚养比（%）Gross Dependency Ratio (%)	少儿抚养比 Children Dependency Ratio	老年抚养比 Old Dependency Ratio
全 国	**National Total**	**251190**	**42218**	**187343**	**21628**	**34.08**	**22.54**	**11.54**
北 京	Beijing	1043	114	795	134	31.25	14.36	16.90
天 津	Tianjin	1708	221	1368	119	24.83	16.12	8.71
河 北	Hebei	16116	3161	11746	1209	37.21	26.91	10.29
山 西	Shanxi	4948	840	3732	376	32.57	22.50	10.07
内蒙古	Inner Mongolia	4985	817	3815	353	30.66	21.40	9.26
辽 宁	Liaoning	4007	474	3111	423	28.82	15.23	13.59
吉 林	Jilin	4611	557	3648	407	26.41	15.27	11.14
黑龙江	Heilongjiang	6181	758	4903	521	26.08	15.46	10.62
上 海	Shanghai	2566	246	2187	133	17.31	11.23	6.07
江 苏	Jiangsu	14102	2027	10547	1529	33.72	19.22	14.49
浙 江	Zhejiang	10703	1511	8392	801	27.55	18.01	9.54
安 徽	Anhui	12875	2381	9407	1087	36.87	25.31	11.56
福 建	Fujian	7615	1301	5675	639	34.19	22.93	11.26
江 西	Jiangxi	10869	2316	7774	779	39.82	29.79	10.03
山 东	Shandong	17835	3037	13015	1782	37.03	23.33	13.69
河 南	Henan	18240	3524	13239	1477	37.78	26.62	11.15
湖 北	Hubei	10314	1390	7595	1329	35.80	18.30	17.49
湖 南	Hunan	16257	3033	11745	1479	38.42	25.83	12.60
广 东	Guangdong	20802	3470	15691	1641	32.57	22.11	10.46
广 西	Guangxi	11377	2455	8039	883	41.52	30.54	10.98
海 南	Hainan	1764	343	1308	113	34.85	26.23	8.62
重 庆	Chongqing	6237	973	4613	652	35.22	21.09	14.13
四 川	Sichuan	16799	2340	12981	1478	29.41	18.02	11.39
贵 州	Guizhou	4895	1107	3462	325	41.38	31.98	9.40
云 南	Yunnan	7920	1329	6029	562	31.37	22.04	9.33
西 藏	Tibet	271	51	204	15	32.37	24.89	7.48
陕 西	Shaanxi	8905	1135	6896	874	29.13	16.46	12.67
甘 肃	Gansu	3808	580	2930	298	29.96	19.79	10.17
青 海	Qinghai	1071	217	803	51	33.31	26.99	6.32
宁 夏	Ningxia	874	203	621	49	40.64	32.68	7.96
新 疆	Xinjiang	1492	308	1073	111	39.10	28.73	10.36

2-10 各地区乡村人口年龄构成和抚养比

Age Composition and Dependency Ratio of Rural Population by Region

地 区	Region	人口数(人) Population (person)	0-14岁 Aged 0-14	15-64岁 Aged 15-64	65岁及以上 Aged 65 and Over	总抚养比(%) Gross Dependency Ratio (%)	少儿抚养比 Children Dependency Ratio	老年抚养比 Old Dependency Ratio
全 国	**National Total**	**526998**	**99442**	**371671**	**55885**	**41.79**	**26.76**	**15.04**
北 京	Beijing	2383	215	1936	232	23.10	11.10	12.01
天 津	Tianjin	2175	319	1609	247	35.19	19.84	15.35
河 北	Hebei	32349	5912	23409	3027	38.19	25.26	12.93
山 西	Shanxi	14684	2319	11019	1347	33.27	21.04	12.22
内蒙古	Inner Mongolia	8779	1156	6829	794	28.55	16.93	11.63
辽 宁	Liaoning	12579	1604	9609	1366	30.92	16.70	14.22
吉 林	Jilin	10625	1468	8395	762	26.57	17.49	9.08
黑龙江	Heilongjiang	13788	1951	10790	1047	27.79	18.09	9.70
上 海	Shanghai	2125	215	1761	149	20.71	12.24	8.47
江 苏	Jiangsu	24451	3643	17328	3480	41.10	21.02	20.08
浙 江	Zhejiang	16817	2190	12519	2109	34.34	17.49	16.84
安 徽	Anhui	26730	5436	17905	3389	49.29	30.36	18.93
福 建	Fujian	12634	2225	8985	1424	40.61	24.76	15.85
江 西	Jiangxi	19726	4664	13346	1716	47.80	34.94	12.86
山 东	Shandong	38441	6338	27650	4453	39.03	22.92	16.10
河 南	Henan	45182	10065	30825	4292	46.58	32.65	13.92
湖 北	Hubei	22421	3508	16346	2568	37.17	21.46	15.71
湖 南	Hunan	29552	5989	20011	3553	47.68	29.93	17.75
广 东	Guangdong	28817	6216	19882	2718	44.94	31.27	13.67
广 西	Guangxi	22060	5489	14302	2269	54.25	38.38	15.87
海 南	Hainan	3580	762	2516	303	42.32	30.28	12.04
重 庆	Chongqing	10571	2024	6793	1754	55.61	29.79	25.82
四 川	Sichuan	38026	6900	25830	5296	47.22	26.71	20.50
贵 州	Guizhou	18485	4668	11956	1862	54.61	39.04	15.57
云 南	Yunnan	23592	5263	16482	1848	43.14	31.93	11.21
西 藏	Tibet	1984	481	1398	105	41.95	34.41	7.54
陕 西	Shaanxi	15650	2332	11687	1632	33.91	19.95	13.96
甘 肃	Gansu	13173	2334	9636	1203	36.71	24.22	12.49
青 海	Qinghai	2514	599	1762	152	42.67	34.01	8.65
宁 夏	Ningxia	2664	615	1855	194	43.59	33.15	10.44
新 疆	Xinjiang	10438	2541	7303	593	42.92	34.80	8.13

2-11 各地区户数、人口数、性别比和平均家庭户规模
Households, Population, Sex Ratio and Household Size by Region

地 区	Region	户 数 (户) Number of Households (households)	家庭户 Family Household	集体户 Collective Household	人口数 (人) Population (person)	男 Male	女 Female	性别比 (女=100) Sex Ratio (Female=100)
全 国	**National Total**	**367304**	**356954**	**10350**	**1124661**	**576354**	**548307**	**105.12**
北 京	Beijing	6368	5878	490	17266	8851	8415	105.18
天 津	Tianjin	4227	4089	137	11791	5854	5937	98.61
河 北	Hebei	18597	18532	65	60806	31087	29719	104.60
山 西	Shanxi	9759	9664	95	30128	15393	14736	104.46
内蒙古	Inner Mongolia	7389	7176	213	20775	10613	10162	104.44
辽 宁	Liaoning	13129	12605	523	36621	18359	18263	100.53
吉 林	Jilin	7955	7794	161	22949	11670	11279	103.47
黑龙江	Heilongjiang	11558	11541	17	31990	16283	15707	103.66
上 海	Shanghai	8220	7692	528	19862	10349	9513	108.78
江 苏	Jiangsu	21659	20970	690	66083	32859	33225	98.90
浙 江	Zhejiang	16706	15417	1290	45700	23361	22338	104.58
安 徽	Anhui	16335	15862	473	49963	26032	23931	108.78
福 建	Fujian	10887	10330	557	31273	15783	15490	101.89
江 西	Jiangxi	10858	10699	159	37580	19481	18099	107.64
山 东	Shandong	27700	27473	227	80810	40832	39978	102.14
河 南	Henan	23092	22869	224	78483	39680	38803	102.26
湖 北	Hubei	15422	15167	255	48219	24562	23657	103.83
湖 南	Hunan	17996	17832	163	55394	28577	26817	106.57
广 东	Guangdong	26421	24068	2353	88395	46688	41707	111.94
广 西	Guangxi	11746	11571	175	39066	20259	18807	107.72
海 南	Hainan	2003	1910	93	7397	3934	3463	113.60
重 庆	Chongqing	9081	8892	188	24573	12370	12203	101.37
四 川	Sichuan	22925	22423	502	67386	35292	32094	109.96
贵 州	Guizhou	9288	9185	103	29071	14935	14135	105.66
云 南	Yunnan	11746	11450	296	38874	19993	18882	105.88
西 藏	Tibet	630	627	3	2567	1275	1292	98.72
陕 西	Shaanxi	10107	9962	145	31315	16193	15123	107.08
甘 肃	Gansu	6593	6533	61	21507	11067	10440	106.01
青 海	Qinghai	1408	1374	34	4782	2465	2318	106.35
宁 夏	Ningxia	1600	1545	55	5400	2760	2640	104.52
新 疆	Xinjiang	5900	5825	75	18630	9496	9134	103.97

2-11 续表 continued

地 区	Region	家庭户人口数 (人) Family Household Population (person)	男 Male	女 Female	性别比 (女=100) Sex Ratio (Female=100)	集体户人口数 (人) Collective Household Population (person)	男 Male	女 Female	平均家庭户规模 (人/户) Average Family Size (person/household)
全 国	**National Total**	**1077355**	**547201**	**530155**	**103.22**	**47306**	**29153**	**18153**	**3.02**
北 京	Beijing	14874	7328	7546	97.11	2393	1523	869	2.53
天 津	Tianjin	11298	5747	5551	103.54	493	107	386	2.76
河 北	Hebei	60341	30873	29468	104.77	465	214	251	3.26
山 西	Shanxi	29551	15037	14514	103.60	577	355	222	3.06
内蒙古	Inner Mongolia	19915	10253	9662	106.11	860	360	500	2.78
辽 宁	Liaoning	33899	16961	16937	100.14	2723	1398	1325	2.69
吉 林	Jilin	22438	11416	11022	103.58	511	254	257	2.88
黑龙江	Heilongjiang	31917	16247	15669	103.69	73	35	38	2.77
上 海	Shanghai	18108	9181	8927	102.85	1754	1168	587	2.35
江 苏	Jiangsu	62302	31053	31249	99.37	3782	1806	1976	2.97
浙 江	Zhejiang	41250	21173	20077	105.46	4450	2188	2262	2.68
安 徽	Anhui	47980	24284	23697	102.48	1983	1748	235	3.02
福 建	Fujian	29180	14718	14461	101.78	2093	1064	1029	2.82
江 西	Jiangxi	36731	18782	17949	104.64	849	699	150	3.43
山 东	Shandong	80024	40320	39704	101.55	785	512	274	2.91
河 南	Henan	77069	38527	38542	99.96	1414	1153	261	3.37
湖 北	Hubei	45958	23220	22738	102.12	2261	1342	919	3.03
湖 南	Hunan	54786	28143	26643	105.63	609	435	174	3.07
广 东	Guangdong	78487	40261	38226	105.32	9908	6427	3481	3.26
广 西	Guangxi	38470	19878	18591	106.92	597	381	216	3.32
海 南	Hainan	6952	3726	3225	115.53	446	208	238	3.64
重 庆	Chongqing	23774	11966	11808	101.35	799	404	395	2.67
四 川	Sichuan	63841	32229	31611	101.95	3546	3063	483	2.85
贵 州	Guizhou	28495	14466	14028	103.12	576	469	107	3.10
云 南	Yunnan	37301	19270	18031	106.87	1574	723	851	3.26
西 藏	Tibet	2552	1271	1281	99.15	15	4	10	4.07
陕 西	Shaanxi	30574	15740	14834	106.11	742	453	289	3.07
甘 肃	Gansu	21038	10742	10296	104.33	469	325	144	3.22
青 海	Qinghai	4669	2376	2293	103.63	114	89	25	3.40
宁 夏	Ningxia	5177	2650	2526	104.91	223	109	114	3.35
新 疆	Xinjiang	18407	9360	9046	103.47	223	136	87	3.16

2-12 各地区城市户数、人口数、性别比和平均家庭户规模
Households, Population, Sex Ratio and Household Size of Cities by Region

地区	Region	户数(户) Number of Households (households)	家庭户 Family Household	集体户 Collective Household	人口数(人) Population (person)	男 Male	女 Female	性别比(女=100) Sex Ratio (Female=100)
全国	**National Total**	**123297**	**116248**	**7049**	**346473**	**176022**	**170451**	**103.27**
北京	Beijing	5215	4767	448	13841	7061	6780	104.14
天津	Tianjin	2994	2940	53	7908	3990	3918	101.83
河北	Hebei	4156	4127	28	12341	6220	6122	101.60
山西	Shanxi	3692	3613	79	10497	5283	5214	101.33
内蒙古	Inner Mongolia	2511	2342	169	7011	3461	3551	97.47
辽宁	Liaoning	7507	7006	501	20035	9875	10160	97.19
吉林	Jilin	3028	2883	145	7713	3860	3853	100.19
黑龙江	Heilongjiang	4850	4835	15	12021	6001	6020	99.69
上海	Shanghai	6201	5802	399	15171	7863	7308	107.59
江苏	Jiangsu	9016	8395	620	27530	13714	13816	99.27
浙江	Zhejiang	6586	5623	963	18179	9020	9159	98.47
安徽	Anhui	3357	2920	436	10358	5953	4405	135.13
福建	Fujian	4107	3794	313	11023	5498	5526	99.49
江西	Jiangxi	2308	2235	73	6985	3623	3362	107.76
山东	Shandong	8841	8655	186	24534	12239	12295	99.54
河南	Henan	4629	4540	89	15061	7432	7629	97.42
湖北	Hubei	4986	4838	148	15484	7819	7665	102.01
湖南	Hunan	3572	3474	97	9585	4878	4707	103.62
广东	Guangdong	13027	11327	1699	38777	20854	17923	116.35
广西	Guangxi	1892	1853	39	5629	2811	2818	99.75
海南	Hainan	649	580	69	2054	1073	981	109.43
重庆	Chongqing	2741	2681	60	7765	3893	3872	100.54
四川	Sichuan	4565	4499	66	12561	6234	6328	98.52
贵州	Guizhou	2104	2044	60	5691	2776	2915	95.23
云南	Yunnan	2784	2702	81	7362	3818	3544	107.76
西藏	Tibet	117	115	2	312	139	173	80.68
陕西	Shaanxi	2500	2422	78	6760	3441	3319	103.65
甘肃	Gansu	1722	1709	14	4526	2268	2257	100.50
青海	Qinghai	442	433	9	1198	600	598	100.41
宁夏	Ningxia	595	547	48	1862	939	924	101.64
新疆	Xinjiang	2603	2543	60	6700	3389	3311	102.35

2-12 续表 continued

地 区	Region	家庭户人口数（人）Family Household Population (person)	男 Male	女 Female	性别比（女=100）Sex Ratio (Female=100)	集体户人口数（人）Collective Household Population (person)	男 Male	女 Female	平均家庭户规模（人/户）Average Family Size (person/household)
全 国	**National Total**	**317641**	**159589**	**158051**	**100.97**	**28833**	**16433**	**12400**	**2.73**
北 京	Beijing	11745	5732	6013	95.32	2095	1329	766	2.46
天 津	Tianjin	7727	3892	3835	101.49	181	98	83	2.63
河 北	Hebei	12230	6166	6064	101.67	111	54	57	2.96
山 西	Shanxi	10058	5051	5006	100.90	439	232	207	2.78
内蒙古	Inner Mongolia	6349	3248	3101	104.75	663	213	450	2.71
辽 宁	Liaoning	17434	8570	8864	96.69	2601	1304	1297	2.49
吉 林	Jilin	7249	3648	3602	101.28	463	212	251	2.51
黑龙江	Heilongjiang	11969	5979	5991	99.80	51	22	29	2.48
上 海	Shanghai	13818	6918	6901	100.24	1353	945	408	2.38
江 苏	Jiangsu	24117	12060	12057	100.02	3413	1655	1759	2.87
浙 江	Zhejiang	15004	7754	7250	106.96	3175	1265	1910	2.67
安 徽	Anhui	8572	4326	4245	101.91	1786	1626	160	2.94
福 建	Fujian	10085	5072	5013	101.19	938	425	513	2.66
江 西	Jiangxi	6632	3344	3288	101.69	354	280	74	2.97
山 东	Shandong	23926	11879	12047	98.60	608	360	248	2.76
河 南	Henan	14527	7142	7385	96.71	534	290	244	3.20
湖 北	Hubei	14021	7031	6990	100.59	1463	788	675	2.90
湖 南	Hunan	9348	4719	4628	101.97	237	158	79	2.69
广 东	Guangdong	32196	16636	15560	106.91	6580	4218	2363	2.84
广 西	Guangxi	5516	2746	2770	99.17	113	64	48	2.98
海 南	Hainan	1792	960	832	115.49	262	113	149	3.09
重 庆	Chongqing	7578	3784	3794	99.74	186	109	78	2.83
四 川	Sichuan	12377	6143	6234	98.53	184	91	93	2.75
贵 州	Guizhou	5557	2699	2858	94.43	134	77	57	2.72
云 南	Yunnan	7140	3671	3469	105.81	222	147	74	2.64
西 藏	Tibet	299	136	163	83.28	13	4	10	2.60
陕 西	Shaanxi	6525	3318	3206	103.49	235	122	113	2.69
甘 肃	Gansu	4499	2249	2250	99.98	27	19	8	2.63
青 海	Qinghai	1167	583	584	99.76	31	17	14	2.69
宁 夏	Ningxia	1666	847	819	103.37	196	92	104	3.05
新 疆	Xinjiang	6517	3285	3232	101.64	183	104	79	2.56

2-13 各地区镇的户数、人口数、性别比和平均家庭户规模
Households, Population, Sex Ratio and Household Size of Towns by Region

地 区	Region	户 数 (户) Number of Households (households)	家庭户 Family Household	集体户 Collective Household	人口数 (人) Population (person)	男 Male	女 Female	性别比 (女=100) Sex Ratio (Female=100)
全 国	**National Total**	**79663**	**77614**	**2049**	**251190**	**129052**	**122138**	**105.66**
北 京	Beijing	333	320	13	1043	549	494	111.23
天 津	Tianjin	529	445	84	1708	742	966	76.85
河 北	Hebei	4612	4594	17	16116	8246	7870	104.79
山 西	Shanxi	1604	1600	5	4948	2539	2409	105.40
内蒙古	Inner Mongolia	1753	1732	21	4985	2584	2400	107.67
辽 宁	Liaoning	1538	1520	18	4007	2034	1974	103.04
吉 林	Jilin	1639	1638	1	4611	2359	2252	104.76
黑龙江	Heilongjiang	2225	2224	2	6181	3150	3031	103.92
上 海	Shanghai	1131	1077	53	2566	1388	1178	117.78
江 苏	Jiangsu	4638	4589	49	14102	7076	7026	100.71
浙 江	Zhejiang	4075	3897	178	10703	5678	5026	112.97
安 徽	Anhui	4185	4156	29	12875	6485	6390	101.49
福 建	Fujian	2541	2422	119	7615	3902	3714	105.07
江 西	Jiangxi	3181	3101	80	10869	5644	5225	108.01
山 东	Shandong	5995	5962	33	17835	9082	8753	103.76
河 南	Henan	4896	4775	122	18240	9521	8719	109.20
湖 北	Hubei	3276	3215	61	10314	5228	5086	102.80
湖 南	Hunan	5161	5107	54	16257	8446	7812	108.12
广 东	Guangdong	5729	5402	327	20802	10827	9975	108.54
广 西	Guangxi	3297	3171	127	11377	5904	5473	107.87
海 南	Hainan	466	452	14	1764	974	789	123.51
重 庆	Chongqing	2299	2224	75	6237	3083	3154	97.72
四 川	Sichuan	5568	5298	270	16799	8597	8202	104.82
贵 州	Guizhou	1411	1380	31	4895	2565	2330	110.09
云 南	Yunnan	2432	2288	144	7920	3850	4071	94.57
西 藏	Tibet	79	79		271	135	136	99.10
陕 西	Shaanxi	2799	2740	59	8905	4727	4179	113.11
甘 肃	Gansu	1171	1138	33	3808	1998	1810	110.37
青 海	Qinghai	342	323	19	1071	563	508	110.77
宁 夏	Ningxia	251	246	5	874	453	421	107.38
新 疆	Xinjiang	505	498	7	1492	726	766	94.85

2-13 续表 continued

地 区	Region	家庭户人口数 (人) Family Household Population (person)	男 Male	女 Female	性别比 (女=100) Sex Ratio (Female=100)	集体户人口数 (人) Collective Household Population (person)	男 Male	女 Female	平均家庭户规模 (人/户) Average Family Size (person/household)
全 国	**National Total**	**240180**	**122092**	**118088**	**103.39**	**11010**	**6961**	**4049**	**3.09**
北 京	Beijing	882	446	436	102.33	161	103	58	2.76
天 津	Tianjin	1397	734	663	110.65	311	8	303	3.14
河 北	Hebei	15930	8197	7733	106.00	186	49	136	3.47
山 西	Shanxi	4925	2518	2407	104.61	23	21	2	3.08
内蒙古	Inner Mongolia	4881	2511	2371	105.91	103	74	30	2.82
辽 宁	Liaoning	3950	1987	1962	101.29	58	46	12	2.60
吉 林	Jilin	4609	2357	2252	104.66	2	2		2.81
黑龙江	Heilongjiang	6173	3145	3028	103.89	8	5	4	2.78
上 海	Shanghai	2421	1279	1142	111.91	145	109	36	2.25
江 苏	Jiangsu	13922	6973	6949	100.34	180	103	77	3.03
浙 江	Zhejiang	10243	5396	4847	111.32	460	281	179	2.63
安 徽	Anhui	12725	6402	6322	101.27	151	83	68	3.06
福 建	Fujian	7062	3539	3524	100.43	553	363	190	2.92
江 西	Jiangxi	10470	5292	5178	102.20	400	352	48	3.38
山 东	Shandong	17693	8962	8731	102.65	142	119	22	2.97
河 南	Henan	17390	8685	8706	99.76	849	836	13	3.64
湖 北	Hubei	9871	4968	4903	101.33	443	260	183	3.07
湖 南	Hunan	15936	8204	7732	106.10	321	242	79	3.12
广 东	Guangdong	18607	9458	9149	103.38	2195	1369	826	3.44
广 西	Guangxi	10937	5620	5317	105.71	440	283	156	3.45
海 南	Hainan	1637	900	736	122.23	127	74	53	3.62
重 庆	Chongqing	5743	2859	2885	99.10	494	224	270	2.58
四 川	Sichuan	15678	7824	7854	99.61	1121	773	347	2.96
贵 州	Guizhou	4509	2216	2293	96.63	386	349	37	3.27
云 南	Yunnan	7061	3619	3442	105.16	859	230	629	3.09
西 藏	Tibet	270	134	136	99.10				3.42
陕 西	Shaanxi	8430	4422	4008	110.33	476	305	171	3.08
甘 肃	Gansu	3486	1776	1711	103.82	322	222	100	3.06
青 海	Qinghai	1019	520	499	104.29	52	43	9	3.15
宁 夏	Ningxia	853	439	413	106.34	21	13	8	3.47
新 疆	Xinjiang	1469	708	761	93.13	23	18	5	2.95

2-14 各地区乡村户数、人口数、性别比和平均家庭户规模

Households, Population, Sex Ratio and Household Size of Rural Areas by Region

地 区	Region	户 数 (户) Number of Households (households)	家庭户 Family Household	集体户 Collective Household	人口数 (人) Population (person)	男 Male	女 Female	性别比 (女=100) Sex Ratio (Female=100)
全 国	**National Total**	**164345**	**163093**	**1252**	**526998**	**271280**	**255718**	**106.09**
北 京	Beijing	820	792	29	2383	1241	1141	108.74
天 津	Tianjin	704	704		2175	1122	1053	106.57
河 北	Hebei	9829	9810	19	32349	16621	15728	105.68
山 西	Shanxi	4463	4451	11	14684	7571	7114	106.43
内蒙古	Inner Mongolia	3125	3101	23	8779	4568	4211	108.47
辽 宁	Liaoning	4084	4080	4	12579	6451	6129	105.25
吉 林	Jilin	3288	3272	16	10625	5451	5174	105.36
黑龙江	Heilongjiang	4483	4482	1	13788	7132	6656	107.15
上 海	Shanghai	888	813	75	2125	1098	1027	106.95
江 苏	Jiangsu	8006	7985	21	24451	12068	12383	97.46
浙 江	Zhejiang	6046	5897	149	16817	8664	8153	106.27
安 徽	Anhui	8794	8785	8	26730	13594	13136	103.49
福 建	Fujian	4239	4114	125	12634	6383	6251	102.12
江 西	Jiangxi	5368	5363	5	19726	10214	9512	107.39
山 东	Shandong	12864	12856	8	38441	19511	18930	103.07
河 南	Henan	13567	13554	13	45182	22727	22455	101.21
湖 北	Hubei	7160	7113	46	22421	11515	10906	105.59
湖 南	Hunan	9263	9251	12	29552	15254	14298	106.69
广 东	Guangdong	7665	7338	327	28817	15008	13809	108.68
广 西	Guangxi	6557	6547	10	22060	11544	10516	109.78
海 南	Hainan	887	878	10	3580	1887	1694	111.40
重 庆	Chongqing	4040	3987	54	10571	5395	5176	104.22
四 川	Sichuan	12792	12626	165	38026	20461	17565	116.49
贵 州	Guizhou	5773	5761	12	18485	9595	8890	107.92
云 南	Yunnan	6530	6460	70	23592	12325	11267	109.38
西 藏	Tibet	433	433		1984	1001	983	101.83
陕 西	Shaanxi	4808	4800	8	15650	8026	7624	105.26
甘 肃	Gansu	3700	3686	15	13173	6801	6372	106.72
青 海	Qinghai	623	618	5	2514	1302	1212	107.43
宁 夏	Ningxia	754	752	2	2664	1368	1295	105.64
新 疆	Xinjiang	2792	2784	8	10438	5381	5057	106.42

2-14 续表 continued

地 区	Region	家庭户人口数（人）Family Household Population (person)	男 Male	女 Female	性别比（女=100）Sex Ratio (Female=100)	集体户人口数（人）Collective Household Population (person)	男 Male	女 Female	平均家庭户规模（人/户）Average Family Size (person/household)
全 国	**National Total**	**519535**	**265520**	**254015**	**104.53**	**7463**	**5759**	**1704**	**3.19**
北 京	Beijing	2246	1150	1097	104.87	136	91	45	2.84
天 津	Tianjin	2175	1122	1053	106.55	1	1		3.09
河 北	Hebei	32180	16510	15670	105.36	169	111	58	3.28
山 西	Shanxi	14569	7468	7101	105.17	116	103	13	3.27
内蒙古	Inner Mongolia	8686	4494	4191	107.23	93	74	20	2.80
辽 宁	Liaoning	12515	6404	6112	104.77	64	47	17	3.07
吉 林	Jilin	10580	5412	5168	104.71	46	40	6	3.23
黑龙江	Heilongjiang	13774	7123	6651	107.10	14	9	5	3.07
上 海	Shanghai	1868	985	884	111.44	257	114	143	2.30
江 苏	Jiangsu	24262	12020	12243	98.18	188	48	140	3.04
浙 江	Zhejiang	16003	8023	7980	100.54	815	641	173	2.71
安 徽	Anhui	26684	13555	13129	103.24	46	39	7	3.04
福 建	Fujian	12032	6107	5925	103.08	602	276	326	2.92
江 西	Jiangxi	19630	10147	9483	107.00	96	67	28	3.66
山 东	Shandong	38405	19479	18926	102.92	36	32	4	2.99
河 南	Henan	45152	22700	22452	101.11	30	27	4	3.33
湖 北	Hubei	22067	11221	10846	103.46	354	294	60	3.10
湖 南	Hunan	29502	15220	14282	106.57	51	35	16	3.19
广 东	Guangdong	27684	14167	13517	104.81	1133	841	292	3.77
广 西	Guangxi	22016	11511	10505	109.58	44	33	11	3.36
海 南	Hainan	3523	1866	1657	112.57	57	21	36	4.01
重 庆	Chongqing	10452	5323	5129	103.80	119	71	48	2.62
四 川	Sichuan	35785	18262	17523	104.22	2241	2198	42	2.83
贵 州	Guizhou	18429	9552	8877	107.60	56	43	13	3.20
云 南	Yunnan	23099	11980	11119	107.73	493	345	148	3.58
西 藏	Tibet	1983	1000	983	101.79	1	1		4.58
陕 西	Shaanxi	15619	8000	7620	104.99	31	26	5	3.25
甘 肃	Gansu	13053	6717	6336	106.02	120	84	37	3.54
青 海	Qinghai	2483	1273	1210	105.23	31	29	2	4.02
宁 夏	Ningxia	2658	1364	1294	105.43	6	4	2	3.54
新 疆	Xinjiang	10420	5367	5053	106.20	18	14	3	3.74

2-15 各地区按家庭户规模分的户数
Family Households by Size and Region

单位：户 (household)

地 区	Region	家庭户户数 Number of Family Households	一人户 One Person	二人户 Two Persons	三人户 Three Persons	四人户 Four Persons	五人户 Five Persons	六人户 Six Persons	七人户 Seven Persons	八人户 Eight Persons	九人户 Nine Persons	十人及以上户 Ten Persons and Over
全 国	**National Total**	**356954**	**50261**	**94323**	**98432**	**59938**	**32830**	**14683**	**3812**	**1478**	**650**	**547**
北 京	Beijing	5878	1240	1756	1868	595	313	75	25	4	1	2
天 津	Tianjin	4089	494	1251	1535	487	236	73	10	3		
河 北	Hebei	18532	1846	4669	4671	3734	2047	1174	253	87	30	23
山 西	Shanxi	9664	1062	2422	2943	1901	868	390	53	14	8	2
内蒙古	Inner Mongolia	7176	771	2294	2683	983	346	83	10	5	1	
辽 宁	Liaoning	12605	1727	4057	4388	1385	762	229	43	9	4	
吉 林	Jilin	7794	939	2429	2456	997	672	234	45	15	5	1
黑龙江	Heilongjiang	11541	1287	3842	4063	1305	788	205	39	12		
上 海	Shanghai	7692	1812	2776	2116	576	338	57	8	6	2	1
江 苏	Jiangsu	20970	2705	6050	5885	3104	2186	733	188	76	22	22
浙 江	Zhejiang	15417	3120	4785	4072	1921	974	436	76	25	5	3
安 徽	Anhui	15862	2055	4062	4523	2928	1471	614	142	37	11	20
福 建	Fujian	10330	1994	2914	2585	1521	808	348	89	38	24	8
江 西	Jiangxi	10699	1020	2301	2735	2263	1251	743	208	90	46	42
山 东	Shandong	27473	3109	7892	8911	4557	2084	728	129	43	18	2
河 南	Henan	22869	2357	5233	5562	5015	2665	1455	388	105	60	29
湖 北	Hubei	15167	1915	3852	4642	2506	1424	608	132	54	26	8
湖 南	Hunan	17832	2835	4220	4382	3413	1777	838	222	85	42	19
广 东	Guangdong	24068	4155	5118	5166	4304	2715	1408	590	315	131	165
广 西	Guangxi	11571	1535	2438	2802	2330	1334	701	210	115	54	51
海 南	Hainan	1910	205	322	437	421	261	149	57	31	12	15
重 庆	Chongqing	8892	1842	2594	2290	1304	583	206	52	12	3	4
四 川	Sichuan	22423	3961	6279	5818	3577	1835	673	173	52	18	37
贵 州	Guizhou	9185	1306	2375	2199	1694	981	440	125	37	16	12
云 南	Yunnan	11450	1535	2385	2856	2402	1308	692	171	65	22	14
西 藏	Tibet	627	79	94	122	110	78	56	32	23	14	19
陕 西	Shaanxi	9962	1313	2520	2687	1805	1038	475	78	32	12	3
甘 肃	Gansu	6533	1031	1378	1604	1141	718	458	124	41	26	10
青 海	Qinghai	1374	163	283	352	268	162	85	33	14	7	8
宁 夏	Ningxia	1545	123	344	437	329	183	89	24	8	4	3
新 疆	Xinjiang	5825	725	1389	1640	1062	625	229	82	24	25	23

2-16 各地区城市按家庭户规模分的户数

Family Households of Cities by Size and Region

单位：户 (household)

地 区	Region	家庭户户数 Number of Family Households	一人户 One Person	二人户 Two Persons	三人户 Three Persons	四人户 Four Persons	五人户 Five Persons	六人户 Six Persons	七人户 Seven Persons	八人户 Eight Persons	九人户 Nine Persons	十人及以上户 Ten Persons and Over
全 国	**National Total**	**116248**	**18671**	**33156**	**40060**	**14000**	**7192**	**2328**	**483**	**220**	**70**	**69**
北 京	Beijing	4767	1076	1436	1518	443	227	46	15	4	1	2
天 津	Tianjin	2940	382	943	1200	268	121	23	4			
河 北	Hebei	4127	415	1190	1362	589	400	129	28	7	2	4
山 西	Shanxi	3613	429	959	1468	514	182	46	10	4	1	
内蒙古	Inner Mongolia	2342	256	708	1046	264	56	9		3	1	
辽 宁	Liaoning	7006	1155	2300	2706	534	260	44	9			
吉 林	Jilin	2883	459	989	1071	227	117	15	3	2		
黑龙江	Heilongjiang	4835	730	1750	1872	311	148	20	4	1		
上 海	Shanghai	5802	1331	1984	1728	449	256	40	6	5	1	1
江 苏	Jiangsu	8395	1033	2356	2910	1053	802	171	43	18	3	5
浙 江	Zhejiang	5623	1172	1707	1614	598	305	185	28	9	1	3
安 徽	Anhui	2920	292	683	1214	458	197	62	6	5	1	3
福 建	Fujian	3794	846	1052	1044	506	245	73	11	11	4	2
江 西	Jiangxi	2235	203	615	881	292	153	54	12	14	6	4
山 东	Shandong	8655	1038	2487	3466	1009	464	159	23	6	2	
河 南	Henan	4540	442	1016	1653	840	369	169	27	15	7	2
湖 北	Hubei	4838	576	1200	1939	603	361	121	23	11	4	1
湖 南	Hunan	3474	580	1046	1104	440	214	78	9	3	1	
广 东	Guangdong	11327	2553	2683	2790	1702	917	442	132	59	21	27
广 西	Guangxi	1853	310	390	594	299	157	69	14	10	4	5
海 南	Hainan	580	82	115	191	108	46	22	8	5	1	2
重 庆	Chongqing	2681	408	679	915	400	212	50	12	1		3
四 川	Sichuan	4499	617	1391	1478	600	323	70	9	9		
贵 州	Guizhou	2044	367	556	685	270	119	34	7	3	1	2
云 南	Yunnan	2702	621	693	823	306	174	69	10	5	1	
西 藏	Tibet	115	37	24	26	15	7	4	1	1		
陕 西	Shaanxi	2422	387	678	871	295	140	40	8	3		
甘 肃	Gansu	1709	281	476	670	187	61	26	4	1	2	1
青 海	Qinghai	433	68	133	140	55	25	8	2	1		
宁 夏	Ningxia	547	53	128	218	84	34	18	8	2	1	1
新 疆	Xinjiang	2543	472	786	862	280	99	30	7	3	2	1

2-17 各地区镇按家庭户规模分的户数

Family Households of Towns by Size and Region

单位：户 (household)

地 区	Region	家庭户户数 Number of Family Households	一人户 One Person	二人户 Two Persons	三人户 Three Persons	四人户 Four Persons	五人户 Five Persons	六人户 Six Persons	七人户 Seven Persons	八人户 Eight Persons	九人户 Nine Persons	十人及以上户 Ten Persons and Over
全 国	**National Total**	**77614**	**9726**	**19911**	**21764**	**13976**	**7353**	**3361**	**870**	**347**	**173**	**133**
北 京	Beijing	320	49	79	126	37	22	4	2			1
天 津	Tianjin	445	37	127	136	79	40	21	4	1		
河 北	Hebei	4594	389	1002	1145	994	573	349	87	27	14	14
山 西	Shanxi	1600	162	393	472	368	139	58	5	2		
内蒙古	Inner Mongolia	1732	157	540	700	258	61	15	1			
辽 宁	Liaoning	1520	204	515	562	147	68	16	6	2		
吉 林	Jilin	1638	228	511	516	214	117	41	8	2	1	1
黑龙江	Heilongjiang	2224	195	758	848	248	138	30	6			
上 海	Shanghai	1077	284	449	224	65	48	7	1			
江 苏	Jiangsu	4589	515	1337	1272	726	471	190	42	22	5	11
浙 江	Zhejiang	3897	747	1304	1078	487	205	55	12	6	4	
安 徽	Anhui	4156	441	1045	1298	802	364	142	39	11	5	7
福 建	Fujian	2422	421	660	640	370	197	88	24	11	9	3
江 西	Jiangxi	3101	307	703	798	657	343	200	55	15	11	13
山 东	Shandong	5962	619	1684	1856	1117	471	184	17	10	4	
河 南	Henan	4775	364	1024	1115	1100	636	373	105	29	20	9
湖 北	Hubei	3215	359	845	981	518	303	159	32	11	6	
湖 南	Hunan	5107	838	1041	1286	1068	524	257	58	19	10	5
广 东	Guangdong	5402	726	1078	1115	1086	717	359	156	88	46	33
广 西	Guangxi	3171	338	596	858	668	394	188	60	37	17	15
海 南	Hainan	452	51	73	106	99	62	36	12	5	3	4
重 庆	Chongqing	2224	491	672	576	308	126	40	10	1		
四 川	Sichuan	5298	723	1346	1627	884	502	157	42	8	2	8
贵 州	Guizhou	1380	160	297	370	290	170	71	15	3	1	2
云 南	Yunnan	2288	311	544	652	439	206	94	24	10	6	2
西 藏	Tibet	79	8	16	28	12	6	5	2	1	1	1
陕 西	Shaanxi	2740	341	696	780	502	255	118	24	18	5	1
甘 肃	Gansu	1138	137	324	282	229	92	57	10	4	2	2
青 海	Qinghai	323	52	68	86	60	32	15	5	3	1	1
宁 夏	Ningxia	246	14	56	60	60	34	15	3	1	1	
新 疆	Xinjiang	498	59	129	172	86	35	14	2			2

2-18 各地区乡村按家庭户规模分的户数
Family Households of Rural Areas by Size and Region

单位：户 (household)

地 区	Region	家庭户户数 Number of Family Households	一人户 One Person	二人户 Two Persons	三人户 Three Persons	四人户 Four Persons	五人户 Five Persons	六人户 Six Persons	七人户 Seven Persons	八人户 Eight Persons	九人户 Nine Persons	十人及以上户 Ten Persons and Over
全 国	**National Total**	**163093**	**21865**	**41256**	**36607**	**31963**	**18285**	**8994**	**2459**	**910**	**408**	**346**
北 京	Beijing	792	115	241	223	115	64	25	7	1	1	
天 津	Tianjin	704	76	181	200	140	74	28	3	2		
河 北	Hebei	9810	1042	2477	2163	2150	1074	696	138	52	14	5
山 西	Shanxi	4451	471	1070	1003	1019	547	286	37	9	7	2
内蒙古	Inner Mongolia	3101	358	1046	937	461	229	59	9	2		
辽 宁	Liaoning	4080	369	1242	1121	705	435	168	29	7	4	
吉 林	Jilin	3272	253	929	869	555	438	178	34	10	5	1
黑龙江	Heilongjiang	4482	361	1334	1343	747	502	154	29	11		
上 海	Shanghai	813	196	342	164	62	35	11	1	1	1	
江 苏	Jiangsu	7985	1157	2357	1703	1325	913	371	103	37	14	5
浙 江	Zhejiang	5897	1201	1775	1379	837	463	196	36	10		
安 徽	Anhui	8785	1322	2335	2011	1668	910	409	97	21	5	9
福 建	Fujian	4114	728	1201	901	645	366	187	55	17	11	4
江 西	Jiangxi	5363	509	983	1056	1315	754	489	141	61	29	25
山 东	Shandong	12856	1451	3720	3590	2430	1149	385	90	27	12	2
河 南	Henan	13554	1551	3193	2795	3075	1660	913	255	61	33	18
湖 北	Hubei	7113	980	1808	1722	1385	760	328	77	31	15	7
湖 南	Hunan	9251	1417	2133	1992	1906	1039	503	154	63	30	14
广 东	Guangdong	7338	876	1357	1261	1516	1081	607	302	168	64	106
广 西	Guangxi	6547	887	1451	1351	1363	782	444	137	68	33	31
海 南	Hainan	878	72	134	140	213	153	91	37	21	8	9
重 庆	Chongqing	3987	943	1243	800	596	245	116	30	10	3	1
四 川	Sichuan	12626	2621	3541	2712	2093	1009	447	122	35	17	29
贵 州	Guizhou	5761	779	1522	1143	1134	692	335	103	30	14	8
云 南	Yunnan	6460	603	1147	1381	1657	927	529	137	50	15	12
西 藏	Tibet	433	34	54	69	84	65	46	29	21	13	18
陕 西	Shaanxi	4800	584	1147	1037	1008	642	316	46	11	7	2
甘 肃	Gansu	3686	613	578	652	725	565	375	111	37	22	8
青 海	Qinghai	618	43	81	125	153	105	61	26	11	6	7
宁 夏	Ningxia	752	57	160	159	186	114	56	13	4	2	1
新 疆	Xinjiang	2784	195	474	606	695	491	185	72	21	23	21

2-19 各地区家庭户类别

Family Households by Type and Region

单位：户 (household)

地 区	Region	家庭户户数 Number of Family Households	一代户 One Generation	二代户 Two Generations	三代户 Three Generations	四代及以上户 Four Generations and over
全 国	**National Total**	**356954**	**128108**	**166525**	**60052**	**2269**
北 京	Beijing	5878	2780	2413	673	12
天 津	Tianjin	4089	1544	2039	493	13
河 北	Hebei	18532	5866	8851	3682	133
山 西	Shanxi	9664	3054	5293	1295	23
内蒙古	Inner Mongolia	7176	2828	3741	590	16
辽 宁	Liaoning	12605	5040	5953	1579	33
吉 林	Jilin	7794	2993	3533	1231	37
黑龙江	Heilongjiang	11541	4539	5506	1463	34
上 海	Shanghai	7692	4291	2733	642	25
江 苏	Jiangsu	20970	7835	8633	4249	253
浙 江	Zhejiang	15417	7372	6026	1939	80
安 徽	Anhui	15862	5326	7686	2739	110
福 建	Fujian	10330	4456	4266	1529	79
江 西	Jiangxi	10699	2888	5383	2346	83
山 东	Shandong	27473	9967	13620	3757	128
河 南	Henan	22869	6421	11443	4823	181
湖 北	Hubei	15167	5010	7087	2949	122
湖 南	Hunan	17832	6032	8028	3627	145
广 东	Guangdong	24068	8585	11065	4270	147
广 西	Guangxi	11571	3334	5824	2338	76
海 南	Hainan	1910	481	1048	367	14
重 庆	Chongqing	8892	3842	3691	1310	49
四 川	Sichuan	22423	8646	9748	3861	169
贵 州	Guizhou	9185	3304	4506	1339	36
云 南	Yunnan	11450	3364	5541	2417	127
西 藏	Tibet	627	132	336	153	6
陕 西	Shaanxi	9962	3357	4643	1898	64
甘 肃	Gansu	6533	2122	2924	1428	59
青 海	Qinghai	1374	386	706	276	6
宁 夏	Ningxia	1545	430	906	206	3
新 疆	Xinjiang	5825	1884	3350	585	6

2-20　各地区城市家庭户类别

Family Households of Cities by Type and Region

单位：户　　(household)

地　区	Region	家庭户户数 Number of Family Households	一代户 One Generation	二代户 Two Generations	三代户 Three Generations	四代及以上户 Four Generations and over
全　国	**National Total**	**116248**	**46687**	**55400**	**13814**	**348**
北　京	Beijing	4767	2322	1934	505	5
天　津	Tianjin	2940	1163	1489	285	3
河　北	Hebei	4127	1455	1945	716	11
山　西	Shanxi	3613	1224	2088	300	1
内蒙古	Inner Mongolia	2342	872	1349	121	
辽　宁	Liaoning	7006	2954	3451	597	4
吉　林	Jilin	2883	1262	1371	248	2
黑龙江	Heilongjiang	4835	2156	2326	351	3
上　海	Shanghai	5802	3065	2211	512	15
江　苏	Jiangsu	8395	3106	3747	1459	84
浙　江	Zhejiang	5623	2796	2232	573	22
安　徽	Anhui	2920	878	1670	365	8
福　建	Fujian	3794	1758	1600	420	16
江　西	Jiangxi	2235	714	1210	309	3
山　东	Shandong	8655	3224	4455	956	21
河　南	Henan	4540	1244	2564	718	15
湖　北	Hubei	4838	1554	2490	773	20
湖　南	Hunan	3474	1391	1613	459	12
广　东	Guangdong	11327	4994	4929	1364	40
广　西	Guangxi	1853	609	945	294	5
海　南	Hainan	580	191	301	86	2
重　庆	Chongqing	2681	930	1260	479	12
四　川	Sichuan	4499	1763	1988	721	26
贵　州	Guizhou	2044	824	1017	197	5
云　南	Yunnan	2702	1132	1183	379	9
西　藏	Tibet	115	53	53	9	
陕　西	Shaanxi	2422	915	1263	241	4
甘　肃	Gansu	1709	670	888	150	
青　海	Qinghai	433	174	206	53	
宁　夏	Ningxia	547	170	331	46	
新　疆	Xinjiang	2543	1125	1290	127	1

2-21 各地区镇家庭户类别

Family Households of Towns by Type and Region

单位：户 (household)

地 区	Region	家庭户户数 Number of Family Households	一代户 One Generation	二代户 Two Generations	三代户 Three Generations	四代及以上户 Four Generations and over
全 国	**National Total**	**77614**	**26334**	**37682**	**13136**	**462**
北 京	Beijing	320	122	155	41	2
天 津	Tianjin	445	147	216	78	5
河 北	Hebei	4594	1257	2314	992	31
山 西	Shanxi	1600	486	874	236	5
内蒙古	Inner Mongolia	1732	643	995	93	2
辽 宁	Liaoning	1520	644	724	147	5
吉 林	Jilin	1638	645	764	226	4
黑龙江	Heilongjiang	2224	865	1092	261	6
上 海	Shanghai	1077	709	290	74	5
江 苏	Jiangsu	4589	1668	1927	937	57
浙 江	Zhejiang	3897	1889	1613	389	6
安 徽	Anhui	4156	1237	2232	660	27
福 建	Fujian	2422	974	1041	384	23
江 西	Jiangxi	3101	904	1581	598	18
山 东	Shandong	5962	2167	2962	803	29
河 南	Henan	4775	1202	2418	1111	44
湖 北	Hubei	3215	1064	1540	587	24
湖 南	Hunan	5107	1639	2402	1030	36
广 东	Guangdong	5402	1607	2620	1140	36
广 西	Guangxi	3171	775	1733	644	19
海 南	Hainan	452	112	252	84	4
重 庆	Chongqing	2224	1003	947	266	8
四 川	Sichuan	5298	1705	2590	980	23
贵 州	Guizhou	1380	418	744	213	5
云 南	Yunnan	2288	738	1113	419	17
西 藏	Tibet	79	16	52	12	
陕 西	Shaanxi	2740	965	1336	425	15
甘 肃	Gansu	1138	397	549	185	6
青 海	Qinghai	323	110	164	47	1
宁 夏	Ningxia	246	63	147	35	
新 疆	Xinjiang	498	163	295	40	1

2-22 各地区乡村家庭户类别

Family Households of Rural Areas by Type and Region

单位：户 (household)

地 区	Region	家庭户户数 Number of Family Households	一代户 One Generation	二代户 Two Generations	三代户 Three Generations	四代及以上户 Four Generations and over
全 国	**National Total**	**163093**	**55088**	**73443**	**33103**	**1459**
北 京	Beijing	792	337	323	126	5
天 津	Tianjin	704	234	335	130	5
河 北	Hebei	9810	3154	4591	1974	91
山 西	Shanxi	4451	1344	2331	759	18
内蒙古	Inner Mongolia	3101	1314	1397	377	14
辽 宁	Liaoning	4080	1442	1779	835	25
吉 林	Jilin	3272	1087	1398	757	30
黑龙江	Heilongjiang	4482	1518	2087	852	25
上 海	Shanghai	813	517	233	56	6
江 苏	Jiangsu	7985	3061	2959	1853	112
浙 江	Zhejiang	5897	2687	2180	977	53
安 徽	Anhui	8785	3211	3785	1714	75
福 建	Fujian	4114	1724	1625	725	40
江 西	Jiangxi	5363	1270	2593	1439	62
山 东	Shandong	12856	4576	6204	1998	79
河 南	Henan	13554	3976	6462	2994	123
湖 北	Hubei	7113	2392	3056	1588	77
湖 南	Hunan	9251	3003	4014	2138	97
广 东	Guangdong	7338	1983	3516	1767	72
广 西	Guangxi	6547	1949	3147	1400	51
海 南	Hainan	878	178	495	196	8
重 庆	Chongqing	3987	1909	1484	565	29
四 川	Sichuan	12626	5178	5169	2160	120
贵 州	Guizhou	5761	2061	2745	929	26
云 南	Yunnan	6460	1494	3246	1619	101
西 藏	Tibet	433	63	232	133	6
陕 西	Shaanxi	4800	1478	2044	1233	45
甘 肃	Gansu	3686	1055	1486	1092	52
青 海	Qinghai	618	102	336	176	4
宁 夏	Ningxia	752	197	428	124	3
新 疆	Xinjiang	2784	597	1764	418	5

2-23 全国家庭户人数和户主的年龄、性别构成

Population of Family Households, Age and Sex Composition of the Household Head

年龄 Age	家庭户人口数 Population of Family Household (person)	男 Male	女 Female	户主数 Number of Household Head (person)	男 Male	女 Female	户主率 Household Head Rate (%)	男 Male	女 Female
总计 Total	**1077355**	**547201**	**530155**	**332221**	**274546**	**57675**	**30.84**	**50.17**	**10.88**
14岁以下	**184549**	**100027**	**84522**	**198**	**123**	**75**	**0.11**	**0.12**	**0.09**
15-19	**62716**	**32421**	**30295**	**1128**	**697**	**431**	**1.80**	**2.15**	**1.42**
15	12677	6660	6017	78	55	23	0.61	0.83	0.38
16	12875	6683	6192	132	86	45	1.02	1.29	0.73
17	12935	6672	6264	197	114	82	1.52	1.71	1.32
18	11935	6150	5785	292	172	120	2.45	2.79	2.08
19	12295	6257	6037	430	269	160	3.50	4.31	2.66
20-24	**86623**	**44148**	**42475**	**7506**	**5386**	**2120**	**8.67**	**12.20**	**4.99**
20	13948	7449	6499	656	425	231	4.70	5.70	3.55
21	14758	7736	7022	859	571	288	5.82	7.38	4.11
22	19465	9848	9617	1542	1104	438	7.92	11.21	4.55
23	19408	9700	9708	2035	1475	560	10.48	15.20	5.77
24	19044	9414	9630	2415	1812	604	12.68	19.25	6.27
25-29	**84034**	**41211**	**42824**	**17363**	**13697**	**3666**	**20.66**	**33.24**	**8.56**
25	19351	9443	9908	3044	2305	740	15.73	24.41	7.46
26	17632	8571	9061	3154	2443	711	17.89	28.50	7.85
27	15555	7643	7911	3243	2587	656	20.85	33.84	8.29
28	15714	7798	7916	3807	3067	740	24.23	39.33	9.34
29	15782	7755	8027	4115	3295	820	26.07	42.49	10.21
30-34	**80277**	**40239**	**40039**	**25704**	**21156**	**4548**	**32.02**	**52.58**	**11.36**
30	17735	8799	8936	5026	4093	933	28.34	46.51	10.44
31	15804	7881	7923	4759	3918	841	30.11	49.71	10.61
32	15064	7587	7477	4879	4001	878	32.39	52.73	11.74
33	15918	8061	7857	5455	4528	927	34.27	56.18	11.80
34	15755	7911	7845	5585	4616	969	35.45	58.36	12.35
35-39	**86076**	**43396**	**42679**	**35416**	**29760**	**5657**	**41.15**	**68.58**	**13.25**
35	14670	7310	7360	5494	4554	940	37.45	62.30	12.77
36	16357	8251	8107	6465	5357	1108	39.53	64.93	13.67
37	16900	8556	8344	6868	5794	1074	40.64	67.71	12.87
38	18547	9374	9172	7910	6658	1251	42.65	71.03	13.64
39	19601	9905	9696	8680	7396	1283	44.28	74.68	13.24

2-23 续表 continued

年 龄 Age	家庭户人口数 Population of Family Household (person)	男 Male	女 Female	户主数 Number of Household Head (person)	男 Male	女 Female	户主率 Household Head Rate (%)	男 Male	女 Female
40-44	**104516**	**52771**	**51746**	**49201**	**42403**	**6798**	**47.07**	**80.35**	**13.14**
40	20063	10167	9896	9141	7801	1340	45.56	76.73	13.54
41	20223	10277	9946	9334	8030	1304	46.16	78.14	13.11
42	22027	11068	10959	10311	8858	1452	46.81	80.04	13.25
43	20185	10144	10041	9615	8316	1299	47.63	81.98	12.94
44	22019	11115	10904	10800	9397	1403	49.05	84.54	12.86
45-49	**97109**	**48988**	**48121**	**48861**	**42515**	**6346**	**50.32**	**86.79**	**13.19**
45	17123	8645	8478	8480	7412	1068	49.52	85.73	12.60
46	19327	9773	9554	9688	8450	1238	50.13	86.46	12.96
47	19623	9943	9680	9813	8613	1200	50.01	86.63	12.39
48	18999	9483	9517	9530	8247	1284	50.16	86.96	13.49
49	22036	11143	10893	11350	9793	1557	51.51	87.88	14.30
50-54	**61001**	**30808**	**30193**	**31683**	**27265**	**4417**	**51.94**	**88.50**	**14.63**
50	16073	8114	7959	8344	7217	1127	51.91	88.95	14.16
51	9045	4452	4593	4527	3890	637	50.05	87.37	13.87
52	11543	5807	5736	5968	5094	874	51.70	87.72	15.23
53	10688	5369	5319	5532	4765	767	51.76	88.76	14.42
54	13653	7066	6587	7312	6299	1013	53.55	89.15	15.37
55-59	**70691**	**35544**	**35148**	**36565**	**31213**	**5352**	**51.73**	**87.82**	**15.23**
55	14992	7606	7386	7836	6728	1108	52.27	88.46	15.00
56	13930	7072	6857	7304	6252	1052	52.44	88.40	15.34
57	14240	7160	7080	7332	6282	1050	51.49	87.74	14.83
58	14371	7178	7193	7445	6293	1152	51.80	87.67	16.01
59	13158	6527	6631	6648	5657	991	50.52	86.67	14.94
60-64	**55049**	**27615**	**27434**	**28282**	**23469**	**4814**	**51.38**	**84.98**	**17.55**
60	13148	6520	6627	6792	5653	1139	51.66	86.70	17.18
61	11170	5461	5709	5664	4700	965	50.71	86.06	16.90
62	10954	5629	5325	5640	4758	882	51.48	84.53	16.56
63	10594	5376	5218	5488	4523	965	51.80	84.13	18.50
64	9183	4629	4555	4698	3835	863	51.16	82.85	18.96
65+	**104714**	**50035**	**54680**	**50313**	**36862**	**13451**	**48.05**	**73.67**	**24.60**

2-24 各地区分性别、受教育程度的人口

Population by Sex, Educational Attainment and Region

单位：人 (person)

地区	Region	6岁及以上人口 Population Aged 6 and Over	男 Male	女 Female	未上过学 No Schooling	男 Male	女 Female	小学 Primary School	男 Male	女 Female
全国	**National Total**	**1047865**	**534803**	**513062**	**55454**	**16753**	**38701**	**281681**	**133547**	**148134**
北京	Beijing	16447	8418	8029	271	63	208	1627	766	862
天津	Tianjin	11175	5529	5646	297	87	210	1885	879	1006
河北	Hebei	55844	28412	27432	2383	733	1650	13858	6471	7387
山西	Shanxi	28388	14483	13905	810	326	485	6039	2780	3259
内蒙古	Inner Mongolia	19598	9999	9599	863	298	564	4794	2242	2551
辽宁	Liaoning	35238	17655	17583	908	295	612	7069	3281	3788
吉林	Jilin	21799	11059	10740	480	168	312	5340	2502	2838
黑龙江	Heilongjiang	30608	15559	15049	873	324	549	7476	3498	3979
上海	Shanghai	19034	9918	9117	466	118	348	2403	1073	1330
江苏	jiangsu	62230	30700	31530	3492	879	2613	14701	6570	8130
浙江	Zhejiang	43285	22088	21197	2383	691	1692	11640	5701	5939
安徽	Anhui	46039	23855	22184	3700	1011	2689	13071	6043	7029
福建	Fujian	28931	14525	14406	1606	373	1233	9231	4113	5118
江西	Jiangxi	34348	17654	16694	1350	381	969	10233	4700	5533
山东	Shandong	75422	37952	37470	4933	1373	3560	19465	8734	10731
河南	Henan	72042	36109	35933	3958	1228	2731	17865	8566	9299
湖北	Hubei	45109	22876	22233	2697	764	1933	10585	4966	5618
湖南	Hunan	51099	26204	24895	2338	772	1566	15225	7470	7755
广东	Guangdong	82228	43261	38967	2479	561	1918	18921	8717	10205
广西	Guangxi	35185	18148	17037	1433	429	1004	12085	5732	6353
海南	Hainan	6773	3589	3185	312	91	221	1518	721	797
重庆	Chongqing	23049	11562	11487	1240	387	853	7865	3897	3968
四川	Sichuan	63113	33010	30103	4353	1350	3003	20810	10475	10334
贵州	Guizhou	26638	13598	13040	3040	916	2124	9841	4955	4886
云南	Yunnan	36013	18498	17515	3009	1020	1989	14876	7508	7368
西藏	Tibet	2332	1157	1175	800	344	456	1001	525	476
陕西	Shaanxi	29505	15229	14276	1576	536	1040	6841	3162	3679
甘肃	Gansu	20108	10332	9775	1774	588	1187	6796	3298	3498
青海	Qinghai	4414	2276	2138	639	247	391	1613	816	797
宁夏	Ningxia	4961	2525	2436	363	121	241	1644	786	858
新疆	Xinjiang	16910	8624	8286	629	278	351	5362	2599	2763

2-24 续表 continued

单位：人 (person)

地区	Region	初中 Junior Secondary School	男 Male	女 Female	高中 Senior Secondary School	男 Male	女 Female	大专及以上 College and Higher Level	男 Male	女 Female
全国	**National Total**	**430799**	**230637**	**200162**	**168941**	**94487**	**74454**	**110990**	**59380**	**51610**
北京	Beijing	4746	2540	2206	3659	1830	1829	6143	3219	2924
天津	Tianjin	3990	2082	1908	2450	1250	1199	2553	1230	1323
河北	Hebei	28314	15063	13251	8059	4427	3632	3232	1719	1513
山西	Shanxi	13065	6795	6270	5766	3159	2607	2707	1423	1283
内蒙古	Inner Mongolia	8209	4429	3780	3369	1843	1526	2364	1186	1178
辽宁	Liaoning	15616	8110	7506	5127	2668	2460	6519	3301	3217
吉林	Jilin	9955	5259	4696	4069	2143	1926	1955	987	969
黑龙江	Heilongjiang	14154	7502	6652	5013	2613	2400	3093	1622	1469
上海	Shanghai	7728	4219	3509	4046	2202	1844	4392	2305	2087
江苏	jiangsu	24602	12890	11712	11062	6330	4732	8373	4030	4344
浙江	Zhejiang	16056	8916	7141	6733	4211	2522	6473	2569	3903
安徽	Anhui	18814	10139	8675	5733	3352	2381	4721	3311	1410
福建	Fujian	11267	6375	4892	4565	2524	2041	2262	1139	1121
江西	Jiangxi	13805	7183	6622	6114	3660	2453	2846	1731	1116
山东	Shandong	32127	17189	14938	11530	6563	4967	7367	4094	3274
河南	Henan	34963	17709	17254	10457	6081	4376	4798	2524	2273
湖北	Hubei	17468	9217	8251	8844	4742	4102	5514	3185	2329
湖南	Hunan	21041	10893	10147	8746	4960	3785	3749	2108	1641
广东	Guangdong	35639	19476	16163	17162	9927	7235	8027	4581	3446
广西	Guangxi	15085	8278	6807	4302	2458	1844	2281	1252	1029
海南	Hainan	3082	1686	1396	1167	690	477	694	399	294
重庆	Chongqing	8224	4242	3982	3421	1796	1626	2299	1241	1058
四川	Sichuan	23404	13263	10141	8289	4543	3746	6258	3378	2879
贵州	Guizhou	9289	5184	4105	2720	1577	1144	1749	967	781
云南	Yunnan	11290	6424	4865	4401	2198	2203	2438	1348	1090
西藏	Tibet	312	177	135	119	58	61	99	51	47
陕西	Shaanxi	12385	6654	5731	5552	3108	2445	3150	1769	1381
甘肃	Gansu	6639	3602	3037	3109	1770	1339	1790	1075	715
青海	Qinghai	1242	697	546	497	278	219	423	238	185
宁夏	Ningxia	1871	1030	842	631	355	276	452	232	219
新疆	Xinjiang	6418	3414	3004	2229	1171	1059	2272	1162	1110

2-25 各地区城市分性别、受教育程度的人口

City Population by Sex, Educational Attainment and Region

单位：人 (person)

地区	Region	6岁及以上人口 Population Aged 6 and Over	男 Male	女 Female	未上过学 No Schooling	男 Male	女 Female	小学 Primary School	男 Male	女 Female
全国	**National Total**	**328293**	**166318**	**161974**	**6860**	**1805**	**5055**	**50132**	**23226**	**26907**
北京	Beijing	13180	6710	6471	140	28	112	1023	483	540
天津	Tianjin	7522	3793	3729	168	48	120	932	417	515
河北	Hebei	11575	5808	5768	265	72	193	2089	968	1120
山西	Shanxi	9915	4977	4938	124	38	86	1324	594	729
内蒙古	Inner Mongolia	6654	3270	3384	109	43	66	937	410	528
辽宁	Liaoning	19356	9547	9809	232	62	170	2215	1002	1213
吉林	Jilin	7381	3684	3696	88	25	63	748	345	403
黑龙江	Heilongjiang	11615	5787	5827	147	48	99	1418	631	787
上海	Shanghai	14570	7554	7016	298	76	222	1569	671	898
江苏	Jiangsu	26154	12959	13195	828	178	650	4135	1872	2264
浙江	Zhejiang	17303	8544	8759	462	139	323	3070	1474	1597
安徽	Anhui	9838	5663	4175	281	56	225	1402	637	765
福建	Fujian	10259	5106	5154	309	61	249	2283	1059	1224
江西	Jiangxi	6592	3398	3195	123	28	95	1021	489	533
山东	Shandong	23079	11478	11601	610	157	453	3761	1695	2066
河南	Henan	14074	6909	7165	204	50	154	2041	976	1065
湖北	Hubei	14644	7367	7277	355	70	285	1782	770	1012
湖南	Hunan	9075	4607	4468	255	89	166	1698	808	890
广东	Guangdong	36692	19703	16989	478	96	382	5444	2635	2809
广西	Guangxi	5250	2598	2651	75	25	49	970	434	535
海南	Hainan	1922	1001	921	29	10	19	248	123	125
重庆	Chongqing	7334	3669	3665	148	36	111	1430	693	736
四川	Sichuan	11844	5819	6026	255	56	199	2405	1136	1268
贵州	Guizhou	5334	2592	2741	139	45	94	1055	491	564
云南	Yunnan	6972	3622	3350	224	102	122	1562	768	794
西藏	Tibet	299	134	165	43	13	30	105	45	60
陕西	Shaanxi	6387	3248	3139	158	54	104	749	343	407
甘肃	Gansu	4297	2149	2147	143	39	104	758	336	422
青海	Qinghai	1143	571	571	39	13	26	234	104	130
宁夏	Ningxia	1730	870	859	49	15	35	375	179	196
新疆	Xinjiang	6303	3181	3122	82	35	47	1347	637	710

2-25 续表 continued

单位：人 (person)

地 区	Region	初 中 Junior Secondary School	男 Male	女 Female	高 中 Senior Secondary School	男 Male	女 Female	大专及以上 College and Higher Level	男 Male	女 Female
全 国	**National Total**	**113179**	**58383**	**54796**	**81535**	**42779**	**38756**	**76587**	**40125**	**36460**
北 京	Beijing	3389	1762	1628	2887	1407	1481	5741	3031	2711
天 津	Tianjin	2399	1220	1179	1998	1001	997	2025	1108	917
河 北	Hebei	4612	2372	2240	2634	1334	1301	1976	1063	913
山 西	Shanxi	3244	1585	1659	3145	1680	1465	2078	1079	999
内蒙古	Inner Mongolia	2413	1262	1150	1766	908	858	1429	647	781
辽 宁	Liaoning	7074	3515	3559	3872	1968	1904	5962	3000	2962
吉 林	Jilin	2745	1392	1353	2390	1215	1175	1408	707	702
黑龙江	Heilongjiang	4695	2363	2332	3056	1548	1508	2298	1198	1100
上 海	Shanghai	5414	2938	2476	3293	1777	1515	3996	2092	1904
江 苏	Jiangsu	8557	4466	4091	6062	3378	2684	6570	3064	3507
浙 江	Zhejiang	5466	3009	2457	3495	2250	1246	4810	1673	3137
安 徽	Anhui	2855	1425	1430	2187	1193	994	3113	2352	761
福 建	Fujian	3907	2077	1830	2446	1193	1253	1314	716	598
江 西	Jiangxi	1988	988	1001	1854	917	937	1607	976	630
山 东	Shandong	7696	3812	3883	5622	2874	2748	5391	2941	2451
河 南	Henan	4532	2243	2289	3890	1859	2031	3406	1781	1626
湖 北	Hubei	4168	2065	2103	4632	2318	2315	3707	2145	1562
湖 南	Hunan	2957	1454	1504	2522	1351	1171	1642	906	736
广 东	Guangdong	15191	8326	6865	9443	5260	4183	6136	3385	2750
广 西	Guangxi	1922	955	967	1222	614	609	1060	570	490
海 南	Hainan	578	290	288	616	311	306	450	267	183
重 庆	Chongqing	2471	1255	1216	1821	910	910	1464	773	692
四 川	Sichuan	3943	1945	1998	2902	1508	1394	2340	1173	1166
贵 州	Guizhou	1851	919	932	1165	549	617	1123	588	535
云 南	Yunnan	2482	1327	1155	1491	797	694	1213	627	584
西 藏	Tibet	57	29	28	38	19	19	57	27	28
陕 西	Shaanxi	2268	1188	1080	1930	994	936	1281	669	613
甘 肃	Gansu	1375	690	686	1180	618	561	840	467	375
青 海	Qinghai	396	205	191	230	118	111	243	130	113
宁 夏	Ningxia	645	335	311	305	162	143	354	180	174
新 疆	Xinjiang	1885	970	915	1440	748	692	1549	790	758

2-26 各地区镇分性别、受教育程度的人口

Town Population by Sex, Educational Attainment and Region

单位：人 (person)

地 区	Region	6岁及以上人口 Population Aged 6 and Over	男 Male	女 Female	未上过学 No Schooling	男 Male	女 Female	小 学 Primary School	男 Male	女 Female
全 国	**National Total**	**234122**	**119763**	**114360**	**10272**	**3013**	**7258**	**57011**	**26325**	**30686**
北 京	Beijing	989	523	466	21	6	15	168	69	100
天 津	Tianjin	1607	686	922	40	12	28	255	126	129
河 北	Hebei	14645	7467	7178	552	171	380	3519	1609	1910
山 西	Shanxi	4663	2392	2271	118	49	69	950	435	515
内蒙古	Inner Mongolia	4650	2415	2235	177	53	124	1117	533	584
辽 宁	Liaoning	3861	1957	1904	59	19	40	651	287	364
吉 林	Jilin	4436	2262	2174	72	29	43	907	411	496
黑龙江	Heilongjiang	5924	3027	2897	116	32	84	1028	465	563
上 海	Shanghai	2443	1319	1124	74	20	54	392	187	206
江 苏	Jiangsu	13268	6607	6661	723	196	527	3279	1478	1800
浙 江	Zhejiang	10079	5348	4731	441	150	291	2768	1297	1471
安 徽	Anhui	11941	5955	5986	782	198	584	2681	1252	1429
福 建	Fujian	7051	3593	3458	473	117	356	2237	968	1269
江 西	Jiangxi	9948	5127	4821	342	97	245	2483	1128	1355
山 东	Shandong	16618	8435	8183	1204	324	880	4423	2020	2404
河 南	Henan	16865	8746	8118	772	245	527	3910	1825	2085
湖 北	Hubei	9721	4919	4802	460	124	336	2221	1070	1151
湖 南	Hunan	14946	7675	7271	511	183	329	3640	1732	1908
广 东	Guangdong	19372	10043	9330	664	139	525	4683	2046	2637
广 西	Guangxi	10317	5327	4990	305	102	203	2755	1276	1479
海 南	Hainan	1616	893	723	73	22	51	361	171	190
重 庆	Chongqing	5915	2907	3007	201	58	143	1671	789	882
四 川	Sichuan	15877	8122	7755	625	196	429	3869	1864	2005
贵 州	Guizhou	4515	2354	2161	317	85	232	1358	627	730
云 南	Yunnan	7414	3592	3823	350	101	249	1972	938	1034
西 藏	Tibet	254	126	128	91	37	54	84	46	38
陕 西	Shaanxi	8457	4483	3974	313	111	201	1740	817	923
甘 肃	Gansu	3578	1869	1709	192	61	131	1019	449	570
青 海	Qinghai	992	522	470	122	45	78	329	164	164
宁 夏	Ningxia	802	414	388	63	24	39	255	125	130
新 疆	Xinjiang	1357	659	699	18	5	12	286	121	165

2-26 续表 continued

单位：人 (person)

地 区	Region	初 中 Junior Secondary School	男 Male	女 Female	高 中 Senior Secondary School	男 Male	女 Female	大专及以上 College and Higher Level	男 Male	女 Female
全 国	**National Total**	**98946**	**51523**	**47423**	**44420**	**25551**	**18870**	**23473**	**13351**	**10123**
北 京	Beijing	398	240	158	227	120	106	175	88	87
天 津	Tianjin	609	328	281	246	132	114	456	88	369
河 北	Hebei	7815	4191	3625	2175	1170	1005	584	326	258
山 西	Shanxi	2099	1074	1025	1129	629	500	368	206	162
内蒙古	Inner Mongolia	1946	1024	923	833	472	361	578	334	244
辽 宁	Liaoning	2163	1119	1044	621	334	287	367	198	169
吉 林	Jilin	2182	1138	1044	948	513	435	326	170	156
黑龙江	Heilongjiang	2875	1525	1350	1263	662	601	642	343	299
上 海	Shanghai	1269	689	580	402	254	147	307	169	137
江 苏	Jiangsu	5829	2967	2861	2450	1420	1031	987	545	442
浙 江	Zhejiang	4295	2331	1964	1488	934	554	1085	635	450
安 徽	Anhui	5280	2680	2600	1985	1111	874	1213	714	500
福 建	Fujian	2729	1553	1177	1129	659	470	483	296	187
江 西	Jiangxi	3945	1913	2032	2389	1507	882	790	483	307
山 东	Shandong	7451	3999	3452	2321	1407	914	1218	685	533
河 南	Henan	8022	4029	3993	3264	2159	1105	897	488	409
湖 北	Hubei	4000	2028	1972	1951	1067	884	1088	630	459
湖 南	Hunan	6006	3035	2971	3237	1813	1424	1551	913	639
广 东	Guangdong	8030	4307	3723	4587	2669	1918	1408	880	528
广 西	Guangxi	4375	2340	2035	1894	1069	825	988	540	448
海 南	Hainan	756	421	336	279	188	91	147	92	55
重 庆	Chongqing	2397	1149	1248	944	508	437	700	403	298
四 川	Sichuan	5204	2601	2603	2898	1585	1313	3281	1876	1405
贵 州	Guizhou	1695	887	808	789	557	232	357	197	160
云 南	Yunnan	2384	1256	1127	1843	783	1060	866	514	352
西 藏	Tibet	41	22	20	23	12	11	15	10	5
陕 西	Shaanxi	2947	1504	1443	2002	1181	820	1457	870	587
甘 肃	Gansu	1265	672	593	611	366	245	491	321	170
青 海	Qinghai	264	149	114	137	81	57	141	83	56
宁 夏	Ningxia	313	168	145	119	69	50	51	29	23
新 疆	Xinjiang	365	187	178	235	119	115	454	226	229

2-27 各地区乡村分性别、受教育程度的人口
Rural Population by Sex, Educational Attainment and Region

单位：人 (person)

地区	Region	6岁及以上人口 Population Aged 6 and Over	男 Male	女 Female	未上过学 No Schooling	男 Male	女 Female	小学 Primary School	男 Male	女 Female
全国	**National Total**	**485450**	**248722**	**236728**	**38322**	**11935**	**26388**	**174538**	**83996**	**90542**
北京	Beijing	2278	1185	1093	111	29	81	436	214	222
天津	Tianjin	2046	1050	996	89	27	62	698	336	361
河北	Hebei	29624	15137	14486	1566	489	1077	8250	3894	4356
山西	Shanxi	13809	7113	6696	568	238	330	3765	1751	2014
内蒙古	Inner Mongolia	8294	4314	3980	576	202	374	2740	1300	1440
辽宁	Liaoning	12021	6151	5870	617	214	402	4203	1992	2211
吉林	Jilin	9983	5113	4870	319	114	206	3684	1746	1939
黑龙江	Heilongjiang	13069	6744	6325	609	244	365	5030	2402	2628
上海	Shanghai	2021	1044	977	94	22	71	441	215	226
江苏	Jiangsu	22808	11135	11674	1941	506	1436	7287	3220	4067
浙江	Zhejiang	15904	8196	7708	1479	401	1078	5802	2931	2871
安徽	Anhui	24260	12237	12023	2637	757	1880	8989	4154	4835
福建	Fujian	11621	5827	5794	824	195	629	4711	2086	2625
江西	Jiangxi	17808	9129	8678	885	256	630	6728	3083	3646
山东	Shandong	35725	18040	17685	3118	892	2226	11281	5019	6262
河南	Henan	41103	20453	20650	2983	932	2051	11914	5765	6149
湖北	Hubei	20744	10590	10154	1882	571	1312	6581	3127	3455
湖南	Hunan	27077	13921	13156	1571	501	1071	9887	4930	4957
广东	Guangdong	26163	13515	12648	1337	326	1011	8795	4035	4759
广西	Guangxi	19618	10223	9395	1053	301	751	8360	4022	4338
海南	Hainan	3235	1695	1541	211	59	152	909	427	482
重庆	Chongqing	9801	4986	4814	891	292	599	4764	2414	2349
四川	Sichuan	35391	19070	16321	3473	1097	2375	14536	7475	7061
贵州	Guizhou	16789	8652	8137	2584	786	1798	7428	3836	3592
云南	Yunnan	21627	11285	10342	2435	818	1618	11342	5803	5540
西藏	Tibet	1778	896	882	666	294	372	812	433	378
陕西	Shaanxi	14661	7499	7162	1105	371	734	4352	2002	2350
甘肃	Gansu	12233	6314	5919	1439	488	951	5019	2513	2505
青海	Qinghai	2279	1182	1097	478	190	288	1050	547	503
宁夏	Ningxia	2430	1241	1189	251	83	167	1014	482	532
新疆	Xinjiang	9250	4785	4465	529	237	292	3729	1841	1888

2-27 续表 continued

单位：人 (person)

地 区	Region	初 中 Junior Secondary School	男 Male	女 Female	高 中 Senior Secondary School	男 Male	女 Female	大专及以上 College and Higher Level	男 Male	女 Female
全 国	**National Total**	**218674**	**120730**	**97944**	**42986**	**26158**	**16828**	**10929**	**5903**	**5026**
北 京	Beijing	959	539	421	545	303	243	226	100	126
天 津	Tianjin	982	535	447	206	117	88	72	35	37
河 北	Hebei	15886	8500	7386	3250	1923	1326	671	329	341
山 西	Shanxi	7722	4136	3587	1492	850	642	262	139	122
内蒙古	Inner Mongolia	3850	2143	1707	769	463	306	359	205	153
辽 宁	Liaoning	6379	3476	2903	634	366	268	189	103	86
吉 林	Jilin	5028	2729	2299	731	415	316	220	110	111
黑龙江	Heilongjiang	6584	3613	2970	694	403	291	152	81	71
上 海	Shanghai	1045	592	453	352	170	181	90	45	45
江 苏	Jiangsu	10216	5456	4760	2549	1532	1017	816	420	394
浙 江	Zhejiang	6295	3576	2720	1750	1027	723	577	260	316
安 徽	Anhui	10679	6034	4646	1561	1048	513	394	244	149
福 建	Fujian	4630	2746	1885	990	672	318	466	129	337
江 西	Jiangxi	7872	4282	3590	1871	1236	635	451	273	178
山 东	Shandong	16981	9378	7603	3587	2282	1305	758	469	289
河 南	Henan	22409	11437	10972	3303	2063	1240	494	256	238
湖 北	Hubei	9300	5125	4175	2261	1358	903	720	410	309
湖 南	Hunan	12077	6405	5673	2987	1796	1190	555	291	265
广 东	Guangdong	12417	6842	5575	3132	1998	1134	483	314	168
广 西	Guangxi	8787	4982	3804	1185	774	411	234	143	91
海 南	Hainan	1747	975	772	272	192	79	97	40	56
重 庆	Chongqing	3356	1837	1518	656	377	279	134	65	69
四 川	Sichuan	14257	8718	5540	2489	1450	1038	636	329	306
贵 州	Guizhou	5744	3378	2366	766	471	295	267	181	87
云 南	Yunnan	6424	3841	2583	1066	618	449	359	205	153
西 藏	Tibet	214	127	87	59	28	31	28	14	14
陕 西	Shaanxi	7170	3962	3208	1621	933	688	412	230	182
甘 肃	Gansu	3999	2241	1758	1318	785	532	459	288	171
青 海	Qinghai	582	342	240	130	79	51	39	23	16
宁 夏	Ningxia	913	527	386	207	124	83	45	24	21
新 疆	Xinjiang	4168	2257	1911	555	303	251	270	145	123

2-28 各地区分性别的15岁及以上文盲人口

Illiterate Population Aged 15 and Over by Sex and Region

地 区	Region	15岁及以上人口(人) Population Aged 15 and Over (person)	男 Male	女 Female	文盲人口(人) Illiterate Population (person)	男 Male	女 Female	文盲人口占15岁及以上人口的比重(%) % to Total Aged 15 and Over (%)	男 Male	女 Female
全 国	**National Total**	**939526**	**476037**	**463489**	**46619**	**12699**	**33920**	**4.96**	**2.67**	**7.32**
北 京	Beijing	15648	7999	7649	229	47	181	1.46	0.59	2.37
天 津	Tianjin	10408	5121	5287	233	55	178	2.24	1.08	3.36
河 北	Hebei	49895	25215	24680	1879	516	1363	3.77	2.05	5.52
山 西	Shanxi	25396	12932	12464	592	213	379	2.33	1.64	3.04
内蒙古	Inner Mongolia	17897	9132	8765	718	223	494	4.01	2.44	5.64
辽 宁	Liaoning	32819	16446	16373	736	217	519	2.24	1.32	3.17
吉 林	Jilin	20139	10194	9945	372	121	251	1.85	1.19	2.53
黑龙江	Heilongjiang	28112	14234	13878	686	232	454	2.44	1.63	3.27
上 海	Shanghai	18181	9443	8738	406	87	319	2.23	0.92	3.65
江 苏	Jiangsu	57383	27979	29403	2742	602	2140	4.78	2.15	7.28
浙 江	Zhejiang	40062	20367	19694	2051	520	1531	5.12	2.55	7.77
安 徽	Anhui	40915	20962	19953	3385	869	2516	8.27	4.15	12.61
福 建	Fujian	26044	12967	13077	1204	215	989	4.62	1.66	7.56
江 西	Jiangxi	29495	14874	14621	1103	256	847	3.74	1.72	5.79
山 东	Shandong	67769	33826	33944	4204	1051	3153	6.20	3.11	9.29
河 南	Henan	62353	30621	31733	3344	949	2395	5.36	3.10	7.55
湖 北	Hubei	41428	20880	20548	2431	610	1821	5.87	2.92	8.86
湖 南	Hunan	45065	22876	22189	1820	523	1297	4.04	2.29	5.85
广 东	Guangdong	73925	38665	35260	2061	368	1693	2.79	0.95	4.80
广 西	Guangxi	30243	15480	14762	1134	268	867	3.75	1.73	5.87
海 南	Hainan	5985	3146	2839	266	64	202	4.45	2.03	7.13
重 庆	Chongqing	20537	10210	10327	1082	326	756	5.27	3.19	7.32
四 川	Sichuan	56449	29551	26898	3866	1163	2703	6.85	3.94	10.05
贵 州	Guizhou	22393	11333	11060	2679	757	1922	11.97	6.68	17.38
云 南	Yunnan	31272	16012	15259	2608	825	1783	8.34	5.15	11.68
西 藏	Tibet	2000	983	1017	696	287	409	34.81	29.24	40.19
陕 西	Shaanxi	26912	13798	13115	1243	384	859	4.62	2.79	6.55
甘 肃	Gansu	17947	9169	8778	1559	489	1070	8.68	5.33	12.19
青 海	Qinghai	3797	1944	1852	465	154	310	12.24	7.93	16.76
宁 夏	Ningxia	4246	2140	2106	318	100	218	7.50	4.69	10.36
新 疆	Xinjiang	14812	7538	7274	507	207	299	3.42	2.75	4.11

2-29 各地区城市分性别的15岁及以上文盲人口
City Illiterate Population Aged 15 and Over by Sex and Region

地区	Region	15岁及以上人口(人) Population Aged 15 and Over (person)	男 Male	女 Female	文盲人口(人) Illiterate Population (person)	男 Male	女 Female	文盲人口占15岁及以上人口的比重(%) % to Total Aged 15 and Over (%)	男 Male	女 Female
全国	**National Total**	**302999**	**152724**	**150274**	**5249**	**1123**	**4126**	**1.73**	**0.74**	**2.75**
北京	Beijing	12551	6375	6176	110	16	94	0.88	0.26	1.52
天津	Tianjin	7064	3561	3503	122	25	97	1.73	0.70	2.78
河北	Hebei	10503	5231	5273	209	40	169	1.99	0.77	3.20
山西	Shanxi	8923	4473	4449	83	21	62	0.93	0.47	1.39
内蒙古	Inner Mongolia	6106	2998	3107	53	13	39	0.86	0.44	1.27
辽宁	Liaoning	18311	9015	9296	167	35	133	0.91	0.38	1.43
吉林	Jilin	6927	3447	3481	64	16	48	0.93	0.46	1.39
黑龙江	Heilongjiang	10852	5396	5456	99	27	73	0.91	0.49	1.33
上海	Shanghai	13951	7216	6735	253	53	200	1.81	0.73	2.98
江苏	Jiangsu	24500	12050	12450	646	131	515	2.64	1.09	4.13
浙江	Zhejiang	16242	7984	8258	364	89	275	2.24	1.12	3.33
安徽	Anhui	9127	5270	3857	229	37	192	2.51	0.70	4.98
福建	Fujian	9321	4567	4754	235	35	200	2.52	0.77	4.20
江西	Jiangxi	5880	2986	2894	91	15	76	1.54	0.50	2.62
山东	Shandong	20869	10329	10539	449	90	359	2.15	0.88	3.41
河南	Henan	12521	6067	6454	135	23	112	1.08	0.39	1.73
湖北	Hubei	13591	6801	6790	279	36	243	2.06	0.53	3.58
湖南	Hunan	8278	4183	4095	216	75	141	2.61	1.79	3.45
广东	Guangdong	33993	18153	15840	398	62	336	1.17	0.34	2.12
广西	Guangxi	4750	2328	2421	43	6	37	0.90	0.26	1.52
海南	Hainan	1746	897	849	20	5	15	1.16	0.56	1.81
重庆	Chongqing	6725	3345	3380	109	24	85	1.62	0.72	2.52
四川	Sichuan	10864	5298	5565	205	36	169	1.89	0.68	3.04
贵州	Guizhou	4788	2307	2482	108	33	76	2.26	1.41	3.06
云南	Yunnan	6351	3304	3047	191	86	105	3.01	2.59	3.45
西藏	Tibet	277	121	156	41	12	29	14.83	9.74	18.78
陕西	Shaanxi	5824	2944	2880	97	27	70	1.66	0.90	2.44
甘肃	Gansu	3880	1931	1949	112	24	88	2.90	1.25	4.52
青海	Qinghai	1028	509	520	33	9	24	3.22	1.74	4.68
宁夏	Ningxia	1526	759	768	37	9	28	2.42	1.13	3.70
新疆	Xinjiang	5731	2880	2852	48	14	34	0.83	0.48	1.19

2-30 各地区镇分性别的15岁及以上文盲人口

Town Illiterate Population Aged 15 and Over by Sex and Region

地 区	Region	15岁及以上人口(人) Population Aged 15 and Over (person)	男 Male	女 Female	文盲人口(人) Illiterate Population (person)	男 Male	女 Female	文盲人口占15岁及以上人口的比重(%) % to Total Aged 15 and Over (%)	男 Male	女 Female
全 国	**National Total**	**208972**	**106031**	**102941**	**8450**	**2103**	**6347**	**4.04**	**1.98**	**6.17**
北 京	Beijing	929	496	433	20	6	14	2.17	1.21	3.28
天 津	Tianjin	1487	615	873	34	9	25	2.27	1.49	2.82
河 北	Hebei	12955	6547	6407	414	110	304	3.20	1.68	4.74
山 西	Shanxi	4108	2087	2021	90	28	62	2.20	1.37	3.07
内蒙古	Inner Mongolia	4168	2163	2005	131	32	99	3.14	1.48	4.94
辽 宁	Liaoning	3533	1803	1731	43	10	34	1.23	0.54	1.94
吉 林	Jilin	4054	2068	1986	61	22	39	1.50	1.06	1.95
黑龙江	Heilongjiang	5423	2750	2673	79	15	64	1.45	0.55	2.39
上 海	Shanghai	2320	1250	1070	74	18	56	3.18	1.47	5.19
江 苏	Jiangsu	12075	5916	6159	556	122	434	4.61	2.06	7.05
浙 江	Zhejiang	9192	4875	4317	387	120	267	4.21	2.46	6.18
安 徽	Anhui	10494	5136	5358	733	172	561	6.98	3.34	10.48
福 建	Fujian	6314	3213	3101	342	56	286	5.42	1.74	9.24
江 西	Jiangxi	8553	4329	4224	283	64	219	3.31	1.49	5.17
山 东	Shandong	14798	7447	7351	1020	230	789	6.89	3.09	10.73
河 南	Henan	14715	7495	7220	635	179	456	4.32	2.39	6.32
湖 北	Hubei	8924	4496	4428	409	85	324	4.58	1.88	7.32
湖 南	Hunan	13224	6729	6495	370	94	275	2.79	1.40	4.24
广 东	Guangdong	17332	8952	8380	575	97	478	3.32	1.09	5.70
广 西	Guangxi	8922	4570	4352	228	64	164	2.55	1.40	3.76
海 南	Hainan	1420	781	639	63	16	47	4.42	2.03	7.33
重 庆	Chongqing	5264	2563	2701	177	48	128	3.35	1.89	4.74
四 川	Sichuan	14459	7371	7089	541	163	378	3.74	2.22	5.33
贵 州	Guizhou	3788	1954	1833	240	58	182	6.34	2.99	9.92
云 南	Yunnan	6592	3170	3422	291	74	217	4.41	2.33	6.35
西 藏	Tibet	220	108	111	89	37	53	40.71	34.03	47.20
陕 西	Shaanxi	7770	4093	3677	261	80	181	3.36	1.95	4.93
甘 肃	Gansu	3228	1683	1545	158	44	114	4.90	2.63	7.36
青 海	Qinghai	854	450	404	80	25	56	9.40	5.47	13.78
宁 夏	Ningxia	671	342	329	58	21	37	8.63	6.20	11.17
新 疆	Xinjiang	1184	579	605	9	2	7	0.76	0.37	1.14

2-31 各地区乡村分性别的15岁及以上文盲人口

Rural Illiterate Population Aged 15 and Over by Sex and Region

地 区	Region	15岁及以上人口(人) Population Aged 15 and Over (person)	男 Male	女 Female	文盲人口(人) Illiterate Population (person)	男 Male	女 Female	文盲人口占15岁及以上人口的比重(%) % to Total Aged 15 and Over (%)	男 Male	女 Female
全 国	**National Total**	**427556**	**217282**	**210273**	**32920**	**9473**	**23447**	**7.70**	**4.36**	**11.15**
北 京	Beijing	2168	1128	1040	98	25	73	4.54	2.21	7.07
天 津	Tianjin	1856	945	911	77	21	56	4.16	2.25	6.13
河 北	Hebei	26437	13437	13000	1256	365	890	4.75	2.72	6.85
山 西	Shanxi	12366	6372	5994	418	163	255	3.38	2.56	4.26
内蒙古	Inner Mongolia	7623	3970	3653	534	178	356	7.01	4.48	9.75
辽 宁	Liaoning	10975	5628	5347	526	173	353	4.79	3.07	6.60
吉 林	Jilin	9157	4679	4478	247	83	164	2.70	1.77	3.67
黑龙江	Heilongjiang	11837	6087	5750	508	190	318	4.30	3.13	5.53
上 海	Shanghai	1910	977	933	79	16	63	4.15	1.66	6.76
江 苏	Jiangsu	20808	10014	10794	1539	348	1191	7.40	3.48	11.03
浙 江	Zhejiang	14627	7508	7119	1300	310	990	8.89	4.13	13.90
安 徽	Anhui	21294	10556	10738	2423	661	1762	11.38	6.26	16.41
福 建	Fujian	10409	5187	5223	627	124	503	6.02	2.38	9.63
江 西	Jiangxi	15062	7559	7504	730	177	553	4.85	2.34	7.37
山 东	Shandong	32103	16049	16053	2735	730	2004	8.52	4.55	12.49
河 南	Henan	35117	17059	18059	2573	747	1827	7.33	4.38	10.12
湖 北	Hubei	18913	9583	9330	1743	489	1254	9.22	5.11	13.44
湖 南	Hunan	23563	11964	11599	1234	354	880	5.24	2.96	7.59
广 东	Guangdong	22600	11560	11040	1088	208	879	4.81	1.80	7.96
广 西	Guangxi	16571	8582	7989	864	197	666	5.21	2.30	8.34
海 南	Hainan	2818	1468	1351	183	43	140	6.50	2.92	10.38
重 庆	Chongqing	8547	4302	4245	796	254	542	9.32	5.90	12.78
四 川	Sichuan	31126	16882	14244	3120	964	2156	10.02	5.71	15.13
贵 州	Guizhou	13817	7072	6745	2331	666	1665	16.87	9.42	24.68
云 南	Yunnan	18329	9539	8790	2126	666	1461	11.60	6.98	16.62
西 藏	Tibet	1503	754	749	566	239	327	37.63	31.68	43.61
陕 西	Shaanxi	13318	6761	6557	885	278	607	6.65	4.11	9.26
甘 肃	Gansu	10839	5555	5284	1288	420	868	11.88	7.56	16.43
青 海	Qinghai	1915	986	928	351	121	230	18.34	12.24	24.82
宁 夏	Ningxia	2049	1039	1009	224	70	153	10.91	6.78	15.17
新 疆	Xinjiang	7897	4079	3817	450	191	259	5.70	4.69	6.77

2-32 全国15岁及以上人口分年龄、性别的婚姻状况

Population Aged 15 and Over by Age, Sex and Marital Status

单位：人 (person)

年 龄 Age	15岁及以上人口 Population Aged 15 and Over	男 Male	女 Female	未 婚 Never Married	男 Male	女 Female	初婚有配偶 First Married	男 Male	女 Female
总计 Total	**939526**	**476037**	**463489**	**191753**	**111298**	**80455**	**669629**	**334786**	**334843**
15-19	**73914**	**38909**	**35005**	**72084**	**38183**	**33902**	**1660**	**635**	**1025**
15	13466	7057	6409	13306	6960	6346	129	79	50
16	14955	7872	7083	14762	7773	6989	159	80	79
17	15872	8465	7407	15612	8357	7255	236	99	137
18	14430	7632	6798	13994	7480	6514	401	130	271
19	15190	7882	7308	14411	7613	6798	735	246	489
20-24	**101742**	**52033**	**49709**	**74316**	**41402**	**32914**	**26869**	**10349**	**16520**
20	17480	9271	8210	15780	8676	7104	1643	567	1075
21	18453	9428	9025	15718	8483	7234	2663	907	1757
22	23079	11611	11468	17506	9660	7846	5465	1885	3580
23	21820	11080	10740	14123	8081	6042	7553	2932	4621
24	20909	10643	10266	11189	6502	4688	9545	4058	5487
25-29	**89936**	**45257**	**44679**	**26244**	**16424**	**9821**	**62224**	**28085**	**34140**
25	21057	10619	10438	8917	5402	3515	11927	5114	6812
26	18903	9444	9459	6527	4036	2491	12099	5267	6832
27	16675	8415	8260	4450	2781	1669	11934	5497	6436
28	16682	8460	8222	3609	2363	1246	12773	5935	6838
29	16618	8318	8300	2741	1842	900	13492	6271	7221
30-34	**83586**	**42539**	**41047**	**7515**	**5290**	**2224**	**73286**	**35819**	**37467**
30	18547	9348	9199	2358	1594	763	15699	7496	8203
31	16502	8366	8136	1748	1205	542	14291	6933	7358
32	15684	8020	7663	1396	995	401	13743	6762	6981
33	16487	8445	8042	1094	810	285	14768	7305	7464
34	16366	8360	8006	919	686	233	14784	7323	7461
35-39	**89054**	**45524**	**43530**	**3210**	**2504**	**706**	**81787**	**40961**	**40827**
35	15232	7729	7503	701	520	181	13914	6891	7023
36	16955	8665	8290	703	549	154	15563	7769	7794
37	17469	8947	8522	652	514	138	16044	8036	8008
38	19184	9837	9347	582	466	117	17640	8868	8771
39	20214	10346	9869	572	456	116	18628	9396	9231

2-32 续表 1 continued

单位：人 (person)

年 龄 Age	15岁及以上人口 Population Aged 15 and Over	男 Male	女 Female	未 婚 Never Married	男 Male	女 Female	初婚有配偶 First Married	男 Male	女 Female
40-44	**107532**	**54913**	**52620**	**2327**	**1975**	**352**	**99193**	**50021**	**49172**
40	20673	10576	10098	546	455	91	19077	9595	9482
41	20834	10700	10135	470	389	81	19264	9783	9482
42	22667	11530	11137	479	414	65	20930	10532	10398
43	20767	10590	10177	413	364	49	19129	9627	9502
44	22591	11518	11073	419	353	67	20793	10485	10309
45-49	**99312**	**50563**	**48748**	**1660**	**1463**	**197**	**91048**	**46002**	**45046**
45	17550	8932	8618	322	277	45	16180	8155	8026
46	19813	10116	9697	385	346	39	18164	9169	8995
47	20066	10263	9803	304	273	31	18441	9372	9069
48	19391	9767	9623	299	269	30	17772	8854	8918
49	22492	11484	11008	350	298	52	20489	10451	10038
50-54	**61916**	**31554**	**30362**	**845**	**758**	**87**	**56145**	**28690**	**27455**
50	16364	8344	8021	243	220	23	14999	7639	7360
51	9197	4570	4627	120	101	19	8396	4183	4213
52	11690	5932	5758	148	132	16	10612	5424	5189
53	10844	5507	5337	125	108	17	9758	5000	4758
54	13821	7201	6620	209	196	12	12380	6445	5935
55-59	**71403**	**36136**	**35267**	**1095**	**1017**	**78**	**63318**	**32304**	**31014**
55	15186	7762	7424	245	225	20	13646	6990	6655
56	14087	7194	6893	210	192	18	12490	6417	6074
57	14392	7290	7102	224	209	15	12761	6522	6239
58	14487	7283	7204	206	191	15	12798	6538	6260
59	13252	6607	6645	210	199	11	11623	5836	5787
60-64	**55427**	**27928**	**27499**	**872**	**823**	**49**	**46990**	**24265**	**22725**
60	13259	6612	6646	233	225	8	11399	5786	5614
61	11246	5520	5726	177	161	16	9672	4792	4880
62	11015	5679	5336	164	156	8	9430	4961	4469
63	10675	5445	5230	151	145	6	8825	4690	4135
64	9232	4672	4561	146	136	10	7664	4037	3627
65+	**105704**	**50681**	**55023**	**1584**	**1460**	**124**	**67110**	**37657**	**29453**

2-32 续表 2 continued

单位：人 (person)

年 龄 Age	再婚有配偶 Re-married	男 Male	女 Female	离 婚 Divorced	男 Male	女 Female	丧 偶 Widowed	男 Male	女 Female
总计 Total	**14647**	**7005**	**7642**	**13272**	**7610**	**5662**	**50226**	**15337**	**34888**
15-19	**60**	**35**	**25**	**90**	**48**	**42**	**20**	**9**	**11**
15	16	10	6	15	8	6	1	1	
16	9	6	3	23	12	11	2	1	1
17	10	3	7	14	6	8			
18	10	7	3	15	10	5	10	5	5
19	14	9	5	23	12	11	7	2	5
20-24	**196**	**94**	**103**	**321**	**170**	**150**	**40**	**18**	**22**
20	21	14	7	29	11	18	8	2	6
21	27	16	11	37	18	19	8	3	5
22	40	16	24	65	46	19	4	4	
23	51	24	27	83	39	43	11	3	8
24	58	23	35	108	56	52	10	5	4
25-29	**542**	**231**	**311**	**834**	**482**	**353**	**90**	**35**	**54**
25	82	36	46	117	63	54	15	4	11
26	100	45	54	159	87	72	18	8	9
27	114	37	77	160	95	65	18	5	13
28	105	46	60	184	114	70	11	3	8
29	141	67	74	215	123	92	28	15	14
30-34	**1107**	**492**	**615**	**1477**	**875**	**602**	**201**	**63**	**139**
30	185	87	98	269	158	111	36	13	23
31	200	87	113	239	133	106	24	7	17
32	215	85	131	286	166	120	43	13	30
33	229	100	129	354	222	132	41	9	32
34	278	134	143	329	197	132	56	20	36
35-39	**1629**	**741**	**888**	**1994**	**1177**	**817**	**434**	**141**	**293**
35	242	125	118	310	176	134	65	17	48
36	279	117	162	345	198	148	66	34	32
37	302	140	162	401	233	168	70	24	46
38	390	183	207	473	298	175	100	22	77
39	416	177	239	465	272	193	134	44	90

2-32 续表 3 continued

单位：人 (person)

年 龄 Age	再婚有配偶 Re-married	男 Male	女 Female	离 婚 Divorced	男 Male	女 Female	丧 偶 Widowed	男 Male	女 Female
40-44	**2503**	**1163**	**1339**	**2492**	**1427**	**1065**	**1018**	**327**	**691**
40	469	216	252	451	260	191	130	49	80
41	471	216	255	459	261	198	170	51	119
42	522	229	293	533	303	230	203	52	151
43	487	226	261	499	289	211	239	84	155
44	553	276	278	549	314	235	276	91	185
45-49	**2483**	**1179**	**1304**	**2253**	**1293**	**960**	**1869**	**627**	**1242**
45	431	200	231	365	213	152	252	87	165
46	487	225	262	443	257	186	334	119	215
47	528	249	279	431	247	184	361	122	239
48	476	237	239	463	283	181	380	125	255
49	561	268	293	550	293	257	542	174	367
50-54	**1523**	**702**	**821**	**1291**	**687**	**604**	**2113**	**717**	**1396**
50	363	166	197	348	180	168	411	138	273
51	214	92	122	200	111	88	268	82	185
52	307	127	180	264	132	133	359	118	241
53	291	132	159	216	116	100	454	151	303
54	347	184	163	263	148	115	622	228	394
55-59	**1620**	**782**	**838**	**1118**	**623**	**495**	**4252**	**1410**	**2842**
55	311	159	151	256	139	117	729	249	480
56	346	159	187	246	148	98	794	278	516
57	360	179	181	227	116	112	820	263	556
58	326	148	178	204	116	88	952	289	663
59	277	137	140	185	104	81	957	331	626
60-64	**1152**	**593**	**559**	**668**	**425**	**243**	**5746**	**1823**	**3923**
60	296	144	152	177	105	73	1152	353	800
61	246	136	110	146	100	46	1005	331	674
62	224	119	105	135	77	57	1062	365	697
63	230	114	116	110	75	35	1360	422	937
64	156	79	77	100	68	32	1166	351	815
65+	**1833**	**993**	**840**	**734**	**404**	**330**	**34443**	**10167**	**24276**

2-33 全国城市15岁及以上人口分年龄、性别的婚姻状况
City Population Aged 15 and Over by Age, Sex and Marital Status

单位：人 (person)

年 龄 Age	15岁及以上人口 Population Aged 15 and Over	男 Male	女 Female	未 婚 Never Married	男 Male	女 Female	初婚有配偶 First Married	男 Male	女 Female
总计 Total	**302999**	**152724**	**150274**	**70244**	**38428**	**31816**	**211426**	**106543**	**104882**
15-19	**21941**	**11339**	**10602**	**21601**	**11174**	**10427**	**307**	**143**	**164**
15	3422	1747	1675	3392	1726	1666	22	16	6
16	4093	2073	2020	4052	2048	2004	32	17	15
17	4811	2544	2266	4762	2522	2240	47	21	25
18	4337	2274	2063	4248	2229	2018	83	39	44
19	5279	2701	2578	5148	2649	2500	123	49	74
20-24	**36356**	**18393**	**17962**	**30166**	**15981**	**14186**	**6105**	**2374**	**3732**
20	6477	3364	3112	6183	3251	2932	284	109	175
21	6874	3319	3555	6368	3157	3211	499	158	341
22	8164	4057	4106	7017	3661	3356	1130	387	744
23	7646	3946	3701	5882	3269	2614	1740	666	1074
24	7195	3707	3487	4715	2643	2072	2452	1054	1398
25-29	**33198**	**16527**	**16672**	**12420**	**7348**	**5073**	**20436**	**9022**	**11413**
25	7365	3680	3685	4035	2350	1685	3288	1311	1977
26	6846	3398	3448	3023	1749	1274	3766	1622	2143
27	6106	3056	3050	2137	1238	899	3906	1790	2116
28	6408	3195	3213	1813	1128	684	4514	2032	2482
29	6473	3197	3276	1413	882	530	4962	2267	2694
30-34	**32242**	**16289**	**15954**	**3521**	**2210**	**1311**	**27880**	**13695**	**14185**
30	7485	3693	3792	1198	732	466	6130	2892	3239
31	6312	3196	3117	842	526	316	5340	2610	2730
32	6020	3072	2948	653	414	239	5228	2598	2630
33	6429	3283	3146	459	299	160	5750	2885	2865
34	5996	3045	2951	368	240	129	5432	2710	2722
35-39	**31222**	**15905**	**15317**	**1071**	**687**	**384**	**28740**	**14566**	**14174**
35	5649	2805	2844	273	175	99	5157	2527	2630
36	5916	2975	2941	230	146	84	5472	2745	2727
37	6028	3052	2977	200	125	75	5560	2802	2757
38	6519	3397	3122	168	108	60	6007	3120	2887
39	7110	3677	3433	200	133	67	6545	3372	3173

2-33 续表 1 continued

单位：人 (person)

年 龄 Age	15岁及以上人口 Population Aged 15 and Over	男 Male	女 Female	未 婚 Never Married	男 Male	女 Female	初婚有配偶 First Married	男 Male	女 Female
40-44	**34842**	**17886**	**16956**	**586**	**398**	**188**	**32071**	**16510**	**15561**
40	7092	3737	3356	172	114	58	6540	3435	3105
41	6863	3499	3364	108	73	35	6351	3253	3098
42	7463	3782	3681	134	92	41	6882	3489	3393
43	6612	3361	3251	86	63	23	6069	3102	2968
44	6811	3507	3305	86	56	31	6228	3231	2997
45-49	**29891**	**15458**	**14432**	**327**	**228**	**99**	**27258**	**14203**	**13055**
45	5058	2665	2392	57	36	20	4643	2467	2176
46	5620	2855	2766	72	48	24	5126	2624	2502
47	6022	3142	2880	51	42	9	5523	2897	2626
48	6078	3127	2951	61	45	16	5537	2859	2678
49	7112	3669	3443	87	57	30	6428	3356	3072
50-54	**19483**	**9958**	**9525**	**162**	**111**	**51**	**17585**	**9133**	**8452**
50	4839	2526	2312	42	31	11	4406	2337	2069
51	2912	1433	1479	32	19	14	2624	1314	1310
52	3853	1984	1869	34	23	11	3473	1823	1650
53	3558	1814	1744	26	17	8	3192	1656	1536
54	4322	2201	2121	28	22	6	3891	2002	1888
55-59	**20930**	**10502**	**10427**	**145**	**102**	**43**	**18759**	**9606**	**9153**
55	4735	2408	2327	39	25	14	4278	2217	2061
56	4162	2110	2052	37	25	12	3712	1923	1790
57	4187	2108	2079	24	17	7	3716	1914	1803
58	4172	2081	2090	23	18	5	3755	1905	1850
59	3674	1795	1879	22	16	6	3298	1648	1650
60-64	**14703**	**7246**	**7458**	**99**	**73**	**25**	**12833**	**6590**	**6244**
60	3556	1727	1829	25	20	5	3118	1568	1550
61	2927	1386	1541	22	14	8	2585	1258	1327
62	2952	1519	1433	20	13	6	2632	1406	1226
63	2813	1381	1432	15	11	4	2401	1251	1150
64	2455	1233	1222	18	15	3	2098	1108	990
65+	**28191**	**13222**	**14969**	**146**	**117**	**29**	**19451**	**10702**	**8750**

2-33 续表 2 continued

单位：人 (person)

年 龄 Age	再婚有配偶 Re-married	男 Male	女 Female	离 婚 Divorced	男 Male	女 Female	丧 偶 Widowed	男 Male	女 Female
总计 Total	**4120**	**2167**	**1953**	**5952**	**2753**	**3199**	**11257**	**2833**	**8424**
15-19	**13**	**9**	**4**	**17**	**12**	**5**	**2**		**2**
15	6	4	2	2	1	1			
16	1	1		9	7	2			
17	2	1	1	1	1				
18	2	2		4	4		1		1
19	3	3	1	3	1	2	2		2
20-24	**33**	**13**	**20**	**41**	**20**	**20**	**11**	**6**	**4**
20				5	2	3	4	1	2
21	1		1	4	2	2	2	2	
22	6	3	3	9	6	3	1	1	
23	10	5	5	11	5	6	3	1	2
24	16	4	11	11	6	6	1	1	
25-29	**110**	**44**	**66**	**214**	**105**	**109**	**18**	**8**	**10**
25	18	6	12	22	12	10	1	1	
26	15	4	11	39	22	18	3	1	3
27	24	10	14	33	15	18	6	3	3
28	23	7	16	56	27	29	2		1
29	30	17	13	64	29	35	5	2	3
30-34	**286**	**137**	**149**	**507**	**234**	**273**	**48**	**12**	**36**
30	53	21	32	93	45	48	11	4	7
31	41	21	19	82	37	44	8	1	7
32	38	17	21	90	38	52	10	5	5
33	84	40	45	127	59	68	9	1	8
34	70	38	32	116	55	61	9	1	8
35-39	**488**	**246**	**243**	**853**	**389**	**463**	**70**	**17**	**53**
35	67	39	28	144	63	81	8	1	7
36	74	28	46	129	52	77	10	4	7
37	88	45	43	172	78	94	9	1	8
38	133	71	62	190	93	97	22	5	17
39	127	63	64	218	103	114	21	6	15

2-33 续表 3 continued

单位：人 (person)

年 龄 Age	再婚有配偶 Re-married	男 Male	女 Female	离 婚 Divorced	男 Male	女 Female	丧 偶 Widowed	男 Male	女 Female
40-44	**796**	**394**	**402**	**1178**	**533**	**645**	**212**	**51**	**160**
40	162	76	86	191	103	87	27	8	19
41	157	73	84	219	87	131	28	13	15
42	166	84	82	243	109	134	38	7	31
43	163	82	82	241	103	138	53	11	42
44	147	78	69	285	130	155	65	12	53
45-49	**735**	**377**	**358**	**1205**	**563**	**642**	**366**	**89**	**277**
45	128	64	65	182	85	97	47	13	34
46	154	70	84	221	104	117	48	9	39
47	145	80	65	225	105	120	78	18	60
48	142	77	65	256	127	128	82	20	62
49	166	86	80	321	141	180	110	29	81
50-54	**483**	**248**	**236**	**760**	**339**	**421**	**493**	**128**	**366**
50	111	57	54	198	81	117	81	20	61
51	74	36	38	120	55	65	63	10	53
52	101	44	57	162	70	92	83	23	59
53	97	51	46	123	56	66	120	33	87
54	100	60	41	157	76	81	146	41	105
55-59	**448**	**251**	**196**	**621**	**281**	**340**	**957**	**262**	**694**
55	96	54	42	144	62	82	178	49	129
56	96	48	47	127	63	64	190	51	139
57	97	56	41	142	67	74	209	54	155
58	92	54	38	107	50	57	195	54	141
59	68	39	29	101	38	63	185	54	131
60-64	**262**	**152**	**110**	**310**	**159**	**152**	**1199**	**272**	**927**
60	73	47	26	87	37	50	253	56	198
61	50	31	19	65	40	24	206	43	163
62	49	27	22	52	22	30	200	51	149
63	52	25	26	56	33	23	290	61	228
64	37	21	16	51	27	24	250	61	189
65+	**465**	**297**	**168**	**246**	**118**	**128**	**7882**	**1989**	**5894**

2-34 全国镇15岁及以上人口分年龄、性别的婚姻状况

Town Population Aged 15 and Over by Age, Sex and Marital Status

单位：人 (person)

年 龄 Age	15岁及以上人口 Population Aged 15 and Over	男 Male	女 Female	未 婚 Never Married	男 Male	女 Female	初婚有配偶 First Married	男 Male	女 Female
总计 Total	**208972**	**106031**	**102941**	**41751**	**24597**	**17155**	**151415**	**75511**	**75904**
15-19	**18575**	**10213**	**8362**	**18202**	**10060**	**8142**	**332**	**126**	**205**
15	3367	1824	1543	3322	1794	1529	39	25	14
16	3881	2154	1727	3847	2137	1710	26	15	11
17	4294	2426	1868	4234	2401	1833	51	19	31
18	3758	2040	1718	3665	2011	1654	83	24	59
19	3276	1769	1507	3134	1718	1416	133	43	90
20-24	**21630**	**11215**	**10415**	**15420**	**8821**	**6599**	**6114**	**2341**	**3773**
20	3595	1958	1637	3246	1853	1392	344	100	243
21	3846	2049	1797	3252	1847	1405	579	192	387
22	4901	2534	2368	3633	2077	1555	1248	445	803
23	4662	2373	2290	2914	1663	1250	1728	702	1026
24	4626	2302	2325	2376	1380	995	2215	901	1314
25-29	**19684**	**9716**	**9968**	**5019**	**3188**	**1831**	**14389**	**6389**	**8000**
25	4588	2286	2302	1775	1078	697	2767	1182	1585
26	4190	2050	2140	1287	812	474	2845	1204	1640
27	3668	1832	1836	862	554	308	2739	1252	1487
28	3623	1784	1839	643	426	217	2939	1336	1603
29	3615	1764	1851	451	318	134	3099	1414	1684
30-34	**18953**	**9524**	**9430**	**1247**	**919**	**328**	**17092**	**8297**	**8795**
30	4011	2039	1971	395	281	114	3507	1695	1812
31	3739	1835	1904	305	221	83	3335	1574	1760
32	3565	1791	1774	223	162	62	3211	1568	1643
33	3800	1887	1913	174	140	35	3498	1684	1813
34	3839	1971	1868	150	115	34	3541	1775	1766
35-39	**21090**	**10691**	**10399**	**492**	**386**	**106**	**19733**	**9885**	**9848**
35	3579	1826	1753	108	89	19	3362	1676	1686
36	4094	2094	2000	118	90	28	3818	1922	1896
37	4205	2119	2086	104	85	19	3921	1937	1983
38	4545	2277	2268	87	70	17	4256	2114	2142
39	4667	2375	2292	76	53	23	4377	2236	2141

2-34 续表 1 continued

单位：人 (person)

年 龄 Age	15岁及以上人口 Population Aged 15 and Over	男 Male	女 Female	未 婚 Never Married	男 Male	女 Female	初婚有配偶 First Married	男 Male	女 Female
40-44	**25168**	**12823**	**12346**	**361**	**298**	**63**	**23545**	**11919**	**11625**
40	4913	2501	2412	77	67	9	4584	2321	2262
41	4883	2512	2372	77	58	19	4588	2337	2251
42	5334	2729	2605	83	74	10	4979	2529	2450
43	4734	2412	2322	56	43	13	4438	2261	2177
44	5304	2669	2635	69	56	13	4956	2471	2485
45-49	**22267**	**11298**	**10969**	**259**	**230**	**29**	**20689**	**10474**	**10215**
45	4056	1999	2057	67	58	9	3777	1847	1930
46	4474	2344	2130	63	59	4	4146	2159	1987
47	4485	2332	2153	41	35	6	4177	2180	1997
48	4377	2190	2187	41	37	4	4087	2030	2057
49	4876	2433	2443	46	41	6	4501	2257	2243
50-54	**13425**	**6857**	**6569**	**132**	**125**	**7**	**12314**	**6328**	**5986**
50	3642	1812	1830	40	38	2	3359	1667	1692
51	2033	1031	1002	16	15	1	1894	959	935
52	2544	1286	1258	27	26	1	2342	1198	1143
53	2273	1186	1086	18	16	2	2080	1104	977
54	2934	1542	1392	31	30	1	2638	1399	1239
55-59	**15037**	**7542**	**7494**	**160**	**148**	**12**	**13495**	**6874**	**6621**
55	3151	1582	1569	32	30	2	2882	1463	1419
56	3043	1509	1534	24	22	2	2723	1364	1359
57	3036	1546	1491	32	29	3	2730	1413	1317
58	3034	1521	1514	42	38	3	2718	1391	1326
59	2772	1385	1387	30	28	1	2442	1243	1199
60-64	**11513**	**5779**	**5733**	**147**	**143**	**5**	**9803**	**5078**	**4725**
60	2847	1444	1404	45	45		2460	1278	1182
61	2354	1111	1243	31	29	2	2048	981	1067
62	2218	1136	1082	30	30		1900	1006	895
63	2179	1143	1036	19	19		1795	986	810
64	1914	946	968	23	20	3	1599	827	771
65+	**21628**	**10373**	**11255**	**312**	**278**	**34**	**13912**	**7800**	**6112**

2-34 续表 2 continued

单位：人 (person)

年 龄 Age	再婚有配偶 Re-married	男 Male	女 Female	离 婚 Divorced	男 Male	女 Female	丧 偶 Widowed	男 Male	女 Female
总计 Total	**3129**	**1558**	**1571**	**2605**	**1437**	**1168**	**10071**	**2928**	**7143**
15-19	**13**	**9**	**3**	**23**	**16**	**8**	**5**	**2**	**4**
15	2	2		4	3	1			
16	2	1	1	5	1	4	1	1	1
17	2	2		7	5	2			
18	4	3	1	2	2		4	1	3
19	3	2	1	5	5				
20-24	**40**	**17**	**22**	**53**	**32**	**21**	**4**	**3**	**1**
20	3	3		3	1	1			
21	7	5	2	7	4	3			
22	8	1	7	13	10	3			
23	8	3	5	11	4	7	2	1	1
24	14	6	8	20	13	7	2	2	
25-29	**115**	**56**	**59**	**144**	**77**	**67**	**18**	**6**	**12**
25	17	15	2	24	11	13	4		4
26	27	15	12	27	14	12	5	4	1
27	33	11	22	28	14	13	5		5
28	14	5	9	27	17	10			
29	23	10	14	38	20	18	3	2	1
30-34	**246**	**108**	**138**	**338**	**191**	**147**	**30**	**8**	**21**
30	38	23	16	66	38	28	3	2	1
31	49	15	33	46	22	24	4	1	3
32	60	22	38	67	38	29	3	1	2
33	42	18	25	75	44	31	10	1	9
34	56	30	26	83	49	35	9	2	7
35-39	**340**	**153**	**186**	**439**	**246**	**193**	**87**	**21**	**66**
35	45	27	17	56	33	23	8	1	7
36	61	30	31	86	48	38	12	5	7
37	75	38	37	92	54	38	14	5	8
38	77	31	45	101	55	46	24	5	18
39	82	26	56	103	56	48	29	4	25

2-34 续表 3 continued

单位：人 (person)

年 龄 Age	再婚有配偶 Re-married	男 Male	女 Female	离 婚 Divorced	男 Male	女 Female	丧 偶 Widowed	男 Male	女 Female
40-44	**533**	**270**	**263**	**532**	**290**	**242**	**198**	**45**	**152**
40	102	51	51	119	55	65	31	7	25
41	91	53	38	94	56	39	34	8	25
42	115	53	62	120	69	51	36	4	32
43	104	47	57	92	53	39	44	9	35
44	122	67	55	106	58	48	52	17	35
45-49	**522**	**269**	**253**	**429**	**229**	**200**	**369**	**96**	**273**
45	79	36	44	84	46	38	48	13	35
46	103	55	48	95	55	40	66	16	51
47	109	54	55	90	50	40	68	14	54
48	105	55	49	77	49	28	67	18	49
49	126	69	57	83	30	53	120	36	84
50-54	**321**	**154**	**166**	**211**	**108**	**103**	**449**	**142**	**307**
50	89	45	44	67	37	30	87	24	63
51	41	19	22	25	15	10	57	22	35
52	60	27	33	42	14	28	73	20	53
53	44	19	25	35	19	16	95	29	66
54	87	44	43	41	23	18	137	46	90
55-59	**364**	**174**	**190**	**177**	**96**	**82**	**841**	**251**	**590**
55	61	34	27	36	16	21	140	39	101
56	89	40	48	50	29	21	158	54	104
57	81	40	40	34	16	18	159	48	111
58	66	25	41	27	17	10	182	49	133
59	69	35	34	29	18	11	202	61	141
60-64	**248**	**131**	**117**	**114**	**72**	**42**	**1201**	**356**	**845**
60	74	34	40	29	17	11	240	69	171
61	49	27	22	21	13	8	205	60	145
62	39	18	21	27	15	12	222	68	154
63	56	34	21	20	14	6	289	90	199
64	31	17	13	18	13	5	245	69	176
65+	**388**	**216**	**173**	**146**	**81**	**65**	**6870**	**1998**	**4872**

2-35 全国乡村15岁及以上人口分年龄、性别的婚姻状况
Rural Population Aged 15 and Over by Age, Sex and Marital Status

单位：人 (person)

年龄 Age	15岁及以上人口 Population Aged 15 and Over	男 Male	女 Female	未婚 Never Married	男 Male	女 Female	初婚有配偶 First Married	男 Male	女 Female
总计 Total	**427556**	**217282**	**210273**	**79757**	**48273**	**31484**	**306788**	**152732**	**154056**
15-19	**33398**	**17358**	**16040**	**32281**	**16949**	**15332**	**1022**	**366**	**656**
15	6677	3487	3190	6592	3440	3151	68	37	31
16	6981	3645	3336	6863	3588	3275	101	49	53
17	6768	3495	3273	6616	3434	3182	139	59	80
18	6335	3318	3017	6082	3240	2842	234	67	167
19	6636	3412	3224	6129	3246	2883	479	154	325
20-24	**43756**	**22425**	**21331**	**28730**	**16600**	**12130**	**14649**	**5635**	**9015**
20	7409	3948	3461	6351	3571	2780	1015	358	657
21	7733	4060	3673	6097	3480	2618	1585	556	1028
22	10014	5020	4994	6856	3921	2935	3086	1053	2033
23	9512	4762	4750	5327	3150	2178	4085	1565	2520
24	9089	4634	4454	4099	2479	1620	4879	2103	2776
25-29	**37054**	**19014**	**18039**	**8805**	**5888**	**2917**	**27400**	**12673**	**14727**
25	9105	4653	4452	3106	1974	1132	5871	2622	3250
26	7867	3997	3870	2218	1474	743	5489	2441	3048
27	6901	3527	3374	1451	989	462	5289	2455	2834
28	6651	3481	3170	1154	809	344	5319	2566	2753
29	6530	3357	3173	877	642	235	5432	2590	2842
30-34	**32390**	**16727**	**15663**	**2747**	**2161**	**585**	**28314**	**13827**	**14487**
30	7051	3616	3436	764	581	183	6061	2909	3153
31	6451	3335	3116	601	458	143	5617	2749	2868
32	6099	3157	2942	519	419	100	5303	2595	2708
33	6258	3275	2983	461	371	90	5521	2736	2785
34	6532	3345	3187	401	331	70	5811	2838	2973
35-39	**36742**	**18928**	**17814**	**1647**	**1431**	**216**	**33314**	**16509**	**16805**
35	6004	3099	2906	320	257	63	5395	2689	2707
36	6945	3596	3349	355	313	42	6273	3101	3171
37	7236	3776	3459	348	304	44	6563	3296	3267
38	8119	4163	3956	327	287	40	7376	3634	3743
39	8437	4294	4144	297	270	27	7706	3789	3917

2-35 续表 1 continued

单位：人 (person)

年 龄 Age	15岁及以上人口 Population Aged 15 and Over	男 Male	女 Female	未 婚 Never Married	男 Male	女 Female	初婚有配偶 First Married	男 Male	女 Female
40-44	**47522**	**24205**	**23318**	**1380**	**1279**	**101**	**43578**	**21592**	**21986**
40	8668	4338	4330	298	273	25	7953	3838	4115
41	9088	4689	4399	285	259	26	8325	4193	4132
42	9870	5019	4851	262	248	14	9068	4514	4555
43	9421	4816	4604	271	258	13	8621	4265	4357
44	10475	5342	5133	264	242	23	9609	4782	4827
45-49	**47154**	**23807**	**23347**	**1074**	**1005**	**70**	**43101**	**21325**	**21776**
45	8437	4268	4169	198	183	15	7760	3841	3919
46	9719	4918	4801	250	240	11	8892	4386	4505
47	9558	4789	4770	212	196	16	8741	4296	4445
48	8936	4450	4486	197	186	11	8148	3965	4183
49	10503	5382	5121	217	200	16	9560	4838	4722
50-54	**29007**	**14739**	**14268**	**552**	**522**	**30**	**26246**	**13229**	**13017**
50	7883	4005	3878	161	151	10	7234	3634	3599
51	4252	2106	2145	72	68	4	3879	1910	1969
52	5293	2663	2631	87	83	4	4798	2402	2396
53	5014	2507	2507	82	75	6	4486	2240	2246
54	6565	3458	3107	150	145	6	5850	3043	2807
55-59	**35437**	**18091**	**17345**	**790**	**767**	**23**	**31064**	**15824**	**15240**
55	7300	3772	3528	174	169	4	6486	3311	3175
56	6882	3574	3307	150	145	4	6055	3130	2925
57	7168	3636	3532	168	163	5	6315	3196	3119
58	7281	3681	3600	142	135	7	6325	3242	3083
59	6806	3427	3379	158	155	3	5883	2946	2937
60-64	**29212**	**14903**	**14308**	**626**	**607**	**19**	**24354**	**12597**	**11757**
60	6855	3442	3414	164	161	3	5821	2939	2882
61	5965	3023	2942	125	118	6	5039	2553	2486
62	5845	3024	2821	115	113	2	4898	2549	2349
63	5683	2921	2761	117	115	2	4628	2454	2175
64	4864	2493	2371	105	101	5	3967	2102	1866
65+	**55885**	**27086**	**28799**	**1126**	**1065**	**61**	**33747**	**19155**	**14592**

2-35 续表 2 continued

单位：人 (person)

年 龄 Age	再婚有配偶 Re-married	男 Male	女 Female	离 婚 Divorced	男 Male	女 Female	丧 偶 Widowed	男 Male	女 Female
总计 Total	**7398**	**3281**	**4117**	**4715**	**3420**	**1295**	**28898**	**9576**	**19322**
15-19	**34**	**17**	**17**	**49**	**20**	**29**	**12**	**7**	**5**
15	8	4	4	9	5	4	1	1	
16	7	5	2	9	4	5	1		1
17	7	1	5	6	1	5			
18	5	3	2	9	4	5	5	4	1
19	8	4	3	15	6	9	5	2	3
20-24	**124**	**63**	**61**	**227**	**118**	**109**	**26**	**9**	**17**
20	18	11	7	21	7	14	4	1	3
21	19	11	8	26	12	14	6	1	5
22	26	13	13	43	31	13	3	3	
23	33	16	17	61	31	30	6	1	5
24	28	12	15	76	37	39	7	3	4
25-29	**317**	**131**	**186**	**477**	**300**	**177**	**55**	**22**	**33**
25	47	15	32	71	40	31	9	3	7
26	58	27	31	93	51	42	9	4	5
27	56	16	40	99	65	33	7	2	5
28	68	33	35	101	69	32	9	3	6
29	88	40	47	113	75	38	20	10	9
30-34	**574**	**247**	**327**	**632**	**450**	**182**	**124**	**42**	**82**
30	94	43	51	110	75	35	22	7	14
31	111	50	60	111	73	38	12	5	7
32	117	46	71	129	90	39	30	6	24
33	102	42	60	151	118	33	22	7	15
34	151	66	85	130	93	37	38	17	21
35-39	**801**	**342**	**459**	**702**	**542**	**161**	**278**	**104**	**174**
35	131	58	73	109	80	29	49	14	35
36	144	59	85	130	97	33	43	25	18
37	140	57	83	137	101	36	48	18	30
38	180	81	100	182	150	32	54	12	42
39	207	87	119	144	113	31	84	34	50

2-35 续表 3 continued

单位：人 (person)

年 龄 Age	再婚有配偶 Re-married	男 Male	女 Female	离 婚 Divorced	男 Male	女 Female	丧 偶 Widowed	男 Male	女 Female
40-44	**1174**	**500**	**674**	**782**	**604**	**178**	**608**	**230**	**378**
40	205	89	115	141	102	39	71	35	36
41	224	91	133	146	118	28	108	29	79
42	241	92	149	170	125	45	129	41	88
43	220	97	122	166	133	34	142	64	78
44	285	131	154	159	126	32	158	62	97
45-49	**1225**	**533**	**692**	**619**	**502**	**117**	**1134**	**442**	**692**
45	223	100	123	99	83	16	157	61	96
46	230	100	130	127	98	29	220	94	125
47	274	115	159	116	93	23	215	90	126
48	229	105	124	131	107	24	231	87	144
49	269	113	156	146	121	24	312	110	202
50-54	**718**	**300**	**419**	**320**	**240**	**80**	**1171**	**448**	**723**
50	163	64	99	83	62	21	243	94	149
51	99	38	62	54	41	13	148	50	98
52	145	55	90	60	47	13	203	74	129
53	150	62	88	58	41	17	239	89	150
54	161	81	80	65	49	16	339	141	198
55-59	**808**	**357**	**451**	**320**	**246**	**74**	**2454**	**897**	**1557**
55	154	71	83	76	61	15	411	160	251
56	162	70	92	68	56	12	447	173	274
57	183	83	99	51	32	19	452	162	290
58	169	69	100	70	49	20	576	186	390
59	141	63	78	55	47	7	570	216	354
60-64	**642**	**311**	**332**	**244**	**194**	**50**	**3346**	**1195**	**2151**
60	149	63	86	62	50	11	659	228	431
61	146	78	68	61	47	14	594	227	367
62	136	74	62	56	41	15	640	247	394
63	122	54	68	34	28	6	781	271	510
64	88	41	48	31	28	3	672	222	450
65+	**979**	**480**	**499**	**343**	**205**	**137**	**19690**	**6181**	**13510**

2-36 各地区分性别、婚姻状况的人口

Population by Sex, Marital Status and Region

单位：人 (person)

地 区	Region	15岁及以上人口 Population Aged 15 and Over	男 Male	女 Female	未 婚 Never Married	男 Male	女 Female	初婚有配偶 First Married	男 Male	女 Female
全 国	**National Total**	**939526**	**476037**	**463489**	**191753**	**111298**	**80455**	**669629**	**334786**	**334843**
北 京	Beijing	15648	7999	7649	4095	2267	1828	10653	5399	5254
天 津	Tianjin	10408	5121	5287	2075	1056	1019	7504	3752	3753
河 北	Hebei	49895	25215	24680	8517	4903	3614	37224	18673	18551
山 西	Shanxi	25396	12932	12464	5591	3171	2420	17973	9044	8930
内蒙古	Inner Mongolia	17897	9132	8765	3301	1851	1450	13168	6706	6462
辽 宁	Liaoning	32819	16446	16373	7714	4227	3488	21969	10971	10998
吉 林	Jilin	20139	10194	9945	4090	2323	1767	14295	7128	7167
黑龙江	Heilongjiang	28112	14234	13878	4317	2512	1804	20713	10377	10336
上 海	Shanghai	18181	9443	8738	3870	2203	1668	13150	6817	6333
江 苏	jiangsu	57383	27979	29403	10599	5642	4957	42185	20694	21491
浙 江	Zhejiang	40062	20367	19694	9091	4900	4191	28141	14443	13698
安 徽	Anhui	40915	20962	19953	8395	5456	2939	28955	14149	14806
福 建	Fujian	26044	12967	13077	5002	2834	2167	18985	9449	9536
江 西	Jiangxi	29495	14874	14621	5680	3437	2243	21518	10593	10925
山 东	Shandong	67769	33826	33944	10598	6121	4477	51669	25722	25947
河 南	Henan	62353	30621	31733	12881	7175	5707	44804	21535	23268
湖 北	Hubei	41428	20880	20548	8283	4824	3460	29336	14549	14787
湖 南	Hunan	45065	22876	22189	7828	4805	3023	32810	16317	16493
广 东	Guangdong	73925	38665	35260	21053	12546	8507	48830	24881	23950
广 西	Guangxi	30243	15480	14762	6917	4204	2713	20703	10327	10376
海 南	Hainan	5985	3146	2839	1767	1071	695	3872	1955	1917
重 庆	Chongqing	20537	10210	10327	3552	2056	1496	14670	7218	7452
四 川	Sichuan	56449	29551	26898	10277	6167	4110	40506	21162	19343
贵 州	Guizhou	22393	11333	11060	4729	2758	1971	15433	7677	7756
云 南	Yunnan	31272	16012	15259	6472	3868	2604	22226	11128	11097
西 藏	Tibet	2000	983	1017	642	337	304	1180	586	594
陕 西	Shaanxi	26912	13798	13115	5934	3570	2364	18873	9391	9481
甘 肃	Gansu	17947	9169	8778	3959	2363	1596	12573	6250	6323
青 海	Qinghai	3797	1944	1852	816	471	346	2598	1327	1271
宁 夏	Ningxia	4246	2140	2106	855	480	375	3100	1544	1556
新 疆	Xinjiang	14812	7538	7274	2851	1700	1151	10011	5021	4990

2-36 续表 continued

单位：人 (person)

地区	Region	再婚有配偶 Re-married	男 Male	女 Female	离婚 Divorced	男 Male	女 Female	丧偶 Widowed	男 Male	女 Female
全国	**National Total**	**14647**	**7005**	**7642**	**13272**	**7610**	**5662**	**50226**	**15337**	**34888**
北京	Beijing	201	105	96	212	96	116	487	132	355
天津	Tianjin	137	68	69	187	87	100	505	158	347
河北	Hebei	1014	470	544	507	333	174	2632	836	1796
山西	Shanxi	352	153	199	319	198	121	1161	367	794
内蒙古	Inner Mongolia	364	162	203	277	172	106	786	242	544
辽宁	Liaoning	514	242	272	855	442	413	1767	565	1202
吉林	Jilin	326	153	174	555	310	245	873	281	591
黑龙江	Heilongjiang	632	316	315	908	531	377	1541	497	1045
上海	Shanghai	252	130	122	301	141	160	608	152	455
江苏	jiangsu	729	339	389	666	377	289	3204	927	2278
浙江	Zhejiang	650	293	357	470	265	205	1710	466	1244
安徽	Anhui	668	292	376	473	290	183	2423	774	1649
福建	Fujian	390	194	195	301	169	132	1367	320	1047
江西	Jiangxi	436	205	231	302	188	113	1559	451	1108
山东	Shandong	999	431	568	617	395	222	3886	1156	2730
河南	Henan	717	348	369	718	458	260	3233	1105	2129
湖北	Hubei	660	335	325	521	273	249	2627	900	1727
湖南	Hunan	771	359	413	652	429	223	3003	966	2038
广东	Guangdong	437	231	206	557	274	283	3048	734	2314
广西	Guangxi	374	186	188	384	231	153	1864	532	1332
海南	Hainan	51	28	23	46	29	17	250	63	186
重庆	Chongqing	470	217	253	430	253	177	1415	467	948
四川	Sichuan	1123	522	601	963	554	410	3580	1146	2434
贵州	Guizhou	428	218	209	386	231	156	1417	448	968
云南	Yunnan	535	278	258	400	227	173	1638	511	1128
西藏	Tibet	16	9	8	41	13	28	121	38	83
陕西	Shaanxi	335	173	162	246	154	92	1524	509	1016
甘肃	Gansu	180	93	87	224	129	95	1011	333	678
青海	Qinghai	76	34	42	102	51	51	205	62	143
宁夏	Ningxia	70	36	33	59	34	25	162	46	116
新疆	Xinjiang	740	384	356	590	278	313	620	156	464

2-37 各地区城市分性别、婚姻状况的人口
City Population by Sex, Marital Status and Region

单位：人 (person)

地 区	Region	15岁及以上人口 Population Aged 15 and Over	男 Male	女 Female	未 婚 Never Married	男 Male	女 Female	初婚有配偶 First Married	男 Male	女 Female
全 国	**National Total**	**302999**	**152724**	**150274**	**70244**	**38428**	**31816**	**211426**	**106543**	**104882**
北 京	Beijing	12551	6375	6176	3487	1918	1569	8446	4243	4203
天 津	Tianjin	7064	3561	3503	1280	753	527	5246	2620	2626
河 北	Hebei	10503	5231	5273	1680	911	768	7942	3991	3952
山 西	Shanxi	8923	4473	4449	2046	1095	951	6350	3175	3175
内蒙古	Inner Mongolia	6106	2998	3107	1500	707	793	4147	2112	2035
辽 宁	Liaoning	18311	9015	9296	5346	2789	2557	11357	5626	5730
吉 林	Jilin	6927	3447	3481	1736	935	801	4518	2254	2264
黑龙江	Heilongjiang	10852	5396	5456	1827	1010	817	7676	3833	3843
上 海	Shanghai	13951	7216	6735	3105	1772	1333	9901	5112	4789
江 苏	Jiangsu	24500	12050	12450	5690	2775	2915	17234	8719	8515
浙 江	Zhejiang	16242	7984	8258	5217	2351	2865	10297	5366	4931
安 徽	Anhui	9127	5270	3857	3043	2306	737	5477	2739	2738
福 建	Fujian	9321	4567	4754	2171	1137	1034	6596	3245	3351
江 西	Jiangxi	5880	2986	2894	1192	727	465	4270	2103	2167
山 东	Shandong	20869	10329	10539	3347	1793	1555	16100	8054	8045
河 南	Henan	12521	6067	6454	2247	1023	1225	9372	4667	4705
湖 北	Hubei	13591	6801	6790	3358	1871	1487	9241	4594	4647
湖 南	Hunan	8278	4183	4095	1465	850	616	6049	3038	3011
广 东	Guangdong	33993	18153	15840	9571	5751	3820	23290	12097	11193
广 西	Guangxi	4750	2328	2421	1188	626	563	3132	1567	1566
海 南	Hainan	1746	897	849	576	307	269	1105	566	538
重 庆	Chongqing	6725	3345	3380	1244	669	575	4783	2397	2386
四 川	Sichuan	10864	5298	5565	1843	988	856	8060	3962	4098
贵 州	Guizhou	4788	2307	2482	1065	489	575	3149	1587	1562
云 南	Yunnan	6351	3304	3047	1332	837	495	4583	2307	2276
西 藏	Tibet	277	121	156	80	39	41	168	74	95
陕 西	Shaanxi	5824	2944	2880	1267	713	554	4251	2122	2129
甘 肃	Gansu	3880	1931	1949	656	355	301	2865	1437	1428
青 海	Qinghai	1028	509	520	183	101	81	729	370	359
宁 夏	Ningxia	1526	759	768	317	167	150	1111	558	554
新 疆	Xinjiang	5731	2880	2852	1185	664	521	3977	2007	1970

2-37 续表 continued

单位：人 (person)

地 区	Region	再婚有配偶 Re-married	男 Male	女 Female	离 婚 Divorced	男 Male	女 Female	丧 偶 Widowed	男 Male	女 Female
全 国	**National Total**	**4120**	**2167**	**1953**	**5952**	**2753**	**3199**	**11257**	**2833**	**8424**
北 京	Beijing	119	66	53	171	68	103	328	79	249
天 津	Tianjin	61	33	28	141	57	84	335	98	238
河 北	Hebei	213	121	93	141	72	69	527	136	391
山 西	Shanxi	104	50	53	143	70	73	280	84	196
内蒙古	Inner Mongolia	128	60	68	123	68	55	208	52	156
辽 宁	Liaoning	188	100	88	568	267	301	853	233	620
吉 林	Jilin	105	53	52	275	130	145	295	76	219
黑龙江	Heilongjiang	203	111	92	517	267	250	629	175	454
上 海	Shanghai	181	94	87	265	119	146	500	120	380
江 苏	Jiangsu	252	129	123	343	162	181	981	266	716
浙 江	Zhejiang	186	93	93	164	78	86	379	96	283
安 徽	Anhui	166	92	74	156	67	89	285	66	219
福 建	Fujian	129	63	66	131	64	67	294	58	235
江 西	Jiangxi	97	49	48	125	64	62	195	43	152
山 东	Shandong	267	121	146	266	127	138	889	234	655
河 南	Henan	179	105	75	267	124	144	454	149	306
湖 北	Hubei	191	107	84	254	98	157	546	131	415
湖 南	Hunan	117	63	54	210	118	92	437	115	322
广 东	Guangdong	175	102	73	284	89	194	673	112	560
广 西	Guangxi	93	51	41	114	42	72	222	42	180
海 南	Hainan	9	6	3	16	8	9	40	10	29
重 庆	Chongqing	184	90	94	200	107	93	314	81	233
四 川	Sichuan	233	120	114	269	121	148	458	108	350
贵 州	Guizhou	132	74	58	213	107	106	229	49	181
云 南	Yunnan	99	49	51	119	54	65	217	57	160
西 藏	Tibet	8	4	4	3	1	2	17	3	14
陕 西	Shaanxi	76	43	33	74	31	43	156	35	121
甘 肃	Gansu	71	42	29	105	46	59	183	51	132
青 海	Qinghai	20	9	11	39	18	21	57	11	47
宁 夏	Ningxia	22	12	10	27	12	15	49	11	39
新 疆	Xinjiang	112	59	54	229	96	133	228	54	173

2-38 各地区镇分性别、婚姻状况的人口

Town Population by Sex, Marital Status and Region

单位：人 (person)

地 区	Region	15岁及以上人口 Population Aged 15 and Over	男 Male	女 Female	未 婚 Never Married	男 Male	女 Female	初婚有配偶 First Married	男 Male	女 Female
全 国	**National Total**	**208972**	**106031**	**102941**	**41751**	**24597**	**17155**	**151415**	**75511**	**75904**
北 京	Beijing	929	496	433	147	91	56	684	364	320
天 津	Tianjin	1487	615	873	507	133	374	882	443	438
河 北	Hebei	12955	6547	6407	2479	1381	1098	9471	4732	4738
山 西	Shanxi	4108	2087	2021	862	495	367	2957	1489	1468
内蒙古	Inner Mongolia	4168	2163	2005	588	374	214	3297	1677	1620
辽 宁	Liaoning	3533	1803	1731	553	337	217	2574	1301	1273
吉 林	Jilin	4054	2068	1986	680	401	279	3050	1530	1520
黑龙江	Heilongjiang	5423	2750	2673	785	468	317	4092	2056	2036
上 海	Shanghai	2320	1250	1070	365	240	124	1851	965	887
江 苏	Jiangsu	12075	5916	6159	1642	908	734	9496	4680	4817
浙 江	Zhejiang	9192	4875	4317	1423	1025	398	7157	3622	3535
安 徽	Anhui	10494	5136	5358	1862	1028	834	7788	3794	3994
福 建	Fujian	6314	3213	3101	1097	690	407	4733	2368	2365
江 西	Jiangxi	8553	4329	4224	1728	1055	674	6278	3084	3194
山 东	Shandong	14798	7447	7351	2181	1316	865	11522	5754	5768
河 南	Henan	14715	7495	7220	3327	2060	1267	10422	5064	5358
湖 北	Hubei	8924	4496	4428	1599	917	682	6399	3166	3233
湖 南	Hunan	13224	6729	6495	2230	1356	874	9933	4983	4950
广 东	Guangdong	17332	8952	8380	5271	3090	2181	10951	5518	5433
广 西	Guangxi	8922	4570	4352	2041	1192	848	6274	3158	3115
海 南	Hainan	1420	781	639	399	271	127	934	477	457
重 庆	Chongqing	5264	2563	2701	931	525	406	3823	1845	1978
四 川	Sichuan	14459	7371	7089	3196	1948	1248	10108	5000	5108
贵 州	Guizhou	3788	1954	1833	1017	627	391	2495	1239	1256
云 南	Yunnan	6592	3170	3422	1691	789	903	4426	2204	2222
西 藏	Tibet	220	108	111	83	46	37	110	54	56
陕 西	Shaanxi	7770	4093	3677	1935	1189	746	5311	2683	2628
甘 肃	Gansu	3228	1683	1545	602	347	255	2436	1261	1175
青 海	Qinghai	854	450	404	174	97	77	607	324	283
宁 夏	Ningxia	671	342	329	134	78	56	493	247	246
新 疆	Xinjiang	1184	579	605	221	123	98	863	428	435

2-38 续表 continued

单位：人 (person)

地 区	Region	再婚有配偶 Re-married	男 Male	女 Female	离 婚 Divorced	男 Male	女 Female	丧 偶 Widowed	男 Male	女 Female
全 国	**National Total**	**3129**	**1558**	**1571**	**2605**	**1437**	**1168**	**10071**	**2928**	**7143**
北 京	Beijing	20	11	10	19	12	6	59	18	41
天 津	Tianjin	26	12	14	16	9	6	57	17	40
河 北	Hebei	257	124	133	112	76	36	636	233	403
山 西	Shanxi	58	26	33	42	27	15	188	50	138
内蒙古	Inner Mongolia	84	41	43	67	31	36	132	41	92
辽 宁	Liaoning	70	33	37	141	64	78	194	68	126
吉 林	Jilin	58	29	29	89	51	39	177	57	119
黑龙江	Heilongjiang	122	60	63	147	93	54	277	74	204
上 海	Shanghai	33	18	15	20	10	10	51	17	34
江 苏	Jiangsu	199	96	103	117	68	49	621	164	457
浙 江	Zhejiang	161	81	80	117	55	62	334	92	243
安 徽	Anhui	181	88	93	121	69	52	541	157	385
福 建	Fujian	94	48	46	70	39	32	320	69	251
江 西	Jiangxi	129	60	69	70	42	29	347	89	258
山 东	Shandong	217	100	117	121	80	41	757	197	560
河 南	Henan	159	82	77	130	76	55	677	213	464
湖 北	Hubei	143	74	69	100	47	53	683	292	391
湖 南	Hunan	207	105	102	161	87	73	693	197	497
广 东	Guangdong	98	53	45	151	95	56	861	196	665
广 西	Guangxi	80	45	35	102	55	47	425	119	306
海 南	Hainan	14	7	7	12	8	4	62	18	44
重 庆	Chongqing	109	54	55	108	59	49	294	81	213
四 川	Sichuan	251	125	127	269	131	138	635	167	468
贵 州	Guizhou	55	27	28	45	21	24	176	41	135
云 南	Yunnan	125	66	59	98	49	50	250	62	188
西 藏	Tibet	2	1	1	11	4	7	13	3	10
陕 西	Shaanxi	100	56	44	59	37	22	365	128	237
甘 肃	Gansu	24	11	13	28	16	12	138	49	90
青 海	Qinghai	20	11	9	19	9	10	35	9	25
宁 夏	Ningxia	13	6	7	8	5	3	23	6	17
新 疆	Xinjiang	18	9	9	33	12	21	49	6	43

2-39 各地区农村分性别、婚姻状况的人口
Rural Population by Sex, Marital Status and Region

单位：人 (person)

地　区	Region	15岁及以上人口 Population Aged 15 and Over	男 Male	女 Female	未　婚 Never Married	男 Male	女 Female	初婚有配偶 First Married	男 Male	女 Female
全　国	**National Total**	**427556**	**217282**	**210273**	**79757**	**48273**	**31484**	**306788**	**152732**	**154056**
北　京	Beijing	2168	1128	1040	462	258	204	1523	792	731
天　津	Tianjin	1856	945	911	287	170	117	1376	688	688
河　北	Hebei	26437	13437	13000	4358	2611	1748	19811	9950	9861
山　西	Shanxi	12366	6372	5994	2683	1581	1101	8667	4380	4287
内蒙古	Inner Mongolia	7623	3970	3653	1213	770	443	5724	2917	2807
辽　宁	Liaoning	10975	5628	5347	1815	1101	714	8038	4043	3995
吉　林	Jilin	9157	4679	4478	1674	987	687	6727	3344	3383
黑龙江	Heilongjiang	11837	6087	5750	1705	1034	671	8945	4488	4457
上　海	Shanghai	1910	977	933	401	190	210	1397	740	657
江　苏	Jiangsu	20808	10014	10794	3267	1959	1307	15454	7296	8159
浙　江	Zhejiang	14627	7508	7119	2451	1524	927	10688	5455	5232
安　徽	Anhui	21294	10556	10738	3491	2123	1368	15690	7616	8073
福　建	Fujian	10409	5187	5223	1734	1007	726	7656	3836	3820
江　西	Jiangxi	15062	7559	7504	2760	1655	1105	10969	5406	5563
山　东	Shandong	32103	16049	16053	5070	3012	2057	24047	11913	12134
河　南	Henan	35117	17059	18059	7307	4092	3215	25009	11804	13205
湖　北	Hubei	18913	9583	9330	3326	2036	1290	13696	6788	6908
湖　南	Hunan	23563	11964	11599	4133	2600	1533	16828	8296	8532
广　东	Guangdong	22600	11560	11040	6211	3704	2507	14590	7266	7324
广　西	Guangxi	16571	8582	7989	3688	2386	1302	11297	5602	5695
海　南	Hainan	2818	1468	1351	791	493	299	1833	912	922
重　庆	Chongqing	8547	4302	4245	1377	862	515	6065	2977	3088
四　川	Sichuan	31126	16882	14244	5237	3231	2006	22337	12200	10137
贵　州	Guizhou	13817	7072	6745	2647	1642	1005	9789	4851	4938
云　南	Yunnan	18329	9539	8790	3449	2243	1206	13216	6617	6599
西　藏	Tibet	1503	754	749	479	252	226	902	459	443
陕　西	Shaanxi	13318	6761	6557	2732	1669	1064	9311	4586	4725
甘　肃	Gansu	10839	5555	5284	2701	1661	1040	7272	3552	3720
青　海	Qinghai	1915	986	928	460	272	188	1262	633	629
宁　夏	Ningxia	2049	1039	1009	404	235	169	1496	739	757
新　疆	Xinjiang	7897	4079	3817	1445	913	531	5170	2585	2585

2-39 续表 continued

单位：人 (person)

地 区	Region	再婚有配偶 Re-married	男 Male	女 Female	离 婚 Divorced	男 Male	女 Female	丧 偶 Widowed	男 Male	女 Female
全 国	**National Total**	**7398**	**3281**	**4117**	**4715**	**3420**	**1295**	**28898**	**9576**	**19322**
北 京	Beijing	62	28	33	22	15	7	100	34	65
天 津	Tianjin	49	22	27	30	21	9	113	44	69
河 北	Hebei	543	225	318	254	185	70	1469	467	1003
山 西	Shanxi	190	77	113	133	101	33	693	233	460
内蒙古	Inner Mongolia	153	61	92	87	73	14	446	149	296
辽 宁	Liaoning	256	109	147	146	111	35	720	264	456
吉 林	Jilin	164	71	93	191	129	61	401	148	253
黑龙江	Heilongjiang	307	146	161	245	171	73	635	248	387
上 海	Shanghai	38	19	20	17	12	5	57	16	41
江 苏	Jiangsu	278	115	163	207	146	60	1602	497	1105
浙 江	Zhejiang	303	120	184	189	132	57	996	277	719
安 徽	Anhui	321	112	209	196	154	42	1597	551	1046
福 建	Fujian	167	84	83	99	67	33	753	193	560
江 西	Jiangxi	211	96	115	106	83	23	1017	319	697
山 东	Shandong	515	211	304	231	188	43	2240	725	1515
河 南	Henan	379	162	217	320	258	62	2102	743	1359
湖 北	Hubei	326	154	172	167	129	39	1398	476	922
湖 南	Hunan	447	190	256	282	223	58	1873	655	1219
广 东	Guangdong	163	76	88	122	90	32	1515	425	1090
广 西	Guangxi	201	89	112	167	133	34	1217	371	846
海 南	Hainan	28	15	13	18	13	5	148	35	112
重 庆	Chongqing	177	73	104	122	86	35	807	305	503
四 川	Sichuan	638	277	361	426	302	124	2487	871	1616
贵 州	Guizhou	241	118	123	129	103	26	1011	359	652
云 南	Yunnan	310	163	148	183	125	58	1171	391	779
西 藏	Tibet	6	4	3	26	7	19	90	32	59
陕 西	Shaanxi	159	75	84	113	85	28	1003	346	657
甘 肃	Gansu	86	41	45	91	68	23	689	233	456
青 海	Qinghai	36	15	21	43	24	19	113	41	72
宁 夏	Ningxia	35	19	16	24	17	7	90	29	61
新 疆	Xinjiang	610	316	294	328	169	159	344	96	248

2-40 全国育龄妇女分年龄、孩次的生育状况
(2011年11月1日至2012年10月31日)
Age-specific Fertility Rate of Women at Childbearing Ages by Age of Mother and Birth Order (2011.11.1-2012.10.31)

年 龄 Age	平均育龄妇女人数(人) Average Number of Childbearing Women (person)	出生人数(人) Births (person)				生育率(‰) Fertility Rate (‰)			
			一孩 1st Birth	二孩 2nd Birth	三孩及以上 3rd Birth and Above		一孩 1st Birth	二孩 2nd Birth	三孩及以上 3rd Birth and Above
总计 Total	**317046**	**11379**	**7412**	**3462**	**500**	**35.89**	**23.38**	**10.92**	**1.58**
15-19	**35897**	**241**	**231**	**9**	**1**	**6.72**	**6.43**	**0.25**	**0.04**
15	6831								
16	7430	11	11			1.45	1.45		
17	7017	38	37	1		5.46	5.31	0.15	
18	6974	72	69	2	1	10.39	9.93	0.35	0.12
19	7646	120	113	6	1	15.63	14.84	0.72	0.08
20-24	**51300**	**3735**	**3090**	**604**	**41**	**72.80**	**60.23**	**11.78**	**0.79**
20	8555	266	236	28	2	31.09	27.59	3.29	0.22
21	10377	514	462	50	2	49.50	44.51	4.82	0.17
22	11380	887	749	132	5	77.95	65.83	11.64	0.47
23	10471	1058	873	176	10	101.09	83.34	16.82	0.93
24	10518	1009	770	218	22	95.98	73.19	20.70	2.08
25-29	**43655**	**4227**	**2867**	**1241**	**117**	**96.82**	**65.68**	**28.44**	**2.69**
25	9833	1008	765	225	17	102.49	77.82	22.93	1.74
26	8776	968	687	261	20	110.29	78.25	29.73	2.31
27	8297	784	501	255	29	94.51	60.33	30.72	3.46
28	8106	776	493	254	28	95.68	60.82	31.36	3.39
29	8643	691	422	246	24	80.00	48.79	28.46	2.75
30-34	**40238**	**2045**	**893**	**984**	**163**	**50.81**	**22.21**	**24.46**	**4.05**
30	8897	629	323	268	35	70.65	36.32	30.10	3.99
31	7694	470	212	227	29	61.11	27.57	29.51	3.79
32	8034	392	158	194	40	48.79	19.69	24.14	4.97
33	7979	311	113	172	26	38.93	14.21	21.52	3.21
34	7635	243	87	124	33	31.87	11.35	16.20	4.32
35-39	**44903**	**770**	**215**	**445**	**110**	**17.15**	**4.80**	**9.91**	**2.44**
35	7912	181	52	102	28	22.94	6.58	12.85	3.51
36	8454	199	55	126	18	23.52	6.52	14.92	2.08
37	8941	150	42	80	29	16.83	4.66	8.97	3.20
38	9508	140	34	84	22	14.68	3.53	8.82	2.33
39	10088	100	33	53	14	9.89	3.28	5.27	1.34
40-44	**51982**	**284**	**79**	**150**	**56**	**5.47**	**1.51**	**2.88**	**1.08**
40	10118	112	34	61	17	11.11	3.33	6.05	1.73
41	10515	61	12	36	13	5.79	1.14	3.43	1.23
42	10685	55	18	21	16	5.14	1.70	1.95	1.49
43	11161	33	7	20	6	2.96	0.61	1.81	0.54
44	9504	23	8	11	4	2.43	0.82	1.19	0.41
45-49	**49070**	**77**	**37**	**28**	**11**	**1.56**	**0.75**	**0.58**	**0.23**
45	9041	14	7	3	3	1.50	0.82	0.36	0.32
46	9920	22	9	10	3	2.23	0.94	0.98	0.31
47	9498	18	5	8	5	1.93	0.52	0.85	0.56
48	10442	5	4	1		0.46	0.40	0.07	
49	10169	18	11	7		1.76	1.10	0.65	

2-41　全国城市育龄妇女分年龄、孩次的生育状况
（2011年11月1日至2012年10月31日）
Age-specific Fertility Rate of City Women at Childbearing Ages by Age of Mother and Birth Order (2011.11.1-2012.10.31)

年　龄 Age	平均育龄妇女人数(人) Average Number of Childbearing Women (person)	出生人数(人) Births (person)				生育率(‰) Fertility Rate (‰)			
			一孩 1st Birth	二孩 2nd Birth	三孩及以上 3rd Birth and Above		一孩 1st Birth	二孩 2nd Birth	三孩及以上 3rd Birth and Above
总计 Total	**108480**	**2933**	**2303**	**580**	**50**	**27.04**	**21.23**	**5.34**	**0.46**
15-19	**11404**	**34**	**33**	**1**	**1**	**3.02**	**2.92**	**0.05**	**0.05**
15	1871								
16	2238	1	1			0.44	0.44		
17	2103	4	4			1.74	1.74		
18	2289	12	12			5.34	5.34		
19	2904	18	16	1	1	6.06	5.66	0.20	0.20
20-24	**18329**	**628**	**556**	**63**	**9**	**34.26**	**30.34**	**3.45**	**0.48**
20	3244	32	28	2	2	9.97	8.73	0.65	0.58
21	3968	67	63	3	1	16.78	15.76	0.75	0.27
22	3926	131	122	9		33.40	31.12	2.28	
23	3489	200	179	20	1	57.23	51.17	5.86	0.20
24	3701	198	164	29	5	53.57	44.43	7.76	1.38
25-29	**16594**	**1303**	**1120**	**171**	**12**	**78.50**	**67.50**	**10.30**	**0.69**
25	3526	258	230	28	1	73.23	65.13	7.85	0.24
26	3218	264	236	26	2	82.14	73.43	8.19	0.52
27	3145	234	201	29	4	74.37	63.83	9.20	1.34
28	3189	289	236	50	3	90.66	73.96	15.73	0.96
29	3516	257	218	38	2	73.10	61.88	10.74	0.48
30-34	**15494**	**688**	**468**	**203**	**17**	**44.39**	**30.18**	**13.11**	**1.11**
30	3585	230	174	55	1	64.15	48.46	15.35	0.33
31	2945	162	121	36	6	55.13	40.93	12.22	1.98
32	3096	112	71	37	4	36.14	22.94	12.04	1.15
33	3043	94	58	32	5	31.05	18.97	10.54	1.54
34	2826	89	45	43	2	31.52	15.75	15.11	0.66
35-39	**15630**	**211**	**100**	**103**	**8**	**13.48**	**6.39**	**6.61**	**0.48**
35	2890	51	22	27	2	17.77	7.75	9.20	0.81
36	3000	61	30	30	1	20.45	10.12	10.08	0.24
37	3000	37	21	16	1	12.47	6.97	5.23	0.27
38	3256	38	15	20	3	11.55	4.72	6.01	0.82
39	3484	23	11	11	1	6.61	3.11	3.21	0.28
40-44	**16454**	**57**	**20**	**32**	**4**	**3.44**	**1.23**	**1.93**	**0.27**
40	3343	24	10	13	1	7.22	3.06	3.87	0.29
41	3445	13	3	7	3	3.81	0.92	2.15	0.75
42	3471	7	3	4		2.08	1.00	1.08	
43	3436	4	2	2		1.22	0.63	0.59	
44	2758	8	1	6	1	2.84	0.46	2.03	0.35
45-49	**14574**	**13**	**6**	**7**		**0.88**	**0.41**	**0.47**	
45	2569	2	2			0.78	0.78		
46	2842	5		5		1.80		1.80	
47	2847	3	1	2		0.95	0.31	0.64	
48	3250								
49	3067	3	3			1.00	1.00		

2-42 全国镇育龄妇女分年龄、孩次的生育状况
(2011年11月1日至2012年10月31日)
Age-specific Fertility Rate of Town Women at Childbearing Ages by Age of Mother and Birth Order (2011.11.1-2012.10.31)

年龄 Age	平均育龄妇女人数(人) Average Number of Childbearing Women (person)	出生人数(人) Births (person)				生育率(‰) Fertility Rate (‰)			
			一孩 1st Birth	二孩 2nd Birth	三孩及以上 3rd Birth and Above		一孩 1st Birth	二孩 2nd Birth	三孩及以上 3rd Birth and Above
总计 Total	**72188**	**2457**	**1548**	**809**	**98**	**34.04**	**21.44**	**11.21**	**1.36**
15-19	**8384**	**38**	**37**	**1**		**4.54**	**4.37**	**0.17**	
15	1643								
16	1810								
17	1834	9	9			4.69	4.69		
18	1573	16	16			10.30	10.30		
19	1524	13	12	1		8.69	7.78	0.92	
20-24	**10892**	**822**	**673**	**138**	**11**	**75.45**	**61.79**	**12.65**	**1.02**
20	1720	56	48	8		32.82	28.08	4.74	
21	2076	106	94	13		51.29	45.26	6.03	
22	2427	196	161	34	1	80.96	66.50	13.87	0.59
23	2296	220	178	40	2	95.99	77.74	17.53	0.73
24	2373	242	191	43	8	102.01	80.43	18.20	3.38
25-29	**9674**	**934**	**621**	**291**	**21**	**96.54**	**64.24**	**30.12**	**2.18**
25	2121	212	164	45	3	99.96	77.12	21.24	1.61
26	1993	231	157	71	2	115.82	78.92	35.74	1.15
27	1856	174	115	51	7	93.49	62.09	27.61	3.79
28	1832	162	94	62	6	88.25	51.49	33.65	3.12
29	1871	156	91	62	3	83.25	48.63	33.23	1.39
30-34	**9378**	**414**	**154**	**227**	**31**	**44.13**	**16.42**	**24.21**	**3.30**
30	1971	120	65	50	6	60.99	32.92	25.22	2.85
31	1832	102	33	60	7	55.92	18.15	32.82	3.94
32	1897	77	27	45	6	40.78	13.99	23.62	3.16
33	1850	65	15	45	6	35.36	8.11	24.23	3.02
34	1827	48	14	28	6	26.46	7.82	15.09	3.55
35-39	**10738**	**172**	**40**	**109**	**23**	**16.05**	**3.73**	**10.14**	**2.17**
35	1863	45	14	24	7	23.91	7.57	12.73	3.60
36	1984	43	7	31	6	21.81	3.40	15.54	2.87
37	2279	30	5	21	4	13.22	2.12	9.39	1.71
38	2229	28	3	20	5	12.61	1.41	9.08	2.12
39	2384	26	11	13	2	11.02	4.74	5.34	0.94
40-44	**12158**	**62**	**16**	**38**	**9**	**5.11**	**1.32**	**3.09**	**0.70**
40	2376	29	10	14	5	12.02	4.16	5.93	1.92
41	2494	11	1	8	1	4.46	0.56	3.31	0.59
42	2445	12	2	7	3	4.92	0.91	2.98	1.04
43	2602	7	1	6		2.75	0.51	2.24	
44	2241	3	1	2		1.46	0.54	0.92	
45-49	**10964**	**15**	**6**	**5**	**3**	**1.36**	**0.59**	**0.47**	**0.30**
45	2072	1		1		0.59		0.59	
46	2162	6	4	2		2.66	1.81	0.85	
47	2149	3			3	1.54			1.54
48	2257	1	1			0.43	0.43		
49	2325	4	2	2		1.60	0.69	0.91	

2-43 全国乡村育龄妇女分年龄、孩次的生育状况 (2011年11月1日至2012年10月31日)

Age-specific Fertility Rate of Rural Women at Childbearing Ages by Age of Mother and Birth Order(2011.11.1-2012.10.31)

年龄 Age	平均育龄妇女人数(人) Average Number of Childbearing Women (person)	出生人数(人) Births (person)	一孩 1st Birth	二孩 2nd Birth	三孩及以上 3rd Birth and Above	生育率(‰) Fertility Rate (‰)	一孩 1st Birth	二孩 2nd Birth	三孩及以上 3rd Birth and Above
总计 Total	**136379**	**5989**	**3561**	**2073**	**352**	**43.91**	**26.11**	**15.20**	**2.58**
15-19	**16110**	**169**	**161**	**7**	**1**	**10.48**	**9.99**	**0.43**	**0.05**
15	3317					0.04	0.04		
16	3382	10	10			2.90	2.90		
17	3080	26	25	1		8.47	8.12	0.34	
18	3112	44	41	2	1	14.16	13.11	0.77	0.28
19	3218	89	85	4		27.56	26.46	1.10	
20-24	**22079**	**2285**	**1861**	**403**	**21**	**103.48**	**84.27**	**18.27**	**0.94**
20	3591	177	159	18		49.35	44.38	4.97	
21	4332	341	305	35	1	78.60	70.48	7.97	0.15
22	5027	559	466	90	4	111.29	92.63	17.88	0.79
23	4686	638	516	115	7	136.25	110.05	24.63	1.57
24	4444	569	415	146	9	128.08	93.30	32.82	1.97
25-29	**17387**	**1990**	**1126**	**779**	**85**	**114.48**	**64.74**	**44.81**	**4.88**
25	4185	537	372	153	13	128.42	88.86	36.48	3.07
26	3565	473	293	163	16	132.61	82.22	45.81	4.57
27	3295	377	185	175	17	114.31	56.01	53.01	5.29
28	3085	325	163	142	19	105.29	52.78	46.16	6.07
29	3256	279	113	146	20	85.58	34.75	44.84	5.99
30-34	**15366**	**943**	**272**	**554**	**115**	**61.37**	**17.70**	**36.05**	**7.49**
30	3340	278	84	163	29	83.32	25.30	48.80	8.58
31	2917	205	58	131	16	70.40	20.00	44.88	5.52
32	3041	203	61	112	30	66.67	19.93	36.77	9.97
33	3086	151	41	95	15	48.85	13.17	30.72	4.96
34	2982	106	28	53	25	35.51	9.35	17.90	8.26
35-39	**18535**	**387**	**75**	**233**	**79**	**20.88**	**4.07**	**12.56**	**4.25**
35	3158	86	16	51	19	27.10	4.91	16.26	5.93
36	3469	94	18	65	11	27.15	5.18	18.74	3.22
37	3662	83	16	43	24	22.64	4.36	11.76	6.52
38	4024	74	15	44	15	18.36	3.73	10.95	3.67
39	4221	50	11	29	10	11.96	2.59	6.94	2.44
40-44	**23370**	**166**	**42**	**80**	**43**	**7.09**	**1.80**	**3.44**	**1.85**
40	4398	60	14	34	12	13.57	3.08	7.77	2.72
41	4575	37	7	20	9	8.02	1.62	4.45	1.94
42	4768	36	13	10	13	7.48	2.62	2.05	2.81
43	5123	22	3	12	6	4.23	0.66	2.41	1.17
44	4506	12	5	4	3	2.66	1.18	0.82	0.66
45-49	**23532**	**49**	**24**	**16**	**8**	**2.08**	**1.04**	**0.69**	**0.35**
45	4400	10	5	2	3	2.35	1.23	0.46	0.66
46	4917	11	5	3	3	2.30	1.10	0.57	0.63
47	4503	12	4	6	2	2.73	0.89	1.40	0.44
48	4936	4	3	1		0.78	0.64	0.14	
49	4777	11	6	5		2.33	1.36	0.95	

2-44 全国分年龄、性别的死亡人口状况
(2011年11月1日至2012年10月31日)
Status of Deaths by Age and Sex (2011.11.1-2012.10.31)

年 龄 Age	年平均人口(人) Average Population (person)	男 Male	女 Female	死亡人口(人) Deaths (person)	男 Male	女 Female	死亡率(‰) Death Rate (‰)	男 Male	女 Female
总计 Total	**1122077**	**575000**	**547077**	**6606**	**3845**	**2761**	**5.89**	**6.69**	**5.05**
0-4	**64867**	**35010**	**29857**	**78**	**47**	**30**	**1.20**	**1.35**	**1.01**
0	11944	6338	5606	41	25	16	3.43	4.00	2.79
1	11570	6343	5227	12	7	5	1.07	1.13	1.01
2	13776	7469	6307	9	8	1	0.63	1.01	0.19
3	13995	7624	6372	9	5	4	0.62	0.66	0.56
4	13582	7236	6345	7	2	4	0.50	0.32	0.70
5-9	**60424**	**32838**	**27586**	**12**	**9**	**3**	**0.20**	**0.28**	**0.10**
5	12915	7027	5888	1		1	0.10	0.05	0.16
6	12542	6763	5778	2	2		0.20	0.36	
7	12508	6832	5676	2	1	1	0.17	0.18	0.17
8	11110	6029	5080	3	3		0.27	0.51	
9	11350	6186	5164	3	2	1	0.26	0.34	0.17
10-14	**60843**	**32814**	**28028**	**9**	**5**	**4**	**0.15**	**0.14**	**0.15**
10	11505	6151	5354						
11	12079	6552	5526	2	1	1	0.20	0.18	0.22
12	12182	6663	5519	4	2	2	0.31	0.25	0.38
13	12318	6749	5569	1		1	0.08		0.17
14	12759	6698	6060	2	2		0.15	0.28	
15-19	**75989**	**40092**	**35897**	**24**	**18**	**5**	**0.31**	**0.46**	**0.15**
15	14375	7544	6831	1	1		0.06	0.12	
16	15855	8425	7430	4	4		0.25	0.47	
17	14997	7981	7017	5	4	1	0.33	0.50	0.14
18	14517	7543	6974	7	5	2	0.50	0.71	0.27
19	16245	8599	7646	7	4	2	0.41	0.49	0.32
20-24	**104294**	**53000**	**51294**	**45**	**30**	**14**	**0.43**	**0.57**	**0.28**
20	17836	9281	8555	9	6	3	0.51	0.61	0.40
21	20948	10572	10375	10	9	1	0.49	0.89	0.09
22	22964	11584	11380	7	3	4	0.32	0.28	0.36
23	21260	10792	10468	7	2	5	0.33	0.22	0.44
24	21286	10770	10517	11	10	1	0.53	0.91	0.13
25-29	**87941**	**44287**	**43653**	**58**	**40**	**18**	**0.66**	**0.91**	**0.41**
25	19809	9975	9833	6	2	4	0.30	0.24	0.37
26	17590	8814	8776	16	11	5	0.90	1.29	0.52
27	16868	8573	8295	6	5	1	0.35	0.57	0.12
28	16280	8174	8106	12	9	3	0.76	1.14	0.38
29	17394	8751	8643	18	12	6	1.05	1.42	0.67

2-44 续表 1 continued

年 龄 Age	年平均人口(人) Average Population (person)	男 Male	女 Female	死亡人口(人) Deaths (person)	男 Male	女 Female	死亡率(‰) Death Rate (‰)	男 Male	女 Female
30-34	**82046**	**41812**	**40235**	**74**	**58**	**17**	**0.91**	**1.38**	**0.41**
30	18088	9192	8896	14	11	3	0.78	1.25	0.30
31	15524	7830	7694	7	6	1	0.43	0.79	0.07
32	16617	8584	8032	11	9	2	0.68	1.09	0.25
33	16220	8241	7979	19	13	6	1.18	1.60	0.75
34	15598	7964	7634	23	18	5	1.48	2.22	0.70
35-39	**92018**	**47115**	**44902**	**120**	**82**	**38**	**1.31**	**1.74**	**0.85**
35	16168	8256	7912	30	18	12	1.86	2.19	1.51
36	17351	8897	8454	11	3	7	0.61	0.38	0.86
37	18184	9243	8941	23	20	3	1.28	2.14	0.38
38	19599	10092	9507	22	17	4	1.11	1.73	0.46
39	20716	10628	10088	34	23	11	1.66	2.20	1.10
40-44	**106003**	**54025**	**51978**	**181**	**118**	**63**	**1.71**	**2.19**	**1.22**
40	20757	10640	10117	29	21	7	1.38	2.01	0.72
41	21418	10905	10513	32	20	12	1.48	1.82	1.13
42	21708	11022	10685	37	25	12	1.73	2.31	1.13
43	22920	11762	11158	47	32	15	2.06	2.71	1.38
44	19201	9696	9505	36	20	17	1.89	2.03	1.75
45-49	**100223**	**51158**	**49065**	**262**	**176**	**86**	**2.61**	**3.44**	**1.75**
45	18541	9502	9039	43	31	12	2.31	3.25	1.33
46	20298	10380	9917	55	39	17	2.73	3.74	1.68
47	19299	9800	9499	42	26	15	2.17	2.70	1.62
48	21161	10717	10444	55	38	17	2.58	3.51	1.62
49	20924	10758	10166	67	42	25	3.20	3.93	2.43
50-54	**60492**	**30827**	**29665**	**287**	**187**	**100**	**4.74**	**6.06**	**3.37**
50	11555	5806	5749	52	35	17	4.48	6.00	2.95
51	10062	5002	5060	36	22	14	3.62	4.41	2.84
52	11331	5777	5553	57	31	26	5.02	5.37	4.66
53	12430	6424	6005	64	51	13	5.14	7.92	2.17
54	15115	7818	7297	78	48	30	5.14	6.14	4.08
55-59	**70564**	**35623**	**34941**	**483**	**310**	**173**	**6.85**	**8.71**	**4.95**
55	14336	7292	7044	78	44	34	5.47	6.07	4.85
56	13911	7177	6734	87	57	29	6.22	7.99	4.33
57	14917	7442	7475	83	53	30	5.58	7.16	4.01
58	13863	6984	6879	113	77	36	8.15	11.05	5.21
59	13537	6728	6809	122	78	44	9.02	11.62	6.45

2-44 续表 2 continued

年 龄 Age	年平均人口(人) Average Population (person)	男 Male	女 Female	死亡人口(人) Deaths (person)	男 Male	女 Female	死亡率(‰) Death Rate (‰)	男 Male	女 Female
60-64	**53227**	**26905**	**26321**	**590**	**383**	**207**	**11.09**	**14.23**	**7.87**
60	12147	6019	6128	107	69	38	8.80	11.47	6.18
61	10950	5598	5352	120	79	40	10.92	14.14	7.56
62	11408	5802	5606	131	85	45	11.44	14.70	8.08
63	9699	4950	4749	115	74	41	11.83	14.90	8.62
64	9023	4536	4487	118	76	43	13.13	16.68	9.53
65-69	**36538**	**18302**	**18236**	**595**	**391**	**204**	**16.29**	**21.36**	**11.21**
65	8653	4253	4400	104	57	47	12.01	13.40	10.67
66	7973	4014	3959	132	90	43	16.57	22.32	10.73
67	7010	3531	3479	106	71	35	15.15	20.07	10.15
68	6602	3336	3266	117	80	36	17.65	24.09	11.08
69	6300	3169	3131	137	93	43	21.68	29.40	13.87
70-74	**27834**	**13742**	**14092**	**822**	**494**	**328**	**29.52**	**35.94**	**23.26**
70	6334	3191	3144	172	105	67	27.20	33.05	21.27
71	5892	2897	2995	151	96	56	25.67	33.03	18.56
72	5231	2633	2598	124	77	48	23.76	29.08	18.37
73	5358	2594	2764	191	114	78	35.65	43.77	28.04
74	5018	2428	2591	183	103	80	36.44	42.30	30.94
75-79	**20918**	**9961**	**10957**	**1056**	**600**	**456**	**50.51**	**60.26**	**41.64**
75	4860	2387	2473	175	104	70	35.93	43.77	28.36
76	4491	2141	2350	205	105	100	45.61	49.09	42.44
77	4186	1967	2220	209	133	75	49.84	67.86	33.88
78	4005	1912	2093	240	135	106	59.95	70.37	50.43
79	3375	1554	1821	228	123	106	67.64	78.90	58.02
80-84	**11693**	**5208**	**6485**	**938**	**491**	**447**	**80.25**	**94.36**	**68.92**
80	2953	1347	1606	205	110	95	69.31	81.77	58.87
81	2688	1251	1436	187	100	87	69.61	79.89	60.66
82	2356	1016	1340	191	112	79	81.05	110.17	58.98
83	1986	869	1117	171	78	93	86.15	89.87	83.25
84	1710	725	985	185	91	93	107.90	125.96	94.61
85-89	**4557**	**1781**	**2776**	**629**	**277**	**353**	**138.09**	**155.30**	**127.05**
85	1323	562	761	155	73	82	117.33	130.34	107.73
86	1099	408	691	143	69	74	129.94	168.79	106.99
87	852	338	513	112	54	59	131.62	158.31	114.04
88	729	259	470	113	39	74	155.13	152.35	156.66
89	554	213	341	106	41	65	191.34	194.04	189.65
90+	**1606**	**500**	**1106**	**341**	**127**	**214**	**212.33**	**254.00**	**193.49**

2-45 全国城市分年龄、性别的死亡人口状况
(2011年11月1日至2012年10月31日)
Status of City Deaths by Age and Sex (2011.11.1-2012.10.31)

年 龄 Age	年平均人口(人) Average Population (person)	男 Male	女 Female	死亡人口(人) Deaths (person)	男 Male	女 Female	死亡率(‰) Death Rate (‰)	男 Male	女 Female
总计 Total	**345790**	**175659**	**170131**	**1228**	**719**	**509**	**3.55**	**4.09**	**2.99**
0-4	**15420**	**8187**	**7233**	**7**	**4**	**3**	**0.47**	**0.46**	**0.48**
0	2886	1497	1389	4	3	1	1.32	1.85	0.75
1	2927	1546	1381						
2	3127	1650	1477	1	1		0.31	0.59	
3	3311	1819	1492						
4	3169	1675	1494	2		2	0.77		1.63
5-9	**13930**	**7477**	**6452**	**2**	**1**	**1**	**0.16**	**0.17**	**0.15**
5	2904	1555	1349	1		1	0.32		0.70
6	2824	1519	1305	1	1		0.45	0.84	
7	2996	1584	1412						
8	2503	1350	1153						
9	2703	1469	1234						
10-14	**14465**	**7745**	**6721**						
10	2775	1485	1291						
11	2825	1506	1319						
12	2882	1607	1275						
13	2924	1577	1347						
14	3058	1570	1489						
15-19	**23660**	**12257**	**11404**	**3**	**2**	**1**	**0.12**	**0.18**	**0.06**
15	3787	1917	1871						
16	4624	2386	2238						
17	4527	2424	2103						
18	4658	2370	2289	1	1		0.20	0.39	
19	6063	3160	2904	2	1	1	0.32	0.39	0.24
20-24	**36876**	**18550**	**18326**	**8**	**3**	**6**	**0.22**	**0.14**	**0.31**
20	6533	3289	3243						
21	7706	3738	3968	1		1	0.12		0.24
22	7914	3988	3926	4	1	3	0.45	0.24	0.67
23	7346	3859	3487	3	2	2	0.47	0.42	0.53
24	7377	3676	3701						
25-29	**33059**	**16467**	**16592**	**8**	**4**	**4**	**0.24**	**0.24**	**0.24**
25	7095	3569	3526	1		1	0.10		0.20
26	6374	3156	3218	5	1	3	0.73	0.43	1.03
27	6312	3169	3143	1	1		0.14	0.28	
28	6366	3177	3189	2	2		0.26	0.53	
29	6912	3396	3516						

2-45 续表 1 continued

年 龄 Age	年平均人口(人) Average Population (person)	男 Male	女 Female	死亡人口(人) Deaths (person)	男 Male	女 Female	死亡率(‰) Death Rate (‰)	男 Male	女 Female
30-34	**31359**	**15866**	**15493**	**16**	**11**	**5**	**0.52**	**0.72**	**0.32**
30	7243	3658	3585	1	1		0.11	0.22	
31	5802	2858	2945	1	1	1	0.25	0.31	0.19
32	6416	3321	3096	4	4		0.59	1.14	
33	6197	3154	3043	7	2	4	1.06	0.69	1.45
34	5700	2875	2825	4	4		0.66	1.30	
35-39	**32014**	**16385**	**15629**	**15**	**9**	**5**	**0.46**	**0.56**	**0.35**
35	5810	2920	2890	3	3		0.51	1.01	
36	6058	3058	3000	1		1	0.24		0.49
37	6114	3114	3000						
38	6876	3622	3255	3	2	1	0.47	0.61	0.33
39	7155	3671	3484	7	4	3	0.97	1.11	0.82
40-44	**33812**	**17359**	**16453**	**30**	**16**	**15**	**0.90**	**0.90**	**0.90**
40	7042	3699	3343	3	2	1	0.39	0.55	0.22
41	6980	3535	3445	8	2	6	1.09	0.56	1.63
42	7013	3541	3471	11	7	4	1.55	1.99	1.11
43	7112	3676	3436	7	3	4	0.99	0.90	1.08
44	5665	2908	2757	2	1	1	0.39	0.44	0.32
45-49	**30236**	**15663**	**14573**	**47**	**25**	**21**	**1.54**	**1.63**	**1.46**
45	5271	2702	2568	14	6	8	2.69	2.31	3.09
46	5923	3083	2840	7	4	3	1.13	1.26	0.99
47	5849	3003	2847	2	2	1	0.40	0.54	0.25
48	6750	3499	3251	11	7	4	1.56	1.96	1.13
49	6443	3376	3067	13	7	6	2.01	2.02	1.99
50-54	**19181**	**9733**	**9448**	**63**	**43**	**21**	**3.29**	**4.37**	**2.17**
50	3397	1682	1715	10	6	4	2.86	3.62	2.11
51	3321	1680	1641	10	7	2	2.92	4.41	1.40
52	3832	1923	1909	16	8	7	4.13	4.35	3.90
53	3962	2081	1881	13	13		3.22	6.14	
54	4669	2368	2301	15	8	7	3.23	3.34	3.12
55-59	**20290**	**10116**	**10174**	**69**	**45**	**24**	**3.39**	**4.42**	**2.36**
55	4311	2174	2137	10	6	4	2.21	2.72	1.70
56	4124	2145	1979	11	9	3	2.78	4.03	1.41
57	4257	2082	2175	10	8	3	2.44	3.79	1.15
58	3988	2010	1978	20	11	9	5.01	5.25	4.77
59	3609	1705	1905	17	12	6	4.81	6.86	2.97

2-45 续表 2 continued

年 龄 Age	年平均人口(人) Average Population (person)	男 Male	女 Female	死亡人口(人) Deaths (person)	男 Male	女 Female	死亡率(‰) Death Rate (‰)	男 Male	女 Female
60-64	**14085**	**6970**	**7115**	**100**	**72**	**28**	**7.07**	**10.34**	**3.88**
60	3202	1568	1635	22	17	6	7.00	10.76	3.40
61	2893	1446	1447	18	16	2	6.22	11.18	1.26
62	3040	1503	1536	15	10	5	4.99	6.97	3.04
63	2590	1303	1287	23	16	6	8.71	12.44	4.93
64	2360	1150	1210	22	12	9	9.12	10.72	7.60
65-69	**9328**	**4426**	**4903**	**103**	**71**	**32**	**11.02**	**16.04**	**6.48**
65	2243	1055	1188	26	17	10	11.71	15.82	8.07
66	2022	1008	1015	23	17	5	11.26	17.34	5.23
67	1782	834	949	14	11	3	7.73	12.70	3.37
68	1606	738	868	23	15	8	14.39	20.23	9.44
69	1674	792	882	17	11	5	10.04	14.32	6.21
70-74	**7552**	**3595**	**3957**	**127**	**64**	**64**	**16.87**	**17.76**	**16.07**
70	1666	810	856	28	17	11	16.53	21.03	12.28
71	1633	765	868	23	12	10	13.96	16.09	12.09
72	1479	707	771	17	8	9	11.48	11.61	11.35
73	1426	673	753	34	14	20	23.69	20.70	26.36
74	1349	640	709	26	12	14	19.53	19.30	19.74
75-79	**5788**	**2728**	**3060**	**214**	**124**	**90**	**36.92**	**45.44**	**29.33**
75	1358	654	704	33	20	13	24.04	29.90	18.60
76	1200	550	651	43	16	27	35.96	29.38	41.52
77	1220	569	651	41	27	14	34.00	47.43	22.25
78	1081	515	566	60	38	22	55.44	74.62	38.00
79	929	441	488	37	23	14	39.29	51.84	27.96
80-84	**3135**	**1475**	**1660**	**201**	**126**	**75**	**64.18**	**85.32**	**45.41**
80	768	373	395	34	16	17	43.82	43.40	44.22
81	767	369	399	49	30	19	64.12	81.50	48.04
82	634	289	345	50	39	11	78.21	134.42	31.11
83	523	243	280	35	21	14	66.96	85.24	51.07
84	443	200	242	34	20	14	76.22	99.66	56.84
85-89	**1208**	**519**	**689**	**137**	**69**	**68**	**113.50**	**133.02**	**98.77**
85	353	153	199	43	24	18	120.94	158.02	92.48
86	307	122	186	25	10	15	81.24	84.46	79.13
87	232	103	129	27	16	11	114.92	154.38	83.43
88	187	86	101	18	9	9	97.84	105.70	91.12
89	130	56	74	25	10	15	189.68	172.88	202.34
90+	**391**	**142**	**249**	**77**	**30**	**47**	**196.93**	**211.27**	**188.76**

2-46 全国镇分年龄、性别的死亡人口状况
(2011年11月1日至2012年10月31日)
Status of Town Deaths by Age and Sex (2011.11.1-2012.10.31)

年龄 Age	年平均人口(人) Average Population (person)	男 Male	女 Female	死亡人口(人) Deaths (person)	男 Male	女 Female	死亡率(‰) Death Rate (‰)	男 Male	女 Female
总计 Total	**250601**	**128771**	**121830**	**1252**	**731**	**521**	**5.00**	**5.68**	**4.28**
0-4	**14459**	**7889**	**6570**	**13**	**8**	**5**	**0.87**	**1.01**	**0.69**
0	2564	1374	1190	7	4	3	2.72	2.94	2.45
1	2510	1411	1099						
2	3058	1661	1397	4	4		1.29	2.37	
3	3233	1784	1449	2		2	0.50		1.12
4	3095	1659	1435						
5-9	**13966**	**7648**	**6318**	**2**	**1**	**1**	**0.17**	**0.19**	**0.14**
5	2999	1647	1352						
6	2880	1534	1345						
7	2922	1633	1288						
8	2538	1404	1134	1	1		0.49	0.88	
9	2628	1429	1198	1		1	0.33		0.73
10-14	**14283**	**7740**	**6543**						
10	2654	1403	1251						
11	2845	1558	1287						
12	2830	1514	1316						
13	2829	1585	1245						
14	3126	1681	1445						
15-19	**18657**	**10273**	**8384**	**5**	**5**		**0.27**	**0.49**	
15	3665	2021	1643						
16	4210	2400	1810	2	2		0.43	0.76	
17	4037	2203	1834	3	3		0.79	1.45	
18	3457	1883	1573						
19	3290	1766	1524						
20-24	**22404**	**11512**	**10892**	**7**	**2**	**5**	**0.32**	**0.17**	**0.48**
20	3754	2034	1720	3	1	2	0.89	0.51	1.34
21	4428	2352	2076	1	1		0.20	0.37	
22	4874	2447	2427	1		1	0.15		0.30
23	4618	2322	2296	2		2	0.48		0.96
24	4729	2357	2373						
25-29	**19146**	**9471**	**9674**	**6**	**3**	**3**	**0.31**	**0.35**	**0.26**
25	4220	2099	2121						
26	3994	2001	1993	3	1	1	0.63	0.64	0.62
27	3663	1807	1856						
28	3525	1692	1832	2	2		0.63	1.12	
29	3744	1873	1871	1		1	0.26		0.52

2-46 续表 1 continued

年 龄 Age	年平均人口(人) Average Population (person)	男 Male	女 Female	死亡人口(人) Deaths (person)	男 Male	女 Female	死亡率(‰) Death Rate (‰)	男 Male	女 Female
30-34	**18839**	**9461**	**9378**	**9**	**7**	**2**	**0.45**	**0.69**	**0.22**
30	3965	1993	1972						
31	3607	1775	1832						
32	3821	1923	1897						
33	3724	1874	1850	4	3	1	0.98	1.56	0.39
34	3721	1894	1827	4	3	1	1.13	1.74	0.50
35-39	**21815**	**11075**	**10740**	**22**	**17**	**5**	**1.02**	**1.53**	**0.50**
35	3837	1972	1865	7	4	3	1.81	1.91	1.71
36	4085	2101	1984						
37	4479	2200	2279	5	5		1.05	2.14	
38	4536	2308	2229	3	3		0.56	1.11	
39	4878	2494	2384	8	6	2	1.66	2.37	0.91
40-44	**24723**	**12570**	**12152**	**30**	**16**	**14**	**1.21**	**1.24**	**1.17**
40	4844	2468	2376	5	4	1	1.08	1.70	0.45
41	5067	2574	2493	6	3	3	1.10	1.07	1.13
42	5049	2604	2445	8	4	3	1.53	1.64	1.42
43	5326	2727	2599	4	3	2	0.83	0.95	0.70
44	4437	2197	2239	7	2	5	1.56	0.83	2.27
45-49	**22301**	**11337**	**10964**	**52**	**35**	**17**	**2.32**	**3.05**	**1.57**
45	4246	2174	2071	5	3	2	1.11	1.23	1.00
46	4472	2310	2162	12	10	3	2.77	4.17	1.29
47	4398	2249	2149	8	4	3	1.71	1.86	1.56
48	4570	2312	2259	15	10	6	3.30	4.12	2.46
49	4615	2291	2324	12	9	3	2.61	3.75	1.49
50-54	**13055**	**6679**	**6376**	**60**	**41**	**19**	**4.57**	**6.10**	**2.97**
50	2667	1340	1328	5	4	1	1.76	2.85	0.67
51	2166	1089	1077	13	7	6	6.08	6.14	6.02
52	2424	1261	1163	8	4	4	3.10	2.84	3.37
53	2623	1349	1274	20	17	3	7.62	12.42	2.54
54	3175	1640	1535	14	10	4	4.51	6.06	2.86
55-59	**14845**	**7434**	**7411**	**90**	**58**	**32**	**6.06**	**7.87**	**4.26**
55	3037	1501	1536	18	12	6	5.94	8.04	3.89
56	2959	1504	1455	15	9	7	5.19	5.71	4.65
57	3129	1554	1575	15	10	5	4.70	6.12	3.30
58	2877	1439	1438	20	16	4	6.86	10.94	2.78
59	2843	1436	1407	22	13	10	7.79	8.74	6.83

2-46 续表 2 continued

年 龄 Age	年平均人口(人) Average Population (person)	男 Male	女 Female	死亡人口(人) Deaths (person)	男 Male	女 Female	死亡率(‰) Death Rate (‰)	男 Male	女 Female
60-64	**11002**	**5521**	**5481**	**126**	**85**	**40**	**11.41**	**15.44**	**7.36**
60	2641	1318	1323	21	15	6	7.97	11.10	4.85
61	2224	1106	1118	39	28	11	17.52	25.00	10.12
62	2345	1201	1144	27	18	9	11.34	14.69	7.81
63	1968	1002	966	21	14	7	10.62	14.35	6.76
64	1824	894	929	18	11	7	9.90	12.21	7.68
65-69	**7477**	**3747**	**3730**	**134**	**82**	**52**	**17.90**	**21.81**	**13.98**
65	1838	880	958	23	12	11	12.35	13.78	11.03
66	1634	790	843	31	21	9	18.67	26.58	11.26
67	1466	770	695	26	11	15	17.56	14.27	21.20
68	1296	685	611	22	14	8	16.61	20.36	12.41
69	1243	621	622	33	24	10	26.85	38.08	15.66
70-74	**5639**	**2749**	**2890**	**154**	**94**	**60**	**27.32**	**34.14**	**20.84**
70	1272	629	643	44	22	23	34.94	34.26	35.60
71	1173	579	594	20	12	8	17.00	21.22	12.88
72	1109	558	551	24	21	3	21.84	37.58	5.91
73	1079	516	563	37	26	11	34.18	50.63	19.11
74	1006	467	539	29	13	16	28.44	27.71	29.07
75-79	**4320**	**2080**	**2240**	**191**	**105**	**85**	**44.10**	**50.67**	**38.00**
75	981	503	479	35	18	17	35.90	35.85	35.94
76	966	455	511	37	22	15	38.40	49.19	28.78
77	868	411	457	41	26	14	46.78	63.87	31.42
78	817	393	424	35	15	20	42.84	39.30	46.12
79	687	318	370	43	23	19	61.94	73.24	52.23
80-84	**2356**	**1084**	**1272**	**178**	**97**	**81**	**75.42**	**89.14**	**63.74**
80	561	262	299	38	25	14	68.17	94.43	45.17
81	558	271	287	36	18	18	64.27	66.24	62.41
82	493	226	267	33	20	13	66.52	89.40	47.19
83	409	176	232	31	14	18	76.70	77.37	76.19
84	336	149	186	39	20	19	117.63	134.93	103.79
85-89	**955**	**388**	**567**	**115**	**49**	**66**	**120.54**	**125.46**	**117.17**
85	278	131	147	28	11	17	101.07	87.32	113.38
86	203	82	121	29	13	16	141.26	152.91	133.35
87	183	78	106	24	11	13	130.33	146.15	118.66
88	168	56	112	23	9	14	134.09	155.26	123.55
89	122	41	81	12	5	7	97.16	112.95	89.21
90+	**360**	**114**	**246**	**60**	**27**	**33**	**166.67**	**236.84**	**134.15**

2-47 全国乡村分年龄、性别的死亡人口状况 (2011年11月1日至2012年10月31日)

Status of Rural Deaths by Age and Sex (2011.11.1-2012.10.31)

年 龄 Age	年平均人口(人) Average Population (person)	男 Male	女 Female	死亡人口(人) Deaths (person)	男 Male	女 Female	死亡率(‰) Death Rate (‰)	男 Male	女 Female
总计 Total	**525686**	**270570**	**255116**	**4126**	**2395**	**1731**	**7.85**	**8.85**	**6.79**
0-4	**34988**	**18934**	**16054**	**58**	**36**	**22**	**1.65**	**1.89**	**1.38**
0	6494	3467	3027	30	19	12	4.66	5.35	3.87
1	6133	3386	2747	12	7	5	2.02	2.12	1.91
2	7592	4158	3433	4	3	1	0.50	0.64	0.34
3	7452	4021	3430	7	5	2	0.94	1.26	0.57
4	7318	3902	3416	4	2	2	0.59	0.59	0.59
5-9	**32528**	**17713**	**14815**	**7**	**6**	**1**	**0.23**	**0.37**	**0.06**
5	7012	3825	3187						
6	6838	3710	3129	1	1		0.17	0.32	
7	6590	3615	2975	2	1	1	0.30	0.28	0.32
8	6069	3275	2794	2	2		0.30	0.55	
9	6019	3288	2731	2	2		0.35	0.64	
10-14	**32094**	**17329**	**14765**	**9**	**5**	**4**	**0.28**	**0.27**	**0.28**
10	6076	3263	2813						
11	6409	3488	2920	2	1	1	0.37	0.33	0.42
12	6470	3542	2928	4	2	2	0.59	0.47	0.72
13	6565	3588	2977	1		1	0.12		0.27
14	6575	3448	3127	2	2		0.29	0.55	
15-19	**33671**	**17561**	**16110**	**16**	**11**	**5**	**0.47**	**0.64**	**0.29**
15	6923	3606	3317	1	1		0.13	0.24	
16	7021	3639	3382	2	2		0.31	0.60	
17	6434	3354	3080	2	1	1	0.28	0.24	0.32
18	6401	3289	3112	6	4	2	0.99	1.36	0.61
19	6891	3674	3218	5	3	2	0.69	0.81	0.54
20-24	**45015**	**22938**	**22077**	**29**	**26**	**4**	**0.65**	**1.13**	**0.16**
20	7549	3958	3591	6	5	1	0.76	1.17	0.30
21	8813	4482	4331	8	8		0.96	1.89	
22	10176	5149	5027	3	2	1	0.29	0.44	0.15
23	9297	4611	4686	1	1	1	0.13	0.16	0.11
24	9180	4737	4443	11	10	1	1.20	2.08	0.26
25-29	**35736**	**18349**	**17387**	**44**	**33**	**11**	**1.24**	**1.81**	**0.65**
25	8493	4308	4185	5	2	3	0.60	0.52	0.69
26	7222	3657	3565	9	9		1.21	2.39	
27	6893	3598	3295	5	4	1	0.72	1.11	0.29
28	6389	3304	3085	8	6	3	1.33	1.74	0.88
29	6739	3483	3256	17	12	5	2.56	3.57	1.47

2-47 续表 1 continued

年龄 Age	年平均人口(人) Average Population (person)	男 Male	女 Female	死亡人口(人) Deaths (person)	男 Male	女 Female	死亡率(‰) Death Rate (‰)	男 Male	女 Female
30-34	**31849**	**16486**	**15363**	**50**	**40**	**10**	**1.56**	**2.42**	**0.62**
30	6879	3540	3339	13	11	2	1.88	3.02	0.67
31	6115	3198	2917	5	5		0.81	1.55	
32	6379	3340	3039	8	6	2	1.19	1.66	0.67
33	6299	3213	3086	9	8	1	1.42	2.53	0.28
34	6177	3194	2982	15	11	4	2.45	3.33	1.50
35-39	**38188**	**19655**	**18533**	**83**	**56**	**27**	**2.18**	**2.85**	**1.47**
35	6521	3364	3156	20	11	9	3.09	3.38	2.77
36	7207	3737	3470	9	3	6	1.27	0.91	1.67
37	7591	3929	3662	18	15	3	2.44	3.85	0.92
38	8186	4162	4024	16	13	3	1.95	3.05	0.81
39	8683	4462	4221	19	13	6	2.24	3.00	1.43
40-44	**47469**	**24096**	**23373**	**121**	**87**	**34**	**2.55**	**3.61**	**1.46**
40	8871	4474	4397	21	15	6	2.33	3.40	1.25
41	9371	4796	4575	19	15	3	1.99	3.15	0.76
42	9646	4877	4769	19	14	5	1.95	2.90	0.99
43	10481	5358	5123	36	26	10	3.42	4.85	1.92
44	9099	4591	4509	27	17	11	2.99	3.61	2.35
45-49	**47687**	**24159**	**23528**	**163**	**116**	**47**	**3.42**	**4.80**	**2.01**
45	9025	4625	4400	24	22	2	2.65	4.74	0.46
46	9903	4988	4915	36	25	11	3.67	5.08	2.25
47	9052	4549	4503	32	21	11	3.54	4.55	2.52
48	9841	4906	4935	29	21	8	2.94	4.33	1.57
49	9866	5091	4775	42	27	15	4.25	5.27	3.17
50-54	**28255**	**14416**	**13840**	**164**	**103**	**60**	**5.80**	**7.18**	**4.37**
50	5490	2785	2705	37	25	12	6.81	8.96	4.60
51	4575	2233	2342	14	8	6	2.96	3.57	2.38
52	5075	2594	2481	34	19	14	6.61	7.35	5.84
53	5845	2995	2850	31	21	10	5.33	7.13	3.44
54	7271	3809	3461	48	30	18	6.64	7.90	5.25
55-59	**35429**	**18073**	**17356**	**324**	**207**	**117**	**9.16**	**11.45**	**6.77**
55	6988	3617	3371	51	26	25	7.28	7.27	7.29
56	6827	3527	3301	60	40	20	8.74	11.37	5.93
57	7531	3807	3724	58	36	22	7.72	9.42	5.97
58	6998	3535	3463	73	51	22	10.47	14.38	6.48
59	7085	3588	3497	83	54	29	11.65	15.03	8.19

2-47 续表 2 continued

年 龄 Age	年平均人口(人) Average Population (person)	男 Male	女 Female	死亡人口(人) Deaths (person)	男 Male	女 Female	死亡率(‰) Death Rate (‰)	男 Male	女 Female
60-64	**28140**	**14414**	**13726**	**365**	**226**	**139**	**12.97**	**15.65**	**10.15**
60	6303	3133	3170	63	38	26	10.06	11.97	8.16
61	5833	3046	2787	63	35	27	10.74	11.59	9.80
62	6023	3097	2926	89	57	32	14.75	18.45	10.82
63	5141	2646	2495	71	43	28	13.86	16.32	11.25
64	4839	2492	2347	79	52	26	16.29	21.03	11.26
65-69	**19733**	**10129**	**9603**	**359**	**238**	**120**	**18.18**	**23.52**	**12.54**
65	4572	2318	2254	55	28	27	12.03	12.16	11.88
66	4317	2216	2102	79	51	28	18.25	23.07	13.18
67	3762	1926	1835	67	49	17	17.72	25.58	9.47
68	3700	1913	1786	72	51	20	19.43	26.91	11.42
69	3383	1757	1626	86	58	28	25.54	33.13	17.34
70-74	**14642**	**7398**	**7244**	**540**	**336**	**204**	**36.89**	**45.45**	**28.16**
70	3397	1752	1645	100	67	33	29.53	38.16	20.34
71	3086	1552	1534	109	71	37	35.16	45.78	24.42
72	2644	1368	1275	83	47	36	31.44	34.65	27.99
73	2854	1405	1448	120	73	47	42.19	52.29	32.38
74	2662	1320	1342	128	77	50	48.03	58.62	37.61
75-79	**10810**	**5153**	**5657**	**652**	**371**	**281**	**60.34**	**71.97**	**49.74**
75	2521	1231	1290	107	67	40	42.33	54.36	30.86
76	2325	1136	1189	125	67	58	53.59	58.59	48.81
77	2099	987	1112	127	80	46	60.32	81.31	41.69
78	2107	1004	1103	145	81	64	68.89	80.35	58.46
79	1759	796	963	149	77	73	84.84	96.16	75.49
80-84	**6202**	**2650**	**3553**	**559**	**269**	**290**	**90.20**	**101.52**	**81.76**
80	1624	712	913	133	69	64	81.76	97.22	69.70
81	1362	612	751	102	52	50	74.90	84.96	66.70
82	1229	501	728	109	53	56	88.35	105.52	76.52
83	1055	450	605	105	44	61	99.32	97.28	100.84
84	932	375	557	111	51	60	119.44	136.44	107.98
85-89	**2394**	**873**	**1521**	**377**	**159**	**218**	**157.50**	**181.83**	**143.53**
85	692	277	415	85	38	47	122.04	135.46	113.06
86	589	205	385	89	46	43	151.43	225.27	112.15
87	436	157	279	61	26	35	141.07	166.92	126.49
88	374	117	257	72	22	51	193.17	185.23	196.79
89	303	117	186	70	27	42	230.05	232.50	228.51
90+	**855**	**244**	**611**	**204**	**70**	**134**	**238.60**	**286.89**	**219.31**

2-48 各地区分性别的各种户口状况人口

单位：人

地 区	Region	人口数 Population			住本乡、镇、街道，户口在本乡、镇、街道 Residing in the Townships, Towns and Street Communities with Permanent Household Registration There		
		合计 Total	男 Male	女 Female	小计 Sub-total	男 Male	女 Female
全 国	**National Total**	**1124661**	**576354**	**548307**	**898059**	**457256**	**440803**
北 京	Beijing	17266	8851	8415	8483	4389	4094
天 津	Tianjin	11791	5854	5937	8929	4482	4447
河 北	Hebei	60806	31087	29719	55622	28647	26975
山 西	Shanxi	30128	15393	14736	24603	12583	12020
内蒙古	Inner Mongolia	20775	10613	10162	14184	7319	6864
辽 宁	Liaoning	36621	18359	18263	27169	13687	13482
吉 林	Jilin	22949	11670	11279	18600	9553	9047
黑龙江	Heilongjiang	31990	16283	15707	27536	14128	13408
上 海	Shanghai	19862	10349	9513	7218	3627	3591
江 苏	Jiangsu	66083	32859	33225	52206	25933	26273
浙 江	Zhejiang	45700	23361	22338	27473	13606	13867
安 徽	Anhui	49963	26032	23931	42183	21472	20711
福 建	Fujian	31273	15783	15490	19639	9906	9733
江 西	Jiangxi	37580	19481	18099	34023	17456	16567
山 东	Shandong	80810	40832	39978	69834	35231	34603
河 南	Henan	78483	39680	38803	70909	35473	35436
湖 北	Hubei	48219	24562	23657	39652	20196	19456
湖 南	Hunan	55394	28577	26817	50607	26108	24498
广 东	Guangdong	88395	46688	41707	56370	28831	27539
广 西	Guangxi	39066	20259	18807	34264	17910	16353
海 南	Hainan	7397	3934	3463	5890	3189	2701
重 庆	Chongqing	24573	12370	12203	19784	10019	9765
四 川	Sichuan	67386	35292	32094	54793	27785	27008
贵 州	Guizhou	29071	14935	14135	24495	12588	11907
云 南	Yunnan	38874	19993	18882	32430	16705	15725
西 藏	Tibet	2567	1275	1292	2533	1261	1272
陕 西	Shaanxi	31315	16193	15123	26783	13817	12966
甘 肃	Gansu	21507	11067	10440	19129	9758	9371
青 海	Qinghai	4782	2465	2318	3959	2027	1932
宁 夏	Ningxia	5400	2760	2640	4070	2079	1990
新 疆	Xinjiang	18630	9496	9134	14689	7490	7199

Population by Sex, Household Registration Status and Region

(person)

住本乡、镇、街道，户口在外乡、镇、街道，离开户口登记地半年以上 Residing in Townships, Towns and Street Communities, with Permanent Household Registration Elsewhere, Having Been Away from That Places For More Than 6 Months.			住本乡、镇、街道，户口待定 Residing in Townships, Towns and Street Communities, with Place of Permanent Household Registration Unsettled			居住港澳台或国外，户口在本乡、镇、街道 Residing in Taiwan, Macao, Hong Kong Special Administrative Region and other countries, with Place of Permanent Household Registration in Township, Towns and Street Communities		
小计 Sub-total	男 Male	女 Female	小计 Sub-total	男 Male	女 Female	小计 Sub-total	男 Male	女 Female
215952	**113637**	**102315**	**8969**	**4576**	**4393**	**1682**	**886**	**796**
8648	4399	4248	94	45	49	42	18	24
2825	1352	1473	26	15	11	12	6	6
4834	2247	2586	343	186	157	7	7	
5358	2711	2647	165	98	67	2	1	2
6486	3235	3251	97	54	43	9	5	4
9333	4623	4709	77	33	44	43	16	27
4134	2009	2125	58	30	27	158	78	79
4311	2088	2223	82	32	51	61	35	26
12498	6649	5849	57	31	27	88	42	46
13299	6608	6690	465	249	216	114	68	45
17548	9398	8150	265	145	120	414	213	201
7148	4239	2909	614	309	305	18	12	7
10830	5463	5367	458	226	232	346	187	159
3179	1826	1353	369	191	177	9	7	2
10307	5234	5072	552	305	247	117	61	56
7074	3948	3126	467	241	226	33	18	14
8172	4146	4025	363	200	164	32	20	11
4331	2252	2079	433	207	226	23	10	13
30606	17137	13469	1358	686	672	62	34	28
4161	2057	2104	629	289	339	13	3	10
1429	703	725	75	41	33	4	1	3
4686	2298	2388	98	50	48	5	3	1
12036	7227	4809	515	256	259	42	24	18
4159	2141	2018	409	203	206	8	4	4
6076	3097	2979	360	185	176	8	6	2
14	6	8	19	8	11	1		1
4393	2297	2096	135	77	59	4	2	2
2289	1268	1021	88	41	47	1		1
792	422	370	30	15	14	2	1	1
1292	661	631	38	19	19	1		
3706	1895	1810	231	108	123	5	3	2

2-49 各地区城市分性别的各种户口状况人口

单位：人

地 区	Region	人口数 Population			住本乡、镇、街道，户口在本乡、镇、街道 Residing in the Townships, Towns and Street Communities with Permanent Household Registration There		
		合计 Total	男 Male	女 Female	小计 Sub-total	男 Male	女 Female
全 国	**National Total**	**346473**	**176022**	**170451**	**200506**	**100201**	**100305**
北 京	Beijing	13841	7061	6780	6193	3213	2980
天 津	Tianjin	7908	3990	3918	5448	2759	2688
河 北	Hebei	12341	6220	6122	9853	5030	4823
山 西	Shanxi	10497	5283	5214	6657	3389	3268
内蒙古	Inner Mongolia	7011	3461	3551	3213	1633	1580
辽 宁	Liaoning	20035	9875	10160	12129	5959	6170
吉 林	Jilin	7713	3860	3853	4356	2179	2178
黑龙江	Heilongjiang	12021	6001	6020	9278	4625	4654
上 海	Shanghai	15171	7863	7308	5898	2955	2943
江 苏	Jiangsu	27530	13714	13816	17926	8854	9072
浙 江	Zhejiang	18179	9020	9159	7748	3684	4063
安 徽	Anhui	10358	5953	4405	5494	2829	2665
福 建	Fujian	11023	5498	5526	4142	2067	2075
江 西	Jiangxi	6985	3623	3362	5425	2738	2687
山 东	Shandong	24534	12239	12295	16328	8042	8286
河 南	Henan	15061	7432	7629	10072	4943	5130
湖 北	Hubei	15484	7819	7665	9718	4877	4842
湖 南	Hunan	9585	4878	4707	7328	3697	3631
广 东	Guangdong	38777	20854	17923	14921	7564	7357
广 西	Guangxi	5629	2811	2818	3627	1822	1805
海 南	Hainan	2054	1073	981	1126	611	515
重 庆	Chongqing	7765	3893	3872	4682	2341	2341
四 川	Sichuan	12561	6234	6328	7881	3934	3947
贵 州	Guizhou	5691	2776	2915	2950	1419	1531
云 南	Yunnan	7362	3818	3544	4585	2322	2263
西 藏	Tibet	312	139	173	301	135	166
陕 西	Shaanxi	6760	3441	3319	4087	2028	2059
甘 肃	Gansu	4526	2268	2257	3513	1753	1760
青 海	Qinghai	1198	600	598	785	391	394
宁 夏	Ningxia	1862	939	924	1027	515	512
新 疆	Xinjiang	6700	3389	3311	3812	1894	1918

City Population by Sex, Household Registration Status and Region

(person)

住本乡、镇、街道，户口在外乡、镇、街道，离开户口登记地半年以上 Residing in Townships, Towns and Street Communities, with Permanent Household Registration Elsewhere, Having Been Away from That Places For More Than 6 Months.			住本乡、镇、街道，户口待定 Residing in Townships, Towns and Street Communities, with Place of Permanent Household Registration Unsettled			居住港澳台或国外，户口在本乡、镇、街道 Residing in Taiwan, Macao, Hong Kong Special Administrative Region and other countries, with Place of Permanent Household Registration in Township, Towns and Street Communities		
小 计 Sub-total	男 Male	女 Female	小 计 Sub-total	男 Male	女 Female	小 计 Sub-total	男 Male	女 Female
143886	**74746**	**69140**	**1531**	**803**	**727**	**550**	**272**	**278**
7526	3793	3733	80	36	43	42	18	24
2429	1214	1215	20	11	10	11	6	5
2433	1160	1273	50	25	26	6	6	
3776	1854	1922	64	40	24			
3763	1807	1956	32	20	12	3	1	2
7856	3893	3963	24	11	13	26	12	15
3301	1654	1647	13	7	6	42	21	21
2719	1365	1354	15	7	8	9	5	5
9148	4842	4306	42	25	17	83	40	43
9434	4776	4658	117	56	61	53	28	25
10298	5254	5044	97	58	39	36	23	12
4817	3097	1720	41	22	18	7	5	2
6724	3354	3370	99	47	52	58	29	29
1511	861	650	47	23	24	2	1	1
8047	4115	3932	102	56	46	58	26	32
4922	2460	2463	47	22	25	20	7	12
5656	2882	2774	88	47	41	21	13	8
2212	1166	1046	33	11	22	12	4	8
23558	13137	10421	259	133	127	38	20	18
1959	965	994	39	24	16	3		3
920	458	462	7	4	2	1		1
3064	1542	1522	17	9	8	1		1
4627	2268	2359	43	27	16	10	4	6
2685	1326	1359	55	30	24	1		1
2748	1481	1267	29	16	13			
11	4	7						
2657	1407	1250	13	5	8	3	1	2
999	509	490	12	7	6	1		1
406	206	200	6	3	3	1	1	
827	420	407	7	4	3	1		
2851	1476	1375	33	18	16	3	1	2

2-50 各地区镇分性别的各种户口状况人口

单位：人

地 区	Region	人口数 Population			住本乡、镇、街道，户口在本乡、镇、街道 Residing in the Townships, Towns and Street Communities with Permanent Household Registration There		
		合计 Total	男 Male	女 Female	小计 Sub-total	男 Male	女 Female
全 国	**National Total**	**251190**	**129052**	**122138**	**203861**	**103980**	**99881**
北 京	Beijing	1043	549	494	466	227	239
天 津	Tianjin	1708	742	966	1372	632	740
河 北	Hebei	16116	8246	7870	14705	7599	7106
山 西	Shanxi	4948	2539	2409	4140	2119	2022
内蒙古	Inner Mongolia	4985	2584	2400	3007	1555	1452
辽 宁	Liaoning	4007	2034	1974	3009	1538	1472
吉 林	Jilin	4611	2359	2252	4196	2163	2034
黑龙江	Heilongjiang	6181	3150	3031	5097	2627	2470
上 海	Shanghai	2566	1388	1178	642	332	310
江 苏	Jiangsu	14102	7076	7026	11825	5895	5931
浙 江	Zhejiang	10703	5678	5026	6004	3066	2939
安 徽	Anhui	12875	6485	6390	10889	5502	5386
福 建	Fujian	7615	3902	3714	4860	2430	2430
江 西	Jiangxi	10869	5644	5225	9477	4809	4668
山 东	Shandong	17835	9082	8753	16074	8179	7895
河 南	Henan	18240	9521	8719	16304	8153	8151
湖 北	Hubei	10314	5228	5086	8817	4477	4340
湖 南	Hunan	16257	8446	7812	14332	7435	6897
广 东	Guangdong	20802	10827	9975	16940	8696	8245
广 西	Guangxi	11377	5904	5473	9605	4977	4628
海 南	Hainan	1764	974	789	1424	785	638
重 庆	Chongqing	6237	3083	3154	4846	2426	2420
四 川	Sichuan	16799	8597	8202	12739	6450	6288
贵 州	Guizhou	4895	2565	2330	3747	1891	1855
云 南	Yunnan	7920	3850	4071	6210	3162	3048
西 藏	Tibet	271	135	136	271	135	136
陕 西	Shaanxi	8905	4727	4179	7321	3894	3427
甘 肃	Gansu	3808	1998	1810	2889	1495	1394
青 海	Qinghai	1071	563	508	780	403	377
宁 夏	Ningxia	874	453	421	645	334	312
新 疆	Xinjiang	1492	726	766	1227	595	632

Town Population by Sex, Household Registration Status and Region

(person)

住本乡、镇、街道，户口在外乡、镇、街道，离开户口登记地半年以上 Residing in Townships, Towns and Street Communities, with Permanent Household Registration Elsewhere, Having Been Away from That Places For More Than 6 Months.			住本乡、镇、街道，户口待定 Residing in Townships, Towns and Street Communities, with Place of Permanent Household Registration Unsettled			居住港澳台或国外，户口在本乡、镇、街道 Residing in Taiwan, Macao, Hong Kong Special Administrative Region and other countries, with Place of Permanent Household Registration in Township, Towns and Street Communities		
小 计 Sub-total	男 Male	女 Female	小 计 Sub-total	男 Male	女 Female	小 计 Sub-total	男 Male	女 Female
45105	**23935**	**21171**	**1994**	**1018**	**975**	**230**	**119**	**111**
572	317	254	5	4	1			
332	108	225	3	2	1			
1302	594	707	109	53	56			
789	407	382	19	13	5			
1945	1012	933	32	17	15			
988	491	497	8	4	4	2	1	1
365	172	193	7	3	3	43	21	22
1039	505	534	25	8	17	20	11	9
1916	1053	863	7	2	5	1	1	
2137	1095	1042	121	72	49	19	15	4
4603	2563	2040	76	39	37	20	9	11
1896	945	950	88	37	51	2		2
2553	1364	1189	118	64	54	85	44	41
1306	787	519	86	47	39	1	1	
1607	817	791	141	78	63	13	9	4
1849	1331	518	87	37	50			
1425	707	718	71	43	28			
1701	894	807	218	114	105	5	3	3
3455	1941	1514	401	190	211	6		6
1673	884	789	95	41	54	3	2	2
323	180	143	17	9	8			
1376	646	729	15	9	6	1	1	
3966	2095	1871	87	50	37	8	2	6
1090	650	440	58	24	34			
1681	675	1006	29	13	16			
1542	804	738	42	29	13			
910	498	412	9	5	4			
286	158	128	5	2	3			
219	114	105	10	5	4			
260	129	131	6	3	3			

2-51 各地区乡村分性别的各种户口状况人口

单位：人

地区	Region	人口数 Population			住本乡、镇、街道，户口在本乡、镇、街道 Residing in the Townships, Towns and Street Communities with Permanent Household Registration There		
		合计 Total	男 Male	女 Female	小计 Sub-total	男 Male	女 Female
全国	**National Total**	**526998**	**271280**	**255718**	**493691**	**253075**	**240617**
北京	Beijing	2383	1241	1141	1823	948	875
天津	Tianjin	2175	1122	1053	2109	1090	1019
河北	Hebei	32349	16621	15728	31064	16018	15046
山西	Shanxi	14684	7571	7114	13806	7076	6731
内蒙古	Inner Mongolia	8779	4568	4211	7963	4131	3832
辽宁	Liaoning	12579	6451	6129	12031	6190	5841
吉林	Jilin	10625	5451	5174	10047	5212	4835
黑龙江	Heilongjiang	13788	7132	6656	13160	6876	6284
上海	Shanghai	2125	1098	1027	678	340	338
江苏	Jiangsu	24451	12068	12383	22455	11184	11271
浙江	Zhejiang	16817	8664	8153	13721	6856	6865
安徽	Anhui	26730	13594	13136	25800	13141	12659
福建	Fujian	12634	6383	6251	10637	5409	5228
江西	Jiangxi	19726	10214	9512	19122	9909	9212
山东	Shandong	38441	19511	18930	37432	19011	18422
河南	Henan	45182	22727	22455	44533	22377	22156
湖北	Hubei	22421	11515	10906	21117	10842	10275
湖南	Hunan	29552	15254	14298	28946	14977	13970
广东	Guangdong	28817	15008	13809	24508	12572	11936
广西	Guangxi	22060	11544	10516	21032	11111	9921
海南	Hainan	3580	1887	1694	3340	1792	1548
重庆	Chongqing	10571	5395	5176	10257	5252	5005
四川	Sichuan	38026	20461	17565	34173	17400	16773
贵州	Guizhou	18485	9595	8890	17798	9277	8521
云南	Yunnan	23592	12325	11267	21635	11222	10413
西藏	Tibet	1984	1001	983	1961	991	970
陕西	Shaanxi	15650	8026	7624	15374	7895	7479
甘肃	Gansu	13173	6801	6372	12726	6510	6216
青海	Qinghai	2514	1302	1212	2393	1233	1160
宁夏	Ningxia	2664	1368	1295	2397	1231	1166
新疆	Xinjiang	10438	5381	5057	9650	5001	4649

Rural Population by Sex, Household Registration Status and Region

(person)

住本乡、镇、街道，户口在外乡、镇、街道，离开户口登记地半年以上 Residing in Townships, Towns and Street Communities, with Permanent Household Registration Elsewhere, Having Been Away from That Places For More Than 6 Months.			住本乡、镇、街道，户口待定 Residing in Townships, Towns and Street Communities, with Place of Permanent Household Registration Unsettled			居住港澳台或国外，户口在本乡、镇、街道 Residing in Taiwan, Macao, Hong Kong Special Administrative Region and other countries, with Place of Permanent Household Registration in Township, Towns and Street Communities		
小计 Sub-total	男 Male	女 Female	小计 Sub-total	男 Male	女 Female	小计 Sub-total	男 Male	女 Female
26961	**14956**	**12005**	**5445**	**2754**	**2691**	**901**	**495**	**406**
550	289	261	9	4	5			
63	30	34	2	2		1		
1100	494	606	183	108	75	2	2	
793	450	343	82	44	38	2	1	2
777	416	361	32	16	16	6	4	2
489	239	249	45	18	27	14	3	11
468	184	285	38	20	18	72	36	36
554	218	335	43	17	25	32	20	12
1434	754	680	9	4	5	4	1	4
1728	738	990	227	121	106	41	25	16
2647	1581	1066	91	47	44	358	180	178
436	197	238	485	249	236	9	7	2
1553	745	808	242	115	126	202	114	89
362	178	184	236	121	115	6	5	1
652	303	350	310	171	139	46	26	20
303	157	146	334	182	151	13	11	2
1090	557	533	204	110	95	11	7	4
418	192	226	182	82	100	6	4	2
3593	2059	1534	697	363	334	18	14	4
528	207	321	494	225	269	6	1	5
186	66	120	51	28	23	3	1	2
246	109	137	65	31	34	3	2	1
3443	2864	580	385	179	206	24	18	7
384	165	219	296	149	147	7	4	3
1647	941	706	302	156	146	8	6	2
3	2	1	19	8	11	1		1
194	87	108	81	43	37	1	1	
380	261	119	67	30	37			
100	58	42	19	10	9	1		1
245	127	118	21	10	11			
595	291	304	192	87	104	2	2	

第三部分

Chapter Three

2012 年劳动力抽样调查主要数据

Main Data from 2012 Labor Force Survey

3-1 分地区全国就业人员受教育程度构成

Educational Attainment of Employed Persons by Region

单位：% | %

地区	Region	就业人员 Employed Persons	男 Male	女 Female	未上过学 No Schooling	小学 Primary School	初中 Junior Secondary School	高中 Senior Secondary School	大学专科 College	大学本科 University	研究生及以上 Graduate and Higher Level
全国	**National Total**	**100.0**	**55.2**	**44.8**	**2.0**	**19.0**	**48.3**	**17.1**	**8.0**	**5.2**	**0.48**
北京	Beijing	100.0	57.0	43.0	0.3	2.9	20.8	22.5	19.3	27.5	6.79
天津	Tianjin	100.0	60.7	39.3	0.6	8.8	40.7	22.2	13.7	12.9	1.17
河北	Hebei	100.0	57.5	42.5	1.5	12.4	57.4	16.8	7.5	4.1	0.29
山西	Shanxi	100.0	60.3	39.7	0.5	10.6	54.2	19.3	10.0	5.2	0.22
内蒙古	Inner Mongolia	100.0	56.5	43.5	1.6	17.4	45.7	18.3	11.4	5.3	0.34
辽宁	Liaoning	100.0	55.8	44.2	0.4	15.4	57.1	14.0	7.7	5.2	0.34
吉林	Jilin	100.0	55.0	45.0	1.2	20.7	51.0	13.5	7.3	5.8	0.39
黑龙江	Heilongjiang	100.0	54.9	45.1	1.3	20.0	56.3	13.0	6.0	3.2	0.19
上海	Shanghai	100.0	59.1	40.9	0.7	6.7	35.4	23.6	15.9	15.8	1.99
江苏	Jiangsu	100.0	52.9	47.1	1.4	16.2	46.8	20.2	9.2	5.8	0.45
浙江	Zhejiang	100.0	54.9	45.1	2.3	20.4	43.2	16.5	9.4	7.7	0.60
安徽	Anhui	100.0	53.3	46.7	3.8	23.2	52.5	10.8	5.7	3.7	0.33
福建	Fujian	100.0	55.8	44.2	1.8	19.9	43.9	18.1	9.1	6.9	0.36
江西	Jiangxi	100.0	55.3	44.7	1.2	19.5	52.9	17.5	6.0	2.8	0.15
山东	Shandong	100.0	52.4	47.6	2.4	18.3	45.4	19.2	9.0	5.2	0.42
河南	Henan	100.0	52.8	47.2	2.8	15.1	56.4	16.8	5.8	2.9	0.22
湖北	Hubei	100.0	55.0	45.0	2.0	18.1	47.4	18.8	8.3	5.0	0.41
湖南	Hunan	100.0	56.4	43.6	0.8	15.2	46.5	23.2	9.1	4.7	0.47
广东	Guangdong	100.0	57.5	42.5	0.9	14.4	48.6	23.9	7.8	4.1	0.25
广西	Guangxi	100.0	54.6	45.4	1.1	20.8	55.6	13.5	6.0	2.6	0.28
海南	Hainan	100.0	55.3	44.7	1.0	13.4	54.2	18.1	7.8	5.2	0.31
重庆	Chongqing	100.0	54.1	45.9	2.1	28.1	42.2	15.2	7.1	4.8	0.42
四川	Sichuan	100.0	54.2	45.8	2.2	27.4	47.4	13.3	5.8	3.5	0.28
贵州	Guizhou	100.0	55.0	45.0	5.1	33.4	44.9	8.4	5.2	2.8	0.17
云南	Yunnan	100.0	54.1	45.9	4.1	39.4	39.7	8.4	4.8	3.3	0.25
西藏	Tibet	100.0	53.4	46.6	8.4	58.1	23.3	3.7	3.2	3.3	0.10
陕西	Shaanxi	100.0	57.3	42.7	1.5	12.7	48.7	20.2	10.2	6.1	0.73
甘肃	Gansu	100.0	55.8	44.2	5.7	27.0	40.9	14.3	7.4	4.4	0.31
青海	Qinghai	100.0	54.2	45.8	6.7	24.1	38.6	14.1	9.7	6.6	0.19
宁夏	Ningxia	100.0	57.9	42.1	6.1	22.6	42.3	14.8	8.8	5.3	0.16
新疆	Xinjiang	100.0	57.9	42.1	1.0	26.0	40.9	14.0	12.1	5.5	0.41

资料来源：2012年11月劳动力调查资料(下表同)。
Data Source: Labor Force Survey in Nov.2012. The same applies to the tables following.

3-2 分地区全国男性就业人员受教育程度构成
Educational Attainment of Male Employed Persons by Region

单位：% (%)

地 区	Region	男性就业人员 Male Employed Persons	未上过学 No Schooling	小学 Primary School	初中 Junior Secondary School	高中 Senior Secondary School	大学专科 College	大学本科 University	研究生及以上 Graduate and Higher Level
全 国	**National Total**	**100.0**	**1.0**	**16.1**	**49.9**	**19.2**	**8.0**	**5.3**	**0.50**
北 京	Beijing	100.0	0.2	2.8	21.9	24.5	18.0	25.7	6.93
天 津	Tianjin	100.0	0.3	8.6	43.0	23.0	13.1	10.6	1.32
河 北	Hebei	100.0	0.8	10.8	58.9	18.4	6.9	4.1	0.21
山 西	Shanxi	100.0	0.4	9.5	55.5	20.3	9.1	5.0	0.19
内蒙古	Inner Mongolia	100.0	0.6	14.3	49.0	19.0	11.8	5.0	0.26
辽 宁	Liaoning	100.0	0.3	14.2	57.9	14.8	7.3	5.1	0.38
吉 林	Jilin	100.0	0.9	18.5	52.3	15.0	7.2	5.7	0.35
黑龙江	Heilongjiang	100.0	0.7	17.2	58.2	14.7	6.0	3.1	0.18
上 海	Shanghai	100.0	0.4	5.3	36.5	26.6	14.8	14.3	2.03
江 苏	Jiangsu	100.0	0.5	12.1	48.2	22.8	9.4	6.5	0.43
浙 江	Zhejiang	100.0	1.3	20.6	43.9	17.5	8.5	7.5	0.67
安 徽	Anhui	100.0	2.0	19.8	54.7	13.1	5.8	4.2	0.40
福 建	Fujian	100.0	1.0	16.3	46.6	19.8	8.8	7.1	0.34
江 西	Jiangxi	100.0	0.5	15.2	53.9	20.6	6.4	3.2	0.17
山 东	Shandong	100.0	1.5	14.1	46.8	22.3	9.2	5.6	0.48
河 南	Henan	100.0	1.0	11.8	58.6	19.4	5.8	3.1	0.22
湖 北	Hubei	100.0	1.2	15.0	48.0	21.0	8.8	5.5	0.48
湖 南	Hunan	100.0	0.4	13.4	46.0	25.8	9.0	4.8	0.58
广 东	Guangdong	100.0	0.7	11.2	48.4	27.6	7.7	4.2	0.23
广 西	Guangxi	100.0	0.4	18.0	56.8	15.7	6.2	2.7	0.33
海 南	Hainan	100.0	0.6	9.1	54.6	21.2	8.5	5.8	0.28
重 庆	Chongqing	100.0	1.1	26.3	42.7	17.1	7.3	5.0	0.46
四 川	Sichuan	100.0	1.6	24.5	49.1	14.7	6.0	4.0	0.29
贵 州	Guizhou	100.0	1.8	26.8	52.2	10.4	5.9	2.9	0.14
云 南	Yunnan	100.0	1.9	35.6	45.5	8.8	4.5	3.5	0.26
西 藏	Tibet	100.0	5.9	57.1	26.9	3.3	3.4	3.2	0.19
陕 西	Shaanxi	100.0	0.8	10.5	50.3	21.1	10.0	6.6	0.72
甘 肃	Gansu	100.0	2.5	24.4	43.0	17.2	7.7	4.9	0.32
青 海	Qinghai	100.0	3.5	21.6	41.5	16.2	10.3	6.6	0.22
宁 夏	Ningxia	100.0	4.2	19.8	45.9	16.6	8.3	5.2	0.11
新 疆	Xinjiang	100.0	1.1	26.6	42.5	14.5	10.0	5.0	0.37

3-3 分地区全国女性就业人员受教育程度构成

Educational Attainment of Female Employed Persons by Region

单位：% (%)

地区	Region	女性就业人员 Female Employed Persons	未上过学 No Schooling	小学 Primary School	初中 Junior Secondary School	高中 Senior Secondary School	大学专科 College	大学本科 University	研究生及以上 Graduate and Higher Level
全国	**National Total**	**100.0**	**3.1**	**22.5**	**46.4**	**14.4**	**8.1**	**5.0**	**0.45**
北京	Beijing	100.0	0.4	3.0	19.3	19.8	21.0	29.9	6.61
天津	Tianjin	100.0	1.0	9.1	37.0	20.9	14.7	16.4	0.93
河北	Hebei	100.0	2.5	14.6	55.3	14.7	8.2	4.2	0.41
山西	Shanxi	100.0	0.5	12.2	52.2	17.9	11.3	5.6	0.27
内蒙古	Inner Mongolia	100.0	2.8	21.3	41.5	17.4	10.9	5.6	0.44
辽宁	Liaoning	100.0	0.5	16.9	56.1	12.8	8.2	5.2	0.29
吉林	Jilin	100.0	1.6	23.4	49.4	11.7	7.4	5.9	0.43
黑龙江	Heilongjiang	100.0	2.0	23.3	54.1	11.0	6.1	3.3	0.19
上海	Shanghai	100.0	1.1	8.7	33.6	19.2	17.5	17.8	1.92
江苏	Jiangsu	100.0	2.4	20.8	45.3	17.3	8.9	4.9	0.48
浙江	Zhejiang	100.0	3.5	20.1	42.4	15.2	10.5	7.8	0.51
安徽	Anhui	100.0	5.9	27.1	49.9	8.1	5.5	3.1	0.26
福建	Fujian	100.0	2.8	24.4	40.5	15.9	9.4	6.6	0.38
江西	Jiangxi	100.0	2.1	24.7	51.7	13.5	5.5	2.3	0.13
山东	Shandong	100.0	3.5	23.0	43.9	15.8	8.7	4.9	0.35
河南	Henan	100.0	4.7	18.7	54.0	13.8	5.8	2.7	0.22
湖北	Hubei	100.0	2.9	21.8	46.6	16.2	7.7	4.4	0.34
湖南	Hunan	100.0	1.2	17.5	47.2	19.8	9.2	4.6	0.33
广东	Guangdong	100.0	1.2	18.6	48.9	19.1	7.8	4.0	0.29
广西	Guangxi	100.0	2.0	24.3	54.2	10.9	5.9	2.6	0.22
海南	Hainan	100.0	1.5	18.7	53.6	14.4	6.8	4.5	0.34
重庆	Chongqing	100.0	3.3	30.2	41.5	13.1	6.8	4.6	0.37
四川	Sichuan	100.0	3.0	31.0	45.5	11.7	5.5	3.1	0.28
贵州	Guizhou	100.0	9.2	41.5	36.1	5.9	4.5	2.6	0.20
云南	Yunnan	100.0	6.7	43.8	33.0	7.9	5.2	3.1	0.24
西藏	Tibet	100.0	11.2	59.2	19.1	4.1	3.0	3.4	
陕西	Shaanxi	100.0	2.4	15.6	46.4	18.9	10.6	5.4	0.74
甘肃	Gansu	100.0	9.9	30.2	38.1	10.7	6.9	3.8	0.30
青海	Qinghai	100.0	10.4	27.1	35.1	11.6	9.0	6.6	0.16
宁夏	Ningxia	100.0	8.7	26.5	37.3	12.4	9.5	5.4	0.24
新疆	Xinjiang	100.0	1.0	25.1	38.8	13.5	15.0	6.1	0.46

3-4 按年龄、性别分的全国就业人员受教育程度构成

Educational Attainment of Employed Persons by Age and Sex

单位：% (%)

年龄 Age	就业人员 Employed Persons	未上过学 No Schooling	小学 Primary School	初中 Junior Secondary School	高中 Senior Secondary School	大学专科 College	大学本科 University	研究生及以上 Graduate and Higher Level
总计 Total	**100.0**	**2.0**	**19.0**	**48.3**	**17.1**	**8.0**	**5.2**	**0.5**
16-19	100.0	0.4	5.8	67.5	23.2	2.9	0.3	
20-24	100.0	0.2	3.9	49.9	26.2	13.6	6.0	0.1
25-29	100.0	0.2	5.0	47.1	21.2	14.5	11.2	0.9
30-34	100.0	0.4	7.1	48.8	20.7	11.8	9.8	1.4
35-39	100.0	0.5	10.8	54.1	18.3	9.5	6.1	0.7
40-44	100.0	0.8	16.0	56.5	15.2	6.7	4.3	0.4
45-49	100.0	1.1	19.7	54.0	16.1	5.6	3.2	0.3
50-54	100.0	2.1	26.2	45.4	19.2	4.7	2.3	0.2
55-59	100.0	4.9	43.2	38.3	9.5	2.9	1.1	0.1
60-64	100.0	7.2	59.0	28.8	3.9	0.7	0.4	0.0
65+	100.0	16.2	64.0	17.2	2.1	0.3	0.2	0.0
男 Male	**100.0**	**1.0**	**16.1**	**49.9**	**19.2**	**8.0**	**5.3**	**0.5**
16-19	100.0	0.3	5.8	68.6	23.2	2.0	0.2	
20-24	100.0	0.1	3.7	51.5	28.5	11.4	4.7	0.1
25-29	100.0	0.1	4.6	47.2	23.2	13.7	10.5	0.7
30-34	100.0	0.3	5.7	48.4	22.4	11.6	10.2	1.4
35-39	100.0	0.3	8.7	54.2	19.9	9.4	6.8	0.7
40-44	100.0	0.5	12.7	57.0	17.1	7.3	4.9	0.5
45-49	100.0	0.6	15.1	55.3	18.3	6.3	4.0	0.4
50-54	100.0	0.8	18.4	47.7	24.2	5.7	3.0	0.3
55-59	100.0	1.9	33.2	45.6	13.3	4.3	1.6	0.1
60-64	100.0	3.3	52.9	36.3	5.9	1.1	0.5	0.0
65+	100.0	8.8	64.8	22.5	3.1	0.5	0.3	
女 Female	**100.0**	**3.1**	**22.5**	**46.4**	**14.4**	**8.1**	**5.0**	**0.5**
16-19	100.0	0.5	5.8	66.1	23.1	4.1	0.4	
20-24	100.0	0.3	4.2	48.0	23.4	16.3	7.6	0.1
25-29	100.0	0.2	5.5	47.0	18.8	15.4	12.0	1.1
30-34	100.0	0.5	8.8	49.2	18.8	11.9	9.3	1.4
35-39	100.0	0.8	13.3	54.0	16.4	9.7	5.2	0.6
40-44	100.0	1.2	19.8	56.0	13.0	6.1	3.6	0.3
45-49	100.0	1.7	25.3	52.4	13.4	4.8	2.3	0.1
50-54	100.0	3.8	37.0	42.3	12.2	3.2	1.4	0.1
55-59	100.0	9.2	57.4	28.0	4.1	0.9	0.4	0.0
60-64	100.0	12.4	67.2	18.9	1.2	0.2	0.2	0.0
65+	100.0	26.6	62.9	9.6	0.8	0.1	0.0	0.0

3-5 按受教育程度、性别分的全国就业人员年龄构成

Age Composition of Employed Persons by Educational Attainment and Sex

单位：% (%)

年龄 Age	就业人员 Employed Persons	未上过学 No Schooling	小学 Primary School	初中 Junior Secondary School	高中 Senior Secondary School	大学专科 College	大学本科 University	研究生及以上 Graduate and Higher Level
总计 Total	**100.0**	**100.0**	**100.0**	**100.0**	**100.0**	**100.0**	**100.0**	**100.0**
16-19	2.0	0.4	0.6	2.8	2.7	0.7	0.1	
20-24	10.0	1.2	2.1	10.4	15.4	17.0	11.6	2.6
25-29	11.2	1.0	2.9	11.0	13.9	20.3	24.3	21.8
30-34	12.2	2.5	4.6	12.3	14.8	17.9	23.1	35.3
35-39	12.1	3.3	6.9	13.6	13.0	14.4	14.2	16.6
40-44	15.3	6.4	12.9	17.9	13.6	12.8	12.8	12.0
45-49	13.2	7.2	13.7	14.8	12.4	9.3	8.3	7.5
50-54	7.5	7.8	10.3	7.0	8.4	4.3	3.3	2.7
55-59	7.5	18.9	17.2	6.0	4.2	2.7	1.6	1.4
60-64	4.8	17.5	14.9	2.9	1.1	0.4	0.3	0.1
65+	4.1	33.8	13.9	1.5	0.5	0.2	0.2	0.0
男 Male	**100.0**	**100.0**	**100.0**	**100.0**	**100.0**	**100.0**	**100.0**	**100.0**
16-19	2.0	0.6	0.7	2.8	2.5	0.5	0.1	
20-24	9.9	1.4	2.3	10.2	14.7	14.2	8.7	2.4
25-29	11.1	1.4	3.1	10.5	13.4	19.1	21.9	16.7
30-34	11.8	4.0	4.2	11.5	13.8	17.3	22.8	32.3
35-39	11.9	3.9	6.4	12.9	12.3	14.0	15.2	17.2
40-44	14.9	6.6	11.7	17.0	13.2	13.6	13.8	14.2
45-49	13.2	7.7	12.4	14.6	12.5	10.4	10.0	10.5
50-54	7.8	6.2	8.9	7.5	9.9	5.6	4.4	4.2
55-59	8.0	14.6	16.5	7.3	5.5	4.3	2.5	2.3
60-64	5.0	16.1	16.3	3.6	1.5	0.7	0.5	0.2
65+	4.4	37.5	17.5	2.0	0.7	0.3	0.3	
女 Female	**100.0**	**100.0**	**100.0**	**100.0**	**100.0**	**100.0**	**100.0**	**100.0**
16-19	2.0	0.3	0.5	2.8	3.2	1.0	0.2	
20-24	10.2	1.1	1.9	10.5	16.5	20.4	15.4	2.9
25-29	11.4	0.9	2.8	11.5	14.9	21.7	27.4	28.7
30-34	12.6	1.9	5.0	13.4	16.4	18.6	23.6	39.2
35-39	12.4	3.1	7.3	14.4	14.1	14.8	13.0	15.8
40-44	15.8	6.3	14.0	19.1	14.2	11.9	11.6	8.9
45-49	13.3	7.0	15.0	15.0	12.3	7.8	6.1	3.4
50-54	7.0	8.5	11.5	6.3	5.9	2.8	2.0	0.8
55-59	7.0	20.6	17.8	4.2	2.0	0.8	0.6	0.2
60-64	4.6	18.1	13.7	1.9	0.4	0.1	0.2	0.1
65+	3.8	32.3	10.6	0.8	0.2	0.0	0.0	0.1

3-6 按行业、性别分的全国就业人员受教育程度构成
Educational Attainment of Employed Persons by Sector and Sex

单位：% (%)

受教育程度	Educational Attainment	就业人员 Employed Persons	农、林、牧、渔业 Agriculture, Forestry, Animal Husbandry and Fishery	采矿业 Mining	制造业 Manu-facturing	电力、热力、燃气及水生产和供应业 Production and Supply of Electricity Power, Heat Power, Gas and Water	建筑业 Construction	批发和零售业 Wholesale and Retail Trades	交通运输、仓储和邮政业 Transport, Storage and Post
总　计	**Total**	**100.0**	**100.0**	**100.0**	**100.0**	**100.0**	**100.0**	**100.0**	**100.0**
未上过学	No Schooling	2.0	4.3	0.3	0.7	0.3	0.5	0.6	0.2
小　学	Primary School	19.0	35.5	10.5	9.9	2.9	15.4	8.0	7.7
初　中	Junior Secondary School	48.3	53.3	50.7	53.0	27.3	61.9	47.3	51.4
高　中	Senior Secondary School	17.1	6.3	21.8	23.6	32.9	15.0	29.2	26.3
大学专科	College	8.0	0.6	10.9	8.6	24.1	4.5	10.7	9.3
大学本科	University	5.2	0.11	5.5	3.8	11.7	2.7	4.1	4.8
研究生及以上	Graduate and Higher Level	0.5	0.01	0.3	0.4	0.9	0.1	0.2	0.2
男	**Male**	**100.0**	**100.0**	**100.0**	**100.0**	**100.0**	**100.0**	**100.0**	**100.0**
未上过学	No Schooling	1.0	2.4	0.3	0.4	0.1	0.4	0.4	0.2
小　学	Primary School	16.1	31.7	11.4	7.9	2.7	14.8	7.9	8.0
初　中	Junior Secondary School	49.9	56.9	52.3	50.9	29.7	63.4	46.5	54.1
高　中	Senior Secondary School	19.2	8.2	21.1	26.9	33.8	15.4	29.2	26.4
大学专科	College	8.0	0.7	9.7	9.2	22.6	3.6	10.8	7.4
大学本科	University	5.3	0.1	4.9	4.2	10.2	2.2	5.0	3.7
研究生及以上	Graduate and Higher Level	0.5	0.01	0.3	0.4	0.9	0.1	0.2	0.2
女	**Female**	**100.0**	**100.0**	**100.0**	**100.0**	**100.0**	**100.0**	**100.0**	**100.0**
未上过学	No Schooling	3.1	6.1	0.2	1.1	0.8	1.0	0.7	0.4
小　学	Primary School	22.5	38.9	6.5	12.5	3.4	18.9	8.1	6.1
初　中	Junior Secondary School	46.4	50.0	43.2	55.8	21.4	52.3	48.0	38.7
高　中	Senior Secondary School	14.4	4.5	25.1	19.2	30.6	12.1	29.1	26.3
大学专科	College	8.1	0.4	16.5	7.8	27.8	9.8	10.6	18.3
大学本科	University	5.0	0.08	8.1	3.3	15.3	5.6	3.3	9.7
研究生及以上	Graduate and Higher Level	0.5	0.01	0.3	0.3	0.8	0.2	0.1	0.5

注：劳动力调查自2011年开始使用新国民经济行业分类(下表同)。

Note: The new industry classification has been used since 2011 in Labor Force Survey. The same applies to the tables following.

3-6 续表 1 continued

单位：% (%)

受教育程度	Educational Attainment	住宿和餐饮业 Hotels and Catering Services	信息传输、软件和信息技术服务业 Information Transmission, Software and Information Technical Services	金融业 Financial Intermediation	房地产业 Real Estate	租赁和商务服务业 Leasing and Business Services	科学研究和技术服务业 Scientific Research and Technical Services	水利、环境和公共设施管理业 Management of Water Conservancy, Environment and Public Facilities
总　计	**Total**	**100.0**	**100.0**	**100.0**	**100.0**	**100.0**	**100.0**	**100.0**
未上过学	No Schooling	0.7	0.3	0.2	0.7	0.2	0.2	1.1
小　学	Primary School	10.7	7.2	2.6	7.4	5.2	2.6	10.6
初　中	Junior Secondary School	54.9	39.2	19.8	30.8	31.7	17.8	33.4
高　中	Senior Secondary School	25.4	25.8	23.4	28.4	26.5	21.1	24.6
大学专科	College	6.1	14.3	28.3	19.2	19.2	23.6	17.7
大学本科	University	2.2	11.9	23.4	12.9	15.6	26.4	11.6
研究生及以上	Graduate and Higher Level	0.1	1.3	2.3	0.6	1.4	8.3	1.0
男	**Male**	**100.0**	**100.0**	**100.0**	**100.0**	**100.0**	**100.0**	**100.0**
未上过学	No Schooling	0.4	0.2	0.1	0.6	0.3	0.0	0.9
小　学	Primary School	9.0	6.2	2.3	7.5	5.6	2.4	8.2
初　中	Junior Secondary School	53.3	36.2	19.9	33.5	36.0	16.5	31.8
高　中	Senior Secondary School	27.8	26.6	25.8	30.5	27.2	21.9	26.4
大学专科	College	7.0	14.5	26.8	15.3	15.5	23.0	18.6
大学本科	University	2.5	14.5	22.5	11.9	13.9	28.7	12.9
研究生及以上	Graduate and Higher Level	0.1	1.7	2.5	0.6	1.7	7.5	1.1
女	**Female**	**100.0**	**100.0**	**100.0**	**100.0**	**100.0**	**100.0**	**100.0**
未上过学	No Schooling	1.0	0.5	0.3	0.8	0.2	0.5	1.4
小　学	Primary School	12.2	8.2	2.9	7.2	4.8	2.9	14.5
初　中	Junior Secondary School	56.4	42.4	19.7	26.1	25.1	20.1	36.0
高　中	Senior Secondary School	23.2	24.9	20.9	24.8	25.4	19.7	21.6
大学专科	College	5.3	14.1	29.8	25.8	25.0	24.6	16.4
大学本科	University	1.9	9.2	24.3	14.6	18.4	22.7	9.5
研究生及以上	Graduate and Higher Level	0.0	0.8	2.1	0.6	1.1	9.5	0.7

3-6 续表 2 continued

单位：% (%)

受教育程度	Educational Attainment	居民服务、修理和其他服务业 Services to Households, Repair and Other Services	教育 Education	卫生和社会工作 Health and Society	文化、体育和娱乐业 Culture, Sports and Entertainment	公共管理、社会保障和社会组织 Public Management Social Security and Social Organizations	国际组织 International Organizations
总 计	**Total**	**100.0**	**100.0**	**100.0**	**100.0**	**100.0**	**100.0**
未上过学	No Schooling	1.0	0.1	0.3	0.2	0.2	
小 学	Primary School	11.9	3.0	3.4	4.3	2.7	
初 中	Junior Secondary School	54.5	13.0	15.7	27.8	11.8	31.6
高 中	Senior Secondary School	24.7	16.5	21.3	25.6	22.9	50.3
大学专科	College	5.6	28.6	32.1	23.0	33.2	3.2
大学本科	University	2.2	34.3	24.4	17.6	27.5	14.8
研究生及以上	Graduate and Higher Level	0.1	4.5	2.8	1.6	1.8	
男	**Male**	**100.0**	**100.0**	**100.0**	**100.0**	**100.0**	**100.0**
未上过学	No Schooling	0.7	0.1	0.3	0.1	0.2	
小 学	Primary School	11.1	3.5	4.4	4.2	2.8	
初 中	Junior Secondary School	54.3	14.4	20.2	28.1	12.7	56.1
高 中	Senior Secondary School	26.4	16.7	22.9	28.2	23.2	43.9
大学专科	College	5.6	26.6	26.2	19.8	32.2	
大学本科	University	2.0	33.9	23.4	18.2	27.1	
研究生及以上	Graduate and Higher Level	0.1	4.9	2.7	1.5	1.9	
女	**Female**	**100.0**	**100.0**	**100.0**	**100.0**	**100.0**	**100.0**
未上过学	No Schooling	1.5	0.2	0.3	0.3	0.2	
小 学	Primary School	12.9	2.7	2.7	4.4	2.6	
初 中	Junior Secondary School	54.8	12.0	12.5	27.5	9.8	8.6
高 中	Senior Secondary School	22.6	16.3	20.1	22.6	22.3	56.3
大学专科	College	5.7	30.1	36.4	26.7	35.2	6.3
大学本科	University	2.4	34.5	25.2	16.8	28.3	28.8
研究生及以上	Graduate and Higher Level	0.0	4.2	2.8	1.8	1.6	

3-7 按职业、性别分的全国就业人员受教育程度构成

Educational Attainment of Employed Persons by Occupation and Sex

单位：%　　(%)

受教育程度	Educational Attainment	就业人员 Employed Persons	单位负责人 Unit Head	专业技术人员 Technical Personnel	办事人员和有关人员 Clerk and Related Workers	商业、服务业人员 Business Service Personnel	农林牧渔水利业生产人员 Producers in the Sectors of Agriculture, Forestry, Animal Husbandry, Fishery and Water Conservancy	生产运输设备操作人员及有关人员 Production, Transport Equipment Operators and Related Workers	其他 Others
总　计	**Total**	**100.0**	**100.0**	**100.0**	**100.0**	**100.0**	**100.0**	**100.0**	**100.0**
未上过学	No Schooling	2.0	0.1	0.1	0.2	0.7	4.3	0.6	1.2
小　学	Primary School	19.0	4.5	3.6	4.2	9.7	35.4	11.9	10.7
初　中	Junior Secondary School	48.3	32.5	18.9	19.6	49.2	53.3	59.9	55.5
高　中	Senior Secondary School	17.1	27.6	21.7	26.0	27.3	6.4	20.5	21.0
大学专科	College	8.0	19.5	27.6	27.4	9.3	0.6	5.2	7.4
大学本科	University	5.2	14.5	25.1	21.1	3.6	0.1	1.8	3.7
研究生及以上	Graduate and Higher Level	0.5	1.3	3.1	1.6	0.2	0.0	0.1	0.3
男	**Male**	**100.0**	**100.0**	**100.0**	**100.0**	**100.0**	**100.0**	**100.0**	**100.0**
未上过学	No Schooling	1.0	0.1	0.1	0.2	0.4	2.4	0.4	0.8
小　学	Primary School	16.1	4.0	4.0	5.1	9.1	31.6	10.6	9.5
初　中	Junior Secondary School	49.9	31.4	21.8	22.0	48.0	56.8	59.5	53.2
高　中	Senior Secondary School	19.2	29.0	21.7	26.4	28.4	8.3	22.2	25.5
大学专科	College	8.0	19.3	24.3	24.6	9.7	0.7	5.3	7.4
大学本科	University	5.3	14.8	24.6	20.2	4.1	0.1	1.8	3.3
研究生及以上	Graduate and Higher Level	0.5	1.5	3.4	1.5	0.2	0.0	0.1	0.3
女	**Female**	**100.0**	**100.0**	**100.0**	**100.0**	**100.0**	**100.0**	**100.0**	**100.0**
未上过学	No Schooling	3.1	0.2	0.2	0.2	0.9	6.1	1.2	2.0
小　学	Primary School	22.5	6.0	3.1	2.5	10.3	38.8	14.7	12.8
初　中	Junior Secondary School	46.4	35.9	16.0	15.4	50.3	50.0	60.9	59.3
高　中	Senior Secondary School	14.4	23.5	21.6	25.3	26.2	4.6	16.6	14.0
大学专科	College	8.1	20.1	30.9	32.3	9.0	0.4	4.8	7.5
大学本科	University	5.0	13.5	25.5	22.6	3.1	0.1	1.7	4.3
研究生及以上	Graduate and Higher Level	0.5	0.9	2.8	1.8	0.1	0.0	0.1	0.3

3-8 按受教育程度、性别分的全国就业人员职业构成
Occupation of Employed Persons by Educational Attainment and Sex

单位：% (%)

受教育程度	Educational Attainment	就业人员 Employed Persons	单位负责人 Unit Head	专业技术人员 Technical Personnel	办事人员和有关人员 Clerk and Related Workers	商业、服务业人员 Business Service Personnel	农林牧渔水利业生产人员 Producers in the Sectors of Agriculture, Forestry, Animal Husbandry, Fishery and Water Conservancy	生产运输设备操作人员及有关人员 Production, Transport Equipment Operators and Related Workers	其他 Others
总计	**Total**	**100.0**	**2.1**	**9.6**	**6.0**	**20.1**	**38.1**	**23.8**	**0.4**
未上过学	No Schooling	100.0	0.1	0.7	0.6	7.0	83.6	7.7	0.3
小学	Primary School	100.0	0.5	1.8	1.3	10.3	71.0	14.9	0.2
初中	Junior Secondary School	100.0	1.4	3.7	2.4	20.4	42.0	29.5	0.5
高中	Senior Secondary School	100.0	3.4	12.1	9.1	32.1	14.2	28.6	0.5
大学专科	College	100.0	5.1	32.9	20.4	23.3	2.7	15.3	0.4
大学本科	University	100.0	5.8	46.4	24.4	13.9	0.8	8.3	0.3
研究生及以上	Graduate and Higher Level	100.0	5.8	61.9	19.7	7.4	0.5	4.4	0.3
男	**Male**	**100.0**	**2.8**	**8.6**	**6.9**	**18.1**	**33.0**	**30.1**	**0.5**
未上过学	No Schooling	100.0	0.2	1.2	1.4	7.6	77.2	12.0	0.3
小学	Primary School	100.0	0.7	2.2	2.2	10.2	64.6	19.8	0.3
初中	Junior Secondary School	100.0	1.8	3.8	3.1	17.4	37.6	35.9	0.5
高中	Senior Secondary School	100.0	4.3	9.7	9.5	26.7	14.3	34.9	0.6
大学专科	College	100.0	6.9	26.3	21.5	21.9	2.9	20.1	0.4
大学本科	University	100.0	7.9	39.9	26.5	14.0	0.9	10.5	0.3
研究生及以上	Graduate and Higher Level	100.0	8.5	58.9	20.5	7.3	0.3	4.2	0.3
女	**Female**	**100.0**	**1.2**	**10.7**	**4.8**	**22.6**	**44.5**	**16.0**	**0.4**
未上过学	No Schooling	100.0	0.1	0.5	0.3	6.8	86.1	6.0	0.2
小学	Primary School	100.0	0.3	1.5	0.5	10.3	76.7	10.5	0.2
初中	Junior Secondary School	100.0	0.9	3.7	1.6	24.5	48.0	21.0	0.5
高中	Senior Secondary School	100.0	1.9	16.0	8.3	40.9	14.1	18.3	0.3
大学专科	College	100.0	2.9	40.9	19.0	25.0	2.3	9.6	0.3
大学本科	University	100.0	3.1	54.9	21.7	13.9	0.7	5.4	0.3
研究生及以上	Graduate and Higher Level	100.0	2.2	66.0	18.8	7.4	0.7	4.6	0.2

3-9 按年龄、性别分的全国就业人员就业身份构成

Employment Status of Employed Persons by Age and Sex

单位：%　　(%)

年龄 Age	就业人员 Employed Persons	雇员 Employee	雇主 Employer	自营劳动者 Self-Employed	家庭帮工 Unpaid Familial Worker
总计 Total	**100.0**	**47.3**	**4.0**	**46.4**	**2.4**
16-19	100.0	61.4	1.1	34.1	3.4
20-24	100.0	67.1	2.0	27.5	3.4
25-29	100.0	63.4	3.6	30.4	2.6
30-34	100.0	57.2	5.2	35.2	2.4
35-39	100.0	52.0	5.7	39.8	2.5
40-44	100.0	46.9	5.1	45.5	2.4
45-49	100.0	43.0	4.6	49.9	2.4
50-54	100.0	39.0	3.6	55.3	2.1
55-59	100.0	28.0	2.8	67.6	1.6
60-64	100.0	15.0	1.6	81.8	1.6
65+	100.0	8.0	1.2	89.8	1.1
男 Male	**100.0**	**50.5**	**5.0**	**43.5**	**1.0**
16-19	100.0	59.3	1.5	35.4	3.9
20-24	100.0	66.6	2.5	27.7	3.2
25-29	100.0	64.6	4.4	29.6	1.5
30-34	100.0	59.6	6.4	33.1	0.9
35-39	100.0	53.7	7.1	38.8	0.4
40-44	100.0	50.5	6.9	42.2	0.4
45-49	100.0	47.6	6.0	45.9	0.5
50-54	100.0	48.0	4.9	46.5	0.6
55-59	100.0	38.2	3.7	57.6	0.5
60-64	100.0	20.7	2.2	76.2	0.9
65+	100.0	10.3	1.7	87.1	0.9
女 Female	**100.0**	**43.4**	**2.6**	**49.9**	**4.1**
16-19	100.0	64.1	0.6	32.4	2.9
20-24	100.0	67.7	1.4	27.4	3.5
25-29	100.0	62.1	2.8	31.3	3.9
30-34	100.0	54.5	3.8	37.5	4.2
35-39	100.0	49.9	4.1	41.1	4.9
40-44	100.0	42.8	3.1	49.3	4.8
45-49	100.0	37.5	3.0	54.8	4.8
50-54	100.0	26.4	1.9	67.5	4.2
55-59	100.0	13.7	1.4	81.7	3.1
60-64	100.0	7.3	0.8	89.2	2.7
65+	100.0	4.9	0.5	93.5	1.2

3-10 按就业身份、性别分的全国就业人员年龄构成

Age Composition of Employed Persons by Employment Status and Sex

单位：% (%)

年龄 Age	就业人员 Employed Persons	雇员 Employee	雇主 Employer	自营劳动者 Self-Employed	家庭帮工 Unpaid Familial Worker
总计 Total	**100.0**	**100.0**	**100.0**	**100.0**	**100.0**
16-19	2.0	2.6	0.6	1.5	2.9
20-24	10.0	14.2	5.0	6.0	14.1
25-29	11.2	15.1	10.3	7.4	12.2
30-34	12.2	14.8	16.0	9.2	12.4
35-39	12.1	13.3	17.4	10.4	12.5
40-44	15.3	15.2	19.9	15.0	15.7
45-49	13.2	12.0	15.5	14.2	13.4
50-54	7.5	6.1	6.8	8.9	6.6
55-59	7.5	4.5	5.3	11.0	5.1
60-64	4.8	1.5	2.0	8.5	3.3
65+	4.1	0.7	1.2	8.0	1.8
男 Male	**100.0**	**100.0**	**100.0**	**100.0**	**100.0**
16-19	2.0	2.4	0.6	1.7	7.6
20-24	9.9	13.1	4.9	6.3	31.0
25-29	11.1	14.2	9.6	7.5	16.3
30-34	11.8	14.0	15.0	9.0	10.8
35-39	11.9	12.7	16.7	10.6	5.0
40-44	14.9	14.9	20.3	14.4	6.1
45-49	13.2	12.4	15.8	13.9	6.3
50-54	7.8	7.5	7.6	8.4	4.7
55-59	8.0	6.1	5.9	10.6	4.1
60-64	5.0	2.0	2.2	8.7	4.1
65+	4.4	0.9	1.4	8.7	4.0
女 Female	**100.0**	**100.0**	**100.0**	**100.0**	**100.0**
16-19	2.0	3.0	0.5	1.3	1.4
20-24	10.2	15.9	5.2	5.6	8.8
25-29	11.4	16.3	12.0	7.2	10.9
30-34	12.6	15.9	18.3	9.5	13.0
35-39	12.4	14.3	19.1	10.2	14.9
40-44	15.8	15.6	18.9	15.6	18.6
45-49	13.3	11.5	15.0	14.6	15.7
50-54	7.0	4.2	5.1	9.4	7.2
55-59	7.0	2.2	3.8	11.4	5.4
60-64	4.6	0.8	1.5	8.2	3.0
65+	3.8	0.4	0.7	7.1	1.1

3-11 按受教育程度、性别分的全国就业人员就业身份构成
Employment Status of Employed Persons by Educational Attainment and Sex

单位：% (%)

受教育程度	Educational Attainment	就业人员 Employed Persons	雇员 Employee	雇主 Employer	自营劳动者 Self-Employed	家庭帮工 Unpaid Familial Worker
总 计	**Total**	**100.0**	**47.3**	**4.0**	**46.4**	**2.4**
未上过学	No Schooling	100.0	11.0	0.7	86.5	1.8
小 学	Primary School	100.0	18.9	1.9	76.9	2.2
初 中	Junior Secondary School	100.0	40.6	4.0	52.6	2.9
高 中	Senior Secondary School	100.0	67.0	6.7	23.9	2.5
大学专科	College	100.0	88.5	4.4	5.9	1.2
大学本科	University	100.0	94.9	2.9	1.9	0.4
研究生及以上	Graduate and Higher Level	100.0	96.5	2.2	1.3	0.1
男	**Male**	**100.0**	**50.5**	**5.0**	**43.5**	**1.0**
未上过学	No Schooling	100.0	16.3	1.5	81.1	1.1
小 学	Primary School	100.0	23.3	2.8	73.3	0.7
初 中	Junior Secondary School	100.0	43.1	4.9	50.8	1.2
高 中	Senior Secondary School	100.0	65.9	7.6	25.1	1.4
大学专科	College	100.0	87.1	5.5	6.7	0.7
大学本科	University	100.0	93.8	3.8	2.2	0.2
研究生及以上	Graduate and Higher Level	100.0	95.6	3.4	1.0	
女	**Female**	**100.0**	**43.4**	**2.6**	**49.9**	**4.1**
未上过学	No Schooling	100.0	8.9	0.3	88.7	2.1
小 学	Primary School	100.0	15.1	1.2	80.1	3.6
初 中	Junior Secondary School	100.0	37.2	2.7	54.9	5.2
高 中	Senior Secondary School	100.0	68.7	5.2	21.9	4.2
大学专科	College	100.0	90.2	3.1	5.0	1.7
大学本科	University	100.0	96.3	1.7	1.4	0.6
研究生及以上	Graduate and Higher Level	100.0	97.7	0.4	1.7	0.2

3-12 按就业身份、性别分的全国就业人员受教育程度构成

Educational Attainment of Employed Persons by Employment Status and Sex

单位：%　　　　(%)

受教育程度	Educational Attainment	就业人员 Employed Persons	雇员 Employee	雇主 Employer	自营劳动者 Self-Employed	家庭帮工 Unpaid Familial Worker
总　计	**Total**	**100.0**	**100.0**	**100.0**	**100.0**	**100.0**
未上过学	No Schooling	2.0	0.5	0.3	3.7	1.5
小　学	Primary School	19.0	7.6	9.2	31.5	17.7
初　中	Junior Secondary School	48.3	41.4	48.6	54.8	58.3
高　中	Senior Secondary School	17.1	24.2	28.9	8.8	17.8
大学专科	College	8.0	15.0	8.9	1.0	4.0
大学本科	University	5.2	10.3	3.8	0.2	0.8
研究生及以上	Graduate and Higher Level	0.5	1.0	0.3	0.0	0.0
男	**Male**	**100.0**	**100.0**	**100.0**	**100.0**	**100.0**
未上过学	No Schooling	1.0	0.3	0.3	1.9	1.1
小　学	Primary School	16.1	7.4	8.8	27.2	10.3
初　中	Junior Secondary School	49.9	42.6	48.9	58.3	55.5
高　中	Senior Secondary School	19.2	25.1	29.0	11.1	26.3
大学专科	College	8.0	13.7	8.7	1.2	5.8
大学本科	University	5.3	9.9	4.0	0.3	1.0
研究生及以上	Graduate and Higher Level	0.5	0.9	0.3	0.0	
女	**Female**	**100.0**	**100.0**	**100.0**	**100.0**	**100.0**
未上过学	No Schooling	3.1	0.6	0.4	5.6	1.6
小　学	Primary School	22.5	7.8	10.2	36.1	20.0
初　中	Junior Secondary School	46.4	39.8	48.0	51.0	59.2
高　中	Senior Secondary School	14.4	22.9	28.6	6.3	15.1
大学专科	College	8.1	16.8	9.4	0.8	3.4
大学本科	University	5.0	11.0	3.3	0.1	0.7
研究生及以上	Graduate and Higher Level	0.5	1.0	0.1	0.0	0.0

3-13 按年龄、性别分的城镇就业人员就业身份构成

Employment Status of Urban Employed Persons by Age and Sex

单位：% (%)

年 龄 Age	城 镇 就业人员 Urban Employed Persons	雇 员 Employee	雇 主 Employer	自营劳动者 Self-Employed	家庭帮工 Unpaid Familial Worker
总计 Total	**100.0**	**67.0**	**5.7**	**24.5**	**2.8**
16-19	100.0	77.9	1.2	17.3	3.6
20-24	100.0	79.8	2.5	14.3	3.5
25-29	100.0	76.7	4.5	16.1	2.6
30-34	100.0	72.2	6.7	18.7	2.5
35-39	100.0	67.5	7.8	21.9	2.8
40-44	100.0	64.9	7.1	25.2	2.8
45-49	100.0	62.6	6.4	28.1	2.9
50-54	100.0	61.7	5.3	30.7	2.3
55-59	100.0	52.3	4.6	40.5	2.5
60-64	100.0	30.7	4.1	62.1	3.1
65+	100.0	18.8	3.3	75.0	3.0
男 Male	**100.0**	**67.5**	**6.9**	**24.5**	**1.1**
16-19	100.0	75.3	1.5	18.8	4.4
20-24	100.0	78.4	2.8	15.5	3.3
25-29	100.0	75.7	5.4	17.4	1.5
30-34	100.0	71.6	8.0	19.5	0.9
35-39	100.0	66.8	9.5	23.3	0.5
40-44	100.0	64.6	8.9	26.0	0.5
45-49	100.0	64.4	8.0	27.1	0.5
50-54	100.0	67.5	5.9	25.9	0.7
55-59	100.0	61.7	5.5	32.0	0.8
60-64	100.0	37.7	4.8	56.3	1.2
65+	100.0	23.7	4.2	69.8	2.3
女 Female	**100.0**	**66.3**	**4.1**	**24.6**	**5.0**
16-19	100.0	81.2	0.8	15.4	2.5
20-24	100.0	81.4	2.1	12.9	3.6
25-29	100.0	77.9	3.5	14.6	4.0
30-34	100.0	72.8	5.1	17.7	4.3
35-39	100.0	68.5	5.6	20.3	5.6
40-44	100.0	65.2	4.8	24.2	5.8
45-49	100.0	60.2	4.3	29.5	6.0
50-54	100.0	50.4	3.9	40.1	5.5
55-59	100.0	31.8	2.8	59.2	6.2
60-64	100.0	19.5	2.8	71.5	6.2
65+	100.0	10.6	1.7	83.6	4.1

3-14 按就业身份、性别分的城镇就业人员年龄构成

Age Composition of Urban Employed Persons by Employment Status and Sex

单位：% (%)

年龄 Age	城镇就业人员 Urban Employed Persons	雇员 Employee	雇主 Employer	自营劳动者 Self-Employed	家庭帮工 Unpaid Familial Worker
总计 Total	**100.0**	**100.0**	**100.0**	**100.0**	**100.0**
16-19	1.7	2.0	0.4	1.2	2.2
20-24	10.7	12.7	4.6	6.2	13.3
25-29	13.2	15.1	10.5	8.7	12.5
30-34	14.8	16.0	17.3	11.3	13.1
35-39	13.9	14.0	18.9	12.4	13.8
40-44	16.2	15.7	20.1	16.7	16.5
45-49	13.3	12.5	14.9	15.3	13.8
50-54	7.0	6.5	6.4	8.8	5.9
55-59	5.2	4.1	4.2	8.6	4.7
60-64	2.3	1.1	1.6	5.9	2.6
65+	1.6	0.5	0.9	5.0	1.7
男 Male	**100.0**	**100.0**	**100.0**	**100.0**	**100.0**
16-19	1.6	1.8	0.4	1.3	6.5
20-24	10.1	11.7	4.1	6.4	30.3
25-29	12.6	14.2	9.8	9.0	16.8
30-34	14.2	15.1	16.4	11.3	11.4
35-39	13.5	13.3	18.5	12.8	6.1
40-44	15.9	15.2	20.5	16.8	6.6
45-49	13.3	12.7	15.4	14.7	6.0
50-54	8.2	8.2	7.0	8.6	5.2
55-59	6.3	5.8	5.0	8.2	4.5
60-64	2.5	1.4	1.8	5.8	2.7
65+	1.8	0.6	1.1	5.1	3.8
女 Female	**100.0**	**100.0**	**100.0**	**100.0**	**100.0**
16-19	1.7	2.1	0.3	1.1	0.9
20-24	11.4	14.0	5.8	6.0	8.3
25-29	14.0	16.4	11.9	8.3	11.2
30-34	15.6	17.2	19.3	11.3	13.5
35-39	14.5	14.9	19.7	12.0	16.1
40-44	16.7	16.5	19.4	16.5	19.4
45-49	13.3	12.1	13.8	16.0	16.1
50-54	5.5	4.2	5.2	9.0	6.1
55-59	3.8	1.8	2.6	9.1	4.7
60-64	2.1	0.6	1.4	6.0	2.6
65+	1.4	0.2	0.6	4.8	1.2

3-15 按受教育程度、性别分的城镇就业人员就业身份构成

Employment Status of Urban Employed Persons by Educational Attainment and Sex

单位：% (%)

受教育程度	Educational Attainment	城镇就业人员 Urban Employed Persons	雇员 Employee	雇主 Employer	自营劳动者 Self-Employed	家庭帮工 Unpaid Familial Worker
总计	**Total**	**100.0**	**67.0**	**5.7**	**24.5**	**2.8**
未上过学	No Schooling	100.0	29.8	1.9	64.1	4.2
小学	Primary School	100.0	35.8	4.0	56.3	3.9
初中	Junior Secondary School	100.0	54.6	6.2	35.4	3.9
高中	Senior Secondary School	100.0	74.7	7.5	15.2	2.7
大学专科	College	100.0	89.6	4.7	4.7	1.1
大学本科	University	100.0	94.9	3.0	1.7	0.3
研究生及以上	Graduate and Higher Level	100.0	96.7	2.2	1.0	0.1
男	**Male**	**100.0**	**67.5**	**6.9**	**24.5**	**1.1**
未上过学	No Schooling	100.0	40.7	3.6	53.9	1.8
小学	Primary School	100.0	38.5	5.4	55.0	1.1
初中	Junior Secondary School	100.0	55.5	7.3	35.9	1.3
高中	Senior Secondary School	100.0	73.6	8.6	16.4	1.4
大学专科	College	100.0	88.1	5.9	5.3	0.7
大学本科	University	100.0	93.8	3.9	2.1	0.2
研究生及以上	Graduate and Higher Level	100.0	95.5	3.5	1.0	
女	**Female**	**100.0**	**66.3**	**4.1**	**24.6**	**5.0**
未上过学	No Schooling	100.0	24.2	1.1	69.3	5.3
小学	Primary School	100.0	32.9	2.6	57.7	6.8
初中	Junior Secondary School	100.0	53.4	4.7	34.6	7.3
高中	Senior Secondary School	100.0	76.2	5.8	13.3	4.6
大学专科	College	100.0	91.4	3.3	3.8	1.5
大学本科	University	100.0	96.4	1.8	1.3	0.6
研究生及以上	Graduate and Higher Level	100.0	98.3	0.5	1.1	0.2

3-16 按就业身份、性别分的城镇就业人员受教育程度构成
Educational Attainment of Urban Employed Persons by Employment Status and Sex

单位：% (%)

受教育程度	Educational Attainment	城镇就业人员 Urban Employed Persons	雇员 Employee	雇主 Employer	自营劳动者 Self-Employed	家庭帮工 Unpaid Familial Worker
总 计	**Total**	**100.0**	**100.0**	**100.0**	**100.0**	**100.0**
未上过学	No Schooling	0.8	0.4	0.3	2.2	1.3
小 学	Primary School	9.5	5.1	6.7	21.9	13.4
初 中	Junior Secondary School	39.6	32.2	43.0	57.1	54.9
高 中	Senior Secondary School	24.8	27.7	32.6	15.3	23.7
大学专科	College	14.4	19.2	11.8	2.7	5.5
大学本科	University	9.9	14.1	5.2	0.7	1.2
研究生及以上	Graduate and Higher Level	0.9	1.4	0.4	0.0	0.0
男	**Male**	**100.0**	**100.0**	**100.0**	**100.0**	**100.0**
未上过学	No Schooling	0.5	0.3	0.3	1.1	0.8
小 学	Primary School	8.4	4.8	6.6	18.9	8.5
初 中	Junior Secondary School	39.8	32.7	42.2	58.4	46.8
高 中	Senior Secondary School	26.5	28.9	33.1	17.7	33.3
大学专科	College	13.8	18.0	11.7	3.0	9.2
大学本科	University	9.9	13.8	5.7	0.8	1.4
研究生及以上	Graduate and Higher Level	1.0	1.4	0.5	0.0	
女	**Female**	**100.0**	**100.0**	**100.0**	**100.0**	**100.0**
未上过学	No Schooling	1.3	0.5	0.3	3.7	1.4
小 学	Primary School	11.0	5.5	7.0	25.8	14.8
初 中	Junior Secondary School	39.2	31.6	44.8	55.3	57.2
高 中	Senior Secondary School	22.6	26.0	31.5	12.3	20.9
大学专科	College	15.0	20.7	12.0	2.4	4.5
大学本科	University	9.9	14.4	4.2	0.5	1.1
研究生及以上	Graduate and Higher Level	0.9	1.4	0.1	0.0	0.0

3-17 按年龄、性别分的城镇就业人员行业构成

Urban Employed Persons by Age, Sex and Sector

单位：%　　　　(%)

年龄 Age	城镇就业人员 Urban Employed Persons	农、林、牧、渔业 Agriculture, Forestry, Animal Husbandry and Fishery	采矿业 Mining	制造业 Manu-facturing	电力、热力、燃气及水生产和供应业 Production and Supply of Electricity Power, Heat Power, Gas and Water	建筑业 Construction	批发和零售业 Wholesale and Retail Trades	交通运输、仓储和邮政业 Transport, Storage and Post
总计 Total	**100.0**	**13.7**	**1.9**	**21.9**	**1.4**	**6.4**	**16.4**	**5.6**
16-19	100.0	12.8	0.8	36.5	0.4	3.9	16.1	2.7
20-24	100.0	7.8	1.2	29.4	0.9	5.3	19.2	4.0
25-29	100.0	7.1	1.3	24.5	1.4	5.6	18.7	5.2
30-34	100.0	7.8	1.7	22.1	1.5	5.6	18.6	6.1
35-39	100.0	9.4	2.0	23.0	1.8	6.7	18.0	6.1
40-44	100.0	11.9	2.5	21.4	1.6	7.5	16.5	6.8
45-49	100.0	15.1	2.6	19.8	1.5	7.5	14.4	6.2
50-54	100.0	19.4	2.6	17.6	1.7	7.5	12.0	5.9
55-59	100.0	30.6	1.7	15.4	1.6	6.8	10.1	4.6
60-64	100.0	51.4	0.7	10.6	0.5	5.5	9.7	2.3
65+	100.0	69.1	0.3	6.4	0.2	2.2	7.2	1.0
男 Male	**100.0**	**11.8**	**2.6**	**22.6**	**1.8**	**9.4**	**13.2**	**7.9**
16-19	100.0	12.7	1.2	35.4	0.8	5.8	12.6	3.9
20-24	100.0	7.6	1.6	32.9	1.1	8.4	14.2	5.6
25-29	100.0	6.6	1.9	26.4	1.8	8.3	15.1	7.1
30-34	100.0	7.0	2.3	22.9	1.8	8.3	14.4	9.0
35-39	100.0	8.3	2.6	22.3	2.2	9.9	15.0	9.0
40-44	100.0	10.1	3.4	21.5	1.9	11.1	13.3	9.9
45-49	100.0	12.0	3.5	19.7	1.9	11.2	11.8	8.9
50-54	100.0	13.6	3.5	19.0	2.1	10.1	10.9	7.9
55-59	100.0	21.3	2.3	17.6	2.1	9.1	9.6	6.2
60-64	100.0	42.9	1.1	12.4	0.7	8.5	9.2	3.5
65+	100.0	62.4	0.5	7.3	0.4	3.5	8.2	1.6
女 Female	**100.0**	**16.2**	**1.0**	**21.1**	**1.0**	**2.4**	**20.6**	**2.5**
16-19	100.0	12.9	0.4	37.9	0.0	1.6	20.4	1.1
20-24	100.0	7.9	0.6	25.4	0.7	1.8	25.0	2.3
25-29	100.0	7.8	0.6	22.2	1.0	2.4	23.1	2.9
30-34	100.0	8.7	0.9	21.1	1.2	2.4	23.8	2.5
35-39	100.0	10.6	1.3	23.8	1.3	2.7	21.7	2.7
40-44	100.0	14.1	1.3	21.3	1.2	3.0	20.5	2.9
45-49	100.0	19.2	1.3	19.9	1.1	2.5	17.7	2.7
50-54	100.0	30.8	0.8	14.9	0.8	2.4	14.1	1.8
55-59	100.0	51.2	0.3	10.6	0.6	1.7	11.4	1.0
60-64	100.0	65.0	0.2	7.7	0.1	0.8	10.6	0.3
65+	100.0	80.3		4.9		0.2	5.5	

3-17 续表 1 continued

单位：% (%)

年 龄 Age	住宿和餐饮业 Hotels and Catering Services	信息传输、软件和信息技术服务业 Information Transmission, Software and Information Technical Services	金融业 Financial Intermediation	房地产业 Real Estate	租赁和商务服务业 Leasing and Business Services	科学研究和技术服务业 Scientific Research and Technical Services	水利、环境和公共设施管理业 Management of Water Conservancy, Environment and Public Facilities
总计 Total	**4.4**	**3.2**	**2.3**	**1.4**	**1.7**	**0.9**	**0.8**
16-19	10.8	2.6	1.2	0.4	1.8	0.3	0.3
20-24	5.9	4.9	2.4	1.2	2.4	0.8	0.5
25-29	4.5	4.9	3.3	1.4	2.3	1.2	0.5
30-34	4.3	4.3	2.4	1.6	1.9	1.2	0.7
35-39	4.2	3.2	2.2	1.1	1.6	0.8	0.7
40-44	4.4	2.4	2.3	1.2	1.6	0.7	0.9
45-49	4.3	2.2	2.2	1.5	1.3	0.8	1.1
50-54	3.7	1.8	2.3	1.6	1.7	0.9	1.2
55-59	2.8	1.6	1.3	1.6	1.3	0.6	1.1
60-64	2.3	1.3	0.5	1.4	0.8	0.2	0.6
65+	1.8	0.6	0.2	1.1	0.6	0.1	0.5
男 Male	**3.7**	**3.0**	**2.0**	**1.5**	**1.8**	**1.0**	**0.8**
16-19	12.1	1.7	0.7	0.6	2.3	0.1	0.4
20-24	6.1	4.4	1.7	1.1	2.2	0.8	0.7
25-29	4.0	5.0	2.8	1.4	2.3	1.3	0.6
30-34	3.9	4.2	2.1	1.8	2.0	1.4	0.8
35-39	3.4	3.1	1.9	1.1	1.8	0.8	0.8
40-44	3.2	2.2	2.2	1.3	1.8	0.8	0.8
45-49	3.2	2.0	2.1	1.6	1.5	0.9	1.1
50-54	2.8	1.6	2.3	1.7	1.9	1.1	1.3
55-59	2.2	1.8	1.6	2.1	1.6	0.8	1.2
60-64	2.5	1.3	0.7	1.7	0.9	0.2	0.5
65+	2.0	0.8	0.3	1.3	0.8	0.2	0.6
女 Female	**5.3**	**3.5**	**2.6**	**1.2**	**1.6**	**0.7**	**0.7**
16-19	9.1	3.7	1.7	0.2	1.1	0.5	0.1
20-24	5.7	5.4	3.1	1.3	2.6	0.8	0.4
25-29	5.0	4.7	3.9	1.4	2.4	1.1	0.4
30-34	4.7	4.5	2.6	1.4	1.8	1.1	0.5
35-39	5.2	3.5	2.6	1.2	1.4	0.7	0.6
40-44	6.0	2.8	2.5	1.0	1.4	0.6	0.9
45-49	5.9	2.4	2.3	1.3	1.1	0.6	1.1
50-54	5.5	2.2	2.4	1.3	1.2	0.7	1.1
55-59	4.1	1.4	0.6	0.6	0.6	0.4	1.1
60-64	2.1	1.4	0.1	1.1	0.8	0.1	0.9
65+	1.6	0.3		0.7	0.2		0.3

3-17 续表 2 continued

单位：% (%)

年 龄 Age	居民服务、修理和其他服务业 Services to Households, Repair and Other Services	教 育 Education	卫生和社会工作 Health and Society	文化、体育和娱乐业 Culture, Sports and Entertainment	公共管理、社会保障和社会组织 Public Management Social Security and Social Organizations	国际组织 International Organizations
总计 Total	**3.7**	**4.1**	**3.0**	**1.4**	**5.9**	**0.01**
16-19	5.2	1.2	1.1	1.5	0.5	
20-24	3.7	2.4	2.8	1.8	3.3	
25-29	3.5	4.1	3.3	1.9	5.2	0.01
30-34	3.4	5.6	3.7	1.6	5.9	0.01
35-39	3.4	4.7	3.1	1.1	6.8	0.00
40-44	3.7	4.3	2.8	1.3	6.3	0.01
45-49	3.7	4.5	2.9	1.1	7.3	0.00
50-54	3.8	4.2	3.4	1.3	7.5	0.00
55-59	4.0	3.6	2.3	1.0	7.8	0.04
60-64	4.9	1.9	2.1	0.9	2.4	0.01
65+	2.7	1.3	1.7	0.9	2.0	
男 Male	**3.5**	**3.1**	**2.1**	**1.3**	**6.9**	**0.00**
16-19	7.0	0.2	0.6	1.4	0.6	
20-24	4.4	1.0	1.1	1.5	3.6	
25-29	3.7	2.4	1.7	1.8	5.7	
30-34	3.6	3.7	2.4	1.6	6.9	
35-39	3.1	3.5	2.2	1.1	8.0	
40-44	3.1	3.2	2.0	1.3	7.1	
45-49	2.9	3.8	2.5	1.0	8.5	
50-54	3.4	3.7	2.9	1.1	9.0	
55-59	3.7	3.9	2.2	1.3	9.7	0.06
60-64	5.3	2.2	2.3	1.1	3.0	
65+	2.8	1.7	2.0	0.9	2.7	
女 Female	**3.8**	**5.5**	**4.2**	**1.5**	**4.6**	**0.01**
16-19	3.1	2.4	1.8	1.5	0.5	
20-24	2.9	4.1	4.7	2.1	3.1	
25-29	3.4	6.1	5.1	2.1	4.6	0.01
30-34	3.1	7.9	5.3	1.7	4.7	0.02
35-39	3.8	6.1	4.3	1.2	5.4	0.00
40-44	4.4	5.6	3.8	1.3	5.4	0.02
45-49	4.7	5.3	3.5	1.3	5.8	0.00
50-54	4.5	5.1	4.3	1.7	4.5	0.01
55-59	4.8	3.0	2.4	0.6	3.6	0.02
60-64	4.3	1.4	1.6	0.5	1.3	0.02
65+	2.6	0.5	1.1	0.8	1.0	

3-18 按行业、性别分的城镇就业人员年龄构成

Age Composition of Urban Employed Persons by Sector and Sex

单位：% (%)

年 龄 Age	城镇就业人员 Urban Employed Persons	农、林、牧、渔业 Agriculture, Forestry, Animal Husbandry and Fishery	采矿业 Mining	制造业 Manu-facturing	电力、热力、燃气及水生产和供应业 Production and Supply of Electricity Power, Heat Power, Gas and Water	建筑业 Construction	批发和零售业 Wholesale and Retail Trades	交通运输、仓储和邮政业 Transport, Storage and Post
总计 Total	**100.0**	**100.0**	**100.0**	**100.0**	**100.0**	**100.0**	**100.0**	**100.0**
16-19	1.7	1.6	0.7	2.8	0.5	1.0	1.7	0.8
20-24	10.7	6.1	6.6	14.3	6.9	8.9	12.5	7.8
25-29	13.2	6.9	9.2	14.7	12.8	11.6	15.1	12.4
30-34	14.8	8.5	13.1	14.9	15.5	13.0	16.9	16.1
35-39	13.9	9.5	14.9	14.5	17.2	14.5	15.3	15.4
40-44	16.2	14.2	21.5	15.8	17.8	19.0	16.4	19.8
45-49	13.3	14.7	18.4	12.0	14.2	15.6	11.7	14.9
50-54	7.0	10.0	9.7	5.6	8.2	8.2	5.1	7.4
55-59	5.2	11.7	4.7	3.7	5.9	5.5	3.2	4.3
60-64	2.3	8.7	0.9	1.1	0.7	2.0	1.4	0.9
65+	1.6	8.3	0.3	0.5	0.3	0.6	0.7	0.3
男 Male	**100.0**	**100.0**	**100.0**	**100.0**	**100.0**	**100.0**	**100.0**	**100.0**
16-19	1.6	1.8	0.7	2.6	0.7	1.0	1.6	0.8
20-24	10.1	6.5	6.4	14.7	6.2	9.0	10.9	7.1
25-29	12.6	7.1	9.3	14.7	12.7	11.2	14.5	11.4
30-34	14.2	8.5	12.6	14.4	14.1	12.5	15.5	16.2
35-39	13.5	9.5	13.6	13.3	16.6	14.1	15.3	15.3
40-44	15.9	13.6	20.9	15.1	16.9	18.6	16.0	19.8
45-49	13.3	13.5	18.3	11.6	14.0	15.9	12.0	14.9
50-54	8.2	9.4	11.0	6.9	9.9	8.7	6.8	8.2
55-59	6.3	11.4	5.7	4.9	7.6	6.1	4.6	4.9
60-64	2.5	9.1	1.1	1.4	1.0	2.3	1.8	1.1
65+	1.8	9.5	0.3	0.6	0.4	0.7	1.1	0.4
女 Female	**100.0**	**100.0**	**100.0**	**100.0**	**100.0**	**100.0**	**100.0**	**100.0**
16-19	1.7	1.4	0.7	3.1	0.0	1.1	1.7	0.8
20-24	11.4	5.6	7.3	13.8	8.3	8.5	13.9	10.6
25-29	14.0	6.7	8.7	14.7	13.2	14.0	15.6	16.7
30-34	15.6	8.4	14.8	15.6	18.7	15.4	18.0	16.1
35-39	14.5	9.5	19.6	16.4	18.5	16.5	15.3	15.6
40-44	16.7	14.7	23.8	17.0	20.1	21.0	16.7	19.6
45-49	13.3	15.9	18.7	12.6	14.6	14.3	11.5	14.8
50-54	5.5	10.5	4.8	3.9	4.3	5.5	3.7	4.0
55-59	3.8	12.0	1.1	1.9	2.2	2.7	2.1	1.5
60-64	2.1	8.3	0.3	0.8	0.1	0.7	1.1	0.3
65+	1.4	7.1		0.3		0.1	0.4	

3-18 续表 1 continued

单位：% (%)

年 龄 Age	住宿和餐饮业 Hotels and Catering Services	信息传输、软件和信息技术服务业 Information Transmission, Software and Information Technical Services	金融业 Financial Intermediation	房地产业 Real Estate	租赁和商务服务业 Leasing and Business Services	科学研究和技术服务业 Scientific Research and Technical Services	水利、环境和公共设施管理业 Management of Water Conservancy, Environment and Public Facilities
总计 Total	**100.0**	**100.0**	**100.0**	**100.0**	**100.0**	**100.0**	**100.0**
16-19	4.1	1.4	0.9	0.5	1.7	0.6	0.6
20-24	14.4	16.0	11.0	9.5	14.6	10.0	7.2
25-29	13.4	19.8	19.2	13.6	17.4	18.6	8.5
30-34	14.3	19.9	15.3	17.7	16.4	21.2	13.0
35-39	13.2	13.9	13.4	11.8	12.7	12.1	12.6
40-44	16.3	12.2	16.6	14.0	14.8	13.0	18.1
45-49	13.2	9.0	12.9	14.6	10.2	12.5	18.6
50-54	5.9	3.9	7.2	8.1	6.7	7.5	10.8
55-59	3.3	2.6	2.9	6.3	3.8	3.9	7.5
60-64	1.2	1.0	0.5	2.5	1.1	0.4	1.9
65+	0.7	0.3	0.1	1.3	0.5	0.2	1.1
男 Male	**100.0**	**100.0**	**100.0**	**100.0**	**100.0**	**100.0**	**100.0**
16-19	5.4	0.9	0.6	0.6	2.1	0.2	0.8
20-24	16.6	14.8	8.3	7.8	12.1	8.8	7.9
25-29	13.7	21.0	17.7	12.3	15.5	17.4	8.3
30-34	14.7	19.8	14.8	17.6	15.4	20.4	14.0
35-39	12.1	13.7	12.5	9.8	13.2	11.8	12.7
40-44	13.5	11.5	16.9	13.8	15.2	13.3	15.6
45-49	11.4	8.8	14.0	14.8	10.7	13.1	16.9
50-54	6.1	4.3	9.3	9.6	8.4	9.1	12.3
55-59	3.8	3.7	4.9	9.2	5.4	5.0	8.6
60-64	1.7	1.1	0.9	2.9	1.2	0.6	1.5
65+	1.0	0.5	0.2	1.6	0.8	0.4	1.4
女 Female	**100.0**	**100.0**	**100.0**	**100.0**	**100.0**	**100.0**	**100.0**
16-19	3.0	1.8	1.2	0.2	1.2	1.2	0.2
20-24	12.3	17.4	13.8	12.2	18.2	12.0	6.1
25-29	13.1	18.5	20.8	15.8	20.3	20.7	8.9
30-34	14.0	20.0	15.9	18.0	17.8	22.6	11.4
35-39	14.2	14.1	14.4	14.9	12.1	12.6	12.5
40-44	18.9	13.1	16.3	14.4	14.2	12.5	22.2
45-49	14.8	9.2	11.7	14.3	9.4	11.4	21.4
50-54	5.7	3.3	5.0	5.7	4.2	4.8	8.4
55-59	2.9	1.5	0.9	1.8	1.4	2.0	5.7
60-64	0.8	0.8	0.1	1.9	1.0	0.1	2.5
65+	0.4	0.1		0.8	0.1		0.7

3-18 续表 2 continued

单位：%　　　　(%)

年　龄 Age	居民服务、修理和其他服务业 Services to Households, Repair and Other Services	教　育 Education	卫生和社会工作 Health and Society	文化、体育和娱乐业 Culture, Sports and Entertainment	公共管理、社会保障和社会组织 Public Management Social Security and Social Organizations	国际组织 International Organizations
总计 Total	**100.0**	**100.0**	**100.0**	**100.0**	**100.0**	**100.0**
16-19	2.4	0.5	0.6	1.8	0.2	
20-24	10.9	6.2	9.8	13.6	6.0	
25-29	12.7	13.1	14.5	18.3	11.6	12.7
30-34	13.8	20.1	18.3	17.0	14.9	17.7
35-39	13.0	15.7	14.5	11.3	16.1	4.0
40-44	16.4	16.8	15.0	14.8	17.5	25.5
45-49	13.4	14.4	12.9	10.5	16.5	1.1
50-54	7.3	7.1	7.9	6.5	8.9	3.7
55-59	5.7	4.6	3.9	3.9	6.9	33.1
60-64	3.1	1.1	1.6	1.4	0.9	2.3
65+	1.2	0.5	0.9	1.0	0.6	
男 Male	**100.0**	**100.0**	**100.0**	**100.0**	**100.0**	**100.0**
16-19	3.2	0.1	0.5	1.8	0.1	
20-24	12.7	3.2	5.3	11.7	5.2	
25-29	13.1	10.0	10.6	17.4	10.4	
30-34	14.6	17.3	16.1	16.7	14.3	
35-39	11.9	15.4	14.1	11.3	15.7	
40-44	14.0	16.6	15.0	15.1	16.5	
45-49	10.8	16.7	15.9	9.8	16.4	
50-54	7.9	9.9	11.3	6.9	10.7	
55-59	6.5	8.0	6.6	6.0	8.8	100.0
60-64	3.8	1.8	2.8	2.1	1.1	
65+	1.4	1.0	1.8	1.2	0.7	
女 Female	**100.0**	**100.0**	**100.0**	**100.0**	**100.0**	**100.0**
16-19	1.4	0.8	0.7	1.7	0.2	
20-24	8.8	8.4	12.7	15.9	7.6	
25-29	12.3	15.3	17.0	19.3	13.9	17.9
30-34	12.7	22.2	19.8	17.2	15.9	25.0
35-39	14.4	15.9	14.8	11.3	16.9	5.6
40-44	19.5	16.9	14.9	14.3	19.5	36.1
45-49	16.5	12.8	11.0	11.2	16.9	1.5
50-54	6.5	5.0	5.7	6.1	5.4	5.3
55-59	4.7	2.1	2.2	1.5	3.0	5.3
60-64	2.3	0.5	0.8	0.7	0.6	3.2
65+	1.0	0.1	0.4	0.7	0.3	

3-19 按受教育程度、性别分的城镇就业人员行业构成
Urban Employed Persons by Sex, Educational Attainment and Sector

单位：% (%)

受教育程度	Educational Attainment	城镇就业人员 Urban Employed Persons	农、林、牧、渔业 Agriculture, Forestry, Animal Husbandry and Fishery	采矿业 Mining	制造业 Manu-facturing	电力、热力、燃气及水生产和供应业 Production and Supply of Electricity Power, Heat Power, Gas and Water	建筑业 Construction	批发和零售业 Wholesale and Retail Trades	交通运输、仓储和邮政业 Transport, Storage and Post
总 计	**Total**	**100.0**	**13.7**	**1.9**	**21.9**	**1.4**	**6.4**	**16.4**	**5.6**
未上过学	No Schooling	100.0	54.6	0.7	16.0	0.2	3.8	8.7	1.2
小 学	Primary School	100.0	42.4	0.8	16.9	0.3	8.7	11.6	3.6
初 中	Junior Secondary School	100.0	19.4	2.1	24.7	0.8	8.4	17.6	6.1
高 中	Senior Secondary School	100.0	4.8	2.1	25.6	2.0	5.2	21.3	6.9
大学专科	College	100.0	1.4	2.0	18.5	2.8	3.6	14.5	4.8
大学本科	University	100.0	0.7	1.5	13.0	2.0	3.5	8.4	3.7
研究生及以上	Graduate and Higher Level	100.0	0.3	0.9	14.7	1.6	1.5	3.6	2.1
男	**Male**	**100.0**	**11.8**	**2.6**	**22.6**	**1.8**	**9.4**	**13.2**	**7.9**
未上过学	No Schooling	100.0	42.6	1.5	18.1	0.1	7.9	8.6	2.5
小 学	Primary School	100.0	37.2	1.3	15.4	0.4	14.4	10.4	6.2
初 中	Junior Secondary School	100.0	17.2	3.0	23.8	1.0	12.9	13.4	9.3
高 中	Senior Secondary School	100.0	4.8	2.6	27.3	2.3	7.4	16.2	9.2
大学专科	College	100.0	1.6	2.7	21.0	3.3	4.7	12.4	5.7
大学本科	University	100.0	0.8	1.9	14.5	2.2	4.3	8.5	4.2
研究生及以上	Graduate and Higher Level	100.0	0.5	1.2	15.9	2.0	1.8	3.8	2.3
女	**Female**	**100.0**	**16.2**	**1.0**	**21.1**	**1.0**	**2.4**	**20.6**	**2.5**
未上过学	No Schooling	100.0	60.7	0.2	14.9	0.2	1.8	8.7	0.5
小 学	Primary School	100.0	47.7	0.3	18.3	0.2	2.8	12.9	1.0
初 中	Junior Secondary School	100.0	22.4	0.9	25.7	0.5	2.6	23.1	1.8
高 中	Senior Secondary School	100.0	4.8	1.2	22.9	1.4	2.0	29.1	3.4
大学专科	College	100.0	1.2	1.2	15.6	2.0	2.4	17.1	3.7
大学本科	University	100.0	0.6	1.0	11.1	1.8	2.3	8.4	2.9
研究生及以上	Graduate and Higher Level	100.0	0.1	0.4	13.1	1.0	1.0	3.3	1.8

3-19 续表 1 continued

单位：% (%)

受教育程度	Educational Attainment	住宿和餐饮业 Hotels and Catering Services	信息传输、软件和信息技术服务业 Information Transmission, Software and Information Technical Services	金融业 Financial Intermediation	房地产业 Real Estate	租赁和商务服务业 Leasing and Business Services	科学研究和技术服务业 Scientific Research and Technical Services	水利、环境和公共设施管理业 Management of Water Conservancy, Environment and Public Facilities
总　计	**Total**	**4.4**	**3.2**	**2.3**	**1.4**	**1.7**	**0.9**	**0.8**
未上过学	No Schooling	3.3	0.8	0.3	1.1	0.6	0.2	1.2
小　学	Primary School	4.1	1.4	0.4	0.9	0.6	0.2	0.7
初　中	Junior Secondary School	5.7	2.4	0.7	1.0	1.2	0.3	0.6
高　中	Senior Secondary School	5.1	3.7	2.2	1.5	1.9	0.7	0.8
大学专科	College	2.3	4.2	5.0	2.0	2.6	1.4	1.1
大学本科	University	1.2	5.5	6.2	1.9	3.2	2.5	1.1
研究生及以上	Graduate and Higher Level	0.4	6.3	6.5	1.0	3.2	8.5	0.9
男	**Male**	**3.7**	**3.0**	**2.0**	**1.5**	**1.8**	**1.0**	**0.8**
未上过学	No Schooling	3.5	0.8	0.7	1.9	1.1	0.1	1.9
小　学	Primary School	2.9	1.2	0.2	1.2	0.8	0.2	0.6
初　中	Junior Secondary School	4.7	2.0	0.7	1.1	1.4	0.3	0.6
高　中	Senior Secondary School	4.4	3.3	2.0	1.7	2.1	0.8	0.9
大学专科	College	2.2	4.1	4.4	1.8	2.3	1.7	1.3
大学本科	University	1.1	6.0	5.4	2.0	3.1	3.0	1.3
研究生及以上	Graduate and Higher Level	0.4	7.6	6.3	1.1	3.9	8.4	1.1
女	**Female**	**5.3**	**3.5**	**2.6**	**1.2**	**1.6**	**0.7**	**0.7**
未上过学	No Schooling	3.2	0.9	0.2	0.7	0.3	0.3	0.9
小　学	Primary School	5.3	1.5	0.5	0.7	0.5	0.2	0.8
初　中	Junior Secondary School	7.1	3.1	0.8	0.8	0.9	0.4	0.5
高　中	Senior Secondary School	6.3	4.4	2.5	1.3	1.8	0.6	0.8
大学专科	College	2.4	4.3	5.7	2.1	2.9	1.2	0.9
大学本科	University	1.2	4.8	7.3	1.9	3.4	1.9	0.7
研究生及以上	Graduate and Higher Level	0.4	4.4	6.8	0.9	2.4	8.8	0.6

3-19 续表 2 continued

单位：% (%)

受教育程度	Educational Attainment	居民服务、修理和其他服务业 Services to Households, Repair and Other Services	教育 Education	卫生和社会工作 Health and Society	文化、体育和娱乐业 Culture, Sports and Entertainment	公共管理、社会保障和社会组织 Public Management Social Security and Social Organizations	国际组织 International Organizations
总计	**Total**	**3.7**	**4.1**	**3.0**	**1.4**	**5.9**	**0.0**
未上过学	No Schooling	4.2	0.8	1.1	0.4	1.0	
小学	Primary School	4.2	0.9	0.7	0.4	1.1	
初中	Junior Secondary School	4.6	1.2	0.9	0.9	1.4	0.0
高中	Senior Secondary School	4.1	2.6	2.5	1.5	5.4	0.0
大学专科	College	1.9	8.1	7.2	2.3	14.2	0.0
大学本科	University	1.1	15.7	8.3	2.9	17.6	0.0
研究生及以上	Graduate and Higher Level	0.4	22.5	10.7	2.9	12.2	
男	**Male**	**3.5**	**3.1**	**2.1**	**1.3**	**6.9**	**0.0**
未上过学	No Schooling	4.8	0.5	1.5	0.3	1.7	
小学	Primary School	4.0	0.8	0.6	0.4	1.5	
初中	Junior Secondary School	4.3	1.0	0.8	0.8	1.7	
高中	Senior Secondary School	4.1	1.8	1.8	1.5	5.9	0.0
大学专科	College	1.9	5.8	4.2	1.9	16.8	
大学本科	University	1.0	11.5	6.0	2.8	20.5	
研究生及以上	Graduate and Higher Level	0.5	18.4	7.6	2.4	15.0	
女	**Female**	**3.8**	**5.5**	**4.2**	**1.5**	**4.6**	**0.0**
未上过学	No Schooling	3.9	1.0	0.8	0.4	0.6	
小学	Primary School	4.4	1.0	0.7	0.5	0.7	
初中	Junior Secondary School	5.0	1.5	1.0	0.9	1.0	0.0
高中	Senior Secondary School	4.2	3.7	3.7	1.5	4.6	0.0
大学专科	College	1.8	10.9	10.8	2.7	11.0	0.0
大学本科	University	1.2	21.2	11.3	3.1	13.8	0.0
研究生及以上	Graduate and Higher Level	0.1	28.1	15.0	3.6	8.4	

3-20 按行业、性别分的城镇就业人员受教育程度构成

Educational Attainment of Urban Employed Persons by Sector and Sex

单位：% (%)

受教育程度	Educational Attainment	城镇就业人员 Urban Employed Persons	农、林、牧、渔业 Agriculture, Forestry, Animal Husbandry and Fishery	采矿业 Mining	制造业 Manu-facturing	电力、热力、燃气及水生产和供应业 Production and Supply of Electricity Power, Heat Power, Gas and Water	建筑业 Construction	批发和零售业 Wholesale and Retail Trades	交通运输、仓储和邮政业 Transport, Storage and Post
总　计	**Total**	**100.0**	**100.0**	**100.0**	**100.0**	**100.0**	**100.0**	**100.0**	**100.0**
未上过学	No Schooling	0.8	3.4	0.3	0.6	0.1	0.5	0.4	0.2
小　学	Primary School	9.5	29.6	4.3	7.3	1.9	13.0	6.8	6.2
初　中	Junior Secondary School	39.6	56.3	44.2	44.5	22.1	52.4	42.5	43.5
高　中	Senior Secondary School	24.8	8.7	27.4	28.9	33.6	20.4	32.2	30.9
大学专科	College	14.4	1.5	15.6	12.1	27.4	8.2	12.7	12.4
大学本科	University	9.9	0.5	7.8	5.9	13.8	5.4	5.1	6.5
研究生及以上	Graduate and Higher Level	0.9	0.0	0.4	0.6	1.1	0.2	0.2	0.4
男	**Male**	**100.0**	**100.0**	**100.0**	**100.0**	**100.0**	**100.0**	**100.0**	**100.0**
未上过学	No Schooling	0.5	1.8	0.3	0.4	0.0	0.4	0.3	0.2
小　学	Primary School	8.4	26.7	4.4	5.8	1.8	12.9	6.7	6.6
初　中	Junior Secondary School	39.8	58.1	46.1	42.0	23.4	54.3	40.7	46.8
高　中	Senior Secondary School	26.5	10.8	27.1	32.0	35.1	20.7	32.6	30.9
大学专科	College	13.8	1.9	14.4	12.8	26.3	6.9	13.1	10.0
大学本科	University	9.9	0.7	7.2	6.4	12.3	4.6	6.4	5.3
研究生及以上	Graduate and Higher Level	1.0	0.0	0.4	0.7	1.1	0.2	0.3	0.3
女	**Female**	**100.0**	**100.0**	**100.0**	**100.0**	**100.0**	**100.0**	**100.0**	**100.0**
未上过学	No Schooling	1.3	4.9	0.3	0.9	0.2	1.0	0.5	0.3
小　学	Primary School	11.0	32.4	4.0	9.6	2.2	13.1	6.9	4.5
初　中	Junior Secondary School	39.2	54.5	37.5	48.0	19.1	42.2	44.0	29.5
高　中	Senior Secondary School	22.6	6.7	28.2	24.6	30.1	18.7	32.0	31.0
大学专科	College	15.0	1.1	19.7	11.1	30.0	15.1	12.5	22.4
大学本科	University	9.9	0.3	10.0	5.3	17.4	9.6	4.0	11.7
研究生及以上	Graduate and Higher Level	0.9	0.0	0.4	0.6	0.9	0.4	0.1	0.7

3-20 续表 1 continued

单位：% (%)

受教育程度	Educational Attainment	住宿和餐饮业 Hotels and Catering Services	信息传输、软件和信息技术服务业 Information Transmission, Software and Information Technical Services	金融业 Financial Intermediation	房地产业 Real Estate	租赁和商务服务业 Leasing and Business Services	科学研究和技术服务业 Scientific Research and Technical Services	水利、环境和公共设施管理业 Management of Water Conservancy, Environment and Public Facilities
总　计	**Total**	**100.0**	**100.0**	**100.0**	**100.0**	**100.0**	**100.0**	**100.0**
未上过学	No Schooling	0.6	0.2	0.1	0.7	0.3	0.2	1.3
小　学	Primary School	8.9	4.0	1.5	6.6	3.5	2.0	8.9
初　中	Junior Secondary School	51.4	29.8	12.9	28.8	26.9	14.5	28.1
高　中	Senior Secondary School	28.8	28.7	23.9	28.1	27.6	21.1	26.4
大学专科	College	7.5	18.5	31.6	20.8	21.5	23.9	20.7
大学本科	University	2.6	16.9	27.2	14.3	18.4	29.0	13.5
研究生及以上	Graduate and Higher Level	0.1	1.8	2.7	0.7	1.8	9.3	1.1
男	**Male**	**100.0**	**100.0**	**100.0**	**100.0**	**100.0**	**100.0**	**100.0**
未上过学	No Schooling	0.5	0.1	0.2	0.6	0.3	0.1	1.1
小　学	Primary School	6.6	3.5	1.0	6.9	3.7	1.6	6.3
初　中	Junior Secondary School	50.3	26.0	13.0	31.1	30.1	12.0	26.5
高　中	Senior Secondary School	31.2	29.3	26.3	30.1	29.7	22.7	27.5
大学专科	College	8.3	18.8	30.0	17.2	17.6	24.1	21.8
大学本科	University	3.0	19.9	26.4	13.4	16.6	31.1	15.5
研究生及以上	Graduate and Higher Level	0.1	2.5	3.0	0.7	2.0	8.5	1.3
女	**Female**	**100.0**	**100.0**	**100.0**	**100.0**	**100.0**	**100.0**	**100.0**
未上过学	No Schooling	0.8	0.3	0.1	0.7	0.2	0.6	1.7
小　学	Primary School	11.1	4.7	2.0	6.1	3.3	2.8	13.1
初　中	Junior Secondary School	52.4	34.2	12.8	25.2	22.1	18.6	30.7
高　中	Senior Secondary School	26.6	28.0	21.4	25.0	24.5	18.2	24.7
大学专科	College	6.8	18.2	33.2	26.7	27.4	23.5	18.8
大学本科	University	2.3	13.5	28.0	15.6	21.2	25.5	10.2
研究生及以上	Graduate and Higher Level	0.1	1.1	2.4	0.7	1.3	10.7	0.8

3-20 续表 2 continued

单位：% (%)

受教育程度	Educational Attainment	居民服务、修理和其他服务业 Services to Households, Repair and Other Services	教育 Education	卫生和社会工作 Health and Society	文化、体育和娱乐业 Culture, Sports and Entertainment	公共管理、社会保障和社会组织 Public Management Social Security and Social Organizations	国际组织 International Organizations
总 计	**Total**	**100.0**	**100.0**	**100.0**	**100.0**	**100.0**	**100.0**
未上过学	No Schooling	1.0	0.2	0.3	0.2	0.1	
小 学	Primary School	11.0	2.1	2.1	3.0	1.8	
初 中	Junior Secondary School	50.0	11.3	11.5	24.3	9.6	6.1
高 中	Senior Secondary School	27.8	15.4	20.9	26.4	22.5	69.1
大学专科	College	7.3	28.3	34.4	23.5	34.4	4.4
大学本科	University	2.9	37.7	27.4	20.5	29.6	20.4
研究生及以上	Graduate and Higher Level	0.1	5.1	3.4	2.0	2.0	
男	**Male**	**100.0**	**100.0**	**100.0**	**100.0**	**100.0**	**100.0**
未上过学	No Schooling	0.7	0.1	0.4	0.1	0.1	
小 学	Primary School	9.6	2.2	2.6	2.7	1.8	
初 中	Junior Secondary School	49.0	12.6	14.7	24.5	10.1	
高 中	Senior Secondary School	30.5	15.7	22.4	30.0	22.6	100.0
大学专科	College	7.4	26.4	27.9	20.3	33.7	
大学本科	University	2.7	37.2	28.6	20.6	29.5	
研究生及以上	Graduate and Higher Level	0.1	5.8	3.5	1.8	2.1	
女	**Female**	**100.0**	**100.0**	**100.0**	**100.0**	**100.0**	**100.0**
未上过学	No Schooling	1.3	0.2	0.3	0.3	0.2	
小 学	Primary School	12.6	2.0	1.8	3.4	1.7	
初 中	Junior Secondary School	51.1	10.3	9.4	24.1	8.5	8.6
高 中	Senior Secondary School	24.6	15.2	19.9	22.3	22.3	56.3
大学专科	College	7.2	29.6	38.7	27.2	35.8	6.3
大学本科	University	3.1	38.0	26.7	20.5	29.8	28.8
研究生及以上	Graduate and Higher Level	0.0	4.6	3.3	2.2	1.7	

3-21 按年龄、性别分的城镇就业人员职业构成

Occupation of Urban Employed Persons by Age and Sex

单位：% (%)

年龄 Age	城镇就业人员 Urban Employed Persons	单位负责人 Unit Head	专业技术人员 Technical Personnel	办事人员和有关人员 Clerk and Related Workers	商业、服务业人员 Business Service Personnel	农林牧渔水利业生产人员 Producers in the Sectors of Agriculture, Forestry, Animal Husbandry, Fishery and Water Conservancy	生产运输设备操作人员及有关人员 Production, Transport Equipment Operators and Related Workers	其他 Others
总计 Total	**100.0**	**3.5**	**15.7**	**10.6**	**29.7**	**13.8**	**26.3**	**0.5**
16-19	100.0	0.6	5.4	3.7	36.4	13.3	40.4	0.4
20-24	100.0	1.0	15.6	10.3	34.9	7.8	30.1	0.4
25-29	100.0	2.4	19.7	11.7	32.4	7.2	26.1	0.4
30-34	100.0	3.8	20.3	11.5	31.2	8.0	24.8	0.4
35-39	100.0	4.3	16.9	10.8	29.6	9.6	28.5	0.4
40-44	100.0	4.0	15.0	9.7	30.2	12.4	28.3	0.5
45-49	100.0	4.8	14.0	10.8	28.7	15.2	26.0	0.5
50-54	100.0	4.4	13.6	11.7	25.2	19.1	25.5	0.5
55-59	100.0	3.9	10.3	12.3	22.5	30.3	20.1	0.7
60-64	100.0	2.1	5.8	6.0	20.3	51.0	14.1	0.7
65+	100.0	0.8	3.7	4.2	15.3	68.2	7.3	0.4
男 Male	**100.0**	**4.6**	**13.2**	**11.9**	**25.4**	**12.0**	**32.4**	**0.5**
16-19	100.0	0.8	3.5	4.5	33.2	13.5	44.0	0.4
20-24	100.0	1.1	11.4	9.3	30.8	7.6	39.4	0.4
25-29	100.0	3.0	15.7	11.6	28.7	6.8	33.8	0.4
30-34	100.0	4.6	16.8	12.3	27.0	7.4	31.4	0.4
35-39	100.0	5.9	14.0	12.1	25.3	8.5	33.7	0.5
40-44	100.0	5.5	13.0	11.4	24.7	10.7	34.2	0.5
45-49	100.0	6.8	12.9	12.8	23.1	12.0	31.9	0.5
50-54	100.0	6.0	12.4	14.2	22.0	13.5	31.3	0.6
55-59	100.0	5.2	11.4	16.2	20.6	21.1	24.7	0.8
60-64	100.0	2.9	7.0	8.9	18.9	42.8	18.9	0.7
65+	100.0	1.1	4.7	6.3	16.8	61.7	9.1	0.3
女 Female	**100.0**	**1.9**	**18.9**	**8.8**	**35.4**	**16.2**	**18.3**	**0.4**
16-19	100.0	0.2	7.7	2.7	40.3	12.9	35.8	0.4
20-24	100.0	0.9	20.5	11.4	39.7	7.9	19.3	0.3
25-29	100.0	1.8	24.5	11.9	36.8	7.7	16.9	0.4
30-34	100.0	2.7	24.5	10.5	36.1	8.8	17.0	0.4
35-39	100.0	2.5	20.3	9.1	34.8	10.9	22.0	0.4
40-44	100.0	2.1	17.5	7.5	37.1	14.5	21.0	0.4
45-49	100.0	2.2	15.4	8.1	36.1	19.4	18.3	0.4
50-54	100.0	1.4	15.9	6.8	31.3	30.1	14.2	0.4
55-59	100.0	1.1	7.8	3.6	26.6	50.6	9.9	0.4
60-64	100.0	0.9	4.0	1.2	22.6	64.1	6.5	0.6
65+	100.0	0.3	2.1	0.8	12.8	79.1	4.4	0.5

3-22 按职业、性别分的城镇就业人员年龄构成

Age Composition of Urban Employed Persons by Occupation and Sex

单位：% (%)

年龄 Age	城镇就业人员 Urban Employed Persons	单位负责人 Unit Head	专业技术人员 Technical Personnel	办事人员和有关人员 Clerk and Related Workers	商业、服务业人员 Business Service Personnel	农林牧渔水利业生产人员 Producers in the Sectors of Agriculture, Forestry, Animal Husbandry, Fishery and Water Conservancy	生产运输设备操作人员及有关人员 Production, Transport Equipment Operators and Related Workers	其他 Others
总计 Total	**100.0**	**100.0**	**100.0**	**100.0**	**100.0**	**100.0**	**100.0**	**100.0**
16-19	1.7	0.3	0.6	0.6	2.1	1.6	2.6	1.3
20-24	10.7	3.1	10.6	10.3	12.5	6.0	12.2	8.4
25-29	13.2	9.3	16.6	14.7	14.4	6.9	13.1	12.0
30-34	14.8	16.1	19.2	16.1	15.5	8.6	14.0	13.3
35-39	13.9	17.4	14.9	14.1	13.8	9.6	15.0	13.6
40-44	16.2	18.7	15.5	14.8	16.5	14.6	17.5	17.2
45-49	13.3	18.6	11.9	13.6	12.9	14.7	13.2	13.3
50-54	7.0	9.0	6.1	7.7	5.9	9.7	6.8	8.4
55-59	5.2	5.9	3.4	6.1	3.9	11.5	4.0	7.5
60-64	2.3	1.4	0.9	1.3	1.6	8.6	1.2	3.4
65+	1.6	0.4	0.4	0.7	0.8	8.1	0.5	1.4
男 Male	**100.0**	**100.0**	**100.0**	**100.0**	**100.0**	**100.0**	**100.0**	**100.0**
16-19	1.6	0.3	0.4	0.6	2.1	1.9	2.2	1.2
20-24	10.1	2.4	8.7	7.9	12.2	6.4	12.3	7.6
25-29	12.6	8.1	15.0	12.3	14.3	7.2	13.2	10.7
30-34	14.2	14.2	18.0	14.7	15.1	8.8	13.8	12.6
35-39	13.5	17.1	14.3	13.7	13.4	9.6	14.0	13.2
40-44	15.9	18.8	15.5	15.2	15.4	14.2	16.7	16.7
45-49	13.3	19.6	12.9	14.3	12.1	13.4	13.1	12.6
50-54	8.2	10.5	7.7	9.7	7.1	9.2	7.9	10.7
55-59	6.3	7.0	5.4	8.6	5.1	11.1	4.8	10.0
60-64	2.5	1.6	1.3	1.9	1.9	9.0	1.5	3.5
65+	1.8	0.4	0.6	1.0	1.2	9.3	0.5	1.2
女 Female	**100.0**	**100.0**	**100.0**	**100.0**	**100.0**	**100.0**	**100.0**	**100.0**
16-19	1.7	0.2	0.7	0.5	2.0	1.4	3.4	1.6
20-24	11.4	5.2	12.4	14.7	12.8	5.6	12.0	9.7
25-29	14.0	13.0	18.1	18.8	14.5	6.7	12.9	14.0
30-34	15.6	22.1	20.2	18.5	15.9	8.5	14.5	14.5
35-39	14.5	18.6	15.5	14.9	14.2	9.7	17.4	14.1
40-44	16.7	18.3	15.5	14.2	17.5	15.0	19.2	18.1
45-49	13.3	15.3	10.9	12.2	13.6	16.0	13.3	14.5
50-54	5.5	3.9	4.6	4.2	4.8	10.2	4.2	4.9
55-59	3.8	2.1	1.6	1.5	2.8	11.8	2.0	3.6
60-64	2.1	0.9	0.4	0.3	1.3	8.2	0.7	3.2
65+	1.4	0.2	0.2	0.1	0.5	6.9	0.3	1.8

3-23 按受教育程度、性别分的城镇就业人员职业构成

Occupation of Urban Employed Persons by Educational Attainment and Sex

单位：% (%)

受教育程度	Educational Attainment	城镇就业人员 Urban Employed Persons	单位负责人 Unit Head	专业技术人员 Technical Personnel	办事人员和有关人员 Clerk and Related Workers	商业、服务业人员 Business Service Personnel	农林牧渔水利业生产人员 Producers in the Sectors of Agriculture, Forestry, Animal Husbandry, Fishery and Water Conservancy	生产运输设备操作人员及有关人员 Production, Transport Equipment Operators and Related Workers	其他 Others
总计	**Total**	**100.0**	**3.5**	**15.7**	**10.6**	**29.7**	**13.8**	**26.3**	**0.5**
未上过学	No Schooling	100.0	0.4	2.1	2.2	21.7	54.8	18.1	0.8
小学	Primary School	100.0	1.4	2.6	2.7	24.7	42.3	25.9	0.4
初中	Junior Secondary School	100.0	2.3	5.3	4.4	33.2	19.5	34.7	0.5
高中	Senior Secondary School	100.0	4.0	13.7	11.2	37.1	5.1	28.4	0.5
大学专科	College	100.0	5.3	33.1	21.5	23.8	1.5	14.4	0.4
大学本科	University	100.0	6.1	46.0	25.0	14.0	0.7	7.9	0.3
研究生及以上	Graduate and Higher Level	100.0	6.0	61.8	20.0	7.3	0.2	4.4	0.3
男	**Male**	**100.0**	**4.6**	**13.2**	**11.9**	**25.4**	**12.0**	**32.4**	**0.5**
未上过学	No Schooling	100.0	0.7	2.6	4.4	24.0	43.6	24.4	0.4
小学	Primary School	100.0	2.0	2.9	4.6	21.1	37.1	31.8	0.4
初中	Junior Secondary School	100.0	3.1	4.9	5.6	26.9	17.4	41.6	0.5
高中	Senior Secondary School	100.0	5.0	11.0	11.9	31.2	5.1	35.1	0.6
大学专科	College	100.0	7.3	26.2	22.9	22.2	1.7	19.2	0.5
大学本科	University	100.0	8.2	39.5	27.2	14.0	0.8	10.0	0.3
研究生及以上	Graduate and Higher Level	100.0	8.6	58.7	20.7	7.2	0.3	4.2	0.3
女	**Female**	**100.0**	**1.9**	**18.9**	**8.8**	**35.4**	**16.2**	**18.3**	**0.4**
未上过学	No Schooling	100.0	0.2	1.8	1.1	20.5	60.4	15.0	1.0
小学	Primary School	100.0	0.8	2.3	0.9	28.4	47.4	19.8	0.4
初中	Junior Secondary School	100.0	1.3	5.9	2.8	41.6	22.4	25.5	0.5
高中	Senior Secondary School	100.0	2.3	18.0	10.1	46.1	5.0	18.0	0.4
大学专科	College	100.0	2.9	41.5	19.8	25.6	1.2	8.6	0.3
大学本科	University	100.0	3.3	54.5	22.2	14.0	0.6	5.1	0.3
研究生及以上	Graduate and Higher Level	100.0	2.3	66.0	19.0	7.6	0.0	4.8	0.2

3-24 按职业、性别分的城镇就业人员受教育程度构成
Educational Attainment of Urban Employed Persons by Occupation and Sex

单位：% (%)

受教育程度	Educational Attainment	城镇就业人员 Urban Employed Persons	单位负责人 Unit Head	专业技术人员 Technical Personnel	办事人员和有关人员 Clerk and Related Workers	商业、服务业人员 Business Service Personnel	农林牧渔水利业生产人员 Producers in the Sectors of Agriculture, Forestry, Animal Husbandry, Fishery and Water Conservancy	生产运输设备操作人员及有关人员 Production, Transport Equipment Operators and Related Workers	其他 Others
总计	**Total**	**100.0**	**100.0**	**100.0**	**100.0**	**100.0**	**100.0**	**100.0**	**100.0**
未上过学	No Schooling	0.8	0.1	0.1	0.2	0.6	3.4	0.6	1.4
小学	Primary School	9.5	3.9	1.6	2.5	7.9	29.3	9.4	8.6
初中	Junior Secondary School	39.6	26.6	13.5	16.5	44.1	56.2	52.3	41.9
高中	Senior Secondary School	24.8	28.5	21.7	26.3	30.9	9.2	26.8	27.9
大学专科	College	14.4	22.0	30.3	29.2	11.5	1.5	7.8	13.0
大学本科	University	9.9	17.4	29.1	23.5	4.7	0.5	3.0	6.6
研究生及以上	Graduate and Higher Level	0.9	1.6	3.7	1.8	0.2	0.0	0.2	0.6
男	**Male**	**100.0**	**100.0**	**100.0**	**100.0**	**100.0**	**100.0**	**100.0**	**100.0**
未上过学	No Schooling	0.5	0.1	0.1	0.2	0.5	1.8	0.4	0.4
小学	Primary School	8.4	3.7	1.8	3.3	7.0	26.2	8.3	7.5
初中	Junior Secondary School	39.8	26.4	14.9	18.9	42.1	57.9	51.2	40.6
高中	Senior Secondary School	26.5	28.8	22.0	26.6	32.6	11.4	28.7	31.8
大学专科	College	13.8	21.7	27.3	26.7	12.1	2.0	8.2	13.4
大学本科	University	9.9	17.5	29.6	22.7	5.5	0.7	3.1	5.7
研究生及以上	Graduate and Higher Level	1.0	1.8	4.3	1.7	0.3	0.0	0.1	0.6
女	**Female**	**100.0**	**100.0**	**100.0**	**100.0**	**100.0**	**100.0**	**100.0**	**100.0**
未上过学	No Schooling	1.3	0.1	0.1	0.2	0.7	4.8	1.1	3.1
小学	Primary School	11.0	4.3	1.4	1.1	8.8	32.3	11.9	10.4
初中	Junior Secondary School	39.2	27.0	12.2	12.3	46.1	54.5	54.7	44.1
高中	Senior Secondary School	22.6	27.4	21.5	25.9	29.4	7.0	22.2	21.6
大学专科	College	15.0	23.0	33.0	33.7	10.9	1.1	7.0	12.3
大学本科	University	9.9	17.1	28.6	24.9	3.9	0.4	2.8	8.0
研究生及以上	Graduate and Higher Level	0.9	1.1	3.2	2.0	0.2	0.0	0.2	0.5

3-25 城镇就业人员调查周平均工作时间
Weekly Working Hours of Urban Employed Persons

单位：小时／周 (hours/per week)

分 组	Group	2008年11月 Nov.2008	2009年11月 Nov.2009	2010年11月 Nov.2010	2011年11月 Nov.2011	2012年11月 Nov.2012
全 部	**Total**	**44.6**	**44.7**	**47.0**	**46.2**	**46.3**
一、按年龄分组	**By Age**					
	16-19	45.8	46.8	49.1	48.0	47.7
	20-24	45.6	46.1	47.8	46.8	47.1
	25-29	45.7	45.9	47.1	46.6	46.8
	30-34	46.0	46.1	47.5	47.0	46.9
	35-39	45.9	46.1	47.8	47.2	47.3
	40-44	45.4	45.4	47.6	46.9	47.1
	45-49	44.5	44.5	46.8	46.0	46.2
	50-54	43.3	42.9	45.8	44.8	45.1
	55-59	41.0	41.1	44.7	43.4	43.6
	60-64	37.3	37.8	42.6	40.1	41.4
	65+	32.7	33.4	38.5	35.0	35.7
二、按职业分组	**By Occupation**					
单位负责人	Unit Head	47.5	47.5	47.1	47.7	48.2
专业技术人员	Technical Personnel	43.0	42.8	43.1	43.7	43.7
办事人员和有关人员	Clerk and Related Workers	43.5	43.3	44.0	43.9	44.0
商业、服务业人员	Business Service Personnel	49.1	49.0	49.8	49.5	49.6
农林牧渔水利业生产人员	Producers in the Sectors of Agriculture, Forestry,Animal Husbandry,Fishery and Water Conservancy	37.7	37.7	41.5	38.2	38.3
生产、运输设备操作人员及有关人员	Production, Transport Equipment Operators and Related Workers	48.2	48.9	49.7	48.7	48.8
其 他	Others	46.8	46.3	47.8	47.7	49.8
三、按受教育程度分组	**By Educational Attaiment**					
未上过学	No Schooling	36.4	36.9	43.5	40.1	39.8
小 学	Primary School	41.7	42.3	47.2	45.0	44.5
初 中	Junior Secondary School	46.1	46.1	48.9	48.1	48.2
高 中	Senior Secondary School	46.0	46.1	47.2	47.1	47.3
大 专	College	43.0	42.9	43.7	43.8	44.0
大学本科	University	41.7	41.5	42.1	42.4	42.4
研究生及以上	Graduate and Higher Level	41.1	41.1	41.1	41.7	41.6

注：1.11月相对应的调查周是10月25日至10月31日。

3-26 城镇男性就业人员调查周平均工作时间
Weekly Working Hours of Urban Male Employed Persons

单位：小时／周 (hours/per week)

分组	Group	2008年11月 Nov.2008	2009年11月 Nov.2009	2010年11月 Nov.2010	2011年11月 Nov.2011	2012年11月 Nov.2012
全 部	**Total**	**45.7**	**45.9**	**47.7**	**47.0**	**47.1**
一、按年龄分组	**By Age**					
	16-19	45.8	46.7	49.3	48.0	47.9
	20-24	46.5	47.2	48.5	47.5	47.7
	25-29	46.9	47.1	47.9	47.4	47.7
	30-34	47.1	47.2	48.2	47.8	47.6
	35-39	47.0	47.3	48.4	48.0	48.0
	40-44	46.5	46.7	48.3	47.9	47.9
	45-49	45.8	45.8	47.5	46.8	47.1
	50-54	44.9	44.7	46.6	45.5	46.0
	55-59	43.3	43.3	45.7	44.8	45.2
	60-64	39.9	40.7	44.4	42.1	44.0
	65+	34.7	35.2	40.1	37.4	38.0
二、按职业分组	**By Occupation**					
单位负责人	Unit Head	47.6	47.6	47.0	47.7	48.2
专业技术人员	Technical Personnel	43.3	43.3	43.6	44.2	44.2
办事人员和有关人员	Clerk and Related Workers	44.0	43.8	44.6	44.4	44.5
商业、服务业人员	Business Service Personnel	49.6	49.5	50.2	50.1	50.1
农林牧渔水利业生产人员	Producers in the Sectors of Agriculture, Forestry,Animal Husbandry,Fishery and Water Conservancy	40.2	40.2	43.3	40.6	40.8
生产、运输设备操作人员及有关人员	Production, Transport Equipment Operators and Related Workers	48.5	49.0	49.9	48.9	48.9
其 他	Others	46.7	47.2	48.2	49.2	50.2
三、按受教育程度分组	**By Educational Attaiment**					
未上过学	No Schooling	39.2	40.2	45.2	42.6	43.7
小 学	Primary School	43.6	44.4	48.4	46.8	46.3
初 中	Junior Secondary School	47.2	47.3	49.6	48.9	49.1
高 中	Senior Secondary School	46.5	46.7	47.6	47.4	47.8
大 专	College	43.3	43.1	44.0	44.5	44.4
大学本科	University	42.0	41.6	42.4	42.6	42.8
研究生及以上	Graduate and Higher Level	41.3	41.3	41.3	41.8	41.9

3-27 城镇女性就业人员调查周平均工作时间

Weekly Working Hours of Urban Female Employed Persons

单位：小时／周 (hours/per week)

分 组	Group	2008年11月 Nov.2008	2009年11月 Nov.2009	2010年11月 Nov.2010	2011年11月 Nov.2011	2012年11月 Nov.2012
全 部	**Total**	**43.1**	**43.2**	**46.1**	**45.2**	**45.2**
一、按年龄分组	**By Age**					
	16-19	45.8	46.9	48.8	48.1	47.4
	20-24	44.7	45.0	47.0	46.1	46.3
	25-29	44.4	44.6	46.1	45.8	45.7
	30-34	44.7	44.9	46.6	46.1	46.0
	35-39	44.6	44.8	46.9	46.2	46.4
	40-44	44.1	44.0	46.7	45.8	46.2
	45-49	43.0	43.0	45.8	45.0	45.0
	50-54	40.5	39.8	44.2	43.1	43.5
	55-59	36.5	37.0	42.2	40.1	40.1
	60-64	33.3	33.4	39.3	36.6	37.2
	65+	29.6	30.1	35.3	31.2	31.8
二、按职业分组	**By Occupation**					
单位负责人	Unit Head	47.1	46.9	47.2	47.8	48.2
专业技术人员	Technical Personnel	42.6	42.4	42.7	43.2	43.2
办事人员和有关人员	Clerk and Related Workers	42.5	42.2	42.8	43.0	43.1
商业、服务业人员	Business Service Personnel	48.7	48.6	49.5	49.0	49.1
农林牧渔水利业生产人员	Producers in the Sectors of Agriculture, Forestry,Animal Husbandry,Fishery and Water Conservancy	35.3	35.3	39.6	35.7	35.8
生产、运输设备操作人员及有关人员	Production, Transport Equipment Operators and Related Workers	47.7	48.7	49.5	48.4	48.6
其 他	Others	46.8	44.7	47.1	44.9	49.2
三、按受教育程度分组	**By Educational Attaiment**					
未上过学	No Schooling	35.2	35.5	42.6	38.9	37.7
小 学	Primary School	40.0	40.4	45.9	43.1	42.6
初 中	Junior Secondary School	44.5	44.5	47.9	47.1	46.9
高 中	Senior Secondary School	45.4	45.3	46.5	46.5	46.7
大 专	College	42.5	42.6	43.2	43.0	43.6
大学本科	University	41.3	41.3	41.7	42.0	42.0
研究生及以上	Graduate and Higher Level	40.6	40.7	40.7	41.4	41.1

3-28 按年龄、性别分的城镇就业人员工作时间构成

Working Hours of Urban Employed Persons by Age and Sex

单位：% (%)

年 龄 Age	城镇就业人员 Urban Employed Persons	1-8小时 1-8 Hours	9-19小时 9-19 Hours	20-39小时 20-39 Hours	40小时 40 Hours	41-48小时 41-48 Hours	48小时以上 48 Hours Above
总计 Total	**100.0**	**0.5**	**1.2**	**8.1**	**37.1**	**20.3**	**32.8**
16-19	100.0	0.3	1.6	10.3	21.0	28.0	38.7
20-24	100.0	0.6	0.7	5.6	34.9	24.8	33.4
25-29	100.0	0.4	0.6	5.2	40.0	22.2	31.7
30-34	100.0	0.4	0.5	5.6	40.5	20.4	32.7
35-39	100.0	0.4	0.8	5.7	37.5	20.6	35.1
40-44	100.0	0.3	0.9	6.9	37.1	19.4	35.3
45-49	100.0	0.5	1.4	8.5	37.8	19.2	32.5
50-54	100.0	0.7	1.5	10.9	38.6	17.9	30.5
55-59	100.0	0.8	2.9	15.8	36.2	15.4	28.9
60-64	100.0	1.0	5.7	25.1	24.7	15.2	28.2
65+	100.0	2.2	11.2	37.6	18.9	12.9	17.2
男 Male	**100.0**	**0.4**	**0.9**	**6.6**	**36.7**	**20.4**	**35.1**
16-19	100.0	0.3	1.7	10.4	20.4	28.4	38.9
20-24	100.0	0.5	0.5	5.1	33.1	24.9	35.9
25-29	100.0	0.2	0.4	4.1	37.8	22.2	35.3
30-34	100.0	0.2	0.3	4.7	38.8	20.9	35.1
35-39	100.0	0.3	0.5	4.7	36.4	20.5	37.7
40-44	100.0	0.3	0.6	5.3	36.9	19.2	37.8
45-49	100.0	0.4	0.8	6.4	38.2	19.4	34.8
50-54	100.0	0.5	0.8	7.7	41.3	18.7	31.1
55-59	100.0	0.5	1.5	10.5	40.3	16.6	30.6
60-64	100.0	0.7	3.7	19.5	25.7	17.3	33.0
65+	100.0	1.5	8.7	33.9	20.9	14.1	20.8
女 Female	**100.0**	**0.6**	**1.8**	**10.1**	**37.6**	**20.1**	**29.8**
16-19	100.0	0.4	1.6	10.2	21.8	27.5	38.5
20-24	100.0	0.8	0.9	6.2	37.0	24.7	30.4
25-29	100.0	0.5	0.7	6.6	42.6	22.1	27.5
30-34	100.0	0.5	0.8	6.6	42.5	19.8	29.8
35-39	100.0	0.4	1.1	7.0	38.9	20.7	32.0
40-44	100.0	0.3	1.2	9.1	37.4	19.7	32.2
45-49	100.0	0.6	2.0	11.4	37.3	19.0	29.6
50-54	100.0	1.1	2.7	17.2	33.4	16.3	29.2
55-59	100.0	1.4	6.0	27.6	27.1	12.7	25.2
60-64	100.0	1.5	8.9	34.2	23.1	11.7	20.6
65+	100.0	3.3	15.5	43.7	15.6	10.8	11.2

3-29 按受教育程度、性别分的城镇就业人员工作时间构成
Working Hours of Urban Employed Persons by Educational Attainment and Sex

单位：% (%)

受教育程度	Educational Attainment	城镇就业人员 Urban Employed Persons	1-8小时 1-8 Hours	9-19小时 9-19 Hours	20-39小时 20-39 Hours	40小时 40 Hours	41-48小时 41-48 Hours	48小时以上 48 Hours Above
总　计	**Total**	**100.0**	**0.5**	**1.2**	**8.1**	**37.1**	**20.3**	**32.8**
未上过学	No Schooling	100.0	1.9	9.1	31.4	15.9	11.1	30.7
小　学	Primary School	100.0	0.8	4.5	21.0	20.1	16.2	37.5
初　中	Junior Secondary School	100.0	0.6	1.4	9.9	23.6	21.3	43.2
高　中	Senior Secondary School	100.0	0.4	0.6	4.3	37.1	24.2	33.5
大学专科	College	100.0	0.2	0.3	3.4	59.8	19.0	17.3
大学本科	University	100.0	0.3	0.2	3.3	71.8	14.1	10.2
研究生及以上	Graduate and Higher Level	100.0	0.1	0.5	2.8	80.0	8.2	8.3
男	**Male**	**100.0**	**0.4**	**0.9**	**6.6**	**36.7**	**20.4**	**35.1**
未上过学	No Schooling	100.0	1.0	6.5	22.4	18.4	14.4	37.3
小　学	Primary School	100.0	0.6	3.1	16.7	20.2	17.3	42.1
初　中	Junior Secondary School	100.0	0.4	1.0	8.1	23.4	21.3	45.8
高　中	Senior Secondary School	100.0	0.4	0.5	3.7	36.7	23.6	35.1
大学专科	College	100.0	0.2	0.2	3.4	58.6	19.0	18.6
大学本科	University	100.0	0.2	0.1	3.2	70.4	14.6	11.5
研究生及以上	Graduate and Higher Level	100.0	0.1	0.3	2.3	79.0	8.9	9.5
女	**Female**	**100.0**	**0.6**	**1.8**	**10.1**	**37.6**	**20.1**	**29.8**
未上过学	No Schooling	100.0	2.3	10.4	36.0	14.6	9.4	27.3
小　学	Primary School	100.0	0.9	5.8	25.3	20.0	15.2	32.8
初　中	Junior Secondary School	100.0	0.8	2.0	12.3	23.9	21.3	39.7
高　中	Senior Secondary School	100.0	0.4	0.6	5.2	37.7	25.2	30.9
大学专科	College	100.0	0.3	0.3	3.6	61.3	18.9	15.7
大学本科	University	100.0	0.4	0.3	3.5	73.8	13.5	8.6
研究生及以上	Graduate and Higher Level	100.0	0.2	0.8	3.5	81.5	7.4	6.7

3-30 按户口性质、性别分的城镇就业人员工作时间构成
Working Hours of Urban Employed Persons by Household Registration and Sex

单位：% (%)

户口性质	Household Registration	城镇就业人员 Urban Employed Persons	1-8小时 1-8 Hours	9-19小时 9-19 Hours	20-39小时 20-39 Hours	40小时 40 Hours	41-48小时 41-48 Hours	48小时以上 48 Hours Above
总 计	**Total**	**100.0**	**0.5**	**1.2**	**8.1**	**37.1**	**20.3**	**32.8**
农 业	Agriculture	100.0	0.7	2.2	12.7	22.1	20.9	41.4
非农业	Non-Agriculture	100.0	0.3	0.4	4.2	50.0	19.8	25.4
男	**Male**	**100.0**	**0.4**	**0.9**	**6.6**	**36.7**	**20.4**	**35.1**
农 业	Agriculture	100.0	0.5	1.5	9.9	21.2	21.4	45.4
非农业	Non-Agriculture	100.0	0.3	0.3	3.7	49.9	19.5	26.3
女	**Female**	**100.0**	**0.6**	**1.8**	**10.1**	**37.6**	**20.1**	**29.8**
农 业	Agriculture	100.0	1.0	3.2	16.4	23.2	20.1	36.1
非农业	Non-Agriculture	100.0	0.3	0.5	4.7	50.1	20.1	24.2

3-31 按就业身份、性别分的城镇就业人员工作时间构成
Working Hours of Urban Employed Persons by Employment Status and Sex

单位：% (%)

就业身份	Employment Status	城镇就业人员 Urban Employed Persons	1-8小时 1-8 Hours	9-19小时 9-19 Hours	20-39小时 20-39 Hours	40小时 40 Hours	41-48小时 41-48 Hours	48小时以上 48 Hours Above
总 计	**Total**	**100.0**	**0.5**	**1.2**	**8.1**	**37.1**	**20.3**	**32.8**
雇 员	Employee	100.0	0.5	1.3	8.3	42.2	21.6	26.0
雇 主	Employer	100.0	0.3	1.0	4.3	21.0	16.3	57.0
自营劳动者	Self-Employed	100.0	0.4	1.0	7.6	16.6	14.8	59.6
家庭帮工	Unpaid Familial Worker	100.0	0.4	1.3	11.8	19.6	15.6	51.5
男	**Male**	**100.0**	**0.4**	**0.9**	**6.6**	**36.7**	**20.4**	**35.1**
雇 员	Employee	100.0	0.4	0.9	6.6	42.3	21.8	28.1
雇 主	Employer	100.0	0.2	0.9	4.3	21.3	16.4	57.0
自营劳动者	Self-Employed	100.0	0.3	0.8	7.2	15.9	15.5	60.3
家庭帮工	Unpaid Familial Worker	100.0	0.1	1.0	9.6	19.3	13.6	56.3
女	**Female**	**100.0**	**0.6**	**1.8**	**10.1**	**37.6**	**20.1**	**29.8**
雇 员	Employee	100.0	0.7	1.9	10.5	42.1	21.4	23.5
雇 主	Employer	100.0	0.6	1.3	4.4	20.3	16.2	57.2
自营劳动者	Self-Employed	100.0	0.5	1.3	8.4	18.0	13.3	58.4
家庭帮工	Unpaid Familial Worker	100.0	0.4	1.3	12.4	19.6	16.2	50.1

3-32 按行业、性别分的城镇就业人员工作时间构成

Working Hours of Urban Employed Persons by Sector and Sex

单位：% (%)

项目	Item	城镇就业人员 Urban Employed Persons	1-8小时 1-8 Hours	9-19小时 9-19 Hours	20-39小时 20-39 Hours	40小时 40 Hours	41-48小时 41-48 Hours	48小时以上 48 Hours Above
总 计	**National Total**	**100.0**	**0.5**	**1.2**	**8.1**	**37.1**	**20.3**	**32.8**
农、林、牧、渔业	Agriculture,Forestry,Animal Husbandry and Fishery	100.0	1.8	6.6	32.1	24.5	14.3	20.6
采矿业	Mining	100.0	0.3	0.1	2.3	44.7	29.4	23.1
制造业	Manufacturing	100.0	0.2	0.3	3.6	33.2	27.3	35.5
电力、热力、燃气及水生产和供应业	Production and Supply of Electricity Power, Heat Power, Gas and Water	100.0	0.1	0.2	5.0	61.4	17.7	15.6
建筑业	Construction	100.0	0.3	0.6	5.4	27.2	19.9	46.6
批发和零售业	Wholesale and Retail Trades	100.0	0.2	0.5	4.5	26.1	21.1	47.5
交通运输、仓储和邮政业	Transport,Storage and Post	100.0	0.4	0.3	5.1	35.3	18.2	40.6
住宿和餐饮业	Hotels and Catering Services	100.0	0.3	0.5	4.9	21.6	23.3	49.4
信息传输、软件和信息技术服务业	Information Transmission, Software and Information Technical Services	100.0	0.4	0.5	3.3	41.1	19.2	35.6
金融业	Financial Intermediation	100.0	0.2	0.3	3.8	64.4	17.2	14.1
房地产业	Real Estate	100.0	0.5	0.9	3.5	43.5	25.5	26.2
租赁和商务服务业	Leasing and Business Services	100.0	0.4	0.3	3.5	46.1	22.7	27.0
科学研究和技术服务业	Scientific Research and Technical Services	100.0	0.5	0.0	2.0	65.6	18.6	13.3
水利、环境和公共设施管理业	Management of Water Conservancy, Environment and Public Facilities	100.0	0.2	0.6	6.1	57.1	16.3	19.7
居民服务、修理和其他服务业	Services to Households, Repair and Other Services	100.0	0.6	1.2	7.8	25.3	19.8	45.3
教育	Education	100.0	0.6	0.5	4.5	67.8	13.0	13.5
卫生和社会工作	Health and Society	100.0	0.2	0.3	4.2	58.6	18.2	18.5
文化体育和娱乐业	Culture, Sports and Entertainment	100.0	0.7	0.6	4.9	50.2	16.2	27.3
公共管理、社会保障和社会组织	Public Management, Social Security and Social	100.0	0.2	0.1	5.2	74.4	11.1	9.0
国际组织	Organizations International Organizations	100.0				56.1	26.5	17.4
男	**Male**	**100.0**	**0.4**	**0.9**	**6.6**	**36.7**	**20.4**	**35.1**
农、林、牧、渔业	Agriculture,Forestry,Animal Husbandry and Fishery	100.0	1.3	4.6	26.3	25.6	16.1	26.2
采矿业	Mining	100.0	0.4	0.2	2.0	41.8	30.1	25.6
制造业	Manufacturing	100.0	0.2	0.3	2.8	33.8	27.3	35.7
电力、热力、燃气及水生产和供应业	Production and Supply of Electricity Power, Heat Power, Gas and Water	100.0	0.1	0.2	4.8	59.1	19.2	16.5
建筑业	Construction	100.0	0.2	0.6	5.2	25.7	19.5	48.8
批发和零售业	Wholesale and Retail Trades	100.0	0.2	0.5	4.2	25.8	19.4	49.9
交通运输、仓储和邮政业	Transport,Storage and Post	100.0	0.3	0.3	5.1	31.8	18.1	44.3
住宿和餐饮业	Hotels and Catering Services	100.0	0.2	0.5	4.4	20.5	24.2	50.2
信息传输、软件和信息技术服务业	Information Transmission, Software and Information Technical Services	100.0	0.3	0.4	2.9	43.9	18.3	34.2
金融业	Financial Intermediation	100.0	0.1	0.2	3.7	62.3	18.5	15.3

3-32 续表 continued

单位：% (%)

项 目	Item	城镇就业人员 Urban Employed Persons	1-8小时 1-8 Hours	9-19小时 9-19 Hours	20-39小时 20-39 Hours	40小时 40 Hours	41-48小时 41-48 Hours	48小时以上 48 Hours Above
房地产业	Real Estate	100.0	0.5	0.7	3.5	39.7	24.8	30.8
租赁和商务服务业	Leasing and Business Services	100.0	0.6	0.4	3.5	43.8	22.3	29.4
科学研究和技术服务业	Scientific Research and Technical Services	100.0	0.5	0.0	2.2	66.9	17.3	13.1
水利、环境和公共设施管理业	Management of Water Conservancy, Environment and Public Facilities	100.0	0.4	0.9	4.6	59.2	15.3	19.7
居民服务、修理和其他服务业	Services to Households, Repair and Other Services	100.0	0.5	0.9	6.5	24.3	19.8	48.0
教育	Education	100.0	0.3	0.5	4.7	64.2	14.0	16.3
卫生和社会工作	Health and Society	100.0	0.1	0.0	3.6	55.8	17.4	23.0
文化体育和娱乐业	Culture, Sports and Entertainment	100.0	0.8	0.8	4.1	48.6	16.4	29.4
公共管理、社会保障和社会组织	Public Management, Social Security and Social Organizations	100.0	0.2	0.1	4.8	73.6	11.4	10.0
国际组织	International Organizations	100.0				92.0		8.0
女	**Female**	**100.0**	**0.6**	**1.8**	**10.1**	**37.6**	**20.1**	**29.8**
农、林、牧、渔业	Agriculture,Forestry,Animal Husbandry and Fishery	100.0	2.4	8.6	37.8	23.5	12.5	15.3
采矿业	Mining	100.0	0.1	0.0	3.2	55.4	27.1	14.1
制造业	Manufacturing	100.0	0.1	0.4	4.8	32.2	27.3	35.2
电力、热力、燃气及水生产和供应业	Production and Supply of Electricity Power, Heat Power, Gas and Water	100.0		0.3	5.5	66.5	14.2	13.4
建筑业	Construction	100.0	0.5	0.4	6.4	35.4	22.1	35.3
批发和零售业	Wholesale and Retail Trades	100.0	0.2	0.6	4.8	26.3	22.6	45.5
交通运输、仓储和邮政业	Transport,Storage and Post	100.0	0.5	0.3	5.4	50.5	18.6	24.6
住宿和餐饮业	Hotels and Catering Services	100.0	0.4	0.5	5.4	22.6	22.5	48.5
信息传输、软件和信息技术服务业	Information Transmission, Software and Information Technical Services	100.0	0.4	0.5	3.7	38.0	20.2	37.2
金融业	Financial Intermediation	100.0	0.3	0.3	4.0	66.6	15.9	12.9
房地产业	Real Estate	100.0	0.4	1.2	3.5	49.6	26.5	18.8
租赁和商务服务业	Leasing and Business Services	100.0	0.2	0.3	3.4	49.4	23.4	23.3
科学研究和技术服务业	Scientific Research and Technical Services	100.0	0.5	0.0	1.7	63.4	20.8	13.6
水利、环境和公共设施管理业	Management of Water Conservancy, Environment and Public Facilities	100.0		0.1	8.5	53.8	17.9	19.7
居民服务、修理和其他服务业	Services to Households, Repair and Other Services	100.0	0.7	1.6	9.4	26.5	19.8	42.0
教育	Education	100.0	0.8	0.5	4.4	70.5	12.3	11.5
卫生和社会工作	Health and Society	100.0	0.2	0.5	4.7	60.5	18.6	15.5
文化体育和娱乐业	Culture, Sports and Entertainment	100.0	0.7	0.4	5.9	52.1	16.0	25.0
公共管理、社会保障和社会组织	Public Management, Social Security and Social Organizations	100.0	0.3	0.1	6.1	75.9	10.5	7.1
国际组织	International Organizations	100.0				41.2	37.5	21.3

3-33 按职业、性别分的城镇就业人员工作时间构成

Working Hours of Urban Employed Persons by Occupation and Sex

单位：% (%)

职　业	Occupation	城镇就业人员 Urban Employed Persons	1-8小时 1-8 Hours	9-19小时 9-19 Hours	20-39小时 20-39 Hours	40小时 40 Hours	41-48小时 41-48 Hours	48小时以上 48 Hours Above
合　计	**Total**	**100.0**	**0.5**	**1.2**	**8.1**	**37.1**	**20.3**	**32.8**
单位负责人	Unit Head	100.0	0.1	0.4	3.4	41.4	17.2	37.5
专业技术人员	Technical Personnel	100.0	0.3	0.3	4.1	60.5	18.3	16.5
办事人员和有关人员	Clerk and Related Workers	100.0	0.2	0.1	3.5	62.7	17.6	15.9
商业、服务业人员	Business Service Personnel	100.0	0.3	0.6	5.0	27.8	21.5	44.8
农林牧渔水利业生产人员	Producers in the Sectors of Agriculture, Forestry, Animal Husbandry, Fishery and Water Conservancy	100.0	1.8	6.6	31.6	25.0	13.9	21.2
生产运输设备操作人员及有关人员	Production,Transport Equipment Operators and Related Workers	100.0	0.3	0.4	4.5	29.6	24.8	40.4
其　他	Others	100.0	0.5	0.4	6.5	23.9	23.6	45.1
男	**Male**	**100.0**	**0.4**	**0.9**	**6.6**	**36.7**	**20.4**	**35.1**
单位负责人	Unit Head	100.0	0.1	0.2	3.1	41.6	17.3	37.6
专业技术人员	Technical Personnel	100.0	0.2	0.4	3.7	58.3	18.6	18.8
办事人员和有关人员	Clerk and Related Workers	100.0	0.2	0.1	3.4	60.8	17.6	18.0
商业、服务业人员	Business Service Personnel	100.0	0.2	0.5	4.3	27.8	20.7	46.6
农林牧渔水利业生产人员	Producers in the Sectors of Agriculture, Forestry, Animal Husbandry, Fishery and Water Conservancy	100.0	1.3	4.6	25.8	26.1	15.8	26.4
生产运输设备操作人员及有关人员	Production,Transport Equipment Operators and Related Workers	100.0	0.3	0.4	4.2	29.8	24.1	41.2
其　他	Others	100.0	0.5	0.4	5.9	22.9	22.1	48.0
女	**Female**	**100.0**	**0.6**	**1.8**	**10.1**	**37.6**	**20.1**	**29.8**
单位负责人	Unit Head	100.0		1.1	4.3	40.7	16.8	37.1
专业技术人员	Technical Personnel	100.0	0.4	0.3	4.5	62.5	18.0	14.4
办事人员和有关人员	Clerk and Related Workers	100.0	0.2	0.1	3.8	66.1	17.6	12.2
商业、服务业人员	Business Service Personnel	100.0	0.4	0.7	5.6	27.8	22.3	43.2
农林牧渔水利业生产人员	Producers in the Sectors of Agriculture, Forestry, Animal Husbandry, Fishery and Water Conservancy	100.0	2.3	8.6	37.4	23.8	11.9	16.0
生产运输设备操作人员及有关人员	Production,Transport Equipment Operators and Related Workers	100.0	0.3	0.4	5.3	29.1	26.4	38.6
其　他	Others	100.0	0.5	0.3	7.5	25.6	25.9	40.2

3-34 按年龄、性别分的城镇失业人员失业原因构成
Reason for Unemployment of Urban Unemployed Persons by Age and Sex

单位：% (%)

年龄 Age	城镇失业人员 Urban Unemployed Persons	离退休 Retired	料理家务 Do Housework	毕业后未工作 Job-off After Graduated	因单位原因失去工作 Lost Job for Working Unit Reasons	因个人原因失去工作 Lost Job for Individual Reasons	承包土地被征用 Land Expropriated	其他 Others
总计 Total	**100.0**	**5.1**	**21.3**	**18.3**	**19.8**	**23.4**	**2.7**	**9.3**
16-19	100.0		2.3	64.9	8.0	18.2		6.5
20-24	100.0		7.2	57.9	5.3	21.6	0.5	7.6
25-29	100.0		21.4	22.6	10.9	33.7	1.4	10.1
30-34	100.0		30.7	7.1	15.9	33.8	1.6	10.9
35-39	100.0		34.3	2.8	23.7	25.8	3.1	10.3
40-44	100.0		30.6	1.5	29.8	25.0	2.4	10.7
45-49	100.0	3.4	25.9	0.4	37.7	17.4	4.7	10.5
50-54	100.0	22.3	15.0	0.5	36.2	14.1	5.7	6.2
55-59	100.0	29.7	14.5	0.3	28.1	10.2	6.3	10.8
60-64	100.0	42.4	24.6		9.0	6.1	11.9	5.9
65+	100.0	58.1	17.2		5.8	8.7	6.4	3.7
男 Male	**100.0**	**4.5**	**3.4**	**24.4**	**26.0**	**25.2**	**3.6**	**12.8**
16-19	100.0			66.6	9.5	17.4		6.5
20-24	100.0		1.0	62.2	6.5	19.7	0.7	9.8
25-29	100.0		1.2	31.7	12.7	39.5	1.2	13.8
30-34	100.0		2.4	12.9	25.3	39.7	2.5	17.1
35-39	100.0		5.8	6.0	30.8	35.2	5.5	16.7
40-44	100.0		5.0	2.2	37.0	32.9	4.0	18.9
45-49	100.0		7.4	0.9	52.4	20.1	5.6	13.6
50-54	100.0	4.6	4.3	0.4	55.9	19.4	7.4	8.0
55-59	100.0	22.3	3.9		40.2	12.2	7.0	14.3
60-64	100.0	49.1	6.6		14.4	5.0	15.3	9.5
65+	100.0	65.5	11.0		7.0	3.5	8.2	4.8
女 Female	**100.0**	**5.5**	**35.6**	**13.5**	**14.9**	**21.9**	**2.0**	**6.6**
16-19	100.0		7.4	61.1	4.8	20.0		6.7
20-24	100.0		14.1	53.0	3.8	23.7	0.3	5.1
25-29	100.0		34.5	16.7	9.7	29.9	1.6	7.6
30-34	100.0		49.0	3.3	9.8	29.9	1.0	6.9
35-39	100.0		45.5	1.5	21.0	22.1	2.2	7.7
40-44	100.0		44.0	1.1	26.1	20.9	1.5	6.4
45-49	100.0	5.8	39.1	0.1	27.2	15.4	4.2	8.3
50-54	100.0	41.0	26.2	0.5	15.4	8.5	4.0	4.4
55-59	100.0	43.3	34.0	0.8	5.9	6.7	4.9	4.4
60-64	100.0	33.7	48.0		2.1	7.5	7.4	1.3
65+	100.0	41.7	31.2		3.3	20.2	2.4	1.3

3-35 按失业原因、性别分的城镇失业人员年龄构成

Age Composition of Urban Unemployed Persons by Reason and Sex

单位：% (%)

年 龄 Age	城 镇 失业人员 Urban Unemployed Persons	离退休 Retired	料理家务 Do Housework	毕业后未工作 Job-off After Graduated	因单位原因失去工作 Lost Job for Working Unit Reasons	因个人原因失去工作 Lost Job for Individual Reasons	承包土地被征用 Land Expropriated	其 他 Others
总计 Total	**100.0**	**100.0**	**100.0**	**100.0**	**100.0**	**100.0**	**100.0**	**100.0**
16-19	3.9		0.4	13.9	1.6	3.1		2.7
20-24	19.4		6.6	61.3	5.2	17.9	3.7	15.8
25-29	13.8		13.9	17.0	7.6	19.9	7.3	14.9
30-34	12.1		17.5	4.7	9.7	17.5	7.1	14.2
35-39	10.8		17.4	1.6	12.9	11.9	12.3	11.8
40-44	12.4		17.9	1.0	18.7	13.3	10.8	14.3
45-49	12.1	8.0	14.6	0.3	22.9	9.0	20.9	13.6
50-54	6.9	30.5	4.9	0.2	12.6	4.2	14.5	4.6
55-59	5.4	31.5	3.7	0.1	7.6	2.3	12.4	6.2
60-64	1.9	15.9	2.2		0.9	0.5	8.2	1.2
65+	1.2	14.0	1.0		0.4	0.5	2.9	0.5
男 Male	**100.0**	**100.0**	**100.0**	**100.0**	**100.0**	**100.0**	**100.0**	**100.0**
16-19	6.1			16.6	2.2	4.2		3.1
20-24	23.1		7.2	58.8	5.8	18.0	4.4	17.8
25-29	12.3		4.2	15.9	6.0	19.2	4.0	13.2
30-34	10.7		7.7	5.7	10.4	16.9	7.4	14.4
35-39	6.8		11.7	1.7	8.0	9.5	10.3	8.9
40-44	9.6		14.3	0.9	13.6	12.5	10.6	14.2
45-49	11.3		24.9	0.4	22.8	9.0	17.4	12.1
50-54	8.0	8.1	10.1	0.1	17.2	6.1	16.3	5.0
55-59	7.8	38.4	9.1		12.1	3.8	15.2	8.7
60-64	2.4	26.1	4.7		1.3	0.5	10.2	1.8
65+	1.9	27.4	6.2		0.5	0.3	4.3	0.7
女 Female	**100.0**	**100.0**	**100.0**	**100.0**	**100.0**	**100.0**	**100.0**	**100.0**
16-19	2.2		0.5	9.9	0.7	2.0		2.2
20-24	16.5		6.5	64.9	4.2	17.8	2.7	12.8
25-29	15.1		14.6	18.6	9.8	20.5	11.9	17.5
30-34	13.3		18.3	3.3	8.7	18.2	6.7	14.0
35-39	13.9		17.8	1.6	19.6	14.0	15.2	16.4
40-44	14.7		18.2	1.2	25.8	14.0	11.1	14.4
45-49	12.6	13.3	13.9	0.1	23.1	8.9	25.9	16.0
50-54	6.1	45.4	4.5	0.2	6.3	2.4	11.9	4.1
55-59	3.4	26.9	3.3	0.2	1.4	1.0	8.3	2.3
60-64	1.5	9.2	2.0		0.2	0.5	5.5	0.3
65+	0.7	5.2	0.6		0.2	0.6	0.8	0.1

3-36 按受教育程度、性别分的城镇失业人员失业原因构成

Reason for Unemployment of Urban Unemployed Persons by Educational Attainment and Sex

单位：% (%)

受教育程度	Educational Attainment	城镇失业人员 Urban Unemployed Persons	离退休 Retired	料理家务 Do Housework	毕业后未工作 Job-off After Graduated	因单位原因失去工作 Lost Job for Working Unit Reasons	因个人原因失去工作 Lost Job for Individual Reasons	承包土地被征用 Land Expropriated	其他 Others
总　计	**Total**	**100.0**	**5.1**	**21.3**	**18.3**	**19.8**	**23.4**	**2.7**	**9.3**
未上过学	No Schooling	100.0	2.6	26.7	2.7	10.1	21.2	22.4	14.3
小　学	Primary School	100.0	7.4	34.0	3.2	12.5	18.4	10.4	14.2
初　中	Junior Secondary School	100.0	5.5	29.2	9.6	19.3	22.4	3.6	10.3
高　中	Senior Secondary School	100.0	5.4	16.4	18.0	25.9	24.8	1.2	8.1
大学专科	College	100.0	3.7	9.7	34.6	16.9	26.4	0.2	8.6
大学本科	University	100.0	1.5	5.6	56.0	10.6	21.3	0.1	4.8
研究生及以上	Graduate and Higher Level	100.0		12.2	36.9	10.5	34.7		5.7
男	**Male**	**100.0**	**4.5**	**3.4**	**24.4**	**26.0**	**25.2**	**3.6**	**12.8**
未上过学	No Schooling	100.0		2.5	7.7	15.4	12.7	34.0	27.7
小　学	Primary School	100.0	6.8	9.5	3.8	19.0	19.7	16.3	24.9
初　中	Junior Secondary School	100.0	5.7	4.1	16.4	28.4	25.3	4.6	15.4
高　中	Senior Secondary School	100.0	4.0	2.7	24.4	31.6	26.0	2.1	9.2
大学专科	College	100.0	3.7	1.3	37.1	18.6	26.6	0.3	12.5
大学本科	University	100.0	1.5	1.9	56.7	12.0	22.4		5.5
研究生及以上	Graduate and Higher Level	100.0			32.7	11.5	51.3		4.4
女	**Female**	**100.0**	**5.5**	**35.6**	**13.5**	**14.9**	**21.9**	**2.0**	**6.6**
未上过学	No Schooling	100.0	4.0	39.6		7.2	25.8	16.2	7.2
小　学	Primary School	100.0	7.8	50.4	2.7	8.0	17.5	6.5	7.1
初　中	Junior Secondary School	100.0	5.4	46.4	5.0	13.0	20.4	2.9	6.9
高　中	Senior Secondary School	100.0	6.8	28.9	12.3	20.8	23.6	0.5	7.2
大学专科	College	100.0	3.7	17.5	32.3	15.3	26.2	0.0	5.0
大学本科	University	100.0	1.6	9.6	55.3	9.1	20.1	0.2	4.0
研究生及以上	Graduate and Higher Level	100.0		23.2	40.6	9.6	19.8		6.9

3-37 按失业原因、性别分的城镇失业人员受教育程度构成

Educational Attainment of Urban Unemployed Persons by Reason and Sex

单位：% (%)

受教育程度	Educational Attainment	城镇失业人员 Urban Unemployed Persons	离退休 Retired	料理家务 Do Housework	毕业后未工作 Job-off After Graduated	因单位原因失去工作 Lost Job for Working Unit Reasons	因个人原因失去工作 Lost Job for Individual Reasons	承包土地被征用 Land Expropriated	其他 Others
总　计	**Total**	**100.0**	**100.0**	**100.0**	**100.0**	**100.0**	**100.0**	**100.0**	**100.0**
未上过学	No Schooling	0.6	0.3	0.8	0.1	0.3	0.5	4.9	0.9
小　学	Primary School	6.8	9.9	10.8	1.2	4.3	5.3	25.8	10.3
初　中	Junior Secondary School	41.3	45.0	56.6	21.7	40.1	39.6	54.5	45.8
高　中	Senior Secondary School	30.6	32.8	23.6	30.0	39.9	32.4	13.7	26.7
大学专科	College	13.7	10.0	6.3	25.9	11.7	15.5	0.8	12.6
大学本科	University	6.7	2.0	1.8	20.4	3.6	6.1	0.3	3.5
研究生及以上	Graduate and Higher Level	0.4		0.2	0.7	0.2	0.5		0.2
男	**Male**	**100.0**	**100.0**	**100.0**	**100.0**	**100.0**	**100.0**	**100.0**	**100.0**
未上过学	No Schooling	0.5		0.4	0.1	0.3	0.2	4.4	1.0
小　学	Primary School	6.1	9.2	17.3	1.0	4.5	4.8	27.4	11.9
初　中	Junior Secondary School	37.9	47.9	46.4	25.4	41.3	38.0	48.4	45.6
高　中	Senior Secondary School	32.7	28.4	26.2	32.6	39.7	33.7	18.6	23.6
大学专科	College	14.8	12.1	5.5	22.4	10.5	15.6	1.3	14.4
大学本科	University	7.7	2.5	4.2	17.9	3.6	6.9		3.4
研究生及以上	Graduate and Higher Level	0.4			0.5	0.2	0.8		0.1
女	**Female**	**100.0**	**100.0**	**100.0**	**100.0**	**100.0**	**100.0**	**100.0**	**100.0**
未上过学	No Schooling	0.7	0.5	0.8		0.3	0.8	5.6	0.8
小　学	Primary School	7.3	10.3	10.3	1.5	3.9	5.8	23.4	7.9
初　中	Junior Secondary School	44.0	43.2	57.3	16.2	38.4	41.0	63.4	46.1
高　中	Senior Secondary School	28.8	35.6	23.4	26.3	40.2	31.1	6.8	31.4
大学专科	College	12.9	8.7	6.3	30.9	13.3	15.5	0.2	9.8
大学本科	University	5.9	1.7	1.6	24.1	3.6	5.4	0.7	3.6
研究生及以上	Graduate and Higher Level	0.3		0.2	1.0	0.2	0.3		0.4

3-38 按年龄、性别分的城镇失业人员受教育程度构成
Educational Attainment of Urban Unemployed Persons by Age and Sex

单位：% (%)

年龄 Age	城镇失业人员 Urban Unemployed Persons	未上过学 No Schooling	小学 Primary School	初中 Junior Secondary School	高中 Senior Secondary School	大学专科 College	大学本科 University	研究生及以上 Graduate and Higher Level
总计 Total	**100.0**	**0.6**	**6.8**	**41.3**	**30.6**	**13.7**	**6.7**	**0.4**
16-19	100.0		1.1	56.2	33.9	4.9	3.8	
20-24	100.0	0.1	1.3	25.8	30.1	25.3	17.0	0.4
25-29	100.0	0.2	2.0	33.5	27.1	24.1	12.2	0.8
30-34	100.0	0.4	3.7	37.8	35.0	16.5	5.8	0.8
35-39	100.0	0.1	6.7	49.1	31.2	10.1	2.8	0.1
40-44	100.0	0.8	9.6	50.1	30.6	7.6	1.3	0.1
45-49	100.0	0.6	8.0	52.2	32.8	4.4	1.7	0.3
50-54	100.0	1.0	10.1	43.9	40.1	3.8	1.0	
55-59	100.0	2.9	21.3	51.4	17.2	5.1	1.9	0.1
60-64	100.0	2.6	35.0	43.9	14.4	3.0	1.1	
65+	100.0	4.4	29.5	31.8	22.8	11.6		
男 Male	**100.0**	**0.5**	**6.1**	**37.9**	**32.7**	**14.8**	**7.7**	**0.4**
16-19	100.0		1.3	56.8	31.3	5.2	5.5	
20-24	100.0	0.2	1.1	23.5	33.9	24.7	16.5	0.2
25-29	100.0	0.1	3.3	29.0	25.8	28.7	12.6	0.5
30-34	100.0		4.4	35.2	33.7	16.7	8.6	1.4
35-39	100.0	0.0	4.9	39.1	40.8	11.4	3.6	0.2
40-44	100.0	0.6	7.5	42.8	36.6	10.2	2.0	0.3
45-49	100.0	0.5	7.4	47.8	35.0	5.6	3.2	0.6
50-54	100.0	0.2	7.4	45.1	42.0	3.7	1.7	
55-59	100.0	2.5	15.5	54.4	20.9	4.7	1.9	0.1
60-64	100.0	3.8	32.3	40.8	16.7	4.6	1.9	
65+	100.0	0.2	23.7	33.2	28.2	14.7		
女 Female	**100.0**	**0.7**	**7.3**	**44.0**	**28.8**	**12.9**	**5.9**	**0.3**
16-19	100.0		0.8	55.0	40.0	4.3		
20-24	100.0	0.0	1.5	28.4	25.9	25.9	17.6	0.7
25-29	100.0	0.2	1.2	36.5	28.0	21.1	11.9	1.1
30-34	100.0	0.6	3.3	39.6	35.8	16.4	4.0	0.4
35-39	100.0	0.1	7.4	53.0	27.4	9.6	2.4	0.0
40-44	100.0	0.9	10.7	53.9	27.4	6.2	0.9	
45-49	100.0	0.7	8.4	55.3	31.2	3.6	0.6	0.1
50-54	100.0	1.9	13.1	42.6	38.2	4.0	0.2	
55-59	100.0	3.7	31.9	46.0	10.5	5.8	2.1	
60-64	100.0	1.1	38.6	47.9	11.4	1.0		
65+	100.0	13.8	42.3	28.7	10.5	4.6		

3-39 按受教育程度、性别分的城镇失业人员年龄构成
Age Composition of Urban Unemployed Persons by Educational Attainment and Sex

单位：% (%)

年龄 Age	城镇失业人员 Urban Unemployed Persons	未上过学 No Schooling	小学 Primary School	初中 Junior Secondary School	高中 Senior Secondary School	大学专科 College	大学本科 University	研究生及以上 Graduate and Higher Level
总计 Total	**100.0**	**100.0**	**100.0**	**100.0**	**100.0**	**100.0**	**100.0**	**100.0**
16-19	3.9		0.7	5.3	4.4	1.4	2.2	
20-24	19.4	3.1	3.6	12.2	19.2	35.7	49.4	22.9
25-29	13.8	4.2	4.1	11.2	12.3	24.3	25.1	32.2
30-34	12.1	7.2	6.7	11.1	13.9	14.6	10.5	27.6
35-39	10.8	1.9	10.6	12.8	11.0	7.9	4.4	2.5
40-44	12.4	16.1	17.6	15.1	12.5	6.9	2.4	3.6
45-49	12.1	12.1	14.3	15.2	12.9	3.9	3.1	10.0
50-54	6.9	12.0	10.4	7.4	9.1	1.9	1.0	
55-59	5.4	26.2	16.9	6.7	3.0	2.0	1.6	1.3
60-64	1.9	8.2	9.8	2.0	0.9	0.4	0.3	
65+	1.2	9.0	5.3	0.9	0.9	1.0		
男 Male	**100.0**	**100.0**	**100.0**	**100.0**	**100.0**	**100.0**	**100.0**	**100.0**
16-19	6.1		1.3	9.1	5.8	2.1	4.3	
20-24	23.1	7.7	4.0	14.3	23.9	38.6	49.2	13.1
25-29	12.3	2.7	6.6	9.4	9.7	23.9	20.0	15.7
30-34	10.7		7.7	10.0	11.1	12.1	11.9	39.1
35-39	6.8	0.5	5.4	7.0	8.5	5.2	3.2	4.1
40-44	9.6	12.4	11.7	10.8	10.8	6.7	2.4	7.5
45-49	11.3	11.1	13.7	14.3	12.1	4.3	4.7	17.7
50-54	8.0	3.5	9.6	9.5	10.3	2.0	1.8	
55-59	7.8	41.9	19.8	11.2	5.0	2.5	1.9	2.7
60-64	2.4	19.4	12.7	2.6	1.2	0.7	0.6	
65+	1.9	0.8	7.4	1.7	1.6	1.9		
女 Female	**100.0**	**100.0**	**100.0**	**100.0**	**100.0**	**100.0**	**100.0**	**100.0**
16-19	2.2		0.2	2.7	3.0	0.7		
20-24	16.5	0.6	3.3	10.7	14.8	33.1	49.6	31.7
25-29	15.1	5.0	2.5	12.5	14.6	24.6	30.5	47.1
30-34	13.3	11.0	6.0	11.9	16.5	16.8	9.0	17.1
35-39	13.9	2.7	14.1	16.8	13.2	10.4	5.7	1.1
40-44	14.7	18.0	21.6	18.0	14.0	7.1	2.3	
45-49	12.6	12.6	14.6	15.9	13.7	3.5	1.4	3.0
50-54	6.1	16.5	10.9	5.9	8.1	1.9	0.2	
55-59	3.4	17.8	14.9	3.6	1.2	1.5	1.2	
60-64	1.5	2.3	7.9	1.6	0.6	0.1		
65+	0.7	13.3	4.0	0.4	0.3	0.2		

3-40 按年龄、性别分的城镇失业人员寻找工作方式构成
Method of Job-seeking of Urban Unemployed Persons by Age and Sex

单位：% (%)

年 龄 Age	城 镇 失业人员 Urban Unemployed Persons	在职业介绍机构登记 Register in Employment Agency Office	委托亲友找 工 作 Ask Friends Relatives about Job	参 加 招聘会 Take Part in Employment Advertise Meeting	应 答 或 刊登广告 Answer or Advertise	浏 览 招聘广告 Scan and Want Ads	为自己经营作准备 Prepare for Own Business	其 他 Others
总计 Total	**100.0**	**7.0**	**52.4**	**7.3**	**1.0**	**9.7**	**7.2**	**15.4**
16-19	100.0	7.4	61.8	8.0	0.1	10.2	2.3	10.2
20-24	100.0	9.0	41.9	16.9	1.9	13.4	4.9	12.0
25-29	100.0	8.3	47.3	9.9	1.9	14.3	6.0	12.3
30-34	100.0	6.2	50.3	6.2	0.7	12.9	9.1	14.5
35-39	100.0	7.2	52.5	5.0	0.7	7.7	9.5	17.4
40-44	100.0	6.7	57.3	3.0	0.9	7.0	8.9	16.3
45-49	100.0	5.0	58.0	3.6	0.4	6.6	8.3	18.1
50-54	100.0	8.1	57.8	1.3	0.4	5.5	7.7	19.2
55-59	100.0	4.7	64.5	1.9	0.3	4.0	4.7	20.0
60-64	100.0	0.6	57.0	1.1		2.6	9.0	29.7
65+	100.0	1.9	66.9	1.0		1.6	12.3	16.2
男 Male	**100.0**	**7.6**	**49.9**	**8.4**	**1.1**	**9.6**	**8.6**	**14.8**
16-19	100.0	7.8	62.2	3.7	0.1	11.2	3.1	12.0
20-24	100.0	8.9	40.0	18.7	2.1	12.7	5.5	12.1
25-29	100.0	9.7	43.6	12.9	2.6	15.1	6.2	10.0
30-34	100.0	6.9	45.0	7.9	0.4	13.6	10.6	15.7
35-39	100.0	6.4	49.1	6.8	0.7	7.5	16.6	12.9
40-44	100.0	6.3	53.9	2.3	1.1	5.8	13.1	17.5
45-49	100.0	7.8	52.4	3.4	0.5	7.4	11.8	16.7
50-54	100.0	10.4	58.0	2.0	0.7	4.0	8.7	16.3
55-59	100.0	4.3	64.3	2.7	0.2	4.0	4.9	19.7
60-64	100.0		59.4	1.3		3.0	4.5	31.8
65+	100.0	1.4	60.8	1.5		2.3	17.5	16.5
女 Female	**100.0**	**6.5**	**54.3**	**6.4**	**0.9**	**9.8**	**6.1**	**16.0**
16-19	100.0	6.4	61.0	17.7		8.0	0.8	6.2
20-24	100.0	9.1	44.0	15.0	1.6	14.3	4.2	11.8
25-29	100.0	7.4	49.7	7.9	1.4	13.9	5.9	13.9
30-34	100.0	5.8	53.8	5.0	1.0	12.5	8.2	13.8
35-39	100.0	7.6	53.8	4.4	0.7	7.8	6.7	19.2
40-44	100.0	6.9	59.1	3.4	0.8	7.6	6.6	15.7
45-49	100.0	3.1	62.0	3.7	0.2	6.1	5.8	19.2
50-54	100.0	5.6	57.6	0.7		7.1	6.7	22.3
55-59	100.0	5.4	64.9	0.4	0.5	4.0	4.3	20.5
60-64	100.0	1.4	53.8	1.0		1.9	14.9	27.0
65+	100.0	3.1	80.5				0.9	15.5

3-41 按受教育程度、性别分的城镇失业人员寻找工作方式构成
Method of Job-seeking of Urban Unemployed Persons by Educational Attainment and Sex

单位：% (%)

受教育程度	Educational Attainment	城镇失业人员 Urban Unemployed Persons	在职业介绍机构登记 Register in Employment Agency Office	委托亲友找工作 Ask Friends Relatives about Job	参加招聘会 Take Part in Employment Advertise Meeting	应答或刊登广告 Answer or Advertise	浏览招聘广告 Scan and Want Ads	为自己经营作准备 Prepare for Own Business	其他 Others
总　计	**Total**	**100.0**	**7.0**	**52.4**	**7.3**	**1.0**	**9.7**	**7.2**	**15.4**
未上过学	No Schooling	100.0	4.7	50.8	2.1		1.3	6.0	35.1
小　学	Primary School	100.0	4.6	56.9	2.0	0.7	5.0	4.1	26.8
初　中	Junior Secondary School	100.0	4.8	60.0	3.7	0.7	7.2	7.3	16.3
高　中	Senior Secondary School	100.0	6.7	54.1	6.1	0.9	9.8	8.0	14.4
大学专科	College	100.0	13.5	37.3	15.1	1.6	13.7	7.7	11.2
大学本科	University	100.0	11.1	26.4	24.4	1.9	21.1	5.0	10.1
研究生及以上	Graduate and Higher Level	100.0	8.4	9.1	12.7	7.7	27.5	16.3	18.3
男	**Male**	**100.0**	**7.6**	**49.9**	**8.4**	**1.1**	**9.6**	**8.6**	**14.8**
未上过学	No Schooling	100.0	6.3	45.4				3.4	45.0
小　学	Primary School	100.0	4.3	58.5	1.7	0.9	3.2	6.5	24.9
初　中	Junior Secondary School	100.0	5.1	57.5	4.0	1.2	7.7	8.5	16.0
高　中	Senior Secondary School	100.0	7.5	53.0	6.8	1.0	9.3	8.4	14.0
大学专科	College	100.0	13.3	33.9	16.1	1.0	14.0	10.9	10.8
大学本科	University	100.0	11.8	26.0	27.9	2.0	15.7	7.2	9.4
研究生及以上	Graduate and Higher Level	100.0	8.0	2.7	16.9		29.8	13.0	29.5
女	**Female**	**100.0**	**6.5**	**54.3**	**6.4**	**0.9**	**9.8**	**6.1**	**16.0**
未上过学	No Schooling	100.0	3.9	53.7	3.2		1.9	7.5	29.9
小　学	Primary School	100.0	4.7	55.7	2.3	0.5	6.2	2.5	28.1
初　中	Junior Secondary School	100.0	4.6	61.7	3.5	0.3	6.9	6.5	16.5
高　中	Senior Secondary School	100.0	5.9	55.1	5.5	0.9	10.2	7.6	14.8
大学专科	College	100.0	13.7	40.3	14.1	2.2	13.4	4.7	11.6
大学本科	University	100.0	10.4	26.9	20.8	1.7	26.7	2.7	10.8
研究生及以上	Graduate and Higher Level	100.0	8.8	14.8	8.9	14.7	25.4	19.3	8.1

3-42 按年龄、性别分的城镇失业人员失业前的行业构成

Sector of Urban Unemployed Persons (Prior to Unemployment) by Age and Sex

单位：% (%)

年 龄 Age	城镇失业人员 Urban Unemployed Persons	农、林、牧、渔业 Agriculture, Forestry, Animal Husbandry and Fishery	采矿业 Mining	制造业 Manufacturing	电力、热力、燃气及水生产和供应业 Production and Supply of Electricity Power, Heat Power, Gas and Water	建筑业 Construction	批发和零售业 Wholesale and Retail Trades	交通运输、仓储和邮政业 Transport, Storage and Post
总计 Total	**100.0**	**8.2**	**2.5**	**29.5**	**0.9**	**5.7**	**23.5**	**4.9**
16-19	100.0	4.0	1.2	35.4		13.1	17.5	1.7
20-24	100.0	6.4	0.4	22.8	0.8	5.4	26.5	3.4
25-29	100.0	5.2	1.9	25.8	0.9	3.2	28.1	2.5
30-34	100.0	4.2	1.6	24.2	0.4	4.9	32.0	4.5
35-39	100.0	6.1	1.7	30.9	0.5	3.7	31.0	5.3
40-44	100.0	9.0	3.5	30.0	0.9	7.4	21.3	6.8
45-49	100.0	8.2	2.8	33.7	1.0	8.0	19.5	5.7
50-54	100.0	10.6	3.5	39.2	1.2	6.3	14.5	5.8
55-59	100.0	13.0	4.3	33.2	2.7	4.9	12.9	5.8
60-64	100.0	29.5	4.7	27.0	1.1	5.4	8.2	4.7
65+	100.0	29.1	7.0	18.2		3.7	17.3	3.4
男 Male	**100.0**	**7.8**	**3.7**	**30.1**	**1.0**	**9.0**	**16.3**	**7.6**
16-19	100.0	2.2		38.9		19.3	7.0	2.6
20-24	100.0	5.1	0.8	24.3	1.0	10.2	18.6	6.1
25-29	100.0	4.7	4.3	24.1	1.7	5.7	23.1	3.4
30-34	100.0	3.0	2.7	27.6		7.7	19.8	7.6
35-39	100.0	7.0	2.7	27.7	1.0	5.5	25.4	8.7
40-44	100.0	7.5	5.7	26.0	0.4	11.1	15.8	13.7
45-49	100.0	8.1	4.2	34.1	0.6	13.2	12.4	7.8
50-54	100.0	11.1	3.6	43.0	0.5	8.8	9.7	8.8
55-59	100.0	9.2	3.9	35.2	3.3	5.9	13.1	7.3
60-64	100.0	27.2	8.1	26.5	1.9	8.9	6.9	4.4
65+	100.0	22.3	10.0	18.9		5.4	15.2	3.4
女 Female	**100.0**	**8.6**	**1.5**	**29.0**	**0.8**	**3.0**	**29.1**	**2.7**
16-19	100.0	7.8	3.8	28.5		0.5	38.7	
20-24	100.0	7.8		21.3	0.7	0.7	34.3	0.7
25-29	100.0	5.5	0.4	26.9	0.5	1.7	31.2	2.0
30-34	100.0	5.0	0.8	21.9	0.6	3.1	40.1	2.4
35-39	100.0	5.7	1.3	32.3	0.3	2.9	33.3	3.8
40-44	100.0	9.9	2.2	32.3	1.2	5.2	24.6	2.7
45-49	100.0	8.2	1.7	33.4	1.2	4.0	25.1	4.0
50-54	100.0	10.1	3.3	35.0	1.9	3.5	19.8	2.6
55-59	100.0	20.6	5.0	29.3	1.5	3.0	12.3	2.7
60-64	100.0	32.7		27.7		0.5	9.9	5.2
65+	100.0	44.6		16.6			22.0	3.2

3-42 续表 1 continued

单位：% (%)

年 龄 Age	住宿和餐饮业 Hotels and Catering Services	信息传输、软件和信息技术服务业 Information Transmission, Software and Information Technical Services	金融业 Financial Intermediation	房地产业 Real Estate	租赁和商务服务业 Leasing and Business Services	科学研究和技术服务业 Scientific Research and Technical Services	水利、环境和公共设施管理业 Management of Water Conservancy, Environment and Public Facilities
总计 Total	**6.1**	**3.6**	**1.6**	**1.4**	**1.7**	**0.6**	**0.4**
16-19	11.0	2.7	0.7			7.2	
20-24	7.9	4.6	1.5	2.3	3.3	0.4	0.2
25-29	8.7	4.7	2.3	1.3	2.9	0.6	0.1
30-34	6.4	6.0	1.7	1.3	2.2	0.7	0.2
35-39	5.7	4.0	1.2	1.0	1.0	0.4	0.2
40-44	6.1	2.3	2.0	1.2	1.3	0.4	0.8
45-49	5.6	2.9	1.9	1.8	0.8	0.6	0.4
50-54	4.2	1.9	1.2	1.1	2.1	0.2	0.1
55-59	3.9	3.0	0.9	1.7	1.0	0.1	0.9
60-64	1.9	1.7	0.9	0.8	1.7		0.3
65+		1.9		2.1		0.5	
男 Male	**4.3**	**2.7**	**1.2**	**1.7**	**2.4**	**0.8**	**0.3**
16-19	12.5	1.1	1.1			10.8	
20-24	7.6	2.0	1.0	1.9	4.0	0.4	0.5
25-29	6.3	4.2	2.2	2.3	3.9	0.4	0.2
30-34	4.3	4.7	1.1	2.2	3.6	1.5	0.1
35-39	5.0	2.1	0.1	2.1	1.1	0.4	0.3
40-44	3.8	2.6	1.8	0.7	2.1	1.0	0.4
45-49	2.4	3.0	2.4	1.6	1.1	0.2	0.2
50-54	2.4	1.1	0.5	1.1	2.7	0.4	0.1
55-59	3.1	3.0	0.6	2.5	1.6	0.1	0.6
60-64	1.5	1.0	0.4	1.4	2.4		0.2
65+		1.3		2.6		0.7	
女 Female	**7.5**	**4.4**	**1.9**	**1.1**	**1.2**	**0.4**	**0.4**
16-19	7.9	6.0					
20-24	8.2	7.2	2.1	2.6	2.6	0.4	
25-29	10.2	4.9	2.3	0.7	2.3	0.7	0.1
30-34	7.9	6.8	2.1	0.7	1.3	0.1	0.4
35-39	6.0	4.8	1.7	0.5	0.9	0.5	0.1
40-44	7.4	2.1	2.1	1.5	0.7		1.1
45-49	8.2	2.9	1.5	1.9	0.5	0.9	0.5
50-54	6.3	2.7	2.0	1.1	1.4		0.1
55-59	5.7	3.1	1.6				1.5
60-64	2.4	2.6	1.5		0.6		0.3
65+		3.2		1.0			

3-42 续表 2 continued

单位：% (%)

年 龄 Age	居民服务、修理和其他服务业 Services to Households, Repair and Other Services	教 育 Education	卫生和社会工作 Health and Society	文化、体育和娱乐业 Culture, Sports and Entertainment	公共管理、社会保障和社会组织 Public Management Social Security and Social Organizations	国际组织 International Organizations
总计 Total	**3.5**	**1.6**	**1.6**	**0.9**	**1.8**	
16-19	2.7		0.2	2.4		
20-24	5.0	1.7	1.7	3.3	2.3	
25-29	4.6	1.3	2.9	1.2	1.7	
30-34	4.4	2.2	1.6	0.3	1.3	
35-39	2.9	1.2	0.9	0.5	1.9	
40-44	2.9	1.2	1.4	0.4	1.1	
45-49	3.0	1.2	1.1	0.3	1.6	
50-54	1.5	0.8	2.0	0.1	3.5	
55-59	4.1	3.6	1.6	0.7	1.7	
60-64	2.3	3.4	1.3	3.2	2.1	
65+	4.1	5.0	5.0		2.8	
男 Male	**4.3**	**1.4**	**1.4**	**1.3**	**2.6**	
16-19	1.5		0.3	2.7		
20-24	5.6	1.2	1.6	4.0	4.2	
25-29	5.0	1.1	2.5	2.0	3.0	
30-34	7.5	1.9	1.2	0.8	2.9	
35-39	4.5	1.4	0.5	0.7	3.7	
40-44	3.6	0.9	0.7	0.7	1.5	
45-49	2.6	1.4	1.6	0.5	2.7	
50-54	1.6	0.9	1.2	0.1	2.4	
55-59	4.8	1.3	2.0	1.1	1.5	
60-64	2.0	2.2	0.9	2.2	1.8	
65+	5.3	6.9	3.9		4.0	
女 Female	**2.9**	**1.8**	**1.8**	**0.6**	**1.1**	
16-19	5.1			1.6		
20-24	4.3	2.3	1.8	2.6	0.4	
25-29	4.3	1.4	3.2	0.7	0.9	
30-34	2.4	2.3	1.9		0.3	
35-39	2.2	1.2	1.0	0.4	1.1	
40-44	2.4	1.4	1.9	0.3	0.9	
45-49	3.3	1.0	0.8	0.2	0.8	
50-54	1.5	0.8	2.8	0.2	4.9	
55-59	2.6	8.3	0.8		2.1	
60-64	2.8	5.0	1.7	4.5	2.5	
65+	1.3	0.7	7.4			

3-43 按受教育程度、性别分的城镇失业人员失业前的行业构成

Sector of Urban Unemployed Persons (Prior to Unemployment) by Educational Attainment and Sex

单位：% (%)

受教育程度	Educational Attainment	城镇失业人员 Urban Unemployed Persons	农、林、牧、渔业 Agriculture, Forestry, Animal Husbandry and Fishery	采矿业 Mining	制造业 Manufacturing	电力、热力、燃气及水生产和供应业 Production and Supply of Electricity Power, Heat Power, Gas and Water	建筑业 Construction	批发和零售业 Wholesale and Retail Trades
总　计	**Total**	**100.0**	**8.2**	**2.5**	**29.5**	**0.9**	**5.7**	**23.5**
未上过学	No Schooling	100.0	42.4	3.0	16.7		2.6	12.6
小　学	Primary School	100.0	24.1	4.0	24.7	1.2	8.1	14.2
初　中	Junior Secondary School	100.0	10.4	3.3	32.2	0.9	6.0	21.6
高　中	Senior Secondary School	100.0	3.8	1.8	30.3	0.8	5.3	26.0
大学专科	College	100.0	1.4	0.9	23.3	0.7	5.3	29.6
大学本科	University	100.0	2.1	0.4	23.1	1.3	2.8	26.8
研究生及以上	Graduate and Higher Level	100.0			15.2			16.5
男	**Male**	**100.0**	**7.8**	**3.7**	**30.1**	**1.0**	**9.0**	**16.3**
未上过学	No Schooling	100.0	52.3		25.8			6.3
小　学	Primary School	100.0	29.0	8.3	16.4	0.2	13.6	8.6
初　中	Junior Secondary School	100.0	8.9	5.5	31.3	1.1	9.5	13.2
高　中	Senior Secondary School	100.0	3.8	2.1	32.3	1.2	9.1	17.0
大学专科	College	100.0	1.8	0.8	29.3	0.9	7.3	27.2
大学本科	University	100.0	2.0	0.8	29.0	0.7	2.9	22.7
研究生及以上	Graduate and Higher Level	100.0			19.8			20.3
女	**Female**	**100.0**	**8.6**	**1.5**	**29.0**	**0.8**	**3.0**	**29.1**
未上过学	No Schooling	100.0	36.9	4.6	11.7		4.0	16.1
小　学	Primary School	100.0	20.5	0.7	30.9	2.0	3.9	18.3
初　中	Junior Secondary School	100.0	11.4	1.8	32.8	0.8	3.5	27.6
高　中	Senior Secondary School	100.0	3.8	1.4	28.5	0.6	2.1	33.6
大学专科	College	100.0	1.2	1.0	17.8	0.5	3.4	31.9
大学本科	University	100.0	2.1		16.7	2.0	2.7	31.2
研究生及以上	Graduate and Higher Level	100.0			8.8			11.2

3-43 续表 1 continued

单位：% (%)

受教育程度	Educational Attainment	交通运输、仓储和邮政业 Transport, Storage and Post	住宿和餐饮业 Hotels and Catering Services	信息传输、软件和信息技术服务业 Information Transmission, Software and Information Technical Services	金融业 Financial Intermediation	房地产业 Real Estate	租赁和商务服务业 Leasing and Business Services	科学研究和技术服务业 Scientific Research and Technical Services
总　计	**Total**	**4.9**	**6.1**	**3.6**	**1.6**	**1.4**	**1.7**	**0.6**
未上过学	No Schooling	3.4	5.4	2.5		1.6	4.6	
小　学	Primary School	5.1	7.0	2.1	0.2	0.3	1.2	0.0
初　中	Junior Secondary School	5.1	6.3	2.6	1.0	0.8	1.3	0.5
高　中	Senior Secondary School	5.0	6.9	4.4	1.6	1.6	1.6	0.6
大学专科	College	4.3	3.9	5.3	3.7	3.6	3.0	0.6
大学本科	University	3.8	2.1	6.8	4.9	2.7	5.2	1.3
研究生及以上	Graduate and Higher Level		8.0	19.8	3.7			12.5
男	**Male**	**7.6**	**4.3**	**2.7**	**1.2**	**1.7**	**2.4**	**0.8**
未上过学	No Schooling					2.8	12.9	
小　学	Primary School	7.9	2.8	2.4	0.3	0.6	2.7	0.1
初　中	Junior Secondary School	8.9	4.6	1.8	0.6	0.9	2.2	0.9
高　中	Senior Secondary School	7.6	5.6	3.0	1.1	2.0	1.7	0.8
大学专科	College	4.2	1.9	4.2	3.1	4.1	2.5	0.7
大学本科	University	6.1	1.1	5.2	5.1	3.1	7.7	1.9
研究生及以上	Graduate and Higher Level		13.8	12.1				6.1
女	**Female**	**2.7**	**7.5**	**4.4**	**1.9**	**1.1**	**1.2**	**0.4**
未上过学	No Schooling	5.3	8.4	3.9		1.0		
小　学	Primary School	3.1	10.2	1.8	0.1	0.1	0.1	
初　中	Junior Secondary School	2.3	7.6	3.2	1.4	0.7	0.6	0.2
高　中	Senior Secondary School	2.8	7.9	5.5	2.0	1.2	1.6	0.5
大学专科	College	4.4	5.7	6.3	4.3	3.1	3.4	0.5
大学本科	University	1.4	3.2	8.6	4.7	2.1	2.5	0.6
研究生及以上	Graduate and Higher Level			30.5	8.8			21.3

3-43 续表 2 continued

单位：% (%)

受教育程度	Educational Attainment	水利、环境和公共设施管理业 Management of Water Conservancy, Environment and Public Facilities	居民服务、修理和其他服务业 Services to Households, Repair and Other Services	教育 Education	卫生和社会工作 Health and Society	文化、体育和娱乐业 Culture, Sports and Entertainment	公共管理、社会保障和社会组织 Public Management Social Security and Social Organizations	国际组织 International Organizations
总　计	**Total**	**0.4**	**3.5**	**1.6**	**1.6**	**0.9**	**1.8**	
未上过学	No Schooling		5.2					
小　学	Primary School	0.3	3.5	1.6	0.6	0.4	1.4	
初　中	Junior Secondary School	0.4	3.9	1.0	0.9	0.9	1.0	
高　中	Senior Secondary School	0.4	3.7	1.4	1.8	0.9	2.2	
大学专科	College	0.1	2.4	3.9	3.7	1.2	3.2	
大学本科	University		1.1	3.5	5.8	1.7	4.6	
研究生及以上	Graduate and Higher Level			21.5	2.9			
男	**Male**	**0.3**	**4.3**	**1.4**	**1.4**	**1.3**	**2.6**	
未上过学	No Schooling							
小　学	Primary School		3.1	0.3	0.9	0.5	2.4	
初　中	Junior Secondary School	0.4	5.2	0.9	0.9	1.5	1.8	
高　中	Senior Secondary School	0.3	5.0	1.8	1.4	1.0	3.0	
大学专科	College	0.1	1.6	1.9	2.3	1.5	4.5	
大学本科	University			1.7	5.6	1.2	3.1	
研究生及以上	Graduate and Higher Level			28.0				
女	**Female**	**0.4**	**2.9**	**1.8**	**1.8**	**0.6**	**1.1**	
未上过学	No Schooling		8.1					
小　学	Primary School	0.5	3.8	2.5	0.4	0.3	0.7	
初　中	Junior Secondary School	0.4	2.9	1.0	0.9	0.4	0.5	
高　中	Senior Secondary School	0.5	2.6	1.1	2.1	0.8	1.5	
大学专科	College	0.1	3.1	5.7	4.9	0.9	1.9	
大学本科	University		2.3	5.5	6.1	2.2	6.2	
研究生及以上	Graduate and Higher Level			12.5	6.9			

3-44 按年龄、性别分的城镇失业人员失业前的职业构成

Occupation of Urban Unemployed Persons (Prior to Unemployment) by Age and Sex

单位：% (%)

年 龄 Age	城 镇 失业人员 Urban Unemployed Persons	单 位 负责人 Unit Head	专业技术 人 员 Technical Personnel	办事人员 和有关 人 员 Clerk and Related Workers	商业、服务业 人 员 Business Service Personnel	农林牧渔 水利业 生产人员 Producers in the Sectors of Agriculture, Forestry, Animal Husbandry, Fishery and Water Conservancy	生产运输设 备操作人员 及有关人员 Production, Transport Equipment Operators and Related Workers	其 他 Others
总计 Total	**100.0**	**1.6**	**11.2**	**7.0**	**39.6**	**9.8**	**30.5**	**0.4**
16-19	100.0		6.9	1.6	36.5	4.0	50.9	
20-24	100.0	1.4	11.1	9.0	44.2	7.8	25.8	0.7
25-29	100.0	0.9	13.1	9.0	44.9	6.3	25.5	0.2
30-34	100.0	1.1	11.4	6.8	46.8	6.7	26.1	1.1
35-39	100.0	1.7	12.0	5.5	45.3	8.4	27.0	0.2
40-44	100.0	1.4	10.4	5.7	39.6	11.0	31.9	0.2
45-49	100.0	1.7	8.7	6.3	37.5	10.1	35.3	0.3
50-54	100.0	2.9	11.7	7.7	28.4	11.4	37.9	0.1
55-59	100.0	1.8	12.0	7.5	28.4	13.7	35.9	0.8
60-64	100.0	4.7	15.0	6.8	16.9	29.3	27.4	
65+	100.0		13.7	9.0	27.9	25.5	23.8	0.1
男 Male	**100.0**	**2.2**	**10.8**	**8.4**	**31.4**	**8.5**	**38.1**	**0.6**
16-19	100.0		10.3	1.1	29.1	2.2	57.4	
20-24	100.0	0.6	11.2	10.8	35.3	7.1	33.7	1.2
25-29	100.0	1.2	17.3	8.6	39.7	5.1	27.8	0.4
30-34	100.0	1.6	9.1	6.3	39.5	4.0	38.3	1.2
35-39	100.0	3.7	12.1	9.6	35.3	8.5	30.4	0.5
40-44	100.0	1.7	7.7	7.3	33.0	9.3	40.5	0.5
45-49	100.0	2.6	8.4	9.1	26.2	8.7	44.5	0.6
50-54	100.0	4.9	10.6	6.9	22.6	10.6	44.2	0.2
55-59	100.0	1.6	10.0	8.8	27.3	10.4	41.2	0.8
60-64	100.0	7.7	11.4	10.1	11.9	24.3	34.6	
65+	100.0		16.1	13.0	25.7	19.8	25.2	0.2
女 Female	**100.0**	**1.1**	**11.6**	**5.9**	**46.0**	**10.8**	**24.4**	**0.2**
16-19	100.0			2.7	51.5	7.8	37.9	
20-24	100.0	2.2	10.9	7.2	53.2	8.5	17.9	0.1
25-29	100.0	0.7	10.5	9.3	48.2	7.1	24.1	0.1
30-34	100.0	0.9	13.0	7.1	51.6	8.5	17.9	1.1
35-39	100.0	0.8	12.0	3.8	49.4	8.4	25.5	0.1
40-44	100.0	1.2	12.0	4.7	43.5	12.0	26.7	
45-49	100.0	1.1	9.0	4.1	46.4	11.3	28.0	0.1
50-54	100.0	0.7	12.9	8.5	34.8	12.2	30.9	
55-59	100.0	2.2	16.0	4.9	30.5	20.4	25.3	0.7
60-64	100.0	0.6	19.8	2.2	23.6	36.2	17.6	
65+	100.0		9.1	2.3	37.6	47.0	16.3	

3-45 按受教育程度、性别分的城镇失业人员失业前的职业构成

Occupation of Urban Unemployed Persons (Prior to Unemployment) by Educational Attainment and Sex

单位：%　　　　(%)

受教育程度	Educational Attainment	城镇失业人员 Urban Unemployed Persons	单位负责人 Unit Head	专业技术人员 Technical Personnel	办事人员和有关人员 Clerk and Related Workers	商业、服务业人员 Business Service Personnel	农林牧渔水利业生产人员 Producers in the Sectors of Agriculture, Forestry, Animal Husbandry, Fishery and Water Conservancy	生产运输设备操作人员及有关人员 Production, Transport Equipment Operators and Related Workers	其他 Others
总　计	**Total**	**100.0**	**1.6**	**11.2**	**7.0**	**39.6**	**9.8**	**30.5**	**0.4**
未上过学	No Schooling	100.0		6.3	5.6	40.3	41.7	6.1	
小　学	Primary School	100.0	0.8	6.9	4.1	30.3	24.4	33.3	0.1
初　中	Junior Secondary School	100.0	1.3	6.0	4.4	39.7	12.7	35.7	0.3
高　中	Senior Secondary School	100.0	1.3	11.8	7.2	43.4	5.3	30.4	0.6
大学专科	College	100.0	3.8	24.2	16.0	37.2	1.4	17.1	0.4
大学本科	University	100.0	1.9	35.2	13.6	34.3	3.3	11.1	0.6
研究生及以上	Graduate and Higher Level	100.0	3.5	52.3	23.0	21.1			
男	**Male**	**100.0**	**2.2**	**10.8**	**8.4**	**31.4**	**8.5**	**38.1**	**0.6**
未上过学	No Schooling	100.0			15.6	31.6	52.3	0.5	
小　学	Primary School	100.0	0.5	8.9	4.9	23.6	26.3	35.8	
初　中	Junior Secondary School	100.0	1.9	5.4	6.2	29.2	10.2	46.4	0.7
高　中	Senior Secondary School	100.0	1.8	11.2	8.2	35.1	5.0	37.7	1.0
大学专科	College	100.0	5.7	18.9	15.4	32.7	2.0	25.3	0.0
大学本科	University	100.0	1.8	36.6	13.6	33.4	2.8	11.7	
研究生及以上	Graduate and Higher Level	100.0	6.1	41.3	16.1	36.4			
女	**Female**	**100.0**	**1.1**	**11.6**	**5.9**	**46.0**	**10.8**	**24.4**	**0.2**
未上过学	No Schooling	100.0		9.8		45.1	35.8	9.2	
小　学	Primary School	100.0	1.1	5.3	3.5	35.3	23.1	31.5	0.2
初　中	Junior Secondary School	100.0	0.9	6.4	3.0	47.1	14.4	28.1	0.1
高　中	Senior Secondary School	100.0	0.9	12.3	6.3	50.4	5.7	24.2	0.2
大学专科	College	100.0	2.0	29.0	16.5	41.3	0.9	9.5	0.8
大学本科	University	100.0	2.0	33.6	13.5	35.3	3.8	10.5	1.3
研究生及以上	Graduate and Higher Level	100.0		67.5	32.5				

3-46 按受教育程度、性别分的城镇失业人员未工作时间构成

Unemployment Duration of Urban Unemployed Persons by Educational Attainment and Sex

单位：% (%)

受教育程度	Educational Attainment	城镇失业人员 Urban Unemployed Persons	1个月 1 Month	2-3个月 2-3 Months	4-6个月 4-6 Months	7-12个月 7-12 Months	13-24个月 13-24 Months	25个月以上 25+ Months+
总　计	**Total**	**100.0**	**4.6**	**11.3**	**16.2**	**26.4**	**19.4**	**22.2**
未上过学	No Schooling	100.0	5.8	11.4	15.0	25.9	23.1	18.9
小　学	Primary School	100.0	6.4	12.0	14.2	28.0	17.7	21.6
初　中	Junior Secondary School	100.0	4.9	9.9	14.7	26.4	20.0	24.1
高　中	Senior Secondary School	100.0	3.4	10.5	16.3	25.5	20.1	24.3
大学专科	College	100.0	5.5	14.8	16.7	29.9	17.0	16.1
大学本科	University	100.0	4.4	14.5	26.1	22.6	17.7	14.6
研究生及以上	Graduate and Higher Level	100.0	7.1	20.5	12.7	23.5	24.9	11.4
男	**Male**	**100.0**	**5.5**	**13.2**	**17.3**	**26.9**	**18.2**	**19.0**
未上过学	No Schooling	100.0	1.5	12.4	15.1	37.6	23.1	10.2
小　学	Primary School	100.0	8.0	15.9	13.9	29.3	16.6	16.3
初　中	Junior Secondary School	100.0	5.9	12.2	15.0	27.8	18.5	20.6
高　中	Senior Secondary School	100.0	4.0	11.2	18.0	25.4	19.7	21.7
大学专科	College	100.0	6.0	17.2	19.7	29.3	14.7	13.1
大学本科	University	100.0	6.7	16.3	23.7	21.8	17.6	13.9
研究生及以上	Graduate and Higher Level	100.0		29.1	12.6	21.6	29.8	6.8
女	**Female**	**100.0**	**3.9**	**9.7**	**15.3**	**26.1**	**20.3**	**24.7**
未上过学	No Schooling	100.0	8.0	10.9	14.9	19.6	23.1	23.5
小　学	Primary School	100.0	5.3	9.5	14.4	27.1	18.5	25.2
初　中	Junior Secondary School	100.0	4.2	8.3	14.6	25.4	21.0	26.5
高　中	Senior Secondary School	100.0	2.7	9.9	14.6	25.6	20.5	26.6
大学专科	College	100.0	4.9	12.6	13.9	30.5	19.1	18.9
大学本科	University	100.0	2.0	12.7	28.7	23.4	17.8	15.3
研究生及以上	Graduate and Higher Level	100.0	13.4	12.7	12.8	25.1	20.5	15.4

3-47 按年龄、性别分的城镇失业人员未工作时间构成

Unemployment Duration of Urban Unemployed Persons by Age and Sex

单位：% (%)

年龄 Age	城镇失业人员 Urban Unemployed Persons	1个月 1 Month	2-3个月 2-3 Months	4-6个月 4-6 Months	7-12个月 7-12 Months	13-24个月 13-24 Months	25个月以上 25+ Months+
总计 Total	**100.0**	**4.6**	**11.3**	**16.2**	**26.4**	**19.4**	**22.2**
16-19	100.0	8.8	18.2	25.9	22.2	18.9	6.0
20-24	100.0	4.5	17.1	21.3	29.2	17.8	10.1
25-29	100.0	6.4	9.6	18.3	30.5	17.8	17.4
30-34	100.0	4.2	10.6	16.8	28.7	17.9	21.7
35-39	100.0	4.4	9.6	14.3	24.8	23.3	23.6
40-44	100.0	5.2	11.7	11.0	23.7	22.6	25.7
45-49	100.0	3.4	8.3	16.0	22.8	17.1	32.5
50-54	100.0	2.7	8.5	11.3	22.7	20.3	34.5
55-59	100.0	2.3	6.3	8.7	27.5	19.9	35.2
60-64	100.0	4.7	7.6	13.7	25.3	16.5	32.4
65+	100.0	1.7	4.2	9.7	24.1	28.6	31.6
男 Male	**100.0**	**5.5**	**13.2**	**17.3**	**26.9**	**18.2**	**19.0**
16-19	100.0	9.2	16.6	28.2	22.3	18.5	5.3
20-24	100.0	5.4	19.4	20.7	27.1	18.8	8.6
25-29	100.0	7.5	12.0	20.2	31.8	14.9	13.6
30-34	100.0	5.2	15.9	17.7	28.6	15.3	17.3
35-39	100.0	8.4	10.7	12.7	25.0	26.5	16.6
40-44	100.0	6.1	12.5	12.4	26.6	20.7	21.6
45-49	100.0	3.3	9.8	19.1	23.1	14.1	30.6
50-54	100.0	3.1	7.9	10.8	21.9	19.7	36.6
55-59	100.0	2.3	6.8	8.9	32.3	19.4	30.3
60-64	100.0	7.4	9.9	19.1	26.8	16.1	20.5
65+	100.0	2.4	4.4	7.7	26.4	23.4	35.9
女 Female	**100.0**	**3.9**	**9.7**	**15.3**	**26.1**	**20.3**	**24.7**
16-19	100.0	7.8	21.6	20.8	22.0	20.0	7.8
20-24	100.0	3.6	14.4	22.0	31.5	16.7	11.7
25-29	100.0	5.8	8.0	17.1	29.6	19.6	19.9
30-34	100.0	3.6	7.2	16.2	28.8	19.6	24.6
35-39	100.0	2.9	9.2	15.0	24.7	22.0	26.3
40-44	100.0	4.8	11.3	10.2	22.2	23.6	27.8
45-49	100.0	3.5	7.2	13.7	22.5	19.3	33.9
50-54	100.0	2.2	9.1	11.8	23.6	21.0	32.3
55-59	100.0	2.4	5.4	8.4	18.9	20.8	44.1
60-64	100.0	1.1	4.5	6.6	23.2	16.9	47.7
65+	100.0		4.0	14.4	19.2	40.3	22.0

第四部分

Chapter Four

2012 年城镇单位
就业人员统计数据

Data from Statistics on
Employment in Urban Units in 2012

4-1 各地区分行业国有单位就业人员数

Employed Persons in State-owned Units by Sector and Region

单位：人 (person)

地区	Region	国有单位合计 Total	(一)中央 I. Under Central Government	(二)省、自治区、直辖市 II. Under Provincial Government	(三)地区 III. Under Prefectural Government	(四)县及县以下 IV. At and Below County Level	(五)其他 V. Other	(一)企业 I. Enterprises	#地方 Local
总计	**National Total**	**68390322**	**11169511**	**11351476**	**12801716**	**32264583**	**803036**	**24668045**	**15468381**
北京	Beijing	1883362	826086	418183	529792	69796	39505	611723	258840
天津	Tianjin	897401	168843	366214	235262	107736	19346	414612	277527
河北	Hebei	3324080	428558	385841	544794	1961117	3770	1028587	656257
山西	Shanxi	2398219	339919	527408	400271	1120600	10021	932642	620482
内蒙古	Inner Mongolia	1763475	333665	236173	341049	848844	3744	655862	348594
辽宁	Liaoning	3102755	689717	336114	755187	1285799	35938	1396080	768687
吉林	Jilin	1704273	325127	281397	332312	760029	5408	604817	335968
黑龙江	Heilongjiang	3354237	726873	1220007	434695	964667	7995	1997890	1313327
上海	Shanghai	1404664	402485	448463	486454	51748	15514	672192	384497
江苏	Jiangsu	2959931	364323	425713	567551	1540281	62063	842953	540797
浙江	Zhejiang	2253933	203023	262254	420422	1338239	29995	583153	422021
安徽	Anhui	2257310	217316	432299	499785	1050583	57327	779919	598167
福建	Fujian	1662071	184024	242665	396934	807733	30715	576446	427334
江西	Jiangxi	2090320	151299	424820	356790	1149035	8376	751922	633007
山东	Shandong	4473920	620170	626030	812846	2370100	44774	1634013	1111919
河南	Henan	4092515	420254	367110	772399	2438782	93970	1236895	847592
湖北	Hubei	2986455	643213	280540	540323	1494401	27978	1109433	574126
湖南	Hunan	2825735	361173	366309	482030	1581294	34929	816486	500563
广东	Guangdong	4303267	441008	482381	1057293	2193804	128781	1334882	1015489
广西	Guangxi	2140304	202846	313700	480339	1135842	7577	627468	453097
海南	Hainan	544302	29102	239490	63808	201337	10565	234276	216271
重庆	Chongqing	1288770	159665	286503	226970	592453	23179	422977	297692
四川	Sichuan	3587685	663315	413948	634157	1844606	31659	1226566	681232
贵州	Guizhou	1745657	220170	359326	175434	980099	10628	634529	424389
云南	Yunnan	1946252	213335	374521	234103	1117941	6352	548090	360603
西藏	Tibet	242039	15688	44183	50795	131373		37112	26386
陕西	Shaanxi	2715565	642134	447413	417797	1171923	36298	1175677	604705
甘肃	Gansu	1586182	241608	339265	220452	782571	2286	556496	340198
青海	Qinghai	438266	107584	114850	38596	176093	1143	180004	79615
宁夏	Ningxia	409186	72702	105591	79631	149736	1526	143030	78359
新疆	Xinjiang	2008191	754286	182765	213445	846021	11674	901313	270640

4-1 续表 1 continued

单位：人 (person)

地区	Region	(二) 事业 II. Institutions	#地方 Local	(三) 机关 III. Agencies and Organizations	#地方 Local	(四)民间非营利组织 IV. Civil Nonprofit Organizations	(五) 其他 V. Other	(一) 农、林、牧、渔业 I. Agriculture, Forestry, Animal Husbandry and Fishery	1.农业 1.Farming	2.林业 2.Forestry
总 计	**National Total**	**30666670**	**29190367**	**12955892**	**12415180**	**25808**	**73907**	**3204507**	**1804819**	**806300**
北 京	Beijing	933809	520376	326839	274003	9819	1172	9796	1269	1702
天 津	Tianjin	341358	321851	135682	123464	310	5439	5254	954	560
河 北	Hebei	1589893	1555064	703952	682791	374	1274	52400	36846	5222
山 西	Shanxi	1000139	987818	464413	448975		1025	19248	3011	7821
内蒙古	Inner Mongolia	757928	745921	348577	334187		1108	242290	99649	84797
辽 宁	Liaoning	1246265	1208886	460410	435465			244479	217131	15913
吉 林	Jilin	821338	777803	278083	265340	35		152620	28233	89884
黑龙江	Heilongjiang	976039	946841	378618	365506		1690	923644	478696	321212
上 海	Shanghai	552196	453714	172936	156639	4348	2992	4682	2505	167
江 苏	Jiangsu	1538037	1441047	577789	550549		1152	81720	67174	4565
浙 江	Zhejiang	1143241	1123128	519246	498561	1822	6471	5534	1524	1692
安 徽	Anhui	1051119	1026560	420986	409981		5286	52082	29701	9712
福 建	Fujian	751797	734086	330955	313754	81	2792	44188	16233	10815
江 西	Jiangxi	919328	901734	417839	404295		1231	97186	49712	30344
山 东	Shandong	1994433	1925144	837271	809165		8203	21599	5774	5102
河 南	Henan	2034694	2018179	798894	785255	5146	16886	35721	14692	8797
湖 北	Hubei	1397063	1312671	476921	453407		3038	94275	68825	7910
湖 南	Hunan	1415966	1383946	583398	570377	2613	7272	19400	3852	11716
广 东	Guangdong	2028778	1962340	936539	881466	862	2206	68149	35452	20500
广 西	Guangxi	1144723	1131711	367437	351969	93	583	93055	52102	27206
海 南	Hainan	215516	210632	93067	86857		1443	117216	76008	39028
重 庆	Chongqing	618091	596549	247376	240867	35	291	10044	340	2505
四 川	Sichuan	1603696	1506970	757081	735735		342	37634	1275	18157
贵 州	Guizhou	753055	746272	356911	350841	5	1157	13598	1652	4867
云 南	Yunnan	939675	929213	458487	443101			87691	21922	35515
西 藏	Tibet	87535	86060	117392	113905			5639	505	4221
陕 西	Shaanxi	1038505	979025	501383	489701			35096	5391	10103
甘 肃	Gansu	705360	685503	324078	318373		248	53811	22318	13520
青 海	Qinghai	169635	166720	88524	84244		103	12464	2146	2955
宁 夏	Ningxia	186841	183286	78857	74769		458	22780	13758	3197
新 疆	Xinjiang	710617	621317	395951	361638	265	45	541212	446169	6595

4-1 续表 2 continued

单位：人 (person)

地 区	Region	3.畜牧业 3.Animal Husbandry	4.渔业 4.Fishery	5.农、林、牧、渔服务业 5.Service in Support of Agriculture	(二) 采矿业 II. Mining	1.煤炭开采和洗选业 1.Mining and Washing of Coal	2.石油和天然气开采业 2.Extraction of Petroleum and Natural Gas	3.黑色金属矿采选业 3.Mining and Processing of Ferrous Metal Ores
总 计	**National Total**	**226123**	**23701**	**343564**	**2561776**	**1560888**	**536707**	**82573**
北 京	Beijing	5590	207	1028				
天 津	Tianjin	1243	135	2362	2746			
河 北	Hebei	2824	637	6871	127711	59021	20841	19814
山 西	Shanxi	628	114	7674	238906	236528	768	494
内蒙古	Inner Mongolia	24798	4373	28673	69392	64170		1150
辽 宁	Liaoning	1684	1125	8626	142902	63715		13546
吉 林	Jilin	7288	2955	24260	70857	62066	3553	362
黑龙江	Heilongjiang	92909	4112	26715	184829	64527	114275	476
上 海	Shanghai	194	21	1795	132		59	
江 苏	Jiangsu	2945	802	6234	75732	44996	21625	3272
浙 江	Zhejiang	111	40	2167	2697			105
安 徽	Anhui	617	847	11205	135343	132762		
福 建	Fujian	175	195	16770	12808	7329		1223
江 西	Jiangxi	833	1422	14875	67484	54996		344
山 东	Shandong	257	568	9898	502711	341320	138404	11669
河 南	Henan	1566	151	10515	205889	90899	31513	65
湖 北	Hubei	1010	1680	14850	46097	5176	126	3196
湖 南	Hunan	559	1266	2007	52383	40322	48	10
广 东	Guangdong	558	1639	10000	16020	155	6059	2160
广 西	Guangxi	566	260	12921	29207	11537		921
海 南	Hainan	602	421	1157	7694			5308
重 庆	Chongqing	201	107	6891	22936	14982	6008	1946
四 川	Sichuan	2792	93	15317	108367	41972	53763	5599
贵 州	Guizhou	206	170	6703	63368	61925		117
云 南	Yunnan	231	76	29947	42789	21554		9138
西 藏	Tibet	145		768	1801	22		612
陕 西	Shaanxi	901	18	18683	232650	96996	132767	492
甘 肃	Gansu	926	21	17026	36187	30422		
青 海	Qinghai	1740	42	5581	13934	2510	6898	212
宁 夏	Ningxia	1694	8	4123	6556	6536		
新 疆	Xinjiang	70330	196	17922	41648	4450		342

4-1 续表 3 continued

单位：人 (person)

地区	Region	4.有色金属矿采选业 4.Mining and Processing of Non-ferrous Metal Ores	5.非金属矿采选业 5.Mining and Processing of Non-metal Ores	6.开采辅助活动 6.Support Activities for Mining	7.其他采矿业 7.Mining of Other Ores	(三) 制造业 III. Manufacturing	1.农副食品加工业 1.Processing of Food from Agricultural Products	2.食品制造业 2.Manufacture of Foods	3.酒、饮料和精制茶制造业 3.Manufacture of Liquor, Beverages and Refined Tea
总 计	**National Total**	**87716**	**66675**	**226171**	**1046**	**3694930**	**91451**	**62288**	**102842**
北 京	Beijing					53281	1540	187	8461
天 津	Tianjin		272	2474		101452	2006	1138	780
河 北	Hebei	133	9245	18657		186560	1691	933	1170
山 西	Shanxi	16	350	750		119329	2868	956	12626
内蒙古	Inner Mongolia	2590	1482			31893	918	408	686
辽 宁	Liaoning	5956	2960	56357	368	306958	7034	1452	1052
吉 林	Jilin	4698	178			98352	661	584	231
黑龙江	Heilongjiang	1257	379	3793	122	145416	7783	2500	4947
上 海	Shanghai		73			100917	2138	812	724
江 苏	Jiangsu	52	5787			164946	1771	1482	3846
浙 江	Zhejiang	610	1982			43573	3545	802	396
安 徽	Anhui	1838	743			126240	2098	8606	12611
福 建	Fujian	250	3953	11	42	29943	767	2109	986
江 西	Jiangxi	10365	1573		206	144989	3692	1996	1397
山 东	Shandong	7785	3533			194796	6210	8155	8545
河 南	Henan	8993	1081	73338		153288	5002	13379	4969
湖 北	Hubei	827	2562	34198	12	248047	3492	4291	3400
湖 南	Hunan	8953	3015		35	131919	2962	1301	2090
广 东	Guangdong	2169	5461		16	96503	9691	2067	1377
广 西	Guangxi	13104	3595		50	118253	12525	1054	1062
海 南	Hainan	472	1914			6539	1426	35	136
重 庆	Chongqing					52326	1832	1134	202
四 川	Sichuan	1287	4376	1370		252915	3104	1345	5088
贵 州	Guizhou	768	498	60		121411	570	1800	21562
云 南	Yunnan	6322	5775			93561	1475	709	1309
西 藏	Tibet	1038	118		11	2688	162	188	
陕 西	Shaanxi	2135	260			316549	1653	898	409
甘 肃	Gansu	5148	320	113	184	157826	1244	432	2258
青 海	Qinghai	386	3928			41204	219	50	132
宁 夏	Ningxia		20			20792	178	774	
新 疆	Xinjiang	564	1242	35050		32464	1194	711	390

4-1 续表 4 continued

单位：人 (person)

地 区	Region	4.烟草制品业 4.Manufacture of Tobacco	5.纺织业 5.Manufacture of Textile	6.纺织服装、服饰业 6.Manufacture of Textile Wearing Apparel, and Accessories	7.皮革、毛皮、羽毛及其制品和制鞋业 7.Manufacture of Leather, Fur, Feather and Related Products and Footwear	8.木材加工和木、竹、藤、棕、草制品业 8.Processing of Timbers, Manufacture of Wood, Bamboo, Rattan, Palm and Straw Products	9.家具制造业 9.Manufacture of Furniture	10.造纸和纸制品业 10.Manufacture of Paper and Paper Products
总 计	**National Total**	**151161**	**82492**	**43639**	**17709**	**37264**	**4438**	**45894**
北 京	Beijing	938	358	179		14	9	339
天 津	Tianjin	890	851	271	233	238	72	136
河 北	Hebei	4574	11344	8447	4014		263	5646
山 西	Shanxi		2359	2037	3		51	
内蒙古	Inner Mongolia	933		951	669		35	5
辽 宁	Liaoning	643	1825	1606	588	380	214	1012
吉 林	Jilin	4678	42	74	32	8365	72	
黑龙江	Heilongjiang	3435	1250	24	827	3170	1702	274
上 海	Shanghai		624	213	178	913	61	203
江 苏	Jiangsu	6199	4040	7529	879	10451	11	2978
浙 江	Zhejiang	4555	94	136	31	109		
安 徽	Anhui	12873	1650	562	9	495		1558
福 建	Fujian	3150	181	1675		15	65	162
江 西	Jiangxi	7009	1527	1340	3513	785	444	596
山 东	Shandong	6390	16501	37	67	555	240	4111
河 南	Henan	10657	9107	980	1420	35	85	1519
湖 北	Hubei	3552	11100	10430	140	1080	346	456
湖 南	Hunan	16023	764	921	5	461		11920
广 东	Guangdong	5824	3409	390	171	870	382	7205
广 西	Guangxi	2523	767	881	123	3339		2872
海 南	Hainan		80	3		107	64	197
重 庆	Chongqing		193				53	41
四 川	Sichuan	8495	4742	885		1058		2163
贵 州	Guizhou	1338	18	2126	1739	1435	80	101
云 南	Yunnan	31220	15	606	1326	2177	39	157
西 藏	Tibet		58		82	937	10	
陕 西	Shaanxi	10348	4134	458	871	271	36	439
甘 肃	Gansu	3905	100		789		53	205
青 海	Qinghai			562				
宁 夏	Ningxia	29	2270	69				1573
新 疆	Xinjiang	980	3089	247		4	51	26

4-1 续表 5 continued

单位：人 (person)

地 区	Region	11.印刷和记录媒介复制业 11.Printing and Reproduction of Recording Media	12.文教工美、体育和娱乐用品制造业 12.Manufacture of Articles for Culture, Education, Arts and Crafts, Sport and Entertainment Activities	13.石油加工、炼焦和核燃料加工业 13.Processing of Petroleum , Coking, Processing of Nuclear Fuel	14.化学原料和化学制品制造业 14.Manufacture of Chemical Raw Material and Chemical Products	15.医药制造业 15.Manufacture of Medicines	16.化学纤维制造业 16.Manufacture of Chemical Fibres	17.橡胶和塑料制品业 17.Manufacture of Rubber and Plastics Products
总 计	**National Total**	**71355**	**7643**	**124915**	**288448**	**73194**	**22797**	**26477**
北 京	Beijing	6548	424	179	1848	2113		285
天 津	Tianjin	1401	143	9902	2563	1184	23	954
河 北	Hebei	5673		1625	11161	18767	9025	167
山 西	Shanxi	2258	456	1908	8463	949	44	998
内蒙古	Inner Mongolia	1154		1843	2258	1313		
辽 宁	Liaoning	2389	43	14493	13583	3648	44	667
吉 林	Jilin	1074		894	12510	2414		202
黑龙江	Heilongjiang	2290	270	35697	2595	2164	612	2069
上 海	Shanghai	2707	954		7045	1305		1411
江 苏	Jiangsu	2291	357	662	17275	1654	30	1225
浙 江	Zhejiang	1332	19	943	1504	358	102	607
安 徽	Anhui	775	141	226	2769	2008		2724
福 建	Fujian	2290	47	145	4208	610		847
江 西	Jiangxi	3303	217	9519	7400	6084		91
山 东	Shandong	4654	482	7336	23808	7002	72	228
河 南	Henan	3105	70	312	14887	2265	11171	1483
湖 北	Hubei	2418		610	8390	614	12	1400
湖 南	Hunan	1226	312	922	15958	1119		306
广 东	Guangdong	3762	3022	2324	4101	4056		2223
广 西	Guangxi	2292		2000	6473	1443		2456
海 南	Hainan	449	5		102	825	9	103
重 庆	Chongqing	940	92		13146	223		782
四 川	Sichuan	4847	183	1230	17359	2600		358
贵 州	Guizhou	1477	186		9155	150	172	734
云 南	Yunnan	1905	72	1770	13517	1788		267
西 藏	Tibet	335				546		
陕 西	Shaanxi	3791	148	9719	13087	1594		3313
甘 肃	Gansu	2029		3674	27297	3270	1481	252
青 海	Qinghai	697		2188	17411	560		
宁 夏	Ningxia	77		4242	5328	29		
新 疆	Xinjiang	1866		10552	3247	539		325

4-1 续表 6 continued

单位：人 (person)

地 区	Region	18.非金属矿物制品业 18.Manufacture of Non-metallic Mineral Products	19.黑色金属冶炼和压延加工业 19.Smelting and Processing of Ferrous Metals	20.有色金属冶炼和压延加工业 20.Smelting and Processing of Non-ferrous Metals	21.金属制品业 21.Manufacture of Metal Products	22.通用设备制造业 22.Manufacture of General Purpose Machinery	23.专用设备制造业 23.Manufacture of Special Purpose Machinery	24.汽车制造业 24.Manufacture of Automobiles
总 计	**National Total**	**180500**	**555542**	**248333**	**89794**	**256841**	**181167**	**246638**
北 京	Beijing	1266	22	183	2495	2050	5406	
天 津	Tianjin	1800	24189	1565	5598	2542	7433	1725
河 北	Hebei	8481	34897	3566	4071	15000	12534	2769
山 西	Shanxi	8158	19397	7476	1884	17436	2014	5126
内蒙古	Inner Mongolia	2030	3356	3884	4054	2897	261	
辽 宁	Liaoning	7740	168429	5154	8449	15216	15097	5972
吉 林	Jilin	1580	765		3243	898	1434	55321
黑龙江	Heilongjiang	5506	1459	6666	1107	12899	11505	10752
上 海	Shanghai	2348	2351	558	3450	9425	9636	14791
江 苏	Jiangsu	6886	355	362	1701	31493	6618	13246
浙 江	Zhejiang	2541	10235	886	590	6826	2436	
安 徽	Anhui	6610	2620	30109	321	22630	2534	1797
福 建	Fujian	1277	738	2032	451	1417	983	79
江 西	Jiangxi	10747	3790	23648	2801	7442	4143	28249
山 东	Shandong	13564	4576	5543	2169	17851	11280	11623
河 南	Henan	12185	10035	4903	2448	5290	14641	3170
湖 北	Hubei	19673	69872	15282	6265	6805	2173	26396
湖 南	Hunan	11699	19299	3543	3618	5125	8330	2724
广 东	Guangdong	4040	1959	498	4124	5449	2186	786
广 西	Guangxi	8109	20180	11162	680	3462	10992	9481
海 南	Hainan	1311			608	5	293	4
重 庆	Chongqing	3243	1466	1108	883	12064	3413	2244
四 川	Sichuan	9111	73452		3686	17111	19343	12696
贵 州	Guizhou	4437	25038	6138	2379	4408	3848	5751
云 南	Yunnan	5751	6761	4257	3594	4418	3205	1741
西 藏	Tibet	301		69				
陕 西	Shaanxi	7527	5768	51045	14233	20797	15070	29152
甘 肃	Gansu	8083	33103	47647	3606	5671	2861	644
青 海	Qinghai	701	10869	5585			25	
宁 夏	Ningxia	1282		4650		94	19	
新 疆	Xinjiang	2513	561	814	1286	120	1454	399

4-1 续表 7 continued

单位：人 (person)

地区	Region	25.铁路、船舶、航空航天和其他运输设备制造业 25. Manufacture of Railway,Ship, Aerospace and Other Transport Equipment	26.电气机械和器材制造业 26.Manufacture of Electrical Machinery and Apparatus	27.计算机、通信和其他电子设备制造业 27.Manufacture of Computers, Communication and Other Electronic Equipment	28.仪器仪表制造业 28.Manufacture of Measuring Instruments and Machinery	29.其他制造业 29. Other Manufature	30.废弃资源综合利用业 30. Utilization of Waste Resources	31.金属制品、机械和设备修理业 31. Repair Service of Metal Products, Machinery and Eguipment
总 计	**National Total**	**349649**	**114673**	**122991**	**50576**	**17890**	**5569**	**20760**
北 京	Beijing	10686	614	2932	2163	1719	172	151
天 津	Tianjin	24778	989	6979	365	645		59
河 北	Hebei	13019	2539	2806	265	830	102	1181
山 西	Shanxi	10300	5573	1380	3525	993	91	
内蒙古	Inner Mongolia	3453	630		155			
辽 宁	Liaoning	19153	4518	3219	3101	4	72	161
吉 林	Jilin	2837	358	23	22	23	15	
黑龙江	Heilongjiang	15952	5761	457	872		388	483
上 海	Shanghai	18836	4954	6746	1192	211	210	6921
江 苏	Jiangsu	21668	13628	1623	3827	855	4	
浙 江	Zhejiang	2713	760	893	744	100	243	73
安 徽	Anhui	4465	1932	2115	1045	887		70
福 建	Fujian	3341	371	1845	33	22	48	49
江 西	Jiangxi	1989	2114	1364	9522	255	12	
山 东	Shandong	8676	4595	19158	1007	258	15	88
河 南	Henan	12239	1018	1340	2109		67	3397
湖 北	Hubei	16186	8545	22001	1570	1381	6	161
湖 南	Hunan	11395	3259	4575	681	1208	173	
广 东	Guangdong	11138	4564	5589	490	8	23	4775
广 西	Guangxi	10787	2096	1252	183	43		16
海 南	Hainan	11	196	570				
重 庆	Chongqing	2585	2764		2905	975	38	
四 川	Sichuan	40658	3047	11973	1354	4791		2236
贵 州	Guizhou	12026	752	6397	3676	57	3861	
云 南	Yunnan	2554	794	918	78	1138		
西 藏	Tibet							
陕 西	Shaanxi	60922	34018	16620	9402	826		
甘 肃	Gansu	5506	3578	47		17		74
青 海	Qinghai		348	169	290	632		766
宁 夏	Ningxia		166			12		
新 疆	Xinjiang	1776	192				29	99

4-1 续表 8 continued

单位：人 (person)

地 区	Region	(四) 电力、热力、燃气及水生产和供应业 Production and Supply of Electricity, Heat, Gas and Water	1.电力、热力生产和供应业 1.Production and Supply of Electric Power and Heat Power	2.燃气生产和供应业 2.Production and Supply of Gas	3.水的生产和供应业 3.Production and Supply of Water	(五) 建筑业 V. Construction	1.房屋建筑业 1. Construction of Buildings	2.土木工程建筑业 2. Civil Engineering
总 计	**National Total**	**2182822**	**1720174**	**77223**	**385425**	**3458278**	**1740674**	**1361296**
北 京	Beijing	23715	21273	1525	917	31820	13350	14570
天 津	Tianjin	19606	17279	1140	1187	50001	15665	30020
河 北	Hebei	160808	130177	7333	23298	117558	37982	64616
山 西	Shanxi	76820	55841	5435	15544	111055	47805	54481
内蒙古	Inner Mongolia	76931	63368	2341	11222	29587	16450	9133
辽 宁	Liaoning	96817	60138	9484	27195	152130	48330	83418
吉 林	Jilin	49049	33569	1004	14476	39165	19364	12826
黑龙江	Heilongjiang	113756	76825	4505	32426	142808	105103	25412
上 海	Shanghai	39550	18444	10426	10680	61295	12546	22725
江 苏	Jiangsu	70017	52761	507	16749	65419	19231	35382
浙 江	Zhejiang	88013	73424	1501	13088	60187	20465	34944
安 徽	Anhui	59809	49262	1951	8596	155022	87717	50883
福 建	Fujian	54804	44241	1628	8935	134170	58823	35732
江 西	Jiangxi	59971	46127	768	13076	172530	124677	40607
山 东	Shandong	139651	114468	1967	23216	161004	48900	83499
河 南	Henan	147162	119293	3122	24747	181924	45063	113064
湖 北	Hubei	139349	120372	2070	16907	218151	111056	91038
湖 南	Hunan	118766	98575	516	19675	171501	56234	105713
广 东	Guangdong	128207	100278	2139	25790	227237	163719	42414
广 西	Guangxi	73204	59653	931	12620	49702	26527	20591
海 南	Hainan	16279	12679	362	3238	27516	24818	1587
重 庆	Chongqing	23028	13437	3801	5790	85313	37798	43230
四 川	Sichuan	89409	69934	6769	12706	358118	249278	85186
贵 州	Guizhou	67282	59389	477	7416	186167	122929	55299
云 南	Yunnan	52684	45893	1539	5252	70682	32775	29329
西 藏	Tibet	7715	5418	1692	605	3038	2269	748
陕 西	Shaanxi	55789	44187	780	10822	181563	78932	92298
甘 肃	Gansu	59764	47416	1456	10892	94690	68657	17498
青 海	Qinghai	12546	10787		1759	40763	6998	33272
宁 夏	Ningxia	29326	27403		1923	15467	7093	5971
新 疆	Xinjiang	32995	28263	54	4678	62695	30120	25810

4-1 续表 9 continued

单位：人 (person)

地区	Region	3.建筑安装业 3.Building Installation	4.建筑装饰和其他建筑业 4.Building Decoration and Other Constructions	(六)批发和零售业 VI. Wholesale and Retail Trades	1.批发业 1.Wholesale Trade	2.零售业 2.Retail Trade	(七)交通运输、仓储和邮政业 VII. Transport, Storage and Post	1.铁路运输业 1.Railway Transport
总 计	**National Total**	**247389**	**108919**	**1485103**	**1006206**	**478897**	**4194654**	**1666549**
北 京	Beijing	1474	2426	35750	23963	11787	110054	75035
天 津	Tianjin	3518	798	29011	14551	14460	77727	25978
河 北	Hebei	7590	7370	77267	43223	34044	176969	53687
山 西	Shanxi	4695	4074	93339	70942	22397	180212	109001
内蒙古	Inner Mongolia	2127	1877	29758	19838	9920	152473	92221
辽 宁	Liaoning	17933	2449	40084	26788	13296	231452	114705
吉 林	Jilin	6110	865	25465	21189	4276	130853	67000
黑龙江	Heilongjiang	7378	4915	57246	37806	19440	235375	120837
上 海	Shanghai	20248	5776	35667	20176	15491	173948	28087
江 苏	Jiangsu	8931	1875	47928	28578	19350	166346	32360
浙 江	Zhejiang	709	4069	27912	20659	7253	131101	19530
安 徽	Anhui	3086	13336	56463	42752	13711	102718	38943
福 建	Fujian	29696	9919	48762	37028	11734	133459	40420
江 西	Jiangxi	5773	1473	70611	48627	21984	112748	60718
山 东	Shandong	22776	5829	89778	54944	34834	258838	69866
河 南	Henan	20146	3651	128434	80193	48241	213807	102585
湖 北	Hubei	11069	4988	61203	40609	20594	162964	82887
湖 南	Hunan	6603	2951	41837	26498	15339	164107	76860
广 东	Guangdong	15446	5658	109783	79143	30640	277193	50557
广 西	Guangxi	933	1651	43420	27869	15551	128167	52162
海 南	Hainan	684	427	9591	5367	4224	17794	
重 庆	Chongqing	1160	3125	32345	21465	10880	118942	25737
四 川	Sichuan	20411	3243	62651	48826	13825	164308	52209
贵 州	Guizhou	6974	965	48404	41367	7037	78169	30958
云 南	Yunnan	5711	2867	60312	51425	8887	89861	37465
西 藏	Tibet		21	4479	2058	2421	5745	49
陕 西	Shaanxi	3759	6574	52437	28406	24031	157535	89160
甘 肃	Gansu	7832	703	22906	12357	10549	85652	47346
青 海	Qinghai	258	235	6210	4158	2052	29360	14868
宁 夏	Ningxia	1851	552	7441	4650	2791	31185	13353
新 疆	Xinjiang	2508	4257	28609	20751	7858	95592	41965

4-1 续表 10 continued

单位：人

地区	Region	2.道路运输业 2.Road Transport	3.水上运输业 3.Water Transport	4.航空运输业 4.Air Transport	5.管道运输业 5.Transport Via Pipeline	6.装卸搬运和运输代理业 6.Loading Unloading and Forwarding Ageney	7.仓储业 7.Storage	8.邮政业 8.Post
总　计	**National Total**	**1333655**	**200835**	**133326**	**28289**	**89849**	**175363**	**566788**
北　京	Beijing	2636		11		1493	5510	25369
天　津	Tianjin	29368	9629	1969		3436	2900	4447
河　北	Hebei	82348	2439	1778	126	1508	6535	28548
山　西	Shanxi	39336	43	3201	322	2089	6387	19833
内蒙古	Inner Mongolia	33980	32	3844		2743	5244	14409
辽　宁	Liaoning	57168	15484	11799	1778	2814	8711	18993
吉　林	Jilin	21693	166	5107	32	488	24089	12278
黑龙江	Heilongjiang	63970	2648	3711	838	711	16932	25728
上　海	Shanghai	72573	33386	6589		1747	11738	19828
江　苏	Jiangsu	50313	13365	8847	15228	4214	5043	36976
浙　江	Zhejiang	67806	4683	3974		2880	2168	30060
安　徽	Anhui	34423	1125	1570		623	5112	20922
福　建	Fujian	51695	8341	2332	857	8107	2777	18930
江　西	Jiangxi	31858	1222	914	505	784	4139	12608
山　东	Shandong	93118	41907	5610	1280	16679	4660	25718
河　南	Henan	76267	374	346	392	2504	16351	14988
湖　北	Hubei	43353	8377	931	746	1692	4054	20924
湖　南	Hunan	44875	1065	2565		4954	4145	29643
广　东	Guangdong	126643	21978	21068		7881	4771	44295
广　西	Guangxi	34944	9770	6161	16	2942	4085	18087
海　南	Hainan	5982	2457	3088		571	1713	3983
重　庆	Chongqing	50455	7227	5078		267	3003	27173
四　川	Sichuan	60397	14402	931		5308	5547	25514
贵　州	Guizhou	27541	542	2882		732	3103	12411
云　南	Yunnan	23631	72	14052		548	1088	13005
西　藏	Tibet	3526		19			180	1971
陕　西	Shaanxi	40079	50	7470	1183	496	6920	12177
甘　肃	Gansu	21346	47			3029	3344	10540
青　海	Qinghai	10000		186		634	1015	2653
宁　夏	Ningxia	12239		1293		891	576	2833
新　疆	Xinjiang	20092		6000	4984	7084	3523	11944

4-1 续表 11 continued

单位：人 (person)

地区	Region	(八) 住宿和餐饮业 VIII. Hotels and Catering Services	1.住宿业 1.Hotels	2.餐饮业 2.Catering Services	(九) 信息传输、软件和信息技术服务业 Information Transmission, Software and Information Technology	1.电信、广播电视和卫星传输服务 1.Telecommunication, Radio and Television and Satellite Transmission Service	2.互联网和相关服务 2.Internet and Related Service	3.软件和信息技术服务业 3.Software and Information Technology
总 计	**National Total**	**576149**	**481044**	**95105**	**658464**	**606163**	**19968**	**32333**
北 京	Beijing	49561	46468	3093	12711	1503	1729	9479
天 津	Tianjin	9854	8437	1417	5494	4863		631
河 北	Hebei	28666	25118	3548	24182	22695	1220	267
山 西	Shanxi	25557	20003	5554	35568	33475	139	1954
内蒙古	Inner Mongolia	12103	10106	1997	37576	36913	373	290
辽 宁	Liaoning	19661	18070	1591	25174	22330	796	2048
吉 林	Jilin	12056	11493	563	25689	24709	524	456
黑龙江	Heilongjiang	21634	12523	9111	24755	22835	1115	805
上 海	Shanghai	27604	24430	3174	19821	14957	2862	2002
江 苏	Jiangsu	17741	15429	2312	27819	27002	430	387
浙 江	Zhejiang	20377	18367	2010	20693	19203	412	1078
安 徽	Anhui	10803	9814	989	26059	25864	93	102
福 建	Fujian	17350	14374	2976	20769	17403	2828	538
江 西	Jiangxi	13043	11130	1913	9454	7812	319	1323
山 东	Shandong	52504	39546	12958	33657	32119	721	817
河 南	Henan	32855	25019	7836	33228	32441	475	312
湖 北	Hubei	12370	9195	3175	22301	20339	537	1425
湖 南	Hunan	18978	17482	1496	30236	29114	889	233
广 东	Guangdong	47189	38560	8629	49018	45166	1133	2719
广 西	Guangxi	16763	13515	3248	23887	21496	26	2365
海 南	Hainan	8002	7402	600	753	536	63	154
重 庆	Chongqing	7265	5343	1922	7580	7010	402	168
四 川	Sichuan	19464	16340	3124	35443	33615	771	1057
贵 州	Guizhou	8941	5985	2956	13038	12759	168	111
云 南	Yunnan	14751	12924	1827	19274	18645	525	104
西 藏	Tibet	3063	3063		3135	3135		
陕 西	Shaanxi	20079	16451	3628	38277	36335	856	1086
甘 肃	Gansu	9946	9668	278	10606	10037	429	140
青 海	Qinghai	2945	2424	521	8045	8020		25
宁 夏	Ningxia	1531	1189	342	4114	3965	58	91
新 疆	Xinjiang	13493	11176	2317	10108	9867	75	166

4-1 续表 12 continued

单位：人

地 区	Region	(十) 金融业 X. Financial Intermediation	1.货币金融服务 1.Monetay and Financial Service	2.资本市场服务 2.Capital Market Service	3.保险业 3.Insurance	4.其他金融业 4.Other Financial Activities	(十一) 房地产业 XI. Real Estate
总 计	**National Total**	**1519275**	**1204006**	**38645**	**260180**	**16444**	**467005**
北 京	Beijing	18336	14720	2419	861	336	29828
天 津	Tianjin	9694	454	12	9152	76	16028
河 北	Hebei	38518	33238	2407	2196	677	14248
山 西	Shanxi	53628	45502	558	7088	480	9001
内蒙古	Inner Mongolia	45495	36748	390	8094	263	8268
辽 宁	Liaoning	81798	70185	876	10317	420	28343
吉 林	Jilin	43111	36512	923	5553	123	11708
黑龙江	Heilongjiang	58142	52894	51	4575	622	22451
上 海	Shanghai	49256	43949	3082	1030	1195	33986
江 苏	Jiangsu	91949	61619	917	29017	396	16817
浙 江	Zhejiang	56299	50075	2229	3677	318	16479
安 徽	Anhui	58823	38099	1881	18551	292	16257
福 建	Fujian	51841	36185	1351	13296	1009	26277
江 西	Jiangxi	48994	38452	612	9639	291	11174
山 东	Shandong	81858	64154	826	16480	398	22740
河 南	Henan	65074	47252	877	16395	550	12069
湖 北	Hubei	75361	63232	347	11227	555	17279
湖 南	Hunan	38117	28751	387	8355	624	17139
广 东	Guangdong	133540	111150	2146	19257	987	43278
广 西	Guangxi	54824	41169	1721	10420	1514	11468
海 南	Hainan	11325	8194	105	753	2273	6169
重 庆	Chongqing	36051	35309	229	194	319	11944
四 川	Sichuan	108475	77839	10340	19780	516	9638
贵 州	Guizhou	21168	19152	248	1562	206	6171
云 南	Yunnan	44904	34599	318	9375	612	5129
西 藏	Tibet	7448	7384		12	52	201
陕 西	Shaanxi	45543	33903	2895	7680	1065	20870
甘 肃	Gansu	31339	25793	118	5381	47	8405
青 海	Qinghai	15750	12267	156	3193	134	2606
宁 夏	Ningxia	13143	11325		1818		2940
新 疆	Xinjiang	29471	23901	224	5252	94	8094

4-1 续表 13 continued

单位：人

地 区	Region	#房地产开发经营 Development and Management of Real Estate	#物业管理 Property Management	#房地产中介服务 Agency Services for Real Estate	(十二)租赁和商务服务业 XII. Leasing and Business Services	1.租赁业 1.Leasing	2.商务服务业 2.Business Services
总 计	**National Total**	**170497**	**178506**	**19536**	**1167457**	**14469**	**1152988**
北 京	Beijing	3661	17580	205	169890	661	169229
天 津	Tianjin	8701	6075	147	19455	297	19158
河 北	Hebei	4029	5940	745	25726	44	25682
山 西	Shanxi	4909	1846	296	31457	699	30758
内蒙古	Inner Mongolia	2707	1012	1046	22578	24	22554
辽 宁	Liaoning	7252	10744	905	56049	153	55896
吉 林	Jilin	1580	4725	1139	22225	685	21540
黑龙江	Heilongjiang	4430	12132	353	32865	142	32723
上 海	Shanghai	8903	20432	451	61787		61787
江 苏	Jiangsu	6441	4119	690	55409	290	55119
浙 江	Zhejiang	4107	7082	175	95184	558	94626
安 徽	Anhui	7388	4038	652	16030	86	15944
福 建	Fujian	7611	15393	1011	30884	160	30724
江 西	Jiangxi	5921	1498	973	23013	81	22932
山 东	Shandong	10651	7886	1024	57217	526	56691
河 南	Henan	5813	1419	1270	47342	4025	43317
湖 北	Hubei	10349	3568	956	27060	719	26341
湖 南	Hunan	5278	8226	1192	35920	480	35440
广 东	Guangdong	14081	21480	1936	144633	357	144276
广 西	Guangxi	4453	2906	519	39959	1860	38099
海 南	Hainan	3064	2073	356	11379	115	11264
重 庆	Chongqing	5203	5174	472	23224	85	23139
四 川	Sichuan	5007	902	918	24564	628	23936
贵 州	Guizhou	2538	692	332	8452	657	7795
云 南	Yunnan	2341	1590	293	16551	17	16534
西 藏	Tibet	75			339		339
陕 西	Shaanxi	14596	1891	741	17387	466	16921
甘 肃	Gansu	5264	506	170	13156	49	13107
青 海	Qinghai	1054	1187	87	5650	17	5633
宁 夏	Ningxia	2029	613	210	2501	22	2479
新 疆	Xinjiang	1061	5777	272	29571	566	29005

4-1 续表 14 continued

单位：人 (person)

地 区	Region	(十三) 科学研究和技术服务业 XIII. Scientific Research and Technical Services	1.研究和试验发展 1.Research and Experimental Development	2.专业技术服务业 2.Professional Technical Services	3.科技推广和应用服务业 3.Science and Technology Popularization and Application Services	(十四) 水利、环境和公共设施管理业 XIV. Management of Water Conservancy, Enviroment and Public Facilities	1.水利管理业 1.Management of Water Conservancy	2.生态保护和环境治理业 2.Ecological Protection and Environmental Treatment
总 计	**National Total**	**2325047**	**669763**	**1355033**	**300251**	**2088747**	**479839**	**90704**
北 京	Beijing	213916	128769	66479	18668	62002	6867	1796
天 津	Tianjin	37927	10008	25311	2608	32700	6032	532
河 北	Hebei	105703	18218	83142	4343	101215	23758	4305
山 西	Shanxi	55454	15728	34319	5407	69275	13670	2879
内蒙古	Inner Mongolia	45700	5961	33801	5938	72179	15902	2798
辽 宁	Liaoning	123361	34367	74578	14416	142273	19510	5788
吉 林	Jilin	64611	18025	39428	7158	68466	19235	2617
黑龙江	Heilongjiang	109663	20350	83045	6268	94414	17680	3283
上 海	Shanghai	82232	43695	30881	7656	49993	4400	2621
江 苏	Jiangsu	89557	33106	44219	12232	96756	33904	3062
浙 江	Zhejiang	77530	14412	53780	9338	70884	8680	2567
安 徽	Anhui	67268	14656	44526	8086	70885	21396	1970
福 建	Fujian	43516	5226	32561	5729	44472	7743	1992
江 西	Jiangxi	52572	11015	34692	6865	54124	9847	1236
山 东	Shandong	94386	15978	70326	8082	112457	23335	3023
河 南	Henan	102581	24181	61438	16962	116978	37734	5071
湖 北	Hubei	109403	25541	63320	20542	85428	28927	3523
湖 南	Hunan	75604	15571	52106	7927	87875	19426	1493
广 东	Guangdong	108643	21629	78040	8974	112250	28189	7380
广 西	Guangxi	74090	17289	38159	18642	80779	14429	3365
海 南	Hainan	12953	4287	6857	1809	22513	3560	1552
重 庆	Chongqing	36374	10237	21181	4956	36755	2943	850
四 川	Sichuan	149772	60305	77821	11646	96823	13204	6270
贵 州	Guizhou	47699	7500	22133	18066	38629	4972	1431
云 南	Yunnan	66047	13655	32445	19947	49343	11737	4671
西 藏	Tibet	10864	1226	8328	1310	2253	200	119
陕 西	Shaanxi	124552	49028	56676	18848	85627	28079	6242
甘 肃	Gansu	53471	13105	29201	11165	51791	23644	3862
青 海	Qinghai	25950	8330	12013	5607	9815	4062	555
宁 夏	Ningxia	10543	1918	7031	1594	19334	5868	898
新 疆	Xinjiang	53105	6447	37196	9462	50459	20906	2953

4-1 续表 15 continued

单位：人 (person)

地区	Region	3.公共设施管理业 3.Management of Public Facilities	(十五)居民服务、修理和其他服务业 XV. Service to Households, Repair and Other Services	1.居民服务业 1.Service to Households	2.机动车、电子产品和日用产品修理业 2.Repair of Motor Vehicle, Electronics and Household Products	3.其他服务业 3.Other Sevices	(十六)教育 XVI. Education	#初等教育 Primary Education	#中等教育 Secondary Education	#高等教育 Senior Education
总　计	**National Total**	**1518204**	**303722**	**160926**	**22933**	**119863**	**15671696**	**5643502**	**7051538**	**1991321**
北　京	Beijing	53339	13446	7896	1970	3580	348274	57199	92342	152081
天　津	Tianjin	26136	68466	7089	485	60892	159541	27592	55501	41942
河　北	Hebei	73152	16655	3847	1171	11637	887789	347607	418169	76392
山　西	Shanxi	52726	4012	1961	637	1414	487799	183866	229562	43845
内蒙古	Inner Mongolia	53479	4191	3296	30	865	344833	135910	150351	33051
辽　宁	Liaoning	116975	16746	8418	538	7790	551237	157468	239251	106468
吉　林	Jilin	46614	5299	2739	402	2158	364543	138316	149482	58451
黑龙江	Heilongjiang	73451	40531	39220	583	728	463587	161340	191572	75491
上　海	Shanghai	42972	6618	4570	66	1982	263363	42026	83814	79350
江　苏	Jiangsu	59790	5501	3492	565	1444	854755	270366	390955	128536
浙　江	Zhejiang	59637	6028	4786	307	935	565473	185937	240906	86024
安　徽	Anhui	47519	2975	2536	166	273	598270	234878	280574	65276
福　建	Fujian	34737	8673	3622	491	4560	441416	172581	190456	49245
江　西	Jiangxi	43041	5207	1123	2643	1441	435083	198559	176099	40368
山　东	Shandong	86099	28004	19730	1791	6483	1038169	333195	541063	113459
河　南	Henan	74173	6408	4382	467	1559	1058350	353146	566235	84221
湖　北	Hubei	52978	7865	3457	2900	1508	682441	201935	292766	136574
湖　南	Hunan	66956	2638	1844	204	590	668073	189402	371417	84777
广　东	Guangdong	76681	20377	12735	1538	6104	1100105	437003	501658	112320
广　西	Guangxi	62985	3723	2964	283	476	588825	285192	227818	43295
海　南	Hainan	17401	697	321	370	6	111582	48390	47039	10009
重　庆	Chongqing	32962	1271	1028	126	117	351936	130129	167253	41518
四　川	Sichuan	77349	4795	3721	426	648	867235	338766	389375	102917
贵　州	Guizhou	32226	4014	2219	1556	239	431112	215160	168253	23622
云　南	Yunnan	32935	2563	1510	597	456	529734	256868	208581	38240
西　藏	Tibet	1934	9	6		3	44022	22354	16059	3680
陕　西	Shaanxi	51306	5627	3014	1171	1442	554598	195733	237209	86847
甘　肃	Gansu	24285	3439	2204	1020	215	367593	132756	179452	32695
青　海	Qinghai	5198	2898	2777	70	51	73689	25528	36472	5382
宁　夏	Ningxia	12568	450	428	12	10	81455	31748	38130	6306
新　疆	Xinjiang	26600	4596	3991	348	257	356814	132552	173724	28939

4-1 续表 16 continued

单位：人 (person)

地 区	Region	(十七) 卫生和社会工作 XVII. Health and Social Service	1.卫生 1.Health	2.社会工作 2.Social Service	(十八) 文化、体育和娱乐业 XVIII. Culture, Sports and Entertainment	1.新闻和出版业 1.Journalism and Publishing Activities	2.广播、电视、电影和影视录音制作业 2.Radio, Television, Motion Picture and Videotape Programme Production Services
总 计	**National Total**	**6394590**	**6164058**	**230532**	**1149998**	**278977**	**375914**
北 京	Beijing	194281	187763	6518	114551	55369	24980
天 津	Tianjin	81961	79846	2115	16561	2938	1600
河 北	Hebei	296559	288223	8336	49235	11251	18334
山 西	Shanxi	150633	146790	3843	41443	8370	13372
内蒙古	Inner Mongolia	115449	111450	3999	32374	5667	11170
辽 宁	Liaoning	273553	255426	18127	46318	8918	16095
吉 林	Jilin	150812	146139	4673	30604	6157	10240
黑龙江	Heilongjiang	202402	193792	8610	40368	8571	14228
上 海	Shanghai	154671	149119	5552	38701	6960	10514
江 苏	Jiangsu	311720	301716	10004	48005	8793	20122
浙 江	Zhejiang	306900	299989	6911	55234	13223	21126
安 徽	Anhui	188177	185317	2860	31453	4863	13806
福 建	Fujian	144877	140403	4474	31072	4599	11987
江 西	Jiangxi	202293	160263	42030	35259	13948	8729
山 东	Shandong	426517	420816	5701	59972	13290	24352
河 南	Henan	417981	410703	7278	63942	14906	21958
湖 北	Hubei	307481	282460	25021	57396	16537	17321
湖 南	Hunan	309681	304505	5176	38282	5720	17186
广 东	Guangdong	525697	514343	11354	67723	14999	21942
广 西	Guangxi	251066	246732	4334	30022	5146	8781
海 南	Hainan	41358	40330	1028	7747	2701	2532
重 庆	Chongqing	122584	119886	2698	23432	9664	6423
四 川	Sichuan	331404	324227	7177	40862	9854	11503
贵 州	Guizhou	140655	137322	3333	14349	3705	4202
云 南	Yunnan	180906	173296	7610	27099	4480	7561
西 藏	Tibet	16323	15835	488	5975	694	2797
陕 西	Shaanxi	204607	199920	4687	34784	5790	9119
甘 肃	Gansu	113779	108158	5621	25119	4348	8337
青 海	Qinghai	34867	32694	2173	7540	786	3235
宁 夏	Ningxia	39924	37070	2854	7063	1799	1608
新 疆	Xinjiang	155472	149525	5947	27513	4631	10754

4-1 续表 17 continued

单位：人 (person)

地 区	Region	3.文化艺术业 3.Cultural and Art Activities	4.体育 4.Sports Activities	5.娱乐业 5.Entertainment	(十九)公共管理、社会保障和社会组织 XIX.Public Management, Social Security and Social Organization	#中国共产党机关 Organs of Communist Party of China	#国家机构 Government Agencies	#人民政协、民主党派 People's Political Consultative Conference and Democratic Parties	#社会保障 Social Security	#群众社团、社会团体和其他成员组织 Non-Governmental Organizations, Social Organizations and Membership Organizations
总 计	**National Total**	**395316**	**70296**	**29495**	**15286102**	**555159**	**14093645**	**102050**	**155385**	**375210**
北 京	Beijing	25292	7802	1108	392150	12507	354636	2148	3324	19535
天 津	Tianjin	6770	2724	2529	153923	208	120378	82	10407	21501
河 北	Hebei	14820	2552	2278	836311	32780	781255	4863	6261	11152
山 西	Shanxi	16103	2270	1328	595483	20075	551612	3551	7020	13225
内蒙古	Inner Mongolia	14128	1103	306	390405	18314	353326	4321	5006	9438
辽 宁	Liaoning	18150	2358	797	523420	23288	475577	3267	7240	13818
吉 林	Jilin	11510	1950	747	338788	12863	312351	2401	4230	6866
黑龙江	Heilongjiang	12602	2620	2347	440351	14654	408243	2835	5495	9124
上 海	Shanghai	12601	6953	1673	200441	2854	188238	809	5334	2796
江 苏	Jiangsu	15796	2643	651	671794	14960	639987	2937	5723	7819
浙 江	Zhejiang	18410	1835	640	603835	19385	566455	3465	4970	9542
安 徽	Anhui	11113	1484	187	482633	18323	452192	2741	3279	6002
福 建	Fujian	9980	3736	770	342790	14251	313228	2920	4652	7739
江 西	Jiangxi	10235	1249	1098	474585	17119	415918	3537	3797	34105
山 东	Shandong	18419	2876	1035	1098062	38890	1026002	6205	7649	19160
河 南	Henan	23017	2374	1687	1069482	31776	1007582	5912	7735	16477
湖 北	Hubei	19307	1884	2347	611984	15410	553316	5575	6766	30917
湖 南	Hunan	13279	1489	608	803279	28779	754940	4188	6510	8862
广 东	Guangdong	20126	7399	3257	1027722	27951	964040	3577	6582	25572
广 西	Guangxi	13196	1914	685	429890	17262	386464	3189	9368	13607
海 南	Hainan	1989	219	306	107195	4067	99609	647	286	2586
重 庆	Chongqing	6193	1139	13	285420	8479	267110	1681	2720	5430
四 川	Sichuan	17347	1765	393	825808	35258	761470	6890	7844	14346
贵 州	Guizhou	5494	861	87	433030	17841	398687	3409	3385	9708
云 南	Yunnan	11974	1869	1215	492371	24080	442367	5423	4322	14337
西 藏	Tibet	2084	373	27	117302	8504	102041	1210	457	5090
陕 西	Shaanxi	18118	1558	199	531995	25973	484539	4319	5554	11610
甘 肃	Gansu	10629	1288	517	386702	20958	346489	4761	2113	12381
青 海	Qinghai	2962	376	181	92030	4893	81521	1470	1399	2747
宁 夏	Ningxia	2876	709	71	92641	2252	85060	1128	737	3464
新 疆	Xinjiang	10796	924	408	434280	21205	399012	2589	5220	6254

4-2 各地区分行业城镇集体单位就业人员数

Employed Persons in Urban Collective-owned Units by Sector and Region

单位：人 (person)

地 区	Region	城镇集体单位合计 Total	(一) 企业 I. Enterprises	(二) 事业 II. Institutions	(三) 机关 III. Agencies and Organizations	(四)民间非营利组织 IV. Civil Nonprofit Organizations	(五) 其他 V. Other	(一) 农、林、牧、渔业 I.Agriculture, Forestry, Animal Husbandry and Fishery	1.农业 1.Farming	2.林业 2.Forestry
总 计	**National Total**	**5896674**	**4989334**	**848452**	**7688**	**18063**	**33137**	**49842**	**24211**	**6993**
北 京	Beijing	198115	158477	22529		6463	10646	3807	1400	1235
天 津	Tianjin	79787	73009	4630			2148	1		
河 北	Hebei	211447	179234	31714	499			1282	15	386
山 西	Shanxi	248399	215755	32062	185		397	1041	387	61
内蒙古	Inner Mongolia	85311	69316	15941	14		40	579	325	
辽 宁	Liaoning	351196	326121	24029	1046			721	63	63
吉 林	Jilin	89781	72532	17042	207			473	17	75
黑龙江	Heilongjiang	153364	139841	13082	441			1678	293	869
上 海	Shanghai	117192	86882	28026		1318	966	267		
江 苏	Jiangsu	301873	198670	102815	310		78	678	354	
浙 江	Zhejiang	257358	176343	75327	64	3523	2101	382	110	70
安 徽	Anhui	171775	116775	52956	824	825	395	564	55	
福 建	Fujian	160208	125508	33673	88	441	498	275	25	158
江 西	Jiangxi	181000	169115	11558	268	17	42	17841	17480	152
山 东	Shandong	631634	544529	83468	399	285	2953	1946	39	85
河 南	Henan	508505	412339	90091	962	882	4231	9913	2182	1388
湖 北	Hubei	197366	155695	36077	1375	178	4041	1152	91	20
湖 南	Hunan	274622	244131	28024		1293	1174	730	110	403
广 东	Guangdong	552770	520117	30894	26	764	969	996	157	268
广 西	Guangxi	162499	156385	3976	382	1568	188	730	4	673
海 南	Hainan	35477	28912	6172	59	37	297	883	388	457
重 庆	Chongqing	99873	83905	15642	46	186	94	633	21	249
四 川	Sichuan	338150	272312	65248	118	44	428	1624		30
贵 州	Guizhou	68178	64957	2312	101	174	634	278	134	126
云 南	Yunnan	126763	122362	4248	153			349	143	77
西 藏	Tibet	4317	4316	1				31		
陕 西	Shaanxi	151840	140848	10841		38	113	538	257	101
甘 肃	Gansu	80550	76461	3362	23		704	273	65	47
青 海	Qinghai	15572	15114	458				118	61	
宁 夏	Ningxia	7891	7164	727				7		
新 疆	Xinjiang	33861	32209	1527	98	27		52	35	

4-2 续表 1 continued

单位：人 (person)

地 区	Region	3.畜牧业 3.Animal Husbandry	4.渔业 4.Fishery	5.农、林、牧、渔服务业 5.Service in support of Agriculture	(二) 采矿业 II. Mining	1.煤炭开采和洗选业 1.Mining and Washing of Coal	2.石油和天然气开采业 2.Extraction of Petroleum and Natural Gas	3.黑色金属矿采选业 3.Mining and Processing of Ferrous Metal Ores
总 计	**National Total**	**3294**	**1665**	**13679**	**205983**	**132845**		**23064**
北 京	Beijing	530	42	600	851			597
天 津	Tianjin			1	173			142
河 北	Hebei	13	39	829	4772	4095		183
山 西	Shanxi	243		350	26435	25436		962
内蒙古	Inner Mongolia	59		195	1824	890		756
辽 宁	Liaoning	7	464	124	14434	4417		5016
吉 林	Jilin		66	315	2462	1959		274
黑龙江	Heilongjiang	95	61	360	13859	12428		
上 海	Shanghai			267				
江 苏	Jiangsu	60	107	157	872	405		65
浙 江	Zhejiang	51	37	114	2687			31
安 徽	Anhui		76	433	3908	2922		727
福 建	Fujian		12	80	5047	3056		293
江 西	Jiangxi	2	122	85	3809	2917		459
山 东	Shandong	506	135	1181	25871	13140		980
河 南	Henan	1187	32	5124	9717	3269		1570
湖 北	Hubei	89	66	886	15620	3354		5752
湖 南	Hunan		217		37838	33328		1451
广 东	Guangdong	91	115	365	1742			3
广 西	Guangxi		24	29	1643			374
海 南	Hainan	20	18		113			
重 庆	Chongqing		32	331	5787	4663		
四 川	Sichuan	88		1506	7570	5304		904
贵 州	Guizhou	15		3	3796	2004		1574
云 南	Yunnan	126		3	4803	3318		
西 藏	Tibet	1		30	169			161
陕 西	Shaanxi			180	6295	2754		790
甘 肃	Gansu	102		59	2960	2686		
青 海	Qinghai			57	293			
宁 夏	Ningxia			7				
新 疆	Xinjiang	9		8	633	500		

4-2 续表 2 continued

单位：人 (person)

地 区	Region	4.有色金属矿采选业 4.Mining and Processing of Non-ferrous Metal Ores	5.非金属矿采选业 5.Mining and Processing of Non-metal Ores	6.开采辅助活动 6.Support Activities for Mining	7.其他采矿业 7.Mining of Other Ores	(三) 制造业 III. Manufacturing	1.农副食品加工业 1.Processing of Food from Agricultural Products	2.食品制造业 2.Manufacture of Foods	3.酒、饮料和精制茶制造业 3.Manufacture of Liquor, Beverages and Refined Tea
总 计	**National Total**	**20348**	**27495**	**1764**	**467**	**1137366**	**39867**	**24393**	**11899**
北 京	Beijing		254			30674	628	295	389
天 津	Tianjin		31			16966	59	151	36
河 北	Hebei	65	429			50145	410	222	435
山 西	Shanxi	19	18			53165	458	254	181
内蒙古	Inner Mongolia		178			16637	380	156	226
辽 宁	Liaoning	1734	2847	420		131480	2289	172	211
吉 林	Jilin		229			28071	248	49	5
黑龙江	Heilongjiang		202	1229		40565	255	684	683
上 海	Shanghai					30853	40	216	
江 苏	Jiangsu		402			62901	482	522	194
浙 江	Zhejiang	85	2571			15117	127	60	223
安 徽	Anhui	75	69		115	15100	55	135	89
福 建	Fujian	30	1668			30295	534	381	702
江 西	Jiangxi	343	90			12087	363	512	88
山 东	Shandong	9410	2341			163161	16048	3013	1535
河 南	Henan	218	4660			97997	6173	10110	2060
湖 北	Hubei	438	6076			36944	4798	886	1005
湖 南	Hunan	1582	1477			44104	1888	314	732
广 东	Guangdong	25	1714			128759	1692	2699	1154
广 西	Guangxi	887	120		262	19800	1362	2010	632
海 南	Hainan		113			1600	128	30	43
重 庆	Chongqing		1090	34		15004	652	53	22
四 川	Sichuan	1137	135		90	26689	220	127	97
贵 州	Guizhou	88	130			12448	89	286	197
云 南	Yunnan	1110	375			14099	209	398	281
西 藏	Tibet		8			1756			27
陕 西	Shaanxi	2661	90			17461	42	532	146
甘 肃	Gansu	226	48			15895	197		456
青 海	Qinghai	215		78		3367	21		
宁 夏	Ningxia					338			
新 疆	Xinjiang		130	3		3888	20	126	50

4-2 续表 3 continued

单位：人 (person)

地 区	Region	4.烟草制品业 4.Manufacture of Tobacco	5.纺织业 5.Manufacture of Textile	6.纺织服装、服饰业 6.Manufacture of Textile Wearing Apparel, and Accessories	7.皮革、毛皮、羽毛及其制品和制鞋业 7.Manufacture of Leather, Fur, Feather and Related Products and Footwear	8.木材加工和木、竹、藤、棕、草制品业 8.Processing of Timbers, Manufacture of Wood, Bamboo, Rattan, Palm and Straw Products	9.家具制造业 9.Manufacture of Furniture	10.造纸和纸制品业 10.Manufacture of Paper and Paper Products
总 计	**National Total**	**4364**	**44853**	**39900**	**28818**	**18044**	**5682**	**21921**
北 京	Beijing		295	2737	320	176	250	1354
天 津	Tianjin		507	1065	2	25	12	698
河 北	Hebei	121	1783	3598	399	226	1982	939
山 西	Shanxi		341	2311	159	447	371	502
内蒙古	Inner Mongolia		88	551	4	153	79	194
辽 宁	Liaoning	286	969	1990	264	1251	130	1019
吉 林	Jilin		442	413	421	1225	435	411
黑龙江	Heilongjiang		575	666	915	4893	276	346
上 海	Shanghai		896	589	582	170	20	185
江 苏	Jiangsu		2687	2582	410	112	270	653
浙 江	Zhejiang		829	620	35	56	112	456
安 徽	Anhui	1334	546	8	3	45	85	309
福 建	Fujian		1514	943	6475	1787	62	2295
江 西	Jiangxi		154	360	127	105	31	79
山 东	Shandong		8993	4148	2639	4248	188	3105
河 南	Henan	2139	8266	5289	2543	44	183	1353
湖 北	Hubei		1816	968	35	253		824
湖 南	Hunan		1008	315	500	624	164	1164
广 东	Guangdong		8521	7730	10639	697	517	2642
广 西	Guangxi		136	870	269	752	122	579
海 南	Hainan		12	23		12	40	30
重 庆	Chongqing		1977	285	391	447	27	69
四 川	Sichuan	406	1656	329	432	102	2	540
贵 州	Guizhou		8	50	889	52	120	134
云 南	Yunnan	46	272	760	174	120	26	1339
西 藏	Tibet		115	124			67	
陕 西	Shaanxi	32	404	174	46	13	81	385
甘 肃	Gansu		8	299	98		9	210
青 海	Qinghai			14	42			
宁 夏	Ningxia						6	
新 疆	Xinjiang		35	89	5	9	15	107

4-2 续表 4 continued

单位：人 (person)

地 区	Region	11.印刷业和记录媒介的复制 11.Printing and Reproduction of Recording Media	12.文教工美、体育和娱乐用品制造业 12.Manufacture of Articles for Culture, Education, Arts and Crafts, Sport and Entertainment Activities	13.石油加工、炼焦和核燃料加工业 13.Processing of Petroleum , Coking, Processing of Nuclear Fuel	14.化学原料和化学制品制造业 14.Manufacture of Chemical Raw Material and Chemical Products	15.医药制造业 15.Manufacture of Medicines	16.化学纤维制造业 16.Manufacture of Chemical Fibres	17.橡胶和塑料制品业 17.Manufacture of Rubber and Plastics Products
总 计	**National Total**	**32435**	**26912**	**15905**	**62162**	**17152**	**2806**	**53178**
北 京	Beijing	3716	375	46	1263	234		1743
天 津	Tianjin	11	85	61	2532	8	10	1430
河 北	Hebei	1261	481		2298	181		2411
山 西	Shanxi	1036	158	80	864	5		2091
内蒙古	Inner Mongolia	910	56		675	60		64
辽 宁	Liaoning	2894	1033	9079	10615	1384	1718	7301
吉 林	Jilin	1757	125	547	1784	819		1444
黑龙江	Heilongjiang	1234	194	123	1502	21		2877
上 海	Shanghai	468	1102	68	1601	376	171	1197
江 苏	Jiangsu	1275	2998	130	6286	6114	376	2576
浙 江	Zhejiang	467	179	11	453	74		933
安 徽	Anhui	937	1013		510	83		229
福 建	Fujian	830	1776		1222	120		785
江 西	Jiangxi	935	42		286	93		714
山 东	Shandong	1560	2480	407	4388	859	492	5086
河 南	Henan	2288	885	1252	6657	1242		2614
湖 北	Hubei	557			2425	218		748
湖 南	Hunan	1255	696		3560	306		1553
广 东	Guangdong	2921	11923		3003	3237		12312
广 西	Guangxi	643	118		1949	208		657
海 南	Hainan	146	28		776			234
重 庆	Chongqing	262	17		989			76
四 川	Sichuan	1110	14		4404	370	39	1306
贵 州	Guizhou	353	15		230	45		352
云 南	Yunnan	1057	116		331	292		714
西 藏	Tibet		446		23	347		
陕 西	Shaanxi	1974	483	15	178	378		847
甘 肃	Gansu	256	48	4080	240	78		470
青 海	Qinghai	182	6		398			81
宁 夏	Ningxia	81	15		25			7
新 疆	Xinjiang	59	5	6	695			326

4-2 续表 5 continued

单位：人 (person)

地区	Region	18.非金属矿物制品业 18.Manufacture of Non-metallic Mineral Products	19.黑色金属冶炼和压延加工业 19.Smelting and Processing of Ferrous Metals	20.有色金属冶炼和压延加工业 20.Smelting and Processing of Non-ferrous Metals	21.金属制品业 21.Manufacture of Metal Products	22.通用设备制造业 22.Manufacture of General Purpose Machinery	23.专用设备制造业 23.Manufacture of Special Purpose Machinery	24.汽车制造业 24.Manufacture of Automobiles
总 计	**National Total**	**108355**	**57810**	**20114**	**81492**	**110697**	**69794**	**43511**
北 京	Beijing	2629	389	273	4070	2464	1898	1017
天 津	Tianjin	127	1745	483	2550	2660	764	699
河 北	Hebei	4665	9022	681	4691	4279	3122	556
山 西	Shanxi	1288	721	117	10149	3831	19003	1181
内蒙古	Inner Mongolia	2495	3256	427	1232	708	65	410
辽 宁	Liaoning	10724	12480	4166	10629	13557	10798	4385
吉 林	Jilin	3113	1797	28	499	1760	713	7717
黑龙江	Heilongjiang	5059	459	26	3344	6628	1891	1933
上 海	Shanghai	848	739	161	2927	9483	1152	3843
江 苏	Jiangsu	1842	495	980	3555	5111	4447	1393
浙 江	Zhejiang	2073	728	262	1793	1428	563	691
安 徽	Anhui	1901	82		1014	661	3940	796
福 建	Fujian	3513	1387	928	613	740	200	470
江 西	Jiangxi	3512	1034	178	177	230	290	439
山 东	Shandong	14582	2013	991	13420	30285	7468	2444
河 南	Henan	8784	627	1000	6632	3234	7932	2876
湖 北	Hubei	6989	2262	987	3159	1229	756	1898
湖 南	Hunan	16146	3052	1454	792	2490	614	1206
广 东	Guangdong	3170	98	1040	4269	6637	1541	423
广 西	Guangxi	2587	93	131	1277	2444	773	1034
海 南	Hainan	4			56		7	22
重 庆	Chongqing	1286	754	74	294	700	391	2257
四 川	Sichuan	3070	782	284	1328	4489	933	1288
贵 州	Guizhou	1840	5011	170	563	787	149	767
云 南	Yunnan	1908	3672	87	553	535	117	271
西 藏	Tibet	272	305				30	
陕 西	Shaanxi	1447	360	168	1378	3595	122	3478
甘 肃	Gansu	646	3655	3647	22	563	13	
青 海	Qinghai	674	30	1227	337	96		9
宁 夏	Ningxia	20		52	25	60	39	8
新 疆	Xinjiang	1141	762	92	144	13	63	

4-2 续表 6 continued

单位：人 (person)

地区	Region	25.铁路、船舶、航空航天和其他运输设备制造业 25. Manufacture of Railway,Ship, Aerospace and Other Transport Equipment	26.电气机械和器材制造业 26.Manufacture of Electrical Machinery and Apparatus	27.计算机、通信和其他电子设备制造业 27.Manufacture of Computers, Communication and Other Electronic Equipment	28.仪器仪表制造业 28.Manufacture of Measuring Instruments and Machinery	29.其他制造业 29. Other Manufature	30.废弃资源综合利用业 30. Utilization of Waste Resources	31.金属制品、机械和设备修理业 31. Repair Service of Metal Products, Machinery and Equipment
总 计	**National Total**	**40688**	**79569**	**41379**	**14247**	**6084**	**7040**	**6295**
北 京	Beijing	901	1403	674	574	121	263	177
天 津	Tianjin	251	478	171	338	8		
河 北	Hebei	2597	3350	20	110	12		293
山 西	Shanxi	2691	3827	20	833	72	15	159
内蒙古	Inner Mongolia	2152	706	91	5	811	632	51
辽 宁	Liaoning	12689	4328	1522	1223	1081	61	1232
吉 林	Jilin	644	974	3	575	2	93	28
黑龙江	Heilongjiang	733	3674	137	165	83	228	961
上 海	Shanghai	908	2169	325	103	52	129	333
江 苏	Jiangsu	1250	9547	3848	1462	187	870	247
浙 江	Zhejiang	260	2150	63	309			162
安 徽	Anhui	366	861	62		20	16	
福 建	Fujian	306	784	1259	345	145		179
江 西	Jiangxi	726	249	647	291	197	212	16
山 东	Shandong	271	30061	1041	1190	45	49	112
河 南	Henan	7108	3336	555	603	1834		378
湖 北	Hubei	1051	327	35	248		2088	1382
湖 南	Hunan	469	1315	251	206		1874	156
广 东	Guangdong	662	5838	30180	3866	1062	157	129
广 西	Guangxi	85	303	143	623			
海 南	Hainan		9					
重 庆	Chongqing	2959	477	105	349	10	65	16
四 川	Sichuan	1146	1334	106	702	6	67	
贵 州	Guizhou	194	10		45	92		
云 南	Yunnan	55	391	4	33	212	109	17
西 藏	Tibet							
陕 西	Shaanxi	149	700	117	49		27	141
甘 肃	Gansu	65	718			32	85	
青 海	Qinghai		195					55
宁 夏	Ningxia							
新 疆	Xinjiang		55					71

4-2 续表 7 continued

单位：人 (person)

地 区	Region	(四) 电力、热力、燃气及水生产和供应业 Production and Supply of Electricity, Heat, Gas and Water	1.电力、热力生产和供应业 1.Production and Supply of Electric Power and Heat Power	2.燃气生产和供应业 2.Production and Supply of Gas	3.水的生产和供应业 3.Production and Supply of Water	(五) 建筑业 V. Construction	1.房屋建筑业 1. Construction of Buildings	2.土木工程建筑业 2. Civil Engineering
总 计	**National Total**	**51263**	**31184**	**1182**	**18897**	**1849842**	**1529852**	**168563**
北 京	Beijing	840	703	7	130	18828	10556	2718
天 津	Tianjin	301	270		31	25538	14521	5320
河 北	Hebei	350	209	12	129	47579	40190	3907
山 西	Shanxi	1471	1276		195	28668	20692	3789
内蒙古	Inner Mongolia	820	155		665	13661	9238	2440
辽 宁	Liaoning	4329	2963	128	1238	99276	58379	21961
吉 林	Jilin	515	227	56	232	11649	5951	2791
黑龙江	Heilongjiang	1189	1027		162	37494	21063	8917
上 海	Shanghai	1252	1143		109	15999	11286	1387
江 苏	Jiangsu	3799	2302	90	1407	54083	43307	9322
浙 江	Zhejiang	2550	1071	80	1399	82069	60962	16393
安 徽	Anhui	1221	1093	11	117	57846	45778	3880
福 建	Fujian	2237	2018	56	163	40009	34078	1994
江 西	Jiangxi	621	452		169	103992	97519	3726
山 东	Shandong	3434	2890	206	338	205427	191360	7442
河 南	Henan	2587	951	163	1473	133931	101499	19495
湖 北	Hubei	1026	216		810	46860	40719	3866
湖 南	Hunan	2122	1486		636	104736	93360	4599
广 东	Guangdong	12780	5075	27	7678	207749	180285	11036
广 西	Guangxi	688	459		229	83701	76417	1905
海 南	Hainan	215	147	13	55	15685	14863	772
重 庆	Chongqing	1275	590	37	648	47826	37448	2775
四 川	Sichuan	3387	2718	296	373	177386	158198	9415
贵 州	Guizhou	608	478		130	24549	23138	991
云 南	Yunnan	532	377		155	60569	54623	4357
西 藏	Tibet					1916	1916	
陕 西	Shaanxi	685	599		86	55991	49123	4059
甘 肃	Gansu	275	237		38	34393	26131	5490
青 海	Qinghai	12			12	5405	3455	1602
宁 夏	Ningxia					1655	1397	70
新 疆	Xinjiang	142	52		90	5372	2400	2144

4-2 续表 8 continued

单位：人 (person)

地区	Region	3.建筑安装业 3.Building Installation	4.建筑装饰和其他建筑业 4.Building Decoration and Other Constructions	(六)批发和零售业 VI. Wholesale and Retail Trades	1.批发业 1.Wholesale Trade	2.零售业 2.Retail Trade	(七)交通运输、仓储和邮政业 VII. Transport, Storage and Post	1.铁路运输业 1.Railway Transport
总 计	**National Total**	**117425**	**34002**	**409294**	**180364**	**228930**	**177374**	**25890**
北 京	Beijing	3511	2043	15103	7519	7584	7899	
天 津	Tianjin	3852	1845	4799	2511	2288	6592	546
河 北	Hebei	2669	813	25606	12104	13502	4697	515
山 西	Shanxi	3609	578	35740	17499	18241	5530	7
内蒙古	Inner Mongolia	598	1385	3150	1237	1913	2051	3
辽 宁	Liaoning	17910	1026	13801	6501	7300	6658	925
吉 林	Jilin	2860	47	3952	2503	1449	862	63
黑龙江	Heilongjiang	6875	639	10153	4767	5386	2750	90
上 海	Shanghai	2662	664	7181	3230	3951	3660	1253
江 苏	Jiangsu	1258	196	16354	8602	7752	12462	1090
浙 江	Zhejiang	2873	1841	8052	3990	4062	10881	6008
安 徽	Anhui	7195	993	6281	3387	2894	6722	613
福 建	Fujian	2550	1387	13120	5370	7750	3063	
江 西	Jiangxi	1209	1538	7737	4174	3563	3106	39
山 东	Shandong	5090	1535	45562	17381	28181	10257	218
河 南	Henan	11539	1398	72333	26443	45890	28680	12636
湖 北	Hubei	1437	838	16166	3289	12877	5175	260
湖 南	Hunan	5543	1234	5742	2018	3724	11931	60
广 东	Guangdong	12064	4364	29575	18128	11447	14394	969
广 西	Guangxi	4156	1223	11727	6173	5554	7458	
海 南	Hainan	29	21	3296	880	2416	772	
重 庆	Chongqing	3001	4602	4616	1669	2947	2790	34
四 川	Sichuan	7724	2049	9565	4368	5197	10334	255
贵 州	Guizhou	203	217	4790	2360	2430	1419	57
云 南	Yunnan	1302	287	9446	2934	6512	1985	32
西 藏	Tibet			289	5	284	11	
陕 西	Shaanxi	1645	1164	13909	4843	9066	2892	217
甘 肃	Gansu	2719	53	5015	1475	3540	1026	
青 海	Qinghai	330	18	1014	437	577	92	
宁 夏	Ningxia	188		434	245	189		
新 疆	Xinjiang	824	4	4786	4322	464	1225	

4-2 续表 9 continued

单位：人 (person)

地 区	Region	2.道路运输业 2.Road Transport	3.水上运输业 3.Water Transport	4.航空运输业 4.Air Transport	5.管道运输业 5.Transport Via Pipeline	6.装卸搬运和运输代理业 6.Loading Unloading and Forwarding Ageney	7.仓储业 7.Storage	8.邮政业 8.Post
总 计	**National Total**	**91567**	**17398**	**754**	**341**	**31271**	**8424**	**1729**
北 京	Beijing	5019				1696	1181	
天 津	Tianjin	5712				118	216	
河 北	Hebei	2760				1218	204	
山 西	Shanxi	3624				1257	642	
内蒙古	Inner Mongolia	250				1717	81	
辽 宁	Liaoning	3845	68	13		1206	561	40
吉 林	Jilin	687				51	61	
黑龙江	Heilongjiang	1099	91			1348	122	
上 海	Shanghai	1461	46		48	306	421	125
江 苏	Jiangsu	7806	1991	92		1217	182	84
浙 江	Zhejiang	2798	825			955	176	119
安 徽	Anhui	2883	2611			615		
福 建	Fujian	975	941			1101	46	
江 西	Jiangxi	809	1479		98	681		
山 东	Shandong	6168	637			543	2691	
河 南	Henan	10831	1150			3609	445	9
湖 北	Hubei	2127	1133			1490	165	
湖 南	Hunan	6014	1968			3700	189	
广 东	Guangdong	8562	2236	25		1808	456	338
广 西	Guangxi	5397	1184		76	760	41	
海 南	Hainan	230	156	329		57		
重 庆	Chongqing	1243	112			1309	92	
四 川	Sichuan	8016	527		119	1403	14	
贵 州	Guizhou	15	200			1115	22	10
云 南	Yunnan	902				955	96	
西 藏	Tibet	11						
陕 西	Shaanxi	1082	43	292		136	118	1004
甘 肃	Gansu	829					197	
青 海	Qinghai	92						
宁 夏	Ningxia							
新 疆	Xinjiang	320				900	5	

4-2 续表 10 continued

单位：人 (person)

地 区	Region	(八) 住宿和餐饮业 VIII. Hotels and Catering Services	1.住宿业 1.Hotels	2.餐饮业 2.Catering Services	(九) 信息传输、软件和信息技术服务业 Information Transmission, Software and Information Technology	1.电信、广播电视和卫星传输服务 1.Telecommunication, Radio and Television and Satellite Transmission Service	2.互联网和相关服务 2.Internet and Related Service	3.软件和信息技术服务业 3.Software and Information Tcchnology
总 计	**National Total**	**93003**	**67982**	**25021**	**12520**	**7510**	**803**	**4207**
北 京	Beijing	10002	7279	2723	243	78		165
天 津	Tianjin	1735	1498	237	87	12		75
河 北	Hebei	3083	2026	1057	409	324		85
山 西	Shanxi	5048	4321	727	134	99		35
内蒙古	Inner Mongolia	1240	859	381	26			26
辽 宁	Liaoning	3921	3260	661	322	107	47	168
吉 林	Jilin	1563	1326	237	36	33		3
黑龙江	Heilongjiang	2636	1756	880	211	186		25
上 海	Shanghai	4934	2265	2669				
江 苏	Jiangsu	3185	2417	768	837	670	162	5
浙 江	Zhejiang	4775	4271	504	1838	964		874
安 徽	Anhui	769	622	147	200	200		
福 建	Fujian	2357	1294	1063	109	48	33	28
江 西	Jiangxi	774	234	540	989	672		317
山 东	Shandong	9237	7159	2078	934	123	430	381
河 南	Henan	8846	6970	1876	1145	984	100	61
湖 北	Hubei	1985	1614	371	286	64		222
湖 南	Hunan	1879	1747	132	162	110		52
广 东	Guangdong	8607	4746	3861	2312	1822	22	468
广 西	Guangxi	1912	1453	459	790	13		777
海 南	Hainan	705	705		60		4	56
重 庆	Chongqing	2621	1131	1490	43	33		10
四 川	Sichuan	2848	2290	558	80	56		24
贵 州	Guizhou	822	788	34	34	19		15
云 南	Yunnan	2084	1769	315	127	61		66
西 藏	Tibet	90	45	45				
陕 西	Shaanxi	2363	1641	722	642	405	5	232
甘 肃	Gansu	1442	1121	321	156	119		37
青 海	Qinghai	452	377	75				
宁 夏	Ningxia	131	131					
新 疆	Xinjiang	957	867	90	308	308		

4-2 续表 11 continued

单位：人

地 区	Region	(十) 金融业 X. Financial Intermediation	1.货币金融服务 1.Monetay and Financial Service	2.资本市场服务 2.Capital Market Service	3.保险业 3.Insurance	4.其他金融业 4.Other Financial Activities	(十一) 房地产业 XI. Real Estate
总 计	**National Total**	**501127**	**485021**	**307**	**13708**	**2091**	**87235**
北 京	Beijing	6				6	16382
天 津	Tianjin	2728	13	12	2703		1009
河 北	Hebei	25447	25318		19	110	1055
山 西	Shanxi	44367	43303	8	1056		2314
内蒙古	Inner Mongolia	26084	25869			215	73
辽 宁	Liaoning	24314	22674		1348	292	3040
吉 林	Jilin	17219	16957		211	51	188
黑龙江	Heilongjiang	20706	20235		445	26	1424
上 海	Shanghai	75	12			63	3159
江 苏	Jiangsu	22981	22966	3		12	2349
浙 江	Zhejiang	4193	4096	47	2	48	4448
安 徽	Anhui	17636	17395		13	228	927
福 建	Fujian	10636	10171	52	124	289	2752
江 西	Jiangxi	16458	15437		1021		789
山 东	Shandong	37868	37427		441		11639
河 南	Henan	32802	32451		329	22	3694
湖 北	Hubei	15510	14782	13	705	10	2659
湖 南	Hunan	12535	12535				2814
广 东	Guangdong	43390	40160	2	3210	18	14631
广 西	Guangxi	16418	16067	103	248		1565
海 南	Hainan	3478	2641		338	499	701
重 庆	Chongqing	12		12			819
四 川	Sichuan	27087	26974	22	82	9	1547
贵 州	Guizhou	9876	9876				1517
云 南	Yunnan	19523	19167		199	157	641
西 藏	Tibet						
陕 西	Shaanxi	21122	20772	17	331	2	4263
甘 肃	Gansu	13015	12496		519		226
青 海	Qinghai	2189	2173	16			27
宁 夏	Ningxia	3496	3496				10
新 疆	Xinjiang	9956	9558		364	34	573

4-2 续表 12 continued

单位：人

地 区	Región	#房地产开发经营 Development and Management of Real Estate	#物业管理 Property Manage-ment	#房地产中介服务 Agency Services for Real Estate	(十二) 租赁和商务服务业 XII. Leasing and Business Services	1.租赁业 1.Leasing	2.商务服务业 2.Business Services
总 计	**National Total**	**29633**	**35453**	**1546**	**337214**	**2741**	**334473**
北 京	Beijing	616	9104	53	44447	401	44046
天 津	Tianjin	716	272	21	5928	60	5868
河 北	Hebei	370	587		12868	317	12551
山 西	Shanxi	910	885	5	11905	66	11839
内蒙古	Inner Mongolia	24	49		1925		1925
辽 宁	Liaoning	1448	1154	9	15335	41	15294
吉 林	Jilin	51	132	5	3359		3359
黑龙江	Heilongjiang	397	861		4014		4014
上 海	Shanghai	1147	1757	19	17646		17646
江 苏	Jiangsu	977	1028	90	16061	43	16018
浙 江	Zhejiang	670	2760	20	31186	20	31166
安 徽	Anhui	146	565	13	3573		3573
福 建	Fujian	743	1569	98	13829	200	13629
江 西	Jiangxi	624	67		2236	109	2127
山 东	Shandong	8174	2410	100	23253	488	22765
河 南	Henan	1093	1893	230	12448	46	12402
湖 北	Hubei	1848	329	146	4005	50	3955
湖 南	Hunan	1510	1007	4	16422	7	16415
广 东	Guangdong	2995	5991	99	48300	495	47805
广 西	Guangxi	642	485	124	8492	103	8389
海 南	Hainan	55	233	379	385	10	375
重 庆	Chongqing	142	632		2645	41	2604
四 川	Sichuan	1208	213		9067	58	9009
贵 州	Guizhou	403	530	35	3753	15	3738
云 南	Yunnan	199	183	47	5791	12	5779
西 藏	Tibet				11		11
陕 西	Shaanxi	2367	337	44	9487	96	9391
甘 肃	Gansu	87	139		2431	63	2368
青 海	Qinghai		27		1447		1447
宁 夏	Ningxia	10			1147		1147
新 疆	Xinjiang	61	254	5	3818		3818

4-2 续表 13 continued

单位：人 (person)

地 区	Region	(十三) 科学研究和技术服务业 XIII. Scientific Research and Technical Services	1.研究和试验发展 1.Research and Experimental Development	2.专业技术服务业 2.Professional Technical Services	3.科技推广和应用服务业 3.Science and Technology Popularization and Application Services	(十四) 水利、环境和公共设施管理业 XIV. Management of Water Conservancy, Enviroment and Public Facilities	1.水利管理业 1.Manage-ment of Water Conservancy	2.生态保护和环境治理业 2.Ecological Protection and Environ-mental Treatment
总 计	**National Total**	**54190**	**6896**	**34668**	**12626**	**105909**	**9238**	**1341**
北 京	Beijing	9284	3164	3885	2235	2617	205	145
天 津	Tianjin	803	49	591	163	226	63	
河 北	Hebei	643	5	489	149	1925	557	
山 西	Shanxi	521	3	464	54	5724	162	
内蒙古	Inner Mongolia	892		886	6	2653	113	
辽 宁	Liaoning	3450	278	2480	692	3785	410	139
吉 林	Jilin	824	15	737	72	8271	141	
黑龙江	Heilongjiang	1656	23	1512	121	3835	159	
上 海	Shanghai	1146	248	390	508	3238		
江 苏	Jiangsu	1963	137	1517	309	20496	851	159
浙 江	Zhejiang	5939	56	3351	2532	11565	495	88
安 徽	Anhui	781	111	388	282	1553	74	
福 建	Fujian	905	34	489	382	1442	239	8
江 西	Jiangxi	364		364		3035	50	39
山 东	Shandong	3103	1136	1356	611	3621	392	58
河 南	Henan	4076	239	2743	1094	2460	276	89
湖 北	Hubei	6169	89	4116	1964	7870	2251	197
湖 南	Hunan	1329	86	1078	165	1616	484	
广 东	Guangdong	3498	237	2979	282	8549	1685	260
广 西	Guangxi	959	345	602	12	580	101	
海 南	Hainan	671	259	373	39	131	99	17
重 庆	Chongqing	783	161	578	44	2631	222	16
四 川	Sichuan	1177		920	257	4503	38	5
贵 州	Guizhou	167	25	133	9	1200	80	65
云 南	Yunnan	1017	18	830	169	1844	32	
西 藏	Tibet							
陕 西	Shaanxi	1437	24	982	431	287	54	56
甘 肃	Gansu	250	154	52	44			
青 海	Qinghai	227		227		153		
宁 夏	Ningxia	19		19		98	5	
新 疆	Xinjiang	137		137		1		

4-2 续表 14 continued

单位：人 (person)

地 区	Region	3.公共设施管理业 3.Management of Public Facilities	(十五) 居民服务、修理和其他服务业 XV. Service to Households, Repair and Other Services	1.居民服务业 1.Service to Households	2.机动车、电子产品和日用产品修理业 2.Repair of Motor Vehicle, Electronics and Household Products	3.其他服务业 3.Other Sevices	(十六) 教育 XVI. Education	#初等教育 Primary Education	#中等教育 Secondary Education	#高等教育 Senior Education
总 计	**National Total**	**95330**	**60828**	**26295**	**10909**	**23624**	**189994**	**61305**	**65584**	**9630**
北 京	Beijing	2267	9286	4050	2114	3122	12697	845	2154	2883
天 津	Tianjin	163	6683	335	115	6233	665		30	
河 北	Hebei	1368	2297	126	804	1367	3929	1598	1617	
山 西	Shanxi	5562	1269	607	342	320	4186	953	1946	406
内蒙古	Inner Mongolia	2540	1819	195	113	1511	222		101	70
辽 宁	Liaoning	3236	3582	1306	836	1440	4423	412	652	771
吉 林	Jilin	8130	1044	281	156	607	402	314	63	
黑龙江	Heilongjiang	3676	1411	314	178	919	2674	63	59	1183
上 海	Shanghai	3238	2596	1015	272	1309	2036	64	461	
江 苏	Jiangsu	19486	2067	1637	273	157	6278	959	650	35
浙 江	Zhejiang	10982	3002	2177	247	578	23828	5782	5109	2754
安 徽	Anhui	1479	414	191	215	8	3141	681	1837	
福 建	Fujian	1195	1415	1216	109	90	2104	318	583	277
江 西	Jiangxi	2946	550		333	217	57			
山 东	Shandong	3171	2461	918	719	824	28629	9434	15141	30
河 南	Henan	2095	1350	433	323	594	64759	34982	25663	2
湖 北	Hubei	5422	1059	294	31	734	7209	1734	1557	631
湖 南	Hunan	1132	1945	1645	150	150	6559	1618	3115	389
广 东	Guangdong	6604	4253	2623	1085	545	7253	414	1702	
广 西	Guangxi	479	1963	1352	421	190	2714	283	333	184
海 南	Hainan	15	31	7	10	14	181		124	
重 庆	Chongqing	2393	654	224	325	105	1275	158	833	3
四 川	Sichuan	4460	3273	1664	876	733	1224	130	525	
贵 州	Guizhou	1055	366	215	84	67	1319	334	746	
云 南	Yunnan	1812	510	276	214	20	1148	63	54	
西 藏	Tibet		20	20						
陕 西	Shaanxi	177	4362	2639	309	1414	634	19	480	12
甘 肃	Gansu		395	325	54	16	172		34	
青 海	Qinghai	153	343	90		253	8			
宁 夏	Ningxia	93	20		20		147	147		
新 疆	Xinjiang	1	388	120	181	87	121		15	

4-2 续表 15 continued

单位：人 (person)

地 区	Region	(十七) 卫生和社会工作 XVII. Health and Social Service	1.卫生 1.Health	2.社会工作 2.Social Service	(十八) 文化、体育和娱乐业 XVIII. Culture, Sports and Entertainment	1.新闻和出版业 1.Journalism and Publishing Activities	2.广播、电视、电影和影视录音制作业 2.Radio, Television, Motion Picture and Videotape Programme Production Services
总 计	**National Total**	**525610**	**516444**	**9166**	**24983**	**5985**	**3559**
北 京	Beijing	13281	11871	1410	1427	484	101
天 津	Tianjin	4803	4803		213		
河 北	Hebei	22223	22113	110	1588	80	38
山 西	Shanxi	18872	18834	38	1805	59	100
内蒙古	Inner Mongolia	11611	11555	56	41		
辽 宁	Liaoning	16904	16390	514	449	79	56
吉 林	Jilin	8505	8177	328	149	48	6
黑龙江	Heilongjiang	6233	5917	316	341	60	18
上 海	Shanghai	17653	17290	363	1323	4	143
江 苏	Jiangsu	70104	69640	464	2274	63	330
浙 江	Zhejiang	41375	40398	977	934	39	315
安 徽	Anhui	47699	47624	75	1031	27	231
福 建	Fujian	29853	29762	91	685	245	10
江 西	Jiangxi	4838	4812	26	1515	1494	
山 东	Shandong	52216	51361	855	2858	1899	422
河 南	Henan	16919	16740	179	1744	55	1045
湖 北	Hubei	23950	21959	1991	1852		111
湖 南	Hunan	21417	21245	172	522	15	70
广 东	Guangdong	14824	14278	546	1060	322	413
广 西	Guangxi	1262	1258	4	79		17
海 南	Hainan	6037	6037		485	359	10
重 庆	Chongqing	10342	10154	188	117		10
四 川	Sichuan	49106	49100	6	1112	298	36
贵 州	Guizhou	1176	1046	130	55		14
云 南	Yunnan	1381	1337	44	106	60	11
西 藏	Tibet				24		
陕 西	Shaanxi	8607	8324	283	806	10	52
甘 肃	Gansu	2433	2433		166	63	
青 海	Qinghai	203	203		222	222	
宁 夏	Ningxia	289	289				
新 疆	Xinjiang	1494	1494				

4-2 续表 16 continued

单位：人 (person)

地 区	Region	3.文化艺术业 3.Cultural and Art Activities	4.体育 4.Sports Activities	5.娱乐业 5.Entertainment	(十九) 公共管理、社会保障和社会组织 XIX. Public Management, Social Security and Social Organization	#群众社团、社会团体和其他成员组织 Non-Governmental Organizations, Social Organizations and Membership Organizations
总 计	**National Total**	**12533**	**1453**	**1453**	**23097**	**3244**
北 京	Beijing	182	481	179	441	427
天 津	Tianjin	92	99	22	537	
河 北	Hebei	1224	176	70	1549	154
山 西	Shanxi	1438	86	122	204	18
内蒙古	Inner Mongolia	25		16	3	
辽 宁	Liaoning	111	30	173	972	76
吉 林	Jilin	28	44	23	237	
黑龙江	Heilongjiang	3		260	535	
上 海	Shanghai	1145	31		4174	657
江 苏	Jiangsu	1822	11	48	2129	158
浙 江	Zhejiang	355	133	92	2537	289
安 徽	Anhui	773			2409	245
福 建	Fujian	314	45	71	75	11
江 西	Jiangxi	21			202	30
山 东	Shandong	483	37	17	157	157
河 南	Henan	496	112	36	3104	514
湖 北	Hubei	1703	38		1869	
湖 南	Hunan	382	55		219	210
广 东	Guangdong	116	19	190	98	98
广 西	Guangxi	8	10	44	18	
海 南	Hainan	116			48	48
重 庆	Chongqing	104	3			
四 川	Sichuan	680	20	78	571	
贵 州	Guizhou	41			5	5
云 南	Yunnan		23	12	808	147
西 藏	Tibet	24				
陕 西	Shaanxi	744			59	
甘 肃	Gansu	103			27	
青 海	Qinghai					
宁 夏	Ningxia				100	
新 疆	Xinjiang				10	

4-3 各地区分行业其他单位就业人员数

Employed Persons in Units of Other Types of Ownership by Sector and Region

单位：人 (person)

地区	Region	其他单位合计 Total	(一)内资 I. Domestic Funded	1.股份合作 1.Cooperative Units	2.联营 2.Joint Ownership Units	#国有联营 State Joint Ownership Units	#集体联营 Collective Joint Ownership Units	3.有限责任公司 3.Limited Liability Corporations	#国有独资 State Funded Corporations
总计	**National Total**	**78076719**	**55925166**	**1492319**	**385542**	**119713**	**62996**	**37872941**	**4257628**
北京	Beijing	5092240	3622031	71930	6783	1873	1687	2615867	374260
天津	Tianjin	1913526	1063307	19043	4869	1335	1865	721806	118473
河北	Hebei	2663937	2233860	56681	37219	3238	776	1536798	69568
山西	Shanxi	1713383	1550575	18800	6511	1927	3797	1263229	314348
内蒙古	Inner Mongolia	858909	804341	24091	2201	1532	212	565580	117229
辽宁	Liaoning	2533321	1863849	58289	14363	3758	615	1270054	238609
吉林	Jilin	1060727	922000	12667	1217	647	152	545535	32934
黑龙江	Heilongjiang	1202233	1090386	83149	8336	121	1250	711175	185636
上海	Shanghai	4035440	1711509	50800	17920	5762	3485	1031725	111413
江苏	Jiangsu	5047565	2784293	74071	15415	3029	3083	1195316	101476
浙江	Zhejiang	8189936	5935963	123953	19880	4809	6485	4411637	136476
安徽	Anhui	1939206	1700311	48539	8367	1408	1203	1125903	208648
福建	Fujian	4556277	2333850	74978	20878	5881	2851	1622525	51752
江西	Jiangxi	1586614	1226730	37222	5837	846	2053	864887	41333
山东	Shandong	5996152	4452881	127067	25374	13888	4032	3034718	371242
河南	Henan	4210806	3849965	88930	20619	6148	6655	2867736	170148
湖北	Hubei	2796213	2365652	43090	16153	5526	2656	1687654	154113
湖南	Hunan	2574502	2254643	72119	16811	2512	5321	1459868	164802
广东	Guangdong	8183810	3470464	126922	69882	22840	7423	2299750	309540
广西	Guangxi	1277026	1059981	32861	9894	4549	240	685451	198791
海南	Hainan	321011	260677	3501	3299	373	113	189376	4282
重庆	Chongqing	2143233	1836668	45769	16017	11834	1011	1402007	157070
四川	Sichuan	2483051	2164003	85022	9754	3720	1177	1424906	86832
贵州	Guizhou	881135	836685	27362	9062	5566	1034	594106	116776
云南	Yunnan	1853720	1789481	37526	4550	1206	645	783034	97746
西藏	Tibet	5501	5455		192	23		2372	1801
陕西	Shaanxi	1244832	1104274	25168	8743	3408	1910	829957	92426
甘肃	Gansu	446577	433286	9156	1626	58	880	280695	50478
青海	Qinghai	163033	151156	3600	117	20	57	114121	6306
宁夏	Ningxia	257145	241370	5427	743	202	301	189842	71165
新疆	Xinjiang	845658	805520	4586	2910	1674	27	545311	101955

4-3 续表 1 continued

单位：人 (person)

地 区	Region	4.股份有限公司 4.Share-holding Corporations Ltd	5.其他 5.Others	(二) 港、澳、台商投资 II.Units with funds Entrepreneurs from Hong Kong, Macao and Taiwan	(三) 外商投资 III. Foreign Funded Units	(一) 企业 I. Enterprises	(二) 事业 II. Institutions	(三) 机关 III. Agencies and Organi-zations	(四) 民间非营利组织 IV. Civil Nonprofit Organi-zations
总 计	**National Total**	**12426277**	**3748087**	**9691531**	**12460022**	**77069598**	**417537**	**64293**	**243387**
北 京	Beijing	831567	95884	542979	927230	4965712	16649		51534
天 津	Tianjin	228320	89269	255364	594855	1898608	2159		1107
河 北	Hebei	583883	19279	142043	288034	2652007	5919	336	2645
山 西	Shanxi	226966	35069	22418	140390	1703859	6117	249	727
内蒙古	Inner Mongolia	201168	11301	23501	31067	853089	2547	1943	1056
辽 宁	Liaoning	431425	89718	150801	518671	2489930	41205	2186	
吉 林	Jilin	316286	46295	24038	114689	1044265	11701	1209	3378
黑龙江	Heilongjiang	281302	6424	37373	74474	1201190	372	445	
上 海	Shanghai	546690	64374	695879	1628052	4022247	2290		7298
江 苏	Jiangsu	677975	821516	730800	1532472	5007555	31499		3886
浙 江	Zhejiang	1260924	119569	1112775	1141198	8059620	34729		41902
安 徽	Anhui	450260	67242	79844	159051	1899954	18225		14327
福 建	Fujian	447693	167776	1296299	926128	4534080	8719		8831
江 西	Jiangxi	251629	67155	219680	140204	1576682	5219	676	561
山 东	Shandong	1013434	252288	331235	1212036	5955524	23691		8232
河 南	Henan	681391	191289	193218	167623	4032253	59162	44297	22824
湖 北	Hubei	498595	120160	174585	255976	2758077	26077	611	2239
湖 南	Hunan	529851	175994	186430	133429	2511277	27257		24074
广 东	Guangdong	829924	143986	2875686	1837660	8135598	21566		15844
广 西	Guangxi	198130	133645	111789	105256	1253670	7347	738	8516
海 南	Hainan	47124	17377	20331	40003	305749	3326	197	7842
重 庆	Chongqing	300379	72496	166748	139817	2117197	15928	112	3349
四 川	Sichuan	558340	85981	185543	133505	2450552	22145	5946	548
贵 州	Guizhou	168170	37985	16715	27735	864463	4361	583	2492
云 南	Yunnan	214666	749705	29666	34573	1844924	6381	66	425
西 藏	Tibet	2891			46	5501			
陕 西	Shaanxi	226410	13996	34084	106474	1234937	4706		4364
甘 肃	Gansu	113105	28704	4033	9258	440361	1288	3019	152
青 海	Qinghai	26290	7028	4602	7275	155554	3204	193	3360
宁 夏	Ningxia	37462	7896	1888	13887	251871	2899	1112	757
新 疆	Xinjiang	244027	8686	21184	18954	843292	849	375	1117

4-3 续表 2 continued

单位：人 (person)

地 区	Region	(五) 其他 V.Other	(一) 农、林、牧、渔业 I. Agriculture, Forestry, Animal Husbandry and Fishery	1.农业 1.Farming	2.林业 2.Forestry	3.畜牧业 3.Animal Husbandry	4.渔业 4.Fishery	5.农、林、牧、渔服务业 5.Service in support of Agriculture	(二) 采矿业 II. Mining
总 计	**National Total**	**281904**	**134217**	**58931**	**13959**	**34023**	**12500**	**14804**	**3542460**
北 京	Beijing	58345	11843	4193	707	5154	78	1711	67927
天 津	Tianjin	11652	239	54		57	102	26	66239
河 北	Hebei	3030	1557	327	22	1114	89	5	155495
山 西	Shanxi	2431	7957	4893	226	2670	60	108	637224
内蒙古	Inner Mongolia	274	7011	2178	95	4646	55	37	143522
辽 宁	Liaoning		6529	901	20	1036	4441	131	168205
吉 林	Jilin	174	3983	266	3223	409	38	47	93074
黑龙江	Heilongjiang	226	7305	6401	6	802	50	46	214581
上 海	Shanghai	3605	7305	2792	173	1920	2315	105	410
江 苏	Jiangsu	4625	3643	1211	202	149	438	1643	51702
浙 江	Zhejiang	53685	2267	865	221	622	434	125	8572
安 徽	Anhui	6700	1168	60	7	784		317	206863
福 建	Fujian	4647	3709	1586	1697	293	33	100	35319
江 西	Jiangxi	3476	1359	671	169	234	65	220	29916
山 东	Shandong	8705	3958	1075	84	674	526	1599	259647
河 南	Henan	52270	12642	4936	736	3741	327	2902	414401
湖 北	Hubei	9209	1637	221	570	160	90	596	58024
湖 南	Hunan	11894	4040	426	55	550	2336	673	61676
广 东	Guangdong	10802	3106	869	454	963	643	177	16675
广 西	Guangxi	6755	5475	2726	565	1660	36	488	21982
海 南	Hainan	3897	929	492	38	47	168	184	1985
重 庆	Chongqing	6647	2247	1207	241	673	8	118	75150
四 川	Sichuan	3860	1028	338	495	114		81	128815
贵 州	Guizhou	9236	2293	1099	155	908	32	99	114555
云 南	Yunnan	1924	3959	1681	1898	175	16	189	175129
西 藏	Tibet								
陕 西	Shaanxi	825	735	94	28	597		16	60941
甘 肃	Gansu	1757	1387	376	3			1008	57498
青 海	Qinghai	722	3087	2857		230			11633
宁 夏	Ningxia	506	1002	9	780		56	157	59076
新 疆	Xinjiang	25	20817	14127	1089	3641	64	1896	146224

4-3 续表 3 continued

单位：人 (person)

地 区	Region	1.煤炭开采和洗选业 1.Mining and Washing of Coal	2.石油和天然气开采业 2.Extraction of Petroleum and Natural Gas	3.黑色金属矿采选业 3.Mining and Processing of Ferrous Metal Ores	4.有色金属矿采选业 4.Mining and Processing of Non-ferrous Metal Ores	5.非金属矿采选业 5.Mining and Processing of Nonmetal Ores	6.开采辅助活动 6.Support Activities for Mining	7.其他采矿业 7.Mining of Other Ores	(三)制造业 III. Manufacturing	1.农副食品加工业 1.Processing of Food from Agricultural Products
总 计	**National Total**	**2705578**	**226166**	**174687**	**224366**	**141269**	**70212**	**182**	**37789591**	**1475506**
北 京	Beijing	16280	782	20313	2	251	30299		995746	30032
天 津	Tianjin	17651	18984	4466		7689	17449		1084033	17026
河 北	Hebei	127334	8819	14883	2234	2225			1217042	48725
山 西	Shanxi	630991	101	4016	1870	246			530433	4964
内蒙古	Inner Mongolia	107933	4297	9025	14229	7887	151		378148	24123
辽 宁	Liaoning	100565	44542	8190	9437	4337	1134		1244761	60701
吉 林	Jilin	27219	34626	11398	8037	1728	10060	6	521834	40739
黑龙江	Heilongjiang	204800	569	833	3542	2640	2187	10	447477	62625
上 海	Shanghai		163			247			2055501	16679
江 苏	Jiangsu	30431		2653	1280	17310	28		3368889	46634
浙 江	Zhejiang	2660		1321	265	4326			3666100	40268
安 徽	Anhui	192165		10132	1203	3298	65		768013	24273
福 建	Fujian	21030		3194	6294	4796	5		2863545	96240
江 西	Jiangxi	12669	30	3459	10375	3383			863167	32423
山 东	Shandong	198912	1175	14096	30194	14749	493	28	3591813	319141
河 南	Henan	392237	603	4774	14175	1957	655		1931241	127588
湖 北	Hubei	6642	19040	11424	5089	15461	368		1320908	67979
湖 南	Hunan	32298		3912	16668	8798			1105820	53011
广 东	Guangdong		3284	2811	5506	4380	694		5184118	70585
广 西	Guangxi	5531	34	6736	5557	4124			580557	89995
海 南	Hainan		51	245	481	1208			86795	16935
重 庆	Chongqing	70837	1285	10	194	2535	289		755177	22713
四 川	Sichuan	85773	361	9573	19654	13276	178		1165273	38926
贵 州	Guizhou	103613		2397	2208	6331	6		342361	10708
云 南	Yunnan	125534	172	10730	34226	4338	69	60	597642	57793
西 藏	Tibet								2168	
陕 西	Shaanxi	36985	189	5453	16079	1336	899		528135	15677
甘 肃	Gansu	40615	9874	1208	5596	198	7		164423	11501
青 海	Qinghai	7502		512	3549	70			72312	1014
宁 夏	Ningxia	58469	92	449				66	86661	4432
新 疆	Xinjiang	48902	77093	6474	6422	2145	5176	12	269498	22056

4-3 续表 4 continued

单位：人 (person)

地 区	Region	2.食品制造业 2.Manufacture of Foods	3.酒、饮料和精制茶制造业 3.Manufacture of Liquor, Beverages and Refined Tea	4.烟草制品业 4.Manufacture of Tobacco	5.纺织业 5.Manufacture of Textile	6.纺织服装、服饰业 6.Manufacture of Textile Wearing Apparel, and Accessories	7.皮革、毛皮、羽毛及其制品和制鞋业 7.Manufacture of Leather, Fur, Feather and Related Products and Footwear	8.木材加工和木、竹、藤、棕、草制品业 8.Processing of Timbers, Manufacture of Wood, Bamboo, Rattan, Palm and Straw Products
总 计	**National Total**	**977476**	**879299**	**54624**	**1898654**	**2235704**	**1246441**	**289928**
北 京	Beijing	51395	26045		7322	43781	2044	2736
天 津	Tianjin	56720	14619		13894	75668	8061	2075
河 北	Hebei	28021	23545		60360	15652	9055	3688
山 西	Shanxi	5777	6224	1075	4691	1557	50	193
内蒙古	Inner Mongolia	31530	17982	1989	20771	2616	2966	4244
辽 宁	Liaoning	20135	21301	1753	23975	66240	5729	10687
吉 林	Jilin	14333	21561	231	8120	7898	1147	20470
黑龙江	Heilongjiang	29929	23408	4486	9365	989	364	17802
上 海	Shanghai	76244	15459	4088	25902	112347	23691	7536
江 苏	Jiangsu	39037	61864		250059	242065	47825	16521
浙 江	Zhejiang	51932	38085		330765	379633	171119	23976
安 徽	Anhui	17460	29451	131	36162	29852	14561	3745
福 建	Fujian	75132	54316	1997	132883	508652	427435	28692
江 西	Jiangxi	18055	21333		43771	61498	67969	11022
山 东	Shandong	94318	73379	2051	405556	190225	82503	13467
河 南	Henan	74115	49965	3406	109845	37571	43572	11773
湖 北	Hubei	28811	40604	6926	98673	70457	19511	12576
湖 南	Hunan	33191	23502	3309	29415	17893	55821	12985
广 东	Guangdong	101483	45757	1024	146989	336672	232875	27527
广 西	Guangxi	13165	20189		19448	1497	4208	18745
海 南	Hainan	4923	3279	594	727	2884	136	1171
重 庆	Chongqing	11805	13092	4972	11539	12161	7830	1359
四 川	Sichuan	36227	121697		33885	7703	14836	10723
贵 州	Guizhou	4926	22406	5689	2335	633	459	11066
云 南	Yunnan	20017	38329	10903	7548	2154	1288	12578
西 藏	Tibet		376					
陕 西	Shaanxi	16546	22977		38418	3324	129	1412
甘 肃	Gansu	3169	10397		4017	938	91	605
青 海	Qinghai	953	4111		1592	581		
宁 夏	Ningxia	3305	2042		735	1034	940	
新 疆	Xinjiang	14822	12004		19892	1529	226	554

4-3 续表 5 continued

单位：人 (person)

地 区	Region	9.家具制造业 9.Manufacture of Furniture	10.造纸及纸制品业 10.Manufacture of Paper and Paper Products	11.印刷和记录媒介复制业 11.Printing and Reproduction of Recording Media	12.文教工美、体育和娱乐用品制造业 12.Manufacture of Articles for Culture, Education, Arts and Crafts, Sport and Entertainment Activities	13.石油加工、炼焦和核燃料加工业 13.Processing of Petroleum, Coking, Processing of Nuclear Fuel	14.化学原料和化学制品制造业 14.Manufacture of Chemical Raw Material and Chemical Products	15.医药制造业 15.Manufacture of Medicines
总 计	**National Total**	**389441**	**638175**	**315482**	**867905**	**510887**	**2196276**	**1200090**
北 京	Beijing	12814	7372	24602	10257	16735	37418	63892
天 津	Tianjin	6894	14861	6135	15570	6692	44200	41297
河 北	Hebei	6326	8394	6892	8861	29886	89661	36022
山 西	Shanxi	199	467	3475	606	81779	74184	20248
内蒙古	Inner Mongolia	629	4186	1004	1110	7323	34561	18694
辽 宁	Liaoning	18245	10456	5849	6169	66196	62216	23828
吉 林	Jilin	2128	6554	3265	677	4760	51993	41183
黑龙江	Heilongjiang	6510	5567	2301	3945	27279	18805	41641
上 海	Shanghai	27085	25335	23509	30894	20336	89264	53927
江 苏	Jiangsu	16965	42570	20463	59676	12443	215781	82025
浙 江	Zhejiang	96650	64350	29923	88366	8434	167333	102085
安 徽	Anhui	1289	8741	10709	4509	1023	63089	28009
福 建	Fujian	36620	68429	12575	153069	3711	51945	18754
江 西	Jiangxi	9162	10117	6228	29759	4419	45833	38362
山 东	Shandong	20170	95457	20226	91202	77754	252557	121673
河 南	Henan	8970	41022	9580	32892	18861	101054	82908
湖 北	Hubei	7490	23672	14219	4319	6266	87294	59685
湖 南	Hunan	6239	18191	8760	7932	17420	102162	28929
广 东	Guangdong	73289	74180	59616	300823	19842	170917	86778
广 西	Guangxi	1598	35485	3616	5655	2393	36937	28007
海 南	Hainan	219	6851	911	157	968	3149	12162
重 庆	Chongqing	3945	10245	7086	2423	3553	42026	27630
四 川	Sichuan	22155	20122	11660	573	1525	112649	51386
贵 州	Guizhou	1131	3589	2677	957	13268	50288	26091
云 南	Yunnan	1042	11638	9799	5257	15656	66977	16371
西 藏	Tibet	20			23			
陕 西	Shaanxi	1093	8842	6505	204	10321	43271	33536
甘 肃	Gansu	500	964	1018	745		17824	6099
青 海	Qinghai			689	1036	1035	12440	2900
宁 夏	Ningxia	22	6104	413	72	1454	9830	3204
新 疆	Xinjiang	42	4414	1777	167	29555	40618	2764

4-3 续表 6 continued

单位：人 (person)

地区	Region	16.化学纤维制造业 16.Manufacture of Chemical Fibres	17.橡胶和塑料制品业 17.Manufacture of Rubber and Plastics Products	18.非金属矿物制品业 18.Manufacture of Non-metallic Mineral Products	19.黑色金属冶炼和压延加工业 19.Smelting and Processing of Ferrous Metals	20.有色金属冶炼和压延加工业 20.Smelting and Processing of Non-ferrous Metals	21.金属制品业 21.Manufacture of Metal Products
总 计	**National Total**	**228718**	**1260816**	**1987139**	**1779571**	**910087**	**1319566**
北 京	Beijing	728	22455	59522	11556	4646	40236
天 津	Tianjin	771	39827	26516	69968	9216	41252
河 北	Hebei	1229	32362	90401	255774	15118	57376
山 西	Shanxi	742	4174	28750	68577	41238	25128
内蒙古	Inner Mongolia		2595	23600	76577	57643	7274
辽 宁	Liaoning	5027	37136	61440	90955	26262	80269
吉 林	Jilin	9666	9211	34994	32196	8948	9892
黑龙江	Heilongjiang	607	8737	25454	23750	1033	11630
上 海	Shanghai	2751	110683	50829	53901	16613	105065
江 苏	Jiangsu	46514	72281	94296	108382	28406	113984
浙 江	Zhejiang	76693	163214	91663	54088	41978	135750
安 徽	Anhui	3361	32296	36146	60441	9023	31043
福 建	Fujian	18798	143242	189107	62330	29238	61741
江 西	Jiangxi	3312	15267	79235	56456	38545	23469
山 东	Shandong	12724	128755	161231	192950	64436	108590
河 南	Henan	7342	42895	147652	102201	68294	52583
湖 北	Hubei	4934	30234	97577	51178	16955	47855
湖 南	Hunan	1710	16631	92486	49852	60596	27738
广 东	Guangdong	10975	235474	229016	54644	48960	217138
广 西	Guangxi	20	11817	50638	31084	22359	13008
海 南	Hainan	661	1913	6603	794	4	1357
重 庆	Chongqing	23	17390	44816	28620	14571	20288
四 川	Sichuan	15449	32218	81702	77763	28174	38274
贵 州	Guizhou		17465	39972	24167	27008	12741
云 南	Yunnan	333	8955	52963	65186	119511	13625
西 藏	Tibet			1744			
陕 西	Shaanxi	1212	3302	26557	22100	28170	12941
甘 肃	Gansu	5	3918	18127	5084	32799	2935
青 海	Qinghai		316	5009	7132	23777	508
宁 夏	Ningxia	82	4582	4107	8784	15600	933
新 疆	Xinjiang	3049	11471	34986	33081	10966	4943

4-3 续表 7 continued

单位：人 (person)

地 区	Region	22.通用设备制造业 22.Manufacture of General Purpose Machinery	23.专用设备制造业 23.Manufacture of Special Purpose Machinery	24.汽车制造业 24.Manufacture of Automobiles	25.铁路、船舶、航空航天和其他运输设备制造业 25. Manufacture of Railway,Ship, Aerospace and Other Transport Equipment	26.电气机械和器材制造业 26.Manufacture of Electrical Machinery and Apparatus	27.计算机、通信和其他电子设备制造业 27.Manufacture of Computers, Communication and Other Electronic Equipment
总 计	**National Total**	**1908183**	**1539804**	**2411862**	**882691**	**2539700**	**4963265**
北 京	Beijing	59808	66259	125669	23202	60217	137264
天 津	Tianjin	63145	91155	110325	34333	61365	188984
河 北	Hebei	55801	63125	92909	34605	74033	55224
山 西	Shanxi	10829	38774	9103	6485	7597	79477
内蒙古	Inner Mongolia	15017	7156	5918	1561	3274	2247
辽 宁	Liaoning	128495	76992	73465	75410	74794	64695
吉 林	Jilin	13325	14159	117920	22522	11326	4614
黑龙江	Heilongjiang	35917	33003	10701	14566	15370	3141
上 海	Shanghai	166268	103799	179740	43652	167173	445094
江 苏	Jiangsu	204157	132663	124052	104592	263636	838203
浙 江	Zhejiang	292935	127138	206244	63341	420852	262364
安 徽	Anhui	43120	29504	97320	7545	91032	43058
福 建	Fujian	52860	55174	83711	27589	120308	260719
江 西	Jiangxi	32072	25443	27912	24937	57720	67040
山 东	Shandong	191891	144066	201380	77786	155543	255678
河 南	Henan	71004	96583	92392	23644	89793	342304
湖 北	Hubei	55997	36012	222737	16933	80569	89673
湖 南	Hunan	54592	111638	56878	41105	53421	105920
广 东	Guangdong	199565	152627	210586	73668	576997	1285155
广 西	Guangxi	20830	15725	59616	3137	15443	51451
海 南	Hainan	460	505	6563	650	6939	2420
重 庆	Chongqing	27645	10220	150722	93652	33346	102810
四 川	Sichuan	48906	36117	41703	14611	36931	209149
贵 州	Guizhou	5196	4874	10606	24438	7300	8349
云 南	Yunnan	11682	12668	13544	717	12476	4459
西 藏	Tibet						
陕 西	Shaanxi	22468	34090	77361	25900	23657	39693
甘 肃	Gansu	8201	11956	741	1880	8478	9636
青 海	Qinghai	7228	358	76	210	419	101
宁 夏	Ningxia	7173	5271	120	20	3662	
新 疆	Xinjiang	1596	2750	1848		6029	4343

4-3 续表 8 continued

单位：人 (person)

地 区	Region	28.仪器仪表制造业 28.Manufacture of Measuring Instruments and Machinery	29.其他制造业 29. Other Manufature	30.废弃资源综合利用业 30. Utilization of Waste Resources	31.金属制品、机械和设备修理业 31. Repair Service of Metal Products, Machinery and Eguipment	(四)电力、热力、燃气及水生产和供应业 Production and Supply of Electricity, Heat, Gas and Water	1.电力、热力生产和供应业 1.Production and Supply of Electric Power and Heat Power	2.燃气生产和供应业 2.Production and Supply of Gas	3.水的生产和供应业 3.Production and Supply of Water
总 计	**National Total**	**547294**	**204691**	**52177**	**78139**	**1211493**	**899367**	**138245**	**173881**
北 京	Beijing	30931	7916	979	7913	64823	45114	9299	10410
天 津	Tianjin	9792	6417	6080	1175	23811	14223	5159	4429
河 北	Hebei	8904	3302	585	1206	51308	41228	5449	4631
山 西	Shanxi	3700	183	71	116	32981	25292	4691	2998
内蒙古	Inner Mongolia	737	74	380	367	41973	38322	979	2672
辽 宁	Liaoning	19210	6922	3118	17091	63329	53133	4876	5320
吉 林	Jilin	5785	309	1409	499	39432	33079	4220	2133
黑龙江	Heilongjiang	4709	441	396	3006	42386	30774	4305	7307
上 海	Shanghai	41127	8392	1333	6785	17504	9519	1400	6585
江 苏	Jiangsu	70858	10791	1478	668	54862	33599	9394	11869
浙 江	Zhejiang	78603	42517	10672	5129	42436	24893	4284	13259
安 徽	Anhui	5538	2415	2139	1028	37746	26950	4011	6785
福 建	Fujian	31796	49885	1594	5003	37713	28935	2508	6270
江 西	Jiangxi	5614	3796	2366	32	44607	38839	2495	3273
山 东	Shandong	27358	7876	353	1517	67279	47513	10733	9033
河 南	Henan	24570	14690	1877	295	75242	48863	12076	14303
湖 北	Hubei	10093	2051	3919	5709	41450	27020	4498	9932
湖 南	Hunan	9282	1283	2370	1558	35785	27071	4276	4438
广 东	Guangdong	104362	17377	7479	11738	59813	35826	9003	14984
广 西	Guangxi	491	663	1655	1682	24486	20684	1041	2761
海 南	Hainan	2818			42	4697	1668	892	2137
重 庆	Chongqing	16789	9798	284	1824	50691	39764	7020	3907
四 川	Sichuan	17509	940	534	1226	83455	65429	9668	8358
贵 州	Guizhou	3207	355	308	152	16458	10173	3340	2945
云 南	Yunnan	2845	721	219	388	43989	38731	1399	3859
西 藏	Tibet		5						
陕 西	Shaanxi	5835	1985	469	140	39249	28605	6312	4332
甘 肃	Gansu	1501	104		1190	12130	11304	335	491
青 海	Qinghai	498	325	4		7287	6836	166	285
宁 夏	Ningxia	2639	40	61		11800	9811	1018	971
新 疆	Xinjiang	193	3118	45	660	42771	36169	3398	3204

4-3 续表 9 continued

单位：人 (person)

地区	Region	(五)建筑业 V. Construction	1.房屋建筑业 1. Construction of Buildings	2.土木工程建筑业 2. Civil Engineering	3.建筑安装业 3.Building Installation	4.建筑装饰和其他建筑业 4.Building Decoration and Other Constructions	(六)批发和零售业 VI. Wholesale and Retail Trades	1.批发业 1.Wholesale Trade	2.零售业 2.Retail Trade
总 计	**National Total**	**14794466**	**10656170**	**2335078**	**897831**	**905387**	**5224053**	**2182621**	**3041432**
北 京	Beijing	376735	157730	100677	71768	46560	635587	335192	300395
天 津	Tianjin	235450	97486	58432	30230	49302	140916	62001	78915
河 北	Hebei	648871	498892	95264	29434	25281	160399	69089	91310
山 西	Shanxi	248044	64565	170823	7776	4880	62556	23289	39267
内蒙古	Inner Mongolia	139218	109250	19830	8719	1419	46853	17203	29650
辽 宁	Liaoning	357800	206043	73532	49731	28494	157054	53851	103203
吉 林	Jilin	125569	65206	26774	25867	7722	65879	20973	44906
黑龙江	Heilongjiang	175903	119116	30098	18531	8158	91611	33495	58116
上 海	Shanghai	411258	300081	60368	22662	28147	555523	299330	256193
江 苏	Jiangsu	575524	431415	77699	35242	31168	270477	92336	178141
浙 江	Zhejiang	2798470	2278465	345785	62369	111851	356608	176385	180223
安 徽	Anhui	486550	335727	97586	32388	20849	96503	32309	64194
福 建	Fujian	1042805	780896	88723	31087	142099	180618	65467	115151
江 西	Jiangxi	389807	313734	58572	5468	12033	88598	29569	59029
山 东	Shandong	1001932	822550	108221	47401	23760	353999	127706	226293
河 南	Henan	939928	661787	137216	79380	61545	225156	74552	150604
湖 北	Hubei	705668	480563	107216	72164	45725	223953	51944	172009
湖 南	Hunan	669779	514514	88376	26872	40017	139891	38559	101332
广 东	Guangdong	640852	361923	155411	53644	69874	510371	262236	248135
广 西	Guangxi	291836	234339	11104	13542	32851	73275	29698	43577
海 南	Hainan	16314	10866	538	3359	1551	40824	17578	23246
重 庆	Chongqing	718478	539597	64117	62425	52339	161108	54362	106746
四 川	Sichuan	625366	492239	78659	31776	22692	112682	33024	79658
贵 州	Guizhou	137944	52656	72786	7065	5437	78496	29754	48742
云 南	Yunnan	533132	411346	83930	20326	17530	165397	52805	112592
西 藏	Tibet	64		64			473	125	348
陕 西	Shaanxi	190519	98602	51083	30706	10128	112005	46191	65814
甘 肃	Gansu	100784	83876	13511	2484	913	32152	12473	19679
青 海	Qinghai	27356	14700	8425	2784	1447	16318	8122	8196
宁 夏	Ningxia	26738	13650	11444	796	848	19957	5354	14603
新 疆	Xinjiang	155772	104356	38814	11835	767	48814	27649	21165

4-3 续表 10 continued

单位：人 (person)

地 区	Region	（七）交通运输、仓储和邮政业 VII. Transport, Storage and Post	1.铁路运输业 1.Railway Transport	2.道路运输业 2.Road Transport	3.水上运输业 3.Water Transport	4.航空运输业 4.Air Transport	5.管道运输业 5.Transport Via Pipeline	6.装卸搬运和运输代理业 6.Loading Unloading and Forwarding Ageney	7.仓储业 7.Storage	8.邮政业 8.Post
总 计	**National Total**	**2303175**	**100828**	**1352903**	**228821**	**242020**	**11136**	**167280**	**90095**	**110092**
北 京	Beijing	460395	39499	261711	205	62513	2715	46385	6021	41346
天 津	Tianjin	56443	857	15246	14584	5277	233	7948	9628	2670
河 北	Hebei	61353	2995	29126	24661	17	1460	1722	1319	53
山 西	Shanxi	37398	1400	33732		1652		284	264	66
内蒙古	Inner Mongolia	14955	3392	10655		178		427	303	
辽 宁	Liaoning	89957	3145	35887	33271	6687	1971	5328	3180	488
吉 林	Jilin	27460	450	22469	645	179	1125	837	1675	80
黑龙江	Heilongjiang	17964	27	12269	9	2391	9	2022	1233	4
上 海	Shanghai	201941	1585	100243	21711	51082	119	15543	10363	1295
江 苏	Jiangsu	127294	1875	80337	33693	1353	183	7062	2465	326
浙 江	Zhejiang	151658	2792	81349	20446	6305	61	16469	9170	15066
安 徽	Anhui	53783	2177	41259	6657	1398		864	926	502
福 建	Fujian	49910	617	24296	3963	11125	56	7512	2327	14
江 西	Jiangxi	12898		11306	114			15		1463
山 东	Shandong	104731	4600	65192	12028	9104	1166	8368	4111	162
河 南	Henan	66419	1310	48737	580	6888	65	4281	3887	671
湖 北	Hubei	75683	290	51946	3350	6507	194	6942	3317	3137
湖 南	Hunan	59995	103	47798	1341	5778	88	3602	859	426
广 东	Guangdong	326398	12541	165807	43041	28109	251	15983	21331	39335
广 西	Guangxi	49174	4698	36752	2018	12		3955	1247	492
海 南	Hainan	26578	4398	9542	2031	9777		654	26	150
重 庆	Chongqing	35829		25036	3663	3915	72	773	2213	157
四 川	Sichuan	60939	962	46916	432	10704	627	453	541	304
贵 州	Guizhou	11871	275	8692	49	1726		729	349	51
云 南	Yunnan	43766	442	31738	329	2109	380	7044	964	760
西 藏	Tibet	253		253						
陕 西	Shaanxi	22996	9238	11024		905		90	1658	81
甘 肃	Gansu	16932		15902				800	191	39
青 海	Qinghai	4556	30	4453			4		69	
宁 夏	Ningxia	4482	1111	1998		412			7	954
新 疆	Xinjiang	29164	19	21232		5917	357	1188	451	

4-3 续表 11 continued

单位：人 (person)

地区	Region	(八) 住宿和餐饮业 VIII. Hotels and Catering Services	1.住宿业 1.Hotels	2.餐饮业 2.Catering Services	(九) 信息传输、软件和信息技术服务业 Information Transmission, software and Information Technology	1.电信、广播电视和卫星传输服务 1.Telecommunication, Radio and Television and Satellite Transmission Service	2.互联网和相关服务 2.Internet and Related Service	3.软件和信息技术服务业 3.Software and Information Technology
总 计	**National Total**	**1981396**	**949911**	**1031485**	**1557012**	**708836**	**115815**	**732361**
北 京	Beijing	260080	99474	160606	513314	81232	61484	370598
天 津	Tianjin	57513	14176	43337	27097	14718	244	12135
河 北	Hebei	36075	23319	12756	40428	37869	480	2079
山 西	Shanxi	38610	20676	17934	17043	15586	57	1400
内蒙古	Inner Mongolia	15560	8098	7462	6458	6183	80	195
辽 宁	Liaoning	48871	26677	22194	64568	34659	1136	28773
吉 林	Jilin	16528	9230	7298	21615	12529	2767	6319
黑龙江	Heilongjiang	21331	12236	9095	36139	31185	1002	3952
上 海	Shanghai	168806	45449	123357	65707	13777	5357	46573
江 苏	Jiangsu	98459	46224	52235	79206	43560	2143	33503
浙 江	Zhejiang	138074	75588	62486	118171	48281	19662	50228
安 徽	Anhui	31790	20066	11724	19222	15564	257	3401
福 建	Fujian	74331	43960	30371	32423	21857	508	10058
江 西	Jiangxi	28704	17445	11259	33002	22084	310	10608
山 东	Shandong	90284	35290	54994	56711	36330	699	19682
河 南	Henan	59304	37701	21603	28985	25265	1318	2402
湖 北	Hubei	78140	27423	50717	33832	20228	586	13018
湖 南	Hunan	74286	47257	27029	40122	31737	537	7848
广 东	Guangdong	267029	113874	153155	134606	56480	9320	68806
广 西	Guangxi	28925	23321	5604	19607	16413	2463	731
海 南	Hainan	53472	47252	6220	9155	7001	277	1877
重 庆	Chongqing	61407	24111	37296	31806	26229	200	5377
四 川	Sichuan	54070	24616	29454	24336	21050	1119	2167
贵 州	Guizhou	29631	18784	10847	11568	10253	92	1223
云 南	Yunnan	68246	47659	20587	23674	18602	279	4793
西 藏	Tibet	17		17				
陕 西	Shaanxi	52451	21072	31379	39207	15267	1968	21972
甘 肃	Gansu	7902	4993	2909	9611	7704	746	1161
青 海	Qinghai	3392	1974	1418	1230	1220		10
宁 夏	Ningxia	4546	2123	2423	2190	2042		148
新 疆	Xinjiang	13562	9843	3719	15979	13931	724	1324

4-3 续表 12 continued

单位：人

地区	Region	(十) 金融业 X. Financial Intermediation	1.货币金融服务 1.Monetay and Financial Service	2.资本市场服务 2.Capital Market Service	3.保险业 3.Insurance	4.其他金融业 4.Other Financial Activities	(十一) 房地产业 XI. Real Estate
总计	**National Total**	**3257275**	**1555797**	**171491**	**1478853**	**51134**	**2182889**
北京	Beijing	357284	161583	48198	123425	24078	324411
天津	Tianjin	65795	3827	251	59936	1781	38233
河北	Hebei	182579	95223	1417	85437	502	53092
山西	Shanxi	59736	30046	2127	27251	312	14804
内蒙古	Inner Mongolia	36336	21122	470	14672	72	10093
辽宁	Liaoning	119069	59084	3020	56235	730	92314
吉林	Jilin	49000	31039	2430	15402	129	39420
黑龙江	Heilongjiang	81269	32223	1344	46473	1229	34659
上海	Shanghai	245225	108895	23380	111381	1569	114874
江苏	Jiangsu	178655	84507	6812	85221	2115	63094
浙江	Zhejiang	303285	180489	13050	108203	1543	153636
安徽	Anhui	91840	46870	1847	42355	768	51914
福建	Fujian	85067	46443	3687	33556	1381	72814
江西	Jiangxi	40805	23500	1063	16176	66	32585
山东	Shandong	207710	106689	3557	97075	389	123786
河南	Henan	135366	74340	1090	59489	447	115269
湖北	Hubei	72473	25235	7410	39066	762	79668
湖南	Hunan	156730	78247	8324	69739	420	79476
广东	Guangdong	298978	132069	26403	132511	7995	290675
广西	Guangxi	45393	19295	2227	23627	244	40928
海南	Hainan	12857	7855	914	3953	135	35566
重庆	Chongqing	94201	28041	3804	60914	1442	65435
四川	Sichuan	94165	36288	3647	53583	647	54523
贵州	Guizhou	42785	28064	926	13402	393	46628
云南	Yunnan	34036	19272	1574	12743	447	67040
西藏	Tibet	802		103	699		48
陕西	Shaanxi	79513	35752	884	41682	1195	41132
甘肃	Gansu	27508	14575	30	12903		10218
青海	Qinghai	3973	2314	648	977	34	4903
宁夏	Ningxia	12989	7287		5680	22	8442
新疆	Xinjiang	41851	15623	854	25087	287	23209

4-3 续表 13 continued

单位：人

地 区	Region	#房地产开发经营 Development and Management of Real Estate	#物业管理 Property Management	#房地产中介服务 Agency Services for Real Estate	(十二) 租赁和商务服务业 XII. Leasing and Business Services	1.租赁业 1.Leasing	2.商务服务业 2.Business Services
总 计	**National Total**	**1179663**	**821493**	**94431**	**1418179**	**47915**	**1370264**
北 京	Beijing	83489	193639	20772	399695	7138	392557
天 津	Tianjin	19871	15012	3030	29015	569	28446
河 北	Hebei	46874	5397	142	12986	1470	11516
山 西	Shanxi	9426	4810	52	10103	511	9592
内蒙古	Inner Mongolia	8012	1446	43	7017	35	6982
辽 宁	Liaoning	51350	35555	4091	30695	746	29949
吉 林	Jilin	22048	15287	1037	22992	498	22494
黑龙江	Heilongjiang	23020	10898	376	11998	315	11683
上 海	Shanghai	50456	51616	11306	92782	10330	82452
江 苏	Jiangsu	41953	16936	1388	51732	8932	42800
浙 江	Zhejiang	66780	76801	6581	165758	1367	164391
安 徽	Anhui	33411	17116	766	17158	716	16442
福 建	Fujian	47686	22860	921	15285	137	15148
江 西	Jiangxi	30109	1885	122	4189	95	4094
山 东	Shandong	103968	16807	1567	34878	2775	32103
河 南	Henan	83850	20244	3130	53122	1503	51619
湖 北	Hubei	60166	15615	1725	30579	1304	29275
湖 南	Hunan	55335	21811	1876	35266	839	34427
广 东	Guangdong	77465	160380	28472	177335	4924	172411
广 西	Guangxi	21713	17746	448	40737	426	40311
海 南	Hainan	23300	11399	645	7998	358	7640
重 庆	Chongqing	40278	22195	2439	35369	391	34978
四 川	Sichuan	43300	8418	78	18570	323	18247
贵 州	Guizhou	30067	14829	1177	17423	1036	16387
云 南	Yunnan	51235	13292	1257	39654	540	39114
西 藏	Tibet		48		1676		1676
陕 西	Shaanxi	27513	11867	373	17824	97	17727
甘 肃	Gansu	7021	2733	31	1503	145	1358
青 海	Qinghai	2687	2067	72	842		842
宁 夏	Ningxia	5385	2986	71	13854		13854
新 疆	Xinjiang	11895	9798	443	20144	395	19749

4-3 续表 14 continued

单位：人 (person)

地区	Region	(十三) 科学研究和技术服务业 XIII. Scientific Research and Technical Services	1.研究和试验发展 1.Research and Experimental Development	2.专业技术服务业 2.Professional Technical Services	3.科技推广和应用服务业 3.Science and Technology Popularization and Application Services	(十四) 水利、环境和公共设施管理业 XIV. Management of Water Conservancy, Enviroment and Public Facilities	1.水利管理业 1.Manage-ment of Water Conservancy	2.生态保护和环境治理业 2.Ecological Protection and Environ-mental Treatment
总 计	**National Total**	**927515**	**113550**	**673802**	**140163**	**243175**	**21411**	**16331**
北 京	Beijing	317283	31704	211861	73718	29268	851	2911
天 津	Tianjin	43998	2219	38484	3295	3897	129	256
河 北	Hebei	18917	434	18293	190	9405	436	435
山 西	Shanxi	3206	68	3039	99	1289		202
内蒙古	Inner Mongolia	2228	13	2137	78	3317	340	
辽 宁	Liaoning	31557	7481	19171	4905	9443	580	1677
吉 林	Jilin	10530	625	9096	809	4876	171	159
黑龙江	Heilongjiang	7607	887	5193	1527	3913	1582	311
上 海	Shanghai	38926	9114	25547	4265	8514	319	1024
江 苏	Jiangsu	36302	7848	26891	1563	15441	4439	660
浙 江	Zhejiang	91377	7377	62864	21136	46574	1442	3698
安 徽	Anhui	14055	5985	7276	794	8403	877	77
福 建	Fujian	20936	389	19861	686	4102	103	339
江 西	Jiangxi	1407	43	1356	8	1826	82	
山 东	Shandong	26733	4558	20257	1918	9008	3638	280
河 南	Henan	24512	1404	20305	2803	11855	2017	724
湖 北	Hubei	19125	474	12868	5783	4581	533	149
湖 南	Hunan	17794	1137	15491	1166	7164	1023	105
广 东	Guangdong	100367	20045	70984	9338	22261	1006	1504
广 西	Guangxi	18431	679	17487	265	7041	608	372
海 南	Hainan	3687	439	2661	587	3006	182	221
重 庆	Chongqing	19396	1174	17806	416	7019	203	64
四 川	Sichuan	11061	5018	5646	397	4976	158	188
贵 州	Guizhou	6406	175	6004	227	1799	146	110
云 南	Yunnan	10713	973	9276	464	6004	147	373
西 藏	Tibet							
陕 西	Shaanxi	17786	2632	12008	3146	3350	139	201
甘 肃	Gansu	2406	449	1879	78	109	11	98
青 海	Qinghai	2032		1870	162	248	162	11
宁 夏	Ningxia	1302		1241	61	719	48	
新 疆	Xinjiang	7435	206	6950	279	3767	39	182

4-3 续表 15 continued

单位：人 (person)

地 区	Region	3.公共设施管理业 3.Management of Public Facilities	(十五) 居民服务、修理和其他服务业 XV. Service to Households, Repair and Other Services	1.居民服务业 1.Service to Households	2.机动车、电子产品和日用产品修理业 2.Repair of Motor Vehicle, Electronics and Household Products	3.其他服务业 3.Other Service	(十六) 教育 XVI. Education	#初等教育 Primary Education	#中等教育 Secondary Education	#高等教育 Senior Education
总 计	**National Total**	**205433**	**256781**	**73253**	**57299**	**126229**	**672098**	**75716**	**211012**	**108548**
北 京	Beijing	25506	63658	17403	17508	28747	82787	5821	6895	8612
天 津	Tianjin	3512	33653	5744	1740	26169	2829	98	1549	313
河 北	Hebei	8534	2617	709	1155	753	6795	856	1610	2487
山 西	Shanxi	1087	1162	338	160	664	7089	1498	4028	4
内蒙古	Inner Mongolia	2977	1250	365	812	73	2890	613	1225	110
辽 宁	Liaoning	7186	6370	2060	2138	2172	22085	815	5290	2379
吉 林	Jilin	4546	2426	422	988	1016	7065	540	2039	3561
黑龙江	Heilongjiang	2020	1915	780	506	629	3292	41	540	
上 海	Shanghai	7171	23820	3855	4485	15480	14506	724	3608	4945
江 苏	Jiangsu	10342	5041	738	2211	2092	27460	2970	13624	4584
浙 江	Zhejiang	41434	10960	5507	2710	2743	73060	8413	26984	8264
安 徽	Anhui	7449	2246	565	800	881	31140	2322	17485	4159
福 建	Fujian	3660	3794	1510	707	1577	23331	1709	12569	4356
江 西	Jiangxi	1744	134	63	10	61	6993	69	5152	807
山 东	Shandong	5090	8981	3555	3646	1780	31425	5276	9839	5169
河 南	Henan	9114	8210	3402	2109	2699	65923	11257	26749	9414
湖 北	Hubei	3899	5896	1418	2324	2154	28808	712	5766	5991
湖 南	Hunan	6036	10561	7119	545	2897	45135	6910	20555	6109
广 东	Guangdong	19751	33772	7417	5566	20789	69561	7570	14075	9212
广 西	Guangxi	6061	1714	501	570	643	16867	3155	3252	1879
海 南	Hainan	2603	1452	409	436	607	10983	1398	2949	2084
重 庆	Chongqing	6752	7411	1066	745	5600	17373	5445	3112	5187
四 川	Sichuan	4630	3056	1451	1262	343	25515	1646	10997	4875
贵 州	Guizhou	1543	5288	2502	1523	1263	9207	1137	2975	588
云 南	Yunnan	5484	5076	2551	798	1727	18263	2678	4204	2780
西 藏	Tibet									
陕 西	Shaanxi	3010	5038	1075	1492	2471	13445	1064	2513	9242
甘 肃	Gansu		165	7	11	147	586		241	
青 海	Qinghai	75	125	13	112		2091		282	
宁 夏	Ningxia	671					2750	289	410	1437
新 疆	Xinjiang	3546	990	708	230	52	2844	690	495	

4-3 续表 16 continued

单位：人 (person)

地 区 Region	(十七) 卫生和社会工作 XVII. Health and Social Service	1.卫生 1.Health	2.社会工作 2.Social Service	(十八) 文化、体育和娱乐业 XVIII. Culture, Sports and Entertainment	1.新闻和出版业 1.Journalism and Publishing Activities	2.广播、电视、电影和影视录音制作业 2.Radio, Television, Motion Picture and Videotape Programme Production Services	3.文化艺术业 3.Cultural and Art Activities	4.体育 4.Sports Activities	5.娱乐业 5.Entertainment	(十九) 公共管理、社会保障和社会组织 XIX.Public Management, Social Security and Social Organization	#群众社团、社会团体和其他成员组织 Non-Governmental Organizations, Social Organizations and Membership Organizations
总 计 National Total	**272576**	**259251**	**13325**	**202441**	**44845**	**34831**	**31374**	**55352**	**36039**	**105927**	**26232**
北 京 Beijing	22044	20212	1832	54628	16552	10323	5890	16426	5437	54732	11478
天 津 Tianjin	1569	1562	7	2252	316	103	547	846	440	544	78
河 北 Hebei	3491	3473	18	1476		350	60	725	341	51	51
山 西 Shanxi	1786	1752	34	1372		259	1075	17	21	590	
内蒙古 Inner Mongolia	1693	1584	109	387	29	70	164	37	87		
辽 宁 Liaoning	13604	13248	356	3766	672	1087	4	1537	466	3344	553
吉 林 Jilin	3382	3057	325	5662	4305	743	370	119	125		
黑龙江 Heilongjiang	1202	1181	21	1681	116	127	559	357	522		
上 海 Shanghai	1476	1405	71	11033	2325	1247	418	4955	2088	329	72
江 苏 Jiangsu	29334	29268	66	10443	2332	2240	2894	332	2645	7	7
浙 江 Zhejiang	25446	23381	2065	11274	937	3054	1631	3477	2175	26210	2984
安 徽 Anhui	17334	17029	305	3375	899	199	860	363	1054	103	
福 建 Fujian	6386	5758	628	3765	43	535	1042	1649	496	424	121
江 西 Jiangxi	3936	3649	287	1968	905	201	42	801	19	713	
山 东 Shandong	17276	17035	241	6001	422	2082	632	1136	1729		
河 南 Henan	26325	24178	2147	5511	469	752	1476	550	2264	11395	5004
湖 北 Hubei	10785	9811	974	4228	122	1957	962	401	786	775	
湖 南 Hunan	16804	15966	838	10706	4156	1431	1536	1162	2421	3472	3472
广 东 Guangdong	20568	19446	1122	25883	5496	1602	1098	12801	4886	1442	1269
广 西 Guangxi	7800	7510	290	2761	45	191	851	1479	195	37	16
海 南 Hainan	1060	973	87	2994	49	72	354	1823	696	659	659
重 庆 Chongqing	2310	1936	374	2826	434	701	177	491	1023		
四 川 Sichuan	12180	12151	29	3001	331	1270	155		1245	40	28
贵 州 Guizhou	4229	4086	143	2012	186	388	495	502	441	181	148
云 南 Yunnan	11346	11046	300	6412	939	1341	724	3014	394	242	134
西 藏 Tibet											
陕 西 Shaanxi	5908	5841	67	14508	1046	2372	7089	248	3753	90	
甘 肃 Gansu	718	715	3	387	20	22	169	5	171	158	158
青 海 Qinghai	1634	1094	540	4					4	10	
宁 夏 Ningxia	163	163		164		105		55	4	310	
新 疆 Xinjiang	787	741	46	1961	1699	7	100	44	111	69	

第五部分

Chapter Five

2012年全国户籍统计人口数据

Data from Household Registration in 2012

5-1 各地区总户数、总人口

Households and Population by Region

地 区	Region	总户数 (户) Number of Households (household)	总人口 (人) Total Population (person)	男 Male	女 Female	平均每户人数 (人/户) Average Family Size (person/household)	性别比 (女=100) Sex Ratio (Female=100)
全 国	**National Total**	**433088571**	**1357802804**	**697629811**	**660172993**	**3.14**	**105.67**
北 京	Beijing	5092092	13000706	6528880	6471826	2.55	100.88
天 津	Tianjin	3512480	9963754	5003421	4960333	2.84	100.87
河 北	Hebei	22948028	74165619	37784686	36380933	3.23	103.86
山 西	Shanxi	12823971	35006264	17909753	17096511	2.73	104.76
内蒙古	Inner Mongolia	9220928	24599026	12540253	12058773	2.67	103.99
辽 宁	Liaoning	15088157	42447600	21365062	21082538	2.81	101.34
吉 林	Jilin	9781266	27015022	13633945	13381077	2.76	101.89
黑龙江	Heilongjiang	14490547	38111028	19248212	18862816	2.63	102.04
上 海	Shanghai	5243139	14269319	7096212	7173107	2.72	98.93
江 苏	Jiangsu	24162724	75534825	38325594	37209231	3.13	103.00
浙 江	Zhejiang	16162491	47993436	24336830	23656606	2.97	102.88
安 徽	Anhui	21422970	69122725	35868796	33253929	3.23	107.86
福 建	Fujian	10333125	35792773	18427334	17365439	3.46	106.11
江 西	Jiangxi	14896725	48035399	25150928	22884471	3.22	109.90
山 东	Shandong	30455399	95797152	48677926	47119226	3.15	103.31
河 南	Henan	31100392	109316131	56569823	52746308	3.51	107.25
湖 北	Hubei	20435215	61653701	31939217	29714484	3.02	107.49
湖 南	Hunan	22714495	71316190	37004038	34312152	3.14	107.85
广 东	Guangdong	23251254	86358893	44484510	41874383	3.71	106.23
广 西	Guangxi	15498072	53781730	28321946	25459784	3.47	111.24
海 南	Hainan	2579091	9019305	4717449	4301856	3.50	109.66
重 庆	Chongqing	12206448	33434444	17258722	16175722	2.74	106.70
四 川	Sichuan	31673597	90973542	46849413	44124129	2.87	106.18
贵 州	Guizhou	12001214	41342574	21578269	19764305	3.44	109.18
云 南	Yunnan	14092744	45757438	23592978	22164460	3.25	106.45
西 藏	Tibet	793521	3095791	1552250	1543541	3.90	100.56
陕 西	Shaanxi	12444602	39262183	20310078	18952105	3.15	107.17
甘 肃	Gansu	8052602	27129996	14003084	13126912	3.37	106.67
青 海	Qinghai	1692588	5655530	2868356	2787174	3.34	102.91
宁 夏	Ningxia	2167023	6590258	3346752	3243506	3.04	103.18
新 疆	Xinjiang	6751671	22260450	11335094	10925356	3.30	103.75

5-2 各地区市总户数、总人口
Households and Population in Cities by Region

地 区	Region	总户数（户）Number of Households (household)	总人口（人）Total Population (person)	男 Male	女 Female	平均每户人数（人/户）Average Family Size (person/household)	性别比（女=100）Sex Ratio (Female=100)
全 国	**National Total**	**213851384**	**647327034**	**329240008**	**318087026**	**3.03**	**103.51**
北 京	Beijing	4749508	12290820	6171940	6118880	2.59	100.87
天 津	Tianjin	2913159	8156153	4083510	4072643	2.80	100.27
河 北	Hebei	8373002	27162239	13720273	13441966	3.24	102.07
山 西	Shanxi	4889705	13907596	7081507	6826089	2.84	103.74
内蒙古	Inner Mongolia	3222147	8884569	4470932	4413637	2.76	101.30
辽 宁	Liaoning	11039382	30459447	15236810	15222637	2.76	100.09
吉 林	Jilin	6857877	18617409	9357167	9260242	2.71	101.05
黑龙江	Heilongjiang	8916442	22829329	11473683	11355646	2.56	101.04
上 海	Shanghai	4942418	13583878	6759559	6824319	2.75	99.05
江 苏	Jiangsu	17062416	51252241	25776037	25476204	3.00	101.18
浙 江	Zhejiang	10963012	32310260	16267212	16043048	2.95	101.40
安 徽	Anhui	7971592	24853363	12783683	12069680	3.12	105.92
福 建	Fujian	5357682	18355587	9358673	8996914	3.43	104.02
江 西	Jiangxi	5116860	16048071	8363848	7684223	3.14	108.84
山 东	Shandong	17881506	54540518	27514220	27026298	3.05	101.81
河 南	Henan	10957704	37572496	19228747	18343749	3.43	104.82
湖 北	Hubei	13067591	38816160	19998110	18818050	2.97	106.27
湖 南	Hunan	8413517	25138535	12899055	12239480	2.99	105.39
广 东	Guangdong	16302488	58912777	30295044	28617733	3.61	105.86
广 西	Guangxi	5619906	19221131	10050985	9170146	3.42	109.61
海 南	Hainan	1577299	5504732	2863266	2641466	3.49	108.40
重 庆	Chongqing	6816121	17791211	9073208	8718003	2.61	104.07
四 川	Sichuan	12379665	33900233	17220900	16679333	2.74	103.25
贵 州	Guizhou	2922324	9782167	5025399	4756768	3.35	105.65
云 南	Yunnan	3593434	10614711	5399622	5215089	2.95	103.54
西 藏	Tibet	129217	307872	154400	153472	2.38	100.60
陕 西	Shaanxi	4545560	14435831	7361726	7074105	3.18	104.07
甘 肃	Gansu	2783240	8737860	4477459	4260401	3.14	105.09
青 海	Qinghai	369194	1122253	559031	563222	3.04	99.26
宁 夏	Ningxia	1143927	3241997	1631929	1610068	2.83	101.36
新 疆	Xinjiang	2973489	8975588	4582073	4393515	3.02	104.29

注：市，指经国务院批准设立市建制的市，本表中市的各项数字不包括市辖县的数字(表5-6、5-9、5-10同)。

5-3 各地区县总户数、总人口

Households and Population in Counties by Region

地区	Region	总户数(户) Number of Households (household)	总人口(人) Total Population (person)	男 Male	女 Female	平均每户人数(人/户) Average Family Size (person/household)	性别比(女=100) Sex Ratio (Female=100)
全国	**National Total**	**219237187**	**710475770**	**368389803**	**342085967**	**3.24**	**107.69**
北京	Beijing	342584	709886	356940	352946	2.07	101.13
天津	Tianjin	599321	1807601	919911	887690	3.02	103.63
河北	Hebei	14575026	47003380	24064413	22938967	3.22	104.91
山西	Shanxi	7934266	21098668	10828246	10270422	2.66	105.43
内蒙古	Inner Mongolia	5998781	15714457	8069321	7645136	2.62	105.55
辽宁	Liaoning	4048775	11988153	6128252	5859901	2.96	104.58
吉林	Jilin	2923389	8397613	4276778	4120835	2.87	103.78
黑龙江	Heilongjiang	5574105	15281699	7774529	7507170	2.74	103.56
上海	Shanghai	300721	685441	336653	348788	2.28	96.52
江苏	Jiangsu	7100308	24282584	12549557	11733027	3.42	106.96
浙江	Zhejiang	5199479	15683176	8069618	7613558	3.02	105.99
安徽	Anhui	13451378	44269362	23085113	21184249	3.29	108.97
福建	Fujian	4975443	17437186	9068661	8368525	3.50	108.37
江西	Jiangxi	9779865	31987328	16787080	15200248	3.27	110.44
山东	Shandong	12573893	41256634	21163706	20092928	3.28	105.33
河南	Henan	20142688	71743635	37341076	34402559	3.56	108.54
湖北	Hubei	7367624	22837541	11941107	10896434	3.10	109.59
湖南	Hunan	14300978	46177655	24104983	22072672	3.23	109.21
广东	Guangdong	6948766	27446116	14189466	13256650	3.95	107.04
广西	Guangxi	9878166	34560599	18270961	16289638	3.50	112.16
海南	Hainan	1001792	3514573	1854183	1660390	3.51	111.67
重庆	Chongqing	5390327	15643233	8185514	7457719	2.90	109.76
四川	Sichuan	19293932	57073309	29628513	27444796	2.96	107.96
贵州	Guizhou	9078890	31560407	16552870	15007537	3.48	110.30
云南	Yunnan	10499310	35142727	18193356	16949371	3.35	107.34
西藏	Tibet	664304	2787919	1397850	1390069	4.20	100.56
陕西	Shaanxi	7899042	24826352	12948352	11878000	3.14	109.01
甘肃	Gansu	5269362	18392136	9525625	8866511	3.49	107.43
青海	Qinghai	1323394	4533277	2309325	2223952	3.43	103.84
宁夏	Ningxia	1023096	3348261	1714823	1633438	3.27	104.98
新疆	Xinjiang	3778182	13284862	6753021	6531841	3.52	103.39

5-4 各地区镇总户数、总人口

Households and Population in Towns by Region

地 区	Region	总户数 (户) Number of Households (household)	总人口 (人) Total Population (person)	男 Male	女 Female	平均每户人数 (人/户) Average Family Size (person/household)	性别比 (女=100) Sex Ratio (Female=100)
全 国	**National Total**	**247143342**	**784909218**	**404773174**	**380136044**	**3.18**	**106.48**
北 京	Beijing	1809907	3821800	1904702	1917098	2.11	99.35
天 津	Tianjin	1353087	3996115	2013635	1982480	2.95	101.57
河 北	Hebei	12568765	40188238	20487042	19701196	3.20	103.99
山 西	Shanxi	6439679	16854480	8637046	8217434	2.62	105.11
内蒙古	Inner Mongolia	5868835	15453387	7914599	7538788	2.63	104.99
辽 宁	Liaoning	5801961	17191606	8749926	8441680	2.96	103.65
吉 林	Jilin	4764698	13686715	6976983	6709732	2.87	103.98
黑龙江	Heilongjiang	5998140	16086541	8160489	7926052	2.68	102.96
上 海	Shanghai	2412352	6277253	3120863	3156390	2.60	98.87
江 苏	Jiangsu	16749418	53032644	26986489	26046155	3.17	103.61
浙 江	Zhejiang	9195782	27640839	14081941	13558898	3.01	103.86
安 徽	Anhui	14446093	47274864	24583194	22691670	3.27	108.34
福 建	Fujian	6574886	23423859	12077330	11346529	3.56	106.44
江 西	Jiangxi	8976800	28807681	15103773	13703908	3.21	110.22
山 东	Shandong	17812340	57707829	29429771	28278058	3.24	104.07
河 南	Henan	14387436	50837253	26402158	24435095	3.53	108.05
湖 北	Hubei	11945469	37695170	19634309	18060861	3.16	108.71
湖 南	Hunan	13512002	42748471	22229862	20518609	3.16	108.34
广 东	Guangdong	15798620	62002186	32019240	29982946	3.92	106.79
广 西	Guangxi	11163848	38819314	20540820	18278494	3.48	112.38
海 南	Hainan	1938473	6993068	3659981	3333087	3.61	109.81
重 庆	Chongqing	7387368	20443037	10665143	9777894	2.77	109.07
四 川	Sichuan	19626122	54857949	28225073	26632876	2.80	105.98
贵 州	Guizhou	6728787	22834702	11894765	10939937	3.39	108.73
云 南	Yunnan	7401727	23691679	12148205	11543474	3.20	105.24
西 藏	Tibet	263486	891596	446287	445309	3.38	100.22
陕 西	Shaanxi	7913028	25051415	13048160	12003255	3.17	108.71
甘 肃	Gansu	3855792	12827080	6629829	6197251	3.33	106.98
青 海	Qinghai	895935	2885022	1466411	1418611	3.22	103.37
宁 夏	Ningxia	1122407	3371625	1716838	1654787	3.00	103.75
新 疆	Xinjiang	2430099	7515800	3818310	3697490	3.09	103.27

注：镇，指经省级人民政府批准设置的建制镇。

5-5 各地区非农业、农业人口

Non-agricultural and Agricultural Population by Region

单位：人 (person)

地 区	Region	总人口 Total Population	非农业人口 Non-agricultural 人口数 Population	非农业人口 Non-agricultural 比重(%) Proportion	农业人口 Agricultural 人口数 Population	农业人口 Agricultural 比重(%) Proportion
全 国	**National Total**	**1357802804**	**479706013**	**35.33**	**878096791**	**64.67**
北 京	Beijing	13000706	10417768	80.13	2582938	19.87
天 津	Tianjin	9963754	6191492	62.14	3772262	37.86
河 北	Hebei	74165619	23760755	32.04	50404864	67.96
山 西	Shanxi	35006264	11719898	33.48	23286366	66.52
内蒙古	Inner Mongolia	24599026	10128746	41.18	14470280	58.82
辽 宁	Liaoning	42447600	21839601	51.45	20607999	48.55
吉 林	Jilin	27015022	12667435	46.89	14347587	53.11
黑龙江	Heilongjiang	38111028	18589884	48.78	19521144	51.22
上 海	Shanghai	14269319	12808180	89.76	1461139	10.24
江 苏	Jiangsu	75534825	42291904	55.99	33242921	44.01
浙 江	Zhejiang	47993436	15216060	31.70	32777376	68.30
安 徽	Anhui	69122725	15797380	22.85	53325345	77.15
福 建	Fujian	35792773	12209462	34.11	23583311	65.89
江 西	Jiangxi	48035399	12813188	26.67	35222211	73.33
山 东	Shandong	95797152	40207154	41.97	55589998	58.03
河 南	Henan	109316131	24345218	22.27	84970913	77.73
湖 北	Hubei	61653701	21305500	34.56	40348201	65.44
湖 南	Hunan	71316190	15897852	22.29	55418338	77.71
广 东	Guangdong	86358893	45049639	52.17	41309254	47.83
广 西	Guangxi	53781730	10312855	19.18	43468875	80.82
海 南	Hainan	9019305	3422627	37.95	5596678	62.05
重 庆	Chongqing	33434444	13172456	39.40	20261988	60.60
四 川	Sichuan	90973542	25601727	28.14	65371815	71.86
贵 州	Guizhou	41342574	6855848	16.58	34486726	83.42
云 南	Yunnan	45757438	10415682	22.76	35341756	77.24
西 藏	Tibet	3095791	522835	16.89	2572956	83.11
陕 西	Shaanxi	39262183	14561746	37.09	24700437	62.91
甘 肃	Gansu	27129996	7427767	27.38	19702229	72.62
青 海	Qinghai	5655530	2036058	36.00	3619472	64.00
宁 夏	Ningxia	6590258	2597896	39.42	3992362	60.58
新 疆	Xinjiang	22260450	9521400	42.77	12739050	57.23

5-6 各地区市非农业、农业人口

Non-agricultural and Agricultural Population in Cities by Region

单位：人 (person)

地　区	Region	总人口 Total Population	非农业人口 Non-agricultural		农业人口 Agricultural	
			人口数 Population	比重(%) Proportion	人口数 Population	比重(%) Proportion
全　国	**National Total**	**647327034**	**344770490**	**53.26**	**302556544**	**46.74**
北　京	Beijing	12290820	10120623	82.34	2170197	17.66
天　津	Tianjin	8156153	5813631	71.28	2342522	28.72
河　北	Hebei	27162239	14762075	54.35	12400164	45.65
山　西	Shanxi	13907596	7939755	57.09	5967841	42.91
内蒙古	Inner Mongolia	8884569	6256518	70.42	2628051	29.58
辽　宁	Liaoning	30459447	18900638	62.05	11558809	37.95
吉　林	Jilin	18617409	10247739	55.04	8369670	44.96
黑龙江	Heilongjiang	22829329	13720493	60.10	9108836	39.90
上　海	Shanghai	13583878	12522173	92.18	1061705	7.82
江　苏	Jiangsu	51252241	32674715	63.75	18577526	36.25
浙　江	Zhejiang	32310260	11791660	36.50	20518600	63.50
安　徽	Anhui	24853363	10209795	41.08	14643568	58.92
福　建	Fujian	18355587	8331310	45.39	10024277	54.61
江　西	Jiangxi	16048071	6747631	42.05	9300440	57.95
山　东	Shandong	54540518	30372850	55.69	24167668	44.31
河　南	Henan	37572496	15262947	40.62	22309549	59.38
湖　北	Hubei	38816160	16982664	43.75	21833496	56.25
湖　南	Hunan	25138535	9557543	38.02	15580992	61.98
广　东	Guangdong	58912777	39343036	66.78	19569741	33.22
广　西	Guangxi	19221131	6195521	32.23	13025610	67.77
海　南	Hainan	5504732	2268507	41.21	3236225	58.79
重　庆	Chongqing	17791211	8894832	50.00	8896379	50.00
四　川	Sichuan	33900233	15218095	44.89	18682138	55.11
贵　州	Guizhou	9782167	3908255	39.95	5873912	60.05
云　南	Yunnan	10614711	5070022	47.76	5544689	52.24
西　藏	Tibet	307872	225361	73.20	82511	26.80
陕　西	Shaanxi	14435831	7863495	54.47	6572336	45.53
甘　肃	Gansu	8737860	4662451	53.36	4075409	46.64
青　海	Qinghai	1122253	946121	84.31	176132	15.69
宁　夏	Ningxia	3241997	1943851	59.96	1298146	40.04
新　疆	Xinjiang	8975588	6016183	67.03	2959405	32.97

5-7 各地区县非农业、农业人口

Non-agricultural and Agricultural Population in Counties by Region

单位：人 (person)

地 区	Region	总人口 Total Population	非农业人口 Non-agricultural 人口数 Population	非农业人口 Non-agricultural 比重(%) Proportion	农业人口 Agricultural 人口数 Population	农业人口 Agricultural 比重(%) Proportion
全 国	**National Total**	**710475770**	**134935523**	**18.99**	**575540247**	**81.01**
北 京	Beijing	709886	297145	41.86	412741	58.14
天 津	Tianjin	1807601	377861	20.90	1429740	79.10
河 北	Hebei	47003380	8998680	19.14	38004700	80.86
山 西	Shanxi	21098668	3780143	17.92	17318525	82.08
内蒙古	Inner Mongolia	15714457	3872228	24.64	11842229	75.36
辽 宁	Liaoning	11988153	2938963	24.52	9049190	75.48
吉 林	Jilin	8397613	2419696	28.81	5977917	71.19
黑龙江	Heilongjiang	15281699	4869391	31.86	10412308	68.14
上 海	Shanghai	685441	286007	41.73	399434	58.27
江 苏	Jiangsu	24282584	9617189	39.61	14665395	60.39
浙 江	Zhejiang	15683176	3424400	21.83	12258776	78.17
安 徽	Anhui	44269362	5587585	12.62	38681777	87.38
福 建	Fujian	17437186	3878152	22.24	13559034	77.76
江 西	Jiangxi	31987328	6065557	18.96	25921771	81.04
山 东	Shandong	41256634	9834304	23.84	31422330	76.16
河 南	Henan	71743635	9082271	12.66	62661364	87.34
湖 北	Hubei	22837541	4322836	18.93	18514705	81.07
湖 南	Hunan	46177655	6340309	13.73	39837346	86.27
广 东	Guangdong	27446116	5706603	20.79	21739513	79.21
广 西	Guangxi	34560599	4117334	11.91	30443265	88.09
海 南	Hainan	3514573	1154120	32.84	2360453	67.16
重 庆	Chongqing	15643233	4277624	27.34	11365609	72.66
四 川	Sichuan	57073309	10383632	18.19	46689677	81.81
贵 州	Guizhou	31560407	2947593	9.34	28612814	90.66
云 南	Yunnan	35142727	5345660	15.21	29797067	84.79
西 藏	Tibet	2787919	297474	10.67	2490445	89.33
陕 西	Shaanxi	24826352	6698251	26.98	18128101	73.02
甘 肃	Gansu	18392136	2765316	15.04	15626820	84.96
青 海	Qinghai	4533277	1089937	24.04	3443340	75.96
宁 夏	Ningxia	3348261	654045	19.53	2694216	80.47
新 疆	Xinjiang	13284862	3505217	26.39	9779645	73.61

5-8 各地区镇非农业、农业人口

Non-agricultural and Agricultural Population in Towns by Region

单位：人 (person)

地区	Region	总人口 Total Population	非农业人口 Non-agricultural 人口数 Population	非农业人口 Non-agricultural 比重(%) Proportion	农业人口 Agricultural 人口数 Population	农业人口 Agricultural 比重(%) Proportion
全　国	**National Total**	**784909218**	**188472646**	**24.01**	**596436572**	**75.99**
北　京	Beijing	3821800	1608762	42.09	2213038	57.91
天　津	Tianjin	3996115	841737	21.06	3154378	78.94
河　北	Hebei	40188238	11668895	29.04	28519343	70.96
山　西	Shanxi	16854480	4024758	23.88	12829722	76.12
内蒙古	Inner Mongolia	15453387	4594117	29.73	10859270	70.27
辽　宁	Liaoning	17191606	3582809	20.84	13608797	79.16
吉　林	Jilin	13686715	3829879	27.98	9856836	72.02
黑龙江	Heilongjiang	16086541	5498477	34.18	10588064	65.82
上　海	Shanghai	6277253	4884337	77.81	1392916	22.19
江　苏	Jiangsu	53032644	23881676	45.03	29150968	54.97
浙　江	Zhejiang	27640839	4334623	15.68	23306216	84.32
安　徽	Anhui	47274864	6597883	13.96	40676981	86.04
福　建	Fujian	23423859	5158294	22.02	18265565	77.98
江　西	Jiangxi	28807681	6664753	23.14	22142928	76.86
山　东	Shandong	57707829	7088051	12.28	50619778	87.72
河　南	Henan	50837253	8237319	16.20	42599934	83.80
湖　北	Hubei	37695170	7092690	18.82	30602480	81.18
湖　南	Hunan	42748471	6899540	16.14	35848931	83.86
广　东	Guangdong	62002186	21027330	33.91	40974856	66.09
广　西	Guangxi	38819314	5946976	15.32	32872338	84.68
海　南	Hainan	6993068	1665139	23.81	5327929	76.19
重　庆	Chongqing	20443037	4856437	23.76	15586600	76.24
四　川	Sichuan	54857949	13979939	25.48	40878010	74.52
贵　州	Guizhou	22834702	3151013	13.80	19683689	86.20
云　南	Yunnan	23691679	4547114	19.19	19144565	80.81
西　藏	Tibet	891596	217714	24.42	673882	75.58
陕　西	Shaanxi	25051415	7307625	29.17	17743790	70.83
甘　肃	Gansu	12827080	3202224	24.96	9624856	75.04
青　海	Qinghai	2885022	1029131	35.67	1855891	64.33
宁　夏	Ningxia	3371625	1055575	31.31	2316050	68.69
新　疆	Xinjiang	7515800	3997829	53.19	3517971	46.81

5-9 按总人口排序的市及人口数

Cities and Population by Size of Total Population

单位：人 (person)

城 市	City	人 数 Population	城 市	City	人 数 Population
全 国	**National Total**	**647327034**	枣庄市	Zaozhuang	2257596
400万以上	**over 4 million**	**103265046**	贵阳市	Guiyang	2245558
重庆市	Chongqing	17791211	南昌市	Nanchang	2225316
上海市	Shanghai	13583878	合肥市	Hefei	2221688
北京市	Beijing	12290820	莆田市	Putian	2194277
武汉市	Wuhan	8217088	兰州市	Lanzhou	2063809
天津市	Tianjin	8156153	**100万—200万**	**from 1 million to 2 million**	**205868351**
广州市	Guangzhou	6779677	洛阳市	Luoyang	1964971
西安市	Xi'an	5727568	南充市	Nanchong	1955649
成都市	Chengdu	5541838	南阳市	Nanyang	1942077
南京市	Nanjing	5533438	徐州市	Xuzhou	1928499
汕头市	Shantou	5254326	福州市	Fuzhou	1920623
沈阳市	Shenyang	5221186	桂平市	Guiping	1918099
哈尔滨市	Harbin	4713574	贵港市	Guigang	1914097
杭州市	Hangzhou	4454289	厦门市	Xiamen	1909183
200万—400万	**from 2 million to 4 million**	**81266791**	宿州市	Suzhou	1880948
阜阳市	Fuyang	3856010	六安市	Liuan	1870845
佛山市	Foshan	3776486	东莞市	Dongguan	1860547
长春市	Changchun	3629752	潍坊市	Weifang	1830422
济南市	Jinan	3521653	吉林市	Jilin	1823280
郑州市	Zhengzhou	3091572	商丘市	Shangqiu	1811290
唐山市	Tangshan	3087990	陆丰市	Lufeng	1807576
大连市	Dalian	2991700	烟台市	Yantai	1802650
深圳市	Shenzhen	2991518	邳州市	Pizhou	1798608
长沙市	Changsha	2979005	邓州市	Dengzhou	1775408
太原市	Taiyuan	2841262	廉江市	Lianjiang	1712535
淮安市	Huaian	2828296	高州市	Gaozhou	1692203
淄博市	Zibo	2809468	滕州市	Tengzhou	1690668
青岛市	Qingdao	2795694	雷州市	Leizhou	1687402
南宁市	Nanning	2745458	天门市	Tianmen	1674232
昆明市	Kunming	2533628	盐城市	Yancheng	1667960
乌鲁木齐市	Wulumuqi	2518171	淮南市	Huainan	1666197
临沂市	Linyi	2485916	亳州市	Bozhou	1657019
苏州市	Suzhou	2485054	宿迁市	Suqian	1643940
石家庄市	Shijiazhuang	2470919	化州市	Huazhou	1619780
无锡市	Wuxi	2410815	海口市	Haikou	1615876
普宁市	Puning	2384376	泰安市	Taian	1589192
常州市	Changzhou	2304677	兴化市	Xinghua	1572834
宁波市	Ningbo	2261116	台州市	Taizhou	1568983
襄阳市	Xiangyang	2258011	大同市	Datong	1567657

5-9 续表 1 continued

单位：人 (person)

城　　市	City	人　数 Population	城　　市	City	人　数 Population
湛江市	Zhanjiang	1559406	乐清市	Yueqing	1271596
仙桃市	Xiantao	1553666	莱芜市	Laiwu	1262964
包头市	Baotou	1536904	广安市	Guang'an	1257594
中山市	Zhongshan	1520075	通州市	Tongzhou	1257348
鞍山市	Anshan	1518780	宜昌市	Yichang	1253195
南安市	Nan'an	1516691	绵阳市	Mianyang	1240824
永城市	Yongcheng	1516324	芜湖市	Wuhu	1233495
宣威市	Xuanwei	1508681	赤峰市	Chifeng	1232699
自贡市	Zigong	1505209	罗定市	Luoding	1232398
菏泽市	Heze	1504594	日照市	Rizhao	1228631
遂宁市	Suining	1499783	定州市	Dingzhou	1221077
温州市	Wenzhou	1496591	呼和浩特市	Hohhot	1220110
信阳市	Xinyang	1488653	瑞安市	Ruian	1216011
泸州市	Luzhou	1486566	江阴市	Jiangyin	1212572
邯郸市	Handan	1481438	温岭市	Wenling	1205998
简阳市	Jianyang	1481180	扬州市	Yangzhou	1200445
抚顺市	Fushun	1441074	泰兴市	Taixing	1198282
浏阳市	Liuyang	1436248	六盘水市	Liupanshui	1196319
宝鸡市	Baoji	1433611	抚州市	Fuzhou	1188229
北流市	Beiliu	1427307	兴宁市	Xingning	1183588
如皋市	Rugao	1424953	临海市	Linhai	1178514
内江市	Neijiang	1422308	麻城市	Macheng	1169595
钦州市	Qinzhou	1415543	永州市	Yongzhou	1158957
新泰市	Xintai	1402991	乐山市	Leshan	1157951
常德市	Changde	1401072	邹城市	Zoucheng	1157554
漯河市	Luohe	1397559	聊城市	Liaocheng	1150582
丰城市	Fengcheng	1394007	阳春市	Yangchun	1149343
齐齐哈尔市	Qiqihar	1391443	涟源市	Lianyuan	1148832
江门市	Jiangmen	1389784	柳州市	Liuzhou	1148327
巴中市	Bazhong	1386487	济宁市	Jining	1137949
惠州市	Huizhou	1380702	东台市	Dongtai	1135902
平度市	Pingdu	1377850	即墨市	Jimo	1133970
项城市	Xiangcheng	1376403	荆州市	Jingzhou	1129502
耒阳市	Leiyang	1370489	启东市	Qidong	1123822
信宜市	Xinyi	1363083	汉川市	Hanchuan	1122868
大庆市	Daqing	1354117	枣阳市	Zaoyang	1120981
茂名市	Maoming	1343075	吴川市	Wuchuan	1111394
益阳市	Yiyang	1338662	淮北市	Huaibei	1109349
天水市	Tianshui	1308389	安阳市	Anyang	1108299
榆树市	Yushu	1307748	咸阳市	Xianyang	1099964
福清市	Fuqing	1293738	资阳市	Ziyang	1098825
禹州市	Yuzhou	1280270	来宾市	Laibin	1098369

5-9 续表 2 continued

单位：人 (person)

城 市	City	人 数 Population	城 市	City	人 数 Population
湖州市	Huzhou	1095714	衡阳市	Hengyang	978150
鄂州市	Ezhou	1093662	连云港市	Lianyungang	966509
汝州市	Ruzhou	1092574	焦作市	Jiaozuo	962863
海城市	Haicheng	1091341	孝感市	Xiaogan	956989
宜春市	Yichun	1091286	大冶市	Daye	951136
诸城市	Zhucheng	1087982	安丘市	Anqiu	949106
英德市	Yingde	1086659	广水市	Guangshui	947651
保定市	Baoding	1083324	本溪市	Benxi	941978
公主岭市	Gongzhuling	1082266	洪湖市	Honghu	941363
钟祥市	Zhongxiang	1078339	肇东市	Zhaodong	940542
林州市	Linzhou	1077448	株洲市	Zhuzhou	939981
宜兴市	Yixing	1077284	金华市	Jinhua	939248
晋江市	Jinjiang	1074374	锦州市	Jinzhou	937755
诸暨市	Zhuji	1073528	广元市	Guangyuan	936365
岳阳市	Yueyang	1072449	普兰店市	Pulandian	931421
新沂市	Xinyi	1071514	蚌埠市	Bengbu	930633
江都市	Jiangdu	1068838	韶关市	Shaoguan	920525
常熟市	Changshu	1067798	岑溪市	Cenxi	918699
珠海市	Zhuhai	1065548	青州市	Qingzhou	918635
醴陵市	Liling	1055367	湘乡市	Xiangxiang	918256
寿光市	Shouguang	1050982	西宁市	Xining	917524
贺州市	Hezhou	1050733	利川市	Lichuan	915862
玉林市	Yulin	1044328	营口市	Yingkou	914463
慈溪市	Cixi	1041904	常宁市	Changning	913928
平顶山市	Pingdingshan	1040369	保山市	Baoshan	911017
泉州市	Quanzhou	1038186	张家港市	Zhangjiagang	910208
镇江市	Zhenjiang	1032953	乐平市	Leping	909859
潜江市	Qianjiang	1031857	庄河市	Zhuanghe	905316
新乡市	Xinxiang	1031105	张家口市	Zhangjiakou	900083
儋州市	Danzhou	1029220	巢湖市	Chaohu	889498
安康市	Ankang	1019335	牡丹江市	Mudanjiang	887106
章丘市	Zhangqiu	1018187	江油市	Jiangyou	886761
五常市	Wuchang	1006597	绥化市	Suihua	886024
银川市	Yinchuan	1002322	辽阳市	Liaoyang	880284
武威市	Wuwei	1002274	湘潭市	Xiangtan	878646
瓦房店市	Wafangdian	1001776	安顺市	Anshun	876549
80万—100万	**from 800 thousand to 1 million**	**81730574**	高密市	Gaomi	876290
海门市	Haimen	999688	阆中市	Langzhong	875906
葫芦岛市	Huludao	985023	秦皇岛市	Qinhuangdao	874326
渭南市	Weinan	984520	新余市	Xinyu	872754
肥城市	Feicheng	984432	新密市	Xinmi	870567
台山市	Taishan	982908	遵义市	Zunyi	869165

5-9 续表 3 continued

单位：人 (person)

城　市	City	人　数 Population	城　市	City	人　数 Population
萍乡市	Pingxiang	868877	吴江市	Wujiang	804868
莱阳市	Laiyang	868007	彭州市	Pengzhou	803455
开封市	Kaifeng	866619	武穴市	Wuxue	801399
宣城市	Xuancheng	865507	武安市	Wuan	800397
眉山市	Meishan	864798	**50万—80万**	**from 500 thousand to 800 thousand**	**114370880**
南通市	Nantong	861427	伊春市	Yichun	795632
莱州市	Laizhou	855779	姜堰市	Jiangyan	793142
鸡西市	Jixi	855119	溧阳市	Liyang	789928
邢台市	Xingtai	852852	界首市	Jieshou	788129
松滋市	Songzi	852813	高要市	Gaoyao	787296
昭通市	Zhaotong	852719	丹东市	Dandong	786193
任丘市	Renqiu	852677	阜新市	Fuxin	778566
高安市	Gaoan	848557	上虞市	Shangyu	778502
嘉兴市	Jiaxing	848426	长葛市	Zhangge	767073
通辽市	Tongliao	848126	铜川市	Tongchuan	759090
增城市	Zengcheng	847715	桐城市	Tongcheng	758605
胶南市	Jiaonan	843276	桂林市	Guilin	758213
海伦市	Hailun	840170	临清市	Linqing	758025
辉县市	Huixian	840058	义乌市	Yiwu	753314
东营市	Dongying	835511	汨罗市	Miluo	749531
余姚市	Yuyao	834493	灵宝市	Lingbao	743699
泰州市	Taizhou	832635	遵化市	Zunhua	740396
衢州市	Quzhou	831060	郴州市	Chenzhou	740300
龙海市	Longhai	830941	沅江市	Yuanjiang	738060
兴义市	Xingyi	830511	昆山市	Kunshan	737565
河间市	Hejian	829532	迁安市	Qian'an	736438
南康市	Nankang	829447	莱西市	Laixi	735360
武冈市	Wugang	829137	嵊州市	Shengzhou	734609
东阳市	Dongyang	827981	长治市	Changzhi	733636
德惠市	Dehui	826793	安庆市	Anqing	732558
双城市	Shuangcheng	822542	讷河市	Nehe	730361
宜宾市	Yibin	820779	大丰市	Dafeng	725273
巩义市	Gongyi	820169	新郑市	Xinzheng	724224
高邮市	Gaoyou	817398	盖州市	Gaizhou	718904
廊坊市	Langfang	816909	大石桥市	Dashiqiao	717447
驻马店市	Zhumadian	814563	曲靖市	Qujing	713357
丹阳市	Danyang	811746	揭阳市	Jieyang	710853
胶州市	Jiaozhou	809435	荆门市	Jingmen	707188
恩施市	Enshi	808597	舟山市	Zhoushan	703499
佳木斯市	Kiamusze	807959	阳泉市	Yangquan	702027
藁城市	Gaocheng	806653	九台市	Jiutai	700423
临汾市	Linfen	805630	乐陵市	Laoling	699414

5-9 续表 4 continued

单位：人 (person)

城　市	City	人　数 Population	城　市	City	人　数 Population
登封市	Dengfeng	697414	盘锦市	Panjin	638798
濮阳市	Puyang	696641	黄石市	Huangshi	637177
长乐市	Changle	694170	兖州市	Yanzhou	636792
新民市	Xinmin	693780	马鞍山市	Maanshan	636723
攀枝花市	Panzhihua	689048	明光市	Mingguang	635628
济源市	Jiyuan	688961	西昌市	Xichang	635380
邵阳市	Shaoyang	687017	龙口市	Longkou	635372
德阳市	Deyang	683357	天长市	Tianchang	634616
开平市	Kaiping	683211	霸州市	Bazhou	630867
瑞金市	Ruijin	682951	辛集市	Xinji	630547
桐乡市	Tongxiang	679912	安陆市	Anlu	625313
仁怀市	Renhuai	679624	北海市	Beihai	624780
阳江市	Yangjiang	676999	万宁市	Wanning	623722
应城市	Yingcheng	674838	贵溪市	Guixi	622548
运城市	Yuncheng	674071	栖霞市	Qixia	621566
鹤岗市	Hegang	672889	石河子市	Shihezi	619996
石首市	Shishou	672071	尚志市	Shangzhi	619635
池州市	Chizhou	671105	高碑店市	Gaobeidian	619597
朔州市	Shuozhou	670946	梅河口市	Meihekou	617383
荣成市	Rongcheng	669805	咸宁市	Xianning	616611
靖江市	Jingjiang	666611	偃师市	Yanshi	615774
海宁市	Haining	666092	鹤壁市	Hebi	615007
兰溪市	Lanxi	665983	都江堰市	Dujiangyan	613788
崇州市	Chongzhou	665787	泊头市	Botou	612063
荥阳市	Xingyang	663803	兴平市	Xingping	611266
宜州市	Yizhou	662906	大理市	Dali	609884
海阳市	Haiyang	659908	德州市	Dezhou	608383
邛崃市	Qionglai	656065	朝阳市	Chaoyang	607703
富阳市	Fuyang	655954	东港市	Donggang	607488
舒兰市	Shulan	655815	广汉市	Guanghan	606394
威海市	Weihai	655678	万源市	Wanyuan	603003
绍兴市	Shaoxing	655463	江山市	Jiangshan	602949
清远市	Qingyuan	654603	四平市	Siping	602699
赣州市	Ganzhou	653178	晋中市	Jinzhong	601529
福安市	Fuan	651026	樟树市	Zhangshu	596758
涿州市	Zhuozhou	650355	从化市	Conghua	595577
九江市	Jiujiang	649546	仪征市	Yizheng	594461
滨州市	Binzhou	646354	文昌市	Wenchang	592937
凌源市	Lingyuan	645836	白山市	Baishan	592316
随州市	Suizhou	644621	松原市	Songyuan	592075
文登市	Wendeng	643062	句容市	Jurong	588402
曲阜市	Qufu	639261	承德市	Chengde	587831

5-9 续表 5 continued

单位：人 (person)

城　市	City	人数 Population	城　市	City	人数 Population
周口市	Zhoukou	586354	张家界市	Zhangjiajie	519548
福鼎市	Fuding	584325	肇庆市	Zhaoqing	518336
开原市	Kaiyuan	583070	梧州市	Wuzhou	515466
昌邑市	Changyi	582554	伊宁市	Yining	515299
北票市	Beipiao	580901	张掖市	Zhangye	515031
三河市	Sanhe	580232	楚雄市	Chuxiong	513002
永康市	Yongkang	579518	乐昌市	Lechang	512885
凤城市	Fengcheng	578195	连州市	Lianzhou	512287
陇南市	Longnan	576279	毕节市	Bijie	511683
三亚市	Sanya	572460	平凉市	Pingliang	511355
七台河市	Qitaihe	570788	建德市	Jiande	509224
深州市	Shenzhou	570534	绵竹市	Mianzhu	506586
宜城市	Yicheng	569723	白城市	Baicheng	505412
招远市	Zhaoyuan	567487	洪江市	Hongjiang	505074
乳山市	Rushan	567182	衡水市	Hengshui	504653
漳州市	Zhangzhou	566887	新乐市	Xinle	504377
凌海市	Linghai	566687	汕尾市	Shanwei	503076
汉中市	Hanzhong	562851	琼海市	Qionghai	501981
临河市	Linhe	561660	凯里市	Kaili	500398
吉安市	Ji'an	554870	**30万—50万**	**from 300 thousand to 500 thousand**	**47148618**
商洛市	Shangluo	554086	恩平市	Enping	498227
金坛市	Jintan	553114	清镇市	Qingzhen	497986
黄骅市	Huanghua	552210	双鸭山市	Shuangyashan	497896
库尔勒市	Korla	551502	南平市	Nanping	497196
兴城市	Xingcheng	548193	阿克苏市	Aksu	495002
晋州市	Jinzhou	547877	枝江市	Zhijiang	492922
榆林市	Yulin	545706	原平市	Yuanping	492873
防城港市	Fangchenggang	544359	白银市	Baiyin	491529
滁州市	Chuzhou	541311	龙岩市	Longyan	491403
建瓯市	Jian'ou	541111	沁阳市	Qinyang	489910
十堰市	Shiyan	539424	孝义市	Xiaoyi	489857
忻州市	Xinzhou	536873	平湖市	Pinghu	488939
磐石市	Panshi	536268	安达市	Anda	488595
沧州市	Cangzhou	535498	喀什市	Kashar	486127
老河口市	Laohekou	533111	当阳市	Dangyang	485810
禹城市	Yucheng	526935	奉化市	Fenghua	483548
临安市	Lin'an	525984	都匀市	Duyun	480507
赤壁市	Chibi	525978	高平市	Gaoping	480418
卫辉市	Weihui	523761	南宫市	Nangong	479999
延吉市	Yanji	523736	南雄市	Nanxiong	474813
北镇市	Beizhen	520797	富锦市	Fujin	473340
临湘市	Linxiang	519931	辽源市	Liaoyuan	473277

5-9 续表 6 continued

单位：人 (person)

城 市	City	人 数 Population	城 市	City	人 数 Population
太仓市	Taicang	472561	景洪市	Jinghong	408815
景德镇市	Jingdezhen	469530	上饶市	Shangrao	408758
娄底市	Loudi	468912	酒泉市	Jiuquan	407088
定西市	Dingxi	465606	韩城市	Hancheng	404725
哈密市	Hami	465521	中卫市	Zhongwei	403274
延安市	Yan'an	464840	吴忠市	Wuzhong	402422
北安市	Beian	463826	海林市	Hailin	401550
敦化市	Dunhua	463629	河津市	Hejin	400821
固原市	Guyuan	460998	鹿泉市	Luquan	397385
宁德市	Ningde	459655	宜都市	Yidu	396730
丹江口市	Danjiangkou	459619	个旧市	Gejiu	392897
石嘴山市	Shizuishan	456665	丽水市	Lishui	392750
瑞昌市	Ruichang	456307	宁国市	Ningguo	387964
东方市	Dongfang	455841	孟州市	Mengzhou	380340
铜仁市	Tongren	454752	资兴市	Zixing	374184
桦甸市	Huadian	450470	庆阳市	Qingyang	372520
四会市	Sihui	449837	潞西市	Luxi	371938
蓬莱市	Penglai	449414	铁力市	Tieli	371792
蛟河市	Jiaohe	447854	昌吉市	Changji	370405
铜陵市	Tongling	447581	怀化市	Huaihua	367778
灯塔市	Dengta	445159	冀州市	Jizhou	366699
乌海市	Wuhai	444706	冷水江市	Lengshuijiang	364946
通化市	Tonghua	441689	鹤山市	Heshan	363857
铁岭市	Tieling	441099	五大连池市	Wudalianchi	362972
永济市	Yongji	440230	晋城市	Jincheng	361834
什邡市	Shifang	438330	华蓥市	Huaying	361648
黄山市	Huangshan	437954	崇左市	Chongzuo	360595
达州市	Dazhou	437759	黄冈市	Huanggang	356218
宁安市	Ning'an	434673	牙克石市	Yakeshi	354098
洮南市	Taonan	434398	潮州市	Chaozhou	351655
峨眉山市	Emeishan	433705	百色市	Baise	347494
玉溪市	Yuxi	429953	雅安市	Yaan	347105
密山市	Mishan	423512	建阳市	Jianyang	345229
沙河市	Shahe	423056	丰镇市	Fengzhen	339463
汾阳市	Fenyang	422659	河池市	Hechi	338821
扎兰屯市	Zhalantun	421384	舞钢市	Wugang	335925
许昌市	Xuchang	415757	和田市	Hotan	330952
双辽市	Shuangliao	413722	福泉市	Fuquan	329198
安国市	Anguo	413448	德兴市	Dexing	328708
介休市	Jiexiu	413291	永安市	Yong'an	326689
大安市	Da'an	409011	乌兰察布市	Ulanqab	321517

5-9 续表 7 continued

单位：人 (person)

城　市	City	人数 Population	城　市	City	人数 Population
乌兰浩特市	Wulanhot	321387	珲春市	Hunchun	221057
梅州市	Meizhou	320760	古交市	Gujiao	220700
石狮市	Shishi	318058	集安市	Ji'an	218465
临沧市	Lincang	317753	金昌市	Jinchang	207570
赤水市	Chishui	309917	嘉峪关市	Jiayuguan	197647
云浮市	Yunfu	305984	拉萨市	Lhasa	195283
吉首市	Jishou	305716	黑河市	Heihe	189326
邵武市	Shaowu	304678	阿拉尔市	Alar	186638
奎屯市	Kuitun	304402	和龙市	Helong	184647
霍州市	Huozhou	301117	同江市	Tongjiang	179881
10万—30万	**from 100 thousand to 300 thousand**	**13110461**	锡林浩特市	Xilinhot	178020
穆棱市	Muling	291193	龙井市	Longjing	172511
三门峡市	Sanmenxia	290187	满洲里市	Manzhouli	169996
河源市	Heyuan	289892	塔城市	Tacheng	169404
龙泉市	Longquan	288568	阜康市	Fukang	168560
虎林市	Hulin	288086	义马市	Yima	168505
克拉玛依市	Karamay	285837	临江市	Linjiang	167368
吕梁市	Lvliang	284849	井冈山市	Jinggangshan	164248
漳平市	Zhangping	284238	图木舒克市	Tumushuke	159563
三明市	Sanming	281591	根河市	Genhe	155246
开远市	Kaiyuan	281320	丽江市	Lijiang	150887
扬中市	Yangzhong	280873	敦煌市	Dunhuang	141969
青铜峡市	Qingtongxia	276805	玉门市	Yumen	140472
吐鲁番市	Turpan	275777	合山市	Heshan	140346
呼伦贝尔市	Hulunbuir	275660	东兴市	Dongxing	135421
华阴市	Huayin	268269	格尔木市	Golmud	129678
安宁市	Anning	267598	瑞丽市	Ruili	128519
博乐市	Bole	265605	图们市	Tumen	123345
鄂尔多斯市	Erdos	263046	韶山市	Shaoshan	120014
津市市	Jinshi	258345	五指山市	Wuzhishan	112695
阿图什市	Artux	254385	日喀则市	Shigatse	112589
临夏市	Linxia	244507	凭祥市	Pingxiang	111770
灵武市	Lingwu	239511	**10万以下**	**below 100 thousand**	**566313**
调兵山市	Diaobingshan	238534	合作市	Hezuo	91815
侯马市	Houma	237960	五家渠市	Wujiaqu	90711
阿勒泰市	Altai	232792	额尔古纳市	Erguna	83574
鹰潭市	Yingtan	232337	霍林郭勒市	Huolingol	81612
武夷山市	Wuyishan	231318	德令哈市	Delingha	75051
乌苏市	Wusu	228939	绥芬河市	Suifenhe	68189
潞城市	Lucheng	227356	阿尔山市	Arxan	48633
普洱市	Puer	222743	二连浩特市	Erlianhot	26728

5-10 按非农业人口排序的市及人口数

Cities and Population by Size of Non-agricultural Population

单位：人 (person)

城　市	City	人　数 Population	城　市	City	人　数 Population
全　国	**National Total**	**344770490**	贵阳市	Guiyang	1604584
400万以上	**over 4 million**	**69314739**	福州市	Fuzhou	1597437
上海市	Shanghai	12522173	湛江市	Zhanjiang	1559406
北京市	Beijing	10120623	厦门市	Xiamen	1545158
重庆市	Chongqing	8894832	宁波市	Ningbo	1413222
广州市	Guangzhou	6779677	南宁市	Nanning	1392528
天津市	Tianjin	5813631	江门市	Jiangmen	1389784
武汉市	Wuhan	5550181	惠州市	Huizhou	1380702
南京市	Nanjing	5422579	襄阳市	Xiangyang	1379421
汕头市	Shantou	5254326	烟台市	Yantai	1370669
成都市	Chengdu	4613291	常州市	Changzhou	1355212
沈阳市	Shenyang	4343426	茂名市	Maoming	1343075
200万—400万	**from 2 million to 4 million**	**44903837**	邳州市	Pizhou	1324226
佛山市	Foshan	3776486	鞍山市	Anshan	1295840
西安市	Xi'an	3600531	大同市	Datong	1295208
济南市	Jinan	3521653	吉林市	Jilin	1278951
哈尔滨市	Harbin	3404887	宿迁市	Suqian	1270478
杭州市	Hangzhou	3254995	邯郸市	Handan	1260998
深圳市	Shenzhen	2991518	包头市	Baotou	1257997
青岛市	Qingdao	2795694	抚顺市	Fushun	1234310
大连市	Dalian	2725984	芜湖市	Wuhu	1233495
长春市	Changchun	2593993	洛阳市	Luoyang	1200552
苏州市	Suzhou	2485054	扬州市	Yangzhou	1200445
石家庄市	Shijiazhuang	2470919	淮安市	Huai'an	1187239
太原市	Taiyuan	2342029	大庆市	Daqing	1120646
郑州市	Zhengzhou	2331661	盐城市	Yancheng	1094356
昆明市	Kunming	2302884	齐齐哈尔市	Qiqihar	1093645
无锡市	Wuxi	2287572	保定市	Baoding	1079606
长沙市	Changsha	2017977	珠海市	Zhuhai	1065548
100万—200万	**from 1 million to 2 million**	**54472483**	泸州市	Luzhou	1009769
兰州市	Lanzhou	1869429	**80万—100万**	**from 800 thousand to 1 million**	**17729054**
合肥市	Hefei	1856782	海口市	Haikou	971158
乌鲁木齐市	Urumqi	1848629	呼和浩特市	Hohhot	968379
唐山市	Tangshan	1755135	商丘市	Shangqiu	967746
徐州市	Xuzhou	1736424	淮南市	Huainan	960866
南昌市	Nanchang	1708654	济宁市	Jining	952956
潍坊市	Weifang	1624561	东莞市	Dongguan	946893
淄博市	Zibo	1619617	韶关市	Shaoguan	920525
临沂市	Linyi	1618745	柳州市	Liuzhou	900185

5-10 续表 1 continued

单位：人 (person)

城市	City	人数 Population	城市	City	人数 Population
宝鸡市	Baoji	874858	清远市	Qingyuan	654603
秦皇岛市	Qinhuangdao	874317	天水市	Tianshui	650011
如皋市	Rugao	874267	连云港市	Lianyungang	649277
银川市	Yinchuan	867088	焦作市	Jiaozuo	649187
南通市	Nantong	861394	莱芜市	Laiwu	646453
邢台市	Xingtai	852852	株洲市	Zhuzhou	644326
枣庄市	Zaozhuang	843718	桂林市	Guilin	637403
开封市	Kaifeng	841454	荆州市	Jingzhou	636152
本溪市	Benxi	829147	新沂市	Xinyi	632699
中山市	Zhongshan	808885	泉州市	Quanzhou	628832
淮北市	Huaibei	808273	江都市	Jiangdu	625336
平顶山市	Pingdingshan	804093	长治市	Changzhi	616900
50万—80万	**from 500 thousand to 800 thousand**	**46940622**	辽阳市	Liaoyang	615065
镇江市	Zhenjiang	789562	佳木斯市	Kiamusze	607771
伊春市	Yichun	768771	丹东市	Dandong	605696
锦州市	Jinzhou	766013	鹤岗市	Hegang	605128
西宁市	Xining	761807	宜兴市	Yixing	594973
新乡市	Xinxiang	760622	南阳市	Nanyang	592140
张家口市	Zhangjiakou	755475	日照市	Rizhao	591499
营口市	Yingkou	735981	聊城市	Liaocheng	590985
安阳市	Anyang	731902	黄石市	Huangshi	590710
宜昌市	Yichang	731858	盘锦市	Panjin	572301
菏泽市	Heze	725151	赤峰市	Chifeng	571638
泰安市	Taian	717905	阳泉市	Yangquan	571530
鸡西市	Jixi	715842	常熟市	Changshu	570392
揭阳市	Jieyang	710853	石河子市	Shihezi	569537
岳阳市	Yueyang	702124	漯河市	Luohe	561836
阜新市	Fuxin	694965	泰州市	Taizhou	555589
绵阳市	Mianyang	694406	湘潭市	Xiangtan	553788
普宁市	Puning	689482	葫芦岛市	Huludao	550921
陆丰市	Lufeng	687437	四平市	Siping	545867
阳江市	Yangjiang	676999	防城港市	Fangchenggang	543121
温州市	Wenzhou	674442	攀枝花市	Panzhihua	538483
牡丹江市	Mudanjiang	673752	江阴市	Jiangyin	538177
东营市	Dongying	673024	滨州市	Binzhou	537568
咸阳市	Xianyang	672580	沧州市	Cangzhou	535498
衡阳市	Hengyang	670903	乐山市	Leshan	533797
蚌埠市	Bengbu	666914	马鞍山市	Maanshan	532116
阜阳市	Fuyang	663028	丰城市	Fengcheng	528998
南充市	Nanchong	657788	常德市	Changde	528814
自贡市	Zigong	656589	滕州市	Tengzhou	526346

5-10 续表 2 continued

单位：人 (person)

城　市	City	人　数 Population	城　市	City	人　数 Population
信阳市	Xinyang	525640	邹城市	Zoucheng	419696
肇庆市	Zhaoqing	518336	鹤壁市	Hebi	419197
枣阳市	Zaoyang	516866	大冶市	Daye	419102
廊坊市	Langfang	514357	宿州市	Suzhou	418171
潜江市	Qianjiang	506151	泰兴市	Taixing	416427
即墨市	Jimo	501634	渭南市	Weinan	416140
30万—50万	**from 300 thousand to 500 thousand**	**46763233**	许昌市	Xuchang	415757
承德市	Chengde	499309	仙桃市	Xiantao	414955
绍兴市	Shaoxing	496150	铜川市	Tongchuan	410588
诸城市	Zhucheng	490989	七台河市	Qitaihe	408789
十堰市	Shiyan	490587	安丘市	Anqiu	408598
通州市	Tongzhou	489936	德阳市	Deyang	406674
公主岭市	Gongzhuling	489317	荣成市	Rongcheng	399940
威海市	Weihai	488570	张家港市	Zhangjiagang	398816
寿光市	Shouguang	488117	都江堰市	Dujiangyan	397040
九江市	Jiujiang	488017	胶南市	Jiaonan	395439
高州市	Gaozhou	486816	胶州市	Jiaozhou	391141
白山市	Baishan	471664	增城市	Zengcheng	390517
通辽市	Tongliao	468440	儋州市	Danzhou	388477
湖州市	Huzhou	468313	宜宾市	Yibin	387883
新泰市	Xintai	466496	通化市	Tonghua	385361
东台市	Dongtai	466340	肥城市	Feicheng	384732
安庆市	Anqing	461872	铜陵市	Tongling	383424
六盘水市	Liupanshui	461776	内江市	Neijiang	383098
遵义市	Zunyi	458571	辽源市	Liaoyuan	381842
德州市	Dezhou	457163	石嘴山市	Shizuishan	380900
双鸭山市	Shuangyashan	454466	高密市	Gaomi	380309
延吉市	Yanji	454251	景德镇市	Jingdezhen	378477
萍乡市	Pingxiang	449557	南安市	Nan'an	377526
平度市	Pingdu	447161	赣州市	Ganzhou	374096
乌海市	Wuhai	444644	福清市	Fuqing	371591
濮阳市	Puyang	443928	吴江市	Wujiang	369489
天门市	Tianmen	443875	晋江市	Jinjiang	368151
嘉兴市	Jiaxing	442929	漳州市	Zhangzhou	367801
昆山市	Kunshan	440651	龙口市	Longkou	366751
莆田市	Putian	438859	莱州市	Laizhou	366105
海门市	Haimen	434573	临汾市	Linfen	365161
罗定市	Luoding	433336	廉江市	Lianjiang	364446
邵阳市	Shaoyang	430687	朝阳市	Chaoyang	361422
遂宁市	Suining	430341	铁岭市	Tieling	360208
章丘市	Zhangqiu	426507	瓦房店市	Wafangdian	359885

5-10 续表 3 continued

单位：人 (person)

城 市	City	人 数 Population	城 市	City	人 数 Population
兴平市	Xingping	357933	溧阳市	Liyang	304697
松原市	Songyuan	357766	巴中市	Bazhong	304360
抚州市	Fuzhou	357749	任丘市	Renqiu	304257
鄂州市	Ezhou	357594	靖江市	Jingjiang	303493
永州市	Yongzhou	355942	北海市	Beihai	303136
孝感市	Xiaogan	353900	**10万—30万**	**from 100 thousand to 300 thousand**	**60738243**
荆门市	Jingmen	352342	晋城市	Jincheng	298052
潮州市	Chaozhou	351655	哈密市	Hami	297973
库尔勒市	Korla	347048	娄底市	Loudi	297499
郴州市	Chenzhou	345001	广安市	Guang'an	297442
伊宁市	Yining	344838	曲靖市	Qujing	297059
广元市	Guangyuan	343560	昭通市	Zhaotong	296296
眉山市	Meishan	343547	阳春市	Yangchun	295897
牙克石市	Yakeshi	342980	应城市	Yingcheng	294396
益阳市	Yiyang	341899	梧州市	Wuzhou	292513
六安市	Liuan	341037	莱阳市	Laiyang	292383
汕尾市	Shanwei	340341	喀什市	Kashar	292347
新余市	Xinyu	337888	北安市	Beian	292002
衡水市	Hengshui	336267	河源市	Heyuan	289892
雷州市	Leizhou	330526	舟山市	Zhoushan	289877
龙岩市	Longyan	329755	驻马店市	Zhumadian	288984
莱西市	Laixi	328548	绥化市	Suihua	288039
兴宁市	Xingning	326357	上虞市	Shangyu	287220
金华市	Jinhua	321859	三亚市	Sanya	285795
白银市	Baiyin	321141	兴化市	Xinghua	285500
梅州市	Meizhou	320760	乌兰察布市	Ulanqab	284801
启东市	Qidong	320436	定州市	Dingzhou	284621
仪征市	Yizheng	318220	白城市	Baicheng	284605
丹阳市	Danyang	318214	肇东市	Zhaodong	283407
吴川市	Wuchuan	316750	兖州市	Yanzhou	282846
普兰店市	Pulandian	316123	海城市	Haicheng	282716
青州市	Qingzhou	315711	姜堰市	Jiangyan	282362
临清市	Linqing	315463	克拉玛依市	Karamay	282062
台州市	Taizhou	315385	达州市	Dazhou	280869
晋中市	Jinzhong	313439	贵港市	Guigang	280284
昌邑市	Changyi	310822	衢州市	Quzhou	277489
金坛市	Jintan	309526	奎屯市	Kuitun	274755
高邮市	Gaoyou	307892	曲阜市	Qufu	274529
信宜市	Xinyi	306450	铁力市	Tieli	274449
句容市	Jurong	306312	阿克苏市	Arksu	271247
云浮市	Yunfu	305984	汉中市	Hanzhong	270278

5-10 续表 4 continued

单位：人 (person)

城 市	City	人 数 Population	城 市	City	人 数 Population
从化市	Conghua	270135	延安市	Yan'an	237189
桐乡市	Tongxiang	267484	开平市	Kaiping	235534
江油市	Jiangyou	267267	昌吉市	Changji	235473
宜城市	Yicheng	265805	个旧市	Gejiu	235189
大丰市	Dafeng	265572	义乌市	Yiwu	235180
宜春市	Yichun	265250	平湖市	Pinghu	234980
简阳市	Jianyang	264792	孝义市	Xiaoyi	234781
彭州市	Pengzhou	264302	乐昌市	Lechang	232170
滁州市	Chuzhou	263225	三河市	Sanhe	231767
台山市	Taishan	261063	武威市	Wuwei	230379
敦化市	Dunhua	260609	海宁市	Haining	230113
呼伦贝尔市	Hulunbuir	260042	高碑店市	Gaobeidian	229925
南平市	Nanping	259834	瑞安市	Rui'an	229403
济源市	Jiyuan	258093	阆中市	Langzhong	228972
老河口市	Laohekou	257611	五常市	Wuchang	228780
大理市	Dali	256226	三门峡市	Sanmenxia	227345
梅河口市	Meihekou	256107	英德市	Yingde	227262
辛集市	Xinji	256061	海阳市	Haiyang	225471
资阳市	Ziyang	255303	安康市	Ankang	225254
招远市	Zhaoyuan	254725	大石桥市	Dashiqiao	223253
霸州市	Bazhou	253917	安顺市	Anshun	221839
文登市	Wendeng	253472	耒阳市	Leiyang	221053
化州市	Huazhou	253198	亳州市	Bozhou	220990
韩城市	Hanchuan	250233	四会市	Sihui	219140
咸宁市	Xianning	249780	广汉市	Guanghan	219063
吉安市	Ji'an	249006	玉林市	Yulin	218987
临河市	Linhe	246900	德惠市	Dehui	218604
尚志市	Shangzhi	245761	汉川市	Hanchuan	217977
邛崃市	Qionglai	245611	三明市	Sanming	217927
周口市	Zhoukou	245157	项城市	Xiangcheng	216153
钟祥市	Zhongxiang	245135	朔州市	Shuozhou	215039
怀化市	Huaihua	244308	上饶市	Shangrao	214549
海林市	Hailin	244086	钦州市	Qinzhou	214033
藁城市	Gaocheng	243680	恩平市	Enping	210011
乌兰浩特市	Wulanhot	243431	商洛市	Shangluo	209827
长乐市	Changle	242859	恩施市	Enshi	209295
运城市	Yuncheng	241313	麻城市	Macheng	208228
庄河市	Zhuanghe	239710	福鼎市	Fuding	208171
巢湖市	Chaohu	239415	金昌市	Jinchang	207570
辉县市	Huixian	238296	榆树市	Yushu	207247
随州市	Suizhou	237456	黄骅市	Huanghua	206241

5-10 续表 5 continued

单位：人 (person)

城　市	City	人　数 Population	城　市	City	人　数 Population
乐平市	Leping	205933	河间市	Hejian	184690
永城市	Yongcheng	204906	凤城市	Fengcheng	184522
温岭市	Wenling	204549	鄂尔多斯市	Erdos	183087
宣威市	Xuanwei	204116	拉萨市	Lhasa	181190
忻州市	Xinzhou	203152	新密市	Xinmi	179826
黄冈市	Huanggang	203091	密山市	Mishan	179580
太仓市	Taicang	202698	赤壁市	Chibi	179226
黄山市	Huangshan	202609	洪湖市	Honghu	178929
长葛市	Changge	201953	林州市	Linzhou	178865
高安市	Gaoan	201859	调兵山市	Diaobingshan	178759
楚雄市	Chuxiong	200786	蓬莱市	Penglai	178744
西昌市	Xichang	200200	景洪市	Jinghong	177917
北票市	Beipiao	199849	九台市	Jiutai	177916
五大连池市	Wudalianchi	199658	沅江市	Yuanjiang	177877
登封市	Dengfeng	199115	酒泉市	Jiuquan	176955
泊头市	Botou	198361	广水市	Guangshui	176472
崇州市	Chongzhou	197898	武安市	Wu'an	174585
嘉峪关市	Jiayuguan	197647	海伦市	Hailun	173101
禹州市	Yuzhou	197462	磐石市	Panshi	172777
榆林市	Yulin	196961	常宁市	Changning	172481
涿州市	Zhuozhou	196428	宣城市	Xuancheng	172045
舒兰市	Shulan	194160	双城市	Shuangcheng	171835
吴忠市	Wuzhong	193840	诸暨市	Zhuji	170862
虎林市	Hulin	193479	平凉市	Pingliang	170776
福安市	Fuan	193475	天长市	Tianchang	170178
丹江口市	Danjiangkou	192535	禹城市	Yucheng	170136
安达市	Anda	192190	满洲里市	Manzhouli	169839
慈溪市	Cixi	192089	蛟河市	Jiaohe	169590
嵊州市	Shengzhou	190921	安宁市	Anning	169109
玉溪市	Yuxi	190912	武穴市	Wuxue	168134
桦甸市	Huadian	190872	汨罗市	Miluo	167951
万宁市	Wanning	189662	保山市	Baoshan	167798
余姚市	Yuyao	188594	永安市	Yong'an	167767
盖州市	Gaizhou	188532	桂平市	Guiping	167391
栖霞市	Qixia	186826	来宾市	Laibin	167097
乐陵市	Laoling	186768	扎兰屯市	Zhalantun	166020
峨眉山市	Emeishan	186622	雅安市	Yaan	166016
冷水江市	Lengshuijiang	186431	都匀市	Duyun	165863
凯里市	Kaili	186236	松滋市	Songzi	165039
张掖市	Zhangye	185689	博乐市	Bole	164769
富锦市	Fujin	185465	张家界市	Zhangjiajie	164693

5-10 续表 6 continued

单位：人 (person)

城 市	City	人 数 Population	城 市	City	人 数 Population
邓州市	Dengzhou	164173	穆棱市	Muling	143690
建瓯市	Jian'ou	163619	大安市	Daan	143470
珲春市	Hunchun	162329	和田市	Hotan	141535
双辽市	Shuangliao	161427	华阴市	Huayin	141123
乳山市	Rushan	160514	富阳市	Fuyang	140880
龙海市	Longhai	160462	开远市	Kaiyuan	140015
吕梁市	Lvliang	160322	陇南市	Longnan	139790
毕节市	Bijie	159983	绵竹市	Mianzhu	139374
涟源市	Lianyuan	158889	利川市	Lichuan	138496
临夏市	Linxia	157747	原平市	Yuanping	137582
浏阳市	Liuyang	157319	北流市	Beiliu	137178
石首市	Shishou	156407	枝江市	Zhijiang	135671
铜仁市	Tongren	155257	图木舒克市	Tumushuke	135503
贺州市	Hezhou	155199	东兴市	Dongxing	135214
根河市	Genhe	155179	邵武市	Shaowu	134509
新民市	Xinmin	155013	瑞金市	Ruijin	134374
樟树市	Zhangshu	154226	湘乡市	Xiangxiang	134231
锡林浩特市	Xilinhot	153654	凌源市	Lingyuan	134054
新郑市	Xinzheng	152930	义马市	Yima	134015
醴陵市	Liling	152772	黑河市	Heihe	132921
中卫市	Zhongwei	152707	兴城市	Xingcheng	132851
洮南市	Taonan	151836	吉首市	Jishou	131927
兴义市	Xingyi	151516	兰溪市	Lanxi	130611
临海市	Linhai	151483	讷河市	Nehe	130442
阿勒泰市	Altai	151225	建德市	Jiande	129846
巩义市	Gongyi	151132	新乐市	Xinle	128192
开原市	Kaiyuan	150340	卫辉市	Weihui	126859
琼海市	Qionghai	149490	当阳市	Dangyang	126771
池州市	Chizhou	148141	格尔木市	Golmud	126509
建阳市	Jianyang	147804	德兴市	Dexing	126255
宁德市	Ningde	146595	侯马市	Houma	126187
迁安市	Qian'an	146490	百色市	Baise	126168
鹰潭市	Yingtan	146324	丽水市	Lishui	125499
东阳市	Dongyang	146133	介休市	Jiexiu	125186
南康市	Nankang	145602	凌海市	Linghai	124550
界首市	Jieshou	145391	资兴市	Zixing	123808
宁安市	Ning'an	145373	洪江市	Hongjiang	121524
东港市	Donggang	144877	霍州市	Huozhou	120948
古交市	Gujiao	144629	明光市	Mingguang	120907
固原市	Guyuan	144456	桐城市	Tongcheng	119918
岑溪市	Cenxi	143970	文昌市	Wenchang	119755

5-10 续表 7 continued

单位：人 (person)

城市	City	人数 Population	城市	City	人数 Population
安国市	Anguo	119662	石狮市	Shishi	96747
临湘市	Linxiang	119273	阜康市	Fukang	96006
贵溪市	Guixi	119260	深州市	Shenzhou	95295
安陆市	Anlu	118820	晋州市	Jinzhou	94307
灵武市	Lingwu	118653	灯塔市	Dengta	93934
南雄市	Nanxiong	118452	潞西市	Luxi	93003
瑞昌市	Ruichang	118338	临沧市	Lincang	92192
乐清市	Yueqing	117641	永济市	Yongji	91375
和龙市	Helong	117006	汾阳市	Fenyang	90519
河池市	Hechi	116264	阿图什市	Artux	90304
高要市	Gaoyao	115519	偃师市	Yanshi	88173
沙河市	Shahe	114570	高平市	Gaoping	87616
阿拉尔市	Alar	114503	五家渠市	Wujiaqu	86591
宜都市	Yidu	113696	漳平市	Zhangping	86316
灵宝市	Lingbao	113633	青铜峡市	Qingtongxia	86207
庆阳市	Qingyang	113506	南宫市	Nangong	84581
东方市	Dongfang	113009	吐鲁番市	Turpan	83985
津市市	Jinshi	110340	沁阳市	Qinyang	82167
临安市	Lin'an	110089	连州市	Lianzhou	82112
普洱市	Puer	109641	霍林郭勒市	Huolinguole	81118
遵化市	Zunhua	109248	乌苏市	Wusu	81011
河津市	Hejin	108877	丽江市	Lijiang	81007
奉化市	Fenghua	108814	宁国市	Ningguo	80998
华蓥市	Huaying	108641	武夷山市	Wuyishan	80115
汝州市	Ruzhou	108238	扬中市	Yangzhong	78310
临江市	Linjiang	107918	额尔古纳市	Erguna	77475
集安市	Ji'an	107545	赤水市	Chishui	73278
武冈市	Wugang	107242	冀州市	Jizhou	72020
丰镇市	Fengzhen	107036	崇左市	Chongzuo	69826
塔城市	Tacheng	106842	福泉市	Fuquan	63277
龙井市	Longjing	106780	合山市	Heshan	59151
清镇市	Qingzhen	105867	德令哈市	Delingha	57805
同江市	Tongjiang	105800	绥芬河市	Suifenhe	56738
舞钢市	Wugang	105199	合作市	Hezuo	56420
鹤山市	Heshan	104178	瑞丽市	Ruili	55872
宜州市	Yizhou	104039	孟州市	Mengzhou	53486
江山市	Jiangshan	103144	五指山市	Wuzhishan	51161
荥阳市	Xingyang	101072	潞城市	Lucheng	49910
北镇市	Beizhen	100391	阿尔山市	Arxan	48633
仁怀市	Renhuai	100208	玉门市	Yumen	46266
10万以下	**below 100 thousand**	**3908279**	日喀则市	Shigatse	44171
永康市	Yongkang	99328	井冈山市	Jinggangshan	43219
定西市	Dingxi	98487	龙泉市	Longquan	42136
鹿泉市	Luquan	98444	敦煌市	Dunhuang	40638
万源市	Wanyuan	98310	凭祥市	Pingxiang	31834
图们市	Tumen	97929	二连浩特市	Erenhot	25225
什邡市	Shifang	96787	韶山市	Shaoshan	16464

第六部分

Chapter Six

2012 年全国计划生育统计人口数据

Data from Family Planning Statistics in 2012

6-1 各地区分孩次计划生育率与上年同期比较
Family Planning Rate Compared with That of Last Year by Birth Order and Region

单位：%　　(%)

地 区	Region	计生率 Family Planning Rate	与上年对比 Compared with That of Last Year	一孩计生率 Family Planning Rate of First Birth	与上年对比 Compared with That of Last Year	二孩计生率 Family Planning Rate of Second Birth	与上年对比 Compared with That of Last Year	多孩计生率 Family Planning Rate of Third Birth & Over	与上年对比 Compared with That of Last Year
全 国	**National**	**90.89**	**-0.96**	**97.93**	**0.33**	**78.02**	**-2.26**	**38.95**	**-4.66**
北 京	Beijing	94.69	0.43	98.47	0.13	75.71	-0.14	31.88	1.19
天 津	Tianjin	98.44	0.19	99.93	0.05	91.62	0.57		-7.14
河 北	Hebei	90.94	-0.48	99.22	-0.01	74.99	-0.09	39.99	-1.29
山 西	Shanxi	87.92	-0.57	98.88	0.21	68.34	-1.70	30.78	-0.80
内蒙古	Inner Mongolia	95.39	-0.29	98.52	0.06	89.29	-0.46	75.46	1.11
辽 宁	Liaoning	98.66	0.32	99.59	0.28	95.79	0.63	54.36	2.70
吉 林	Jilin	95.09	9.01	99.47	10.84	79.79	1.19	93.23	64.34
黑龙江	Heilongjiang	91.77	0.01	93.82	0.47	84.87	-1.45	23.33	-0.30
上 海	Shanghai	95.20	-0.17	97.19	-0.20	90.60	-0.37	30.72	6.22
江 苏	Jiangsu	97.73	2.01	99.52	0.46	88.39	9.62	74.75	13.67
浙 江	Zhejiang	93.71	-0.51	99.92	0.31	82.59	-1.55	31.34	-2.94
安 徽	Anhui	77.96	-0.61	79.28	-1.14	76.53	-0.73	55.55	22.69
福 建	Fujian	93.07	0.50	99.14	0.22	84.16	2.67	32.23	1.77
江 西	Jiangxi	77.70	-2.26	99.79	4.64	56.85	-6.34	4.44	-2.31
山 东	Shandong	93.96	-0.24	99.16	0.11	78.60	-1.96	0.06	0.06
河 南	Henan	97.27	0.21	99.86	-0.03	85.60	0.62	92.24	-1.54
湖 北	Hubei	90.05	-0.16	99.97	0.83	71.44	-1.27	43.44	1.92
湖 南	Hunan	88.57	-1.06	99.93	0.01	74.45	-1.60	0.29	0.05
广 东	Guangdong	85.36	-11.12	97.46	-2.10	70.61	-18.76	17.50	-57.55
广 西	Guangxi	93.02	-0.51	99.38	-0.08	84.56	-0.67	22.14	4.64
海 南	Hainan	93.15	0.33	99.95	0.01	95.33	0.66	27.63	1.10
重 庆	Chongqing	87.59	0.64	99.85	-0.09	66.64	4.17	13.04	-1.58
四 川	Sichuan	86.68	-0.20	99.47	0.02	51.97	-2.33	50.20	-0.35
贵 州	Guizhou	96.87	7.93	97.35	9.73	97.26	3.43	47.53	20.33
云 南	Yunnan	93.67	-3.57	95.77	-2.59	92.28	-3.92	39.80	-22.18
西 藏	Tibet	-	-	-	-	-	-	-	-
陕 西	Shaanxi	98.76	0.09	100.00		95.04	0.49	89.46	1.25
甘 肃	Gansu	91.86	-0.87	98.88	-0.70	78.23	-1.14	62.08	1.17
青 海	Qinghai	98.50	-0.22	99.89	0.04	97.63	-0.78	89.69	1.10
宁 夏	Ningxia	90.23	-1.10	99.67	0.29	79.66	-3.97	56.48	3.64
新 疆	Xinjiang	99.79	0.04	99.99		99.88	0.02	98.88	0.31

6-2 各地区已婚育龄妇女领证情况及避孕率与上年同期比较
Married Women at Childbearing Ages with One-child Certificate and Contraception Rate Compared with That of Last Year by Region

单位：人、% (person,%)

地 区	Region	已婚育龄妇女人数 Married Women at Childbearing Ages	与上年对比 Compared with That of Last Year	领证人数 Number of Women with Certificates	与上年对比 Compared with That of Last Year	领证率 Proportion	与上年对比 Compared with That of Last Year	已婚育龄妇女避孕率 Contraception Rate of Married Women at Childbearing Ages	与上年对比 Compared with That of Last Year
全 国	**National**	**276929488**	**-765138**	**61013066**	**-374043**	**22.03**	**-0.07**	**87.85**	**-0.74**
北 京	Beijing	2890384	65589	847969	8942	29.34	-0.36	82.70	-0.87
天 津	Tianjin	1699582	-32268	597689	6194	35.17	1.01	91.19	0.16
河 北	Hebei	14949958	155191	2275332	2788	15.22	-0.14	90.93	-0.26
山 西	Shanxi	6728731	55206	2105217	81044	31.29	0.96	91.38	0.13
内蒙古	Inner Mongolia	4992719	20912	515393	-52963	10.32	-1.11	90.62	-0.04
辽 宁	Liaoning	8178296	-39097	2489751	-218731	30.44	-2.52	85.94	-2.26
吉 林	Jilin	5313859	-109733	870512	-72814	16.38	-1.01	89.84	0.22
黑龙江	Heilongjiang	7513331	-30995	3265125	-103241	43.46	-1.19	91.72	-0.41
上 海	Shanghai	4231664	71466	651024	-7179	15.38	-0.44	81.64	1.14
江 苏	Jiangsu	15426329	182728	4945284	-168142	32.06	-1.49	88.17	-1.20
浙 江	Zhejiang	10194801	61695	2988508	710	29.31	-0.17	87.36	-0.60
安 徽	Anhui	14759857	-159511	2602720	196791	17.63	1.51	89.26	-0.54
福 建	Fujian	8193095	-19494	1716995	-152273	20.96	-1.80	82.31	-0.52
江 西	Jiangxi	10736529	321741	1846539	-84188	17.20	-1.34	94.58	-0.01
山 东	Shandong	19762149	265933	7912031	121326	40.04	0.08	90.29	2.35
河 南	Henan	21753946	260345	3486577	83318	16.03	0.19	90.03	0.19
湖 北	Hubei	13370931	296578	1117645	-79664	8.36	-0.80	85.30	-1.60
湖 南	Hunan	14287989	-781835	2779617	169998	19.45	2.14	87.85	1.71
广 东	Guangdong	20135904	-2212777	1467154	-667638	7.29	-2.27	80.94	-6.30
广 西	Guangxi	10108307	30186	1267383	-13	12.54	-0.04	87.62	0.39
海 南	Hainan	1603483	-6610	72430	-828	4.52	-0.03	81.05	-0.55
重 庆	Chongqing	4900305	-56008	2108287	-254504	43.02	-4.65	79.71	-9.73
四 川	Sichuan	19047321	338872	7026420	49451	36.89	-0.40	89.27	-1.28
贵 州	Guizhou	6846630	341133	630066	49982	9.20	0.29	89.01	0.95
云 南	Yunnan	8967383	153061	1580206	25246	17.62	-0.02	87.15	-0.73
西 藏	Tibet	748822	-13745	8770	-3642	1.17	-0.46	81.33	5.98
陕 西	Shaanxi	7006784	56101	1286717	7381	18.36	-0.04	91.69	0.28
甘 肃	Gansu	5338824	114298	639636	24656	11.98	0.21	85.00	-3.05
青 海	Qinghai	1224280	-5767	104823	272	8.56	0.06	85.95	0.82
宁 夏	Ningxia	1252766	-23823	120289	-6553	9.60	-0.33	93.16	1.69
新 疆	Xinjiang	4764529	-64510	1686957	670231	35.41	14.35	82.00	-1.20

6-3 各地区采用各种节育措施人数

Contraception User by Method and Region

单位：人 (person)

地区	Region	合计 Total	男性绝育 Male Sterilization	女性绝育 Female Sterilization	宫内节育器 IUD	皮下埋植 Implant	口服及注射避孕药 Pill/Injection	避孕套 Condom	外用药 Diaphragm	其他 Others
全国	**National**	**243292570**	**11312825**	**70886127**	**131852436**	**772759**	**2214321**	**25167558**	**423164**	**663380**
北京	Beijing	2390422	5321	67804	730556	3186	78027	1477500	9292	18736
天津	Tianjin	1549775	1850	114729	820570	2496	24157	575576	4591	5806
河北	Hebei	13594215	562449	3837092	7914331	14702	92506	1048625	5802	118708
山西	Shanxi	6148712	29947	2255861	3778798	5680	16974	57609	101	3742
内蒙古	Inner Mongolia	4524380	5075	848027	2991413	11425	33947	630936	852	2705
辽宁	Liaoning	7028337	749	315903	5714487	10399	57266	914656	11238	3639
吉林	Jilin	4774145	596	379736	3783356	20748	13501	570621	3608	1979
黑龙江	Heilongjiang	6891469	1226	701509	5544526	9696	86926	526371	5501	15714
上海	Shanghai	3454911	16627	288750	1855911	4705	135903	1070626	17699	64690
江苏	Jiangsu	13600992	205188	1671296	9385088	13005	148992	2119054	37193	21176
浙江	Zhejiang	8905814	29843	2220327	4649924	11345	69466	1890094	16050	18765
安徽	Anhui	13174104	296963	6095125	6078198	36372	104863	548781	1118	12684
福建	Fujian	6743969	365186	2873678	2960554	12989	12306	513786	1297	4173
江西	Jiangxi	10154350	23743	5578116	3436396	4944	35493	1047057	22073	6528
山东	Shandong	17843066	1610184	3429412	10734925	137727	10683	1906883	6979	6273
河南	Henan	19584738	2302176	8194543	8077512	65372	66738	840672	15060	22665
湖北	Hubei	11405849	315038	3679294	6216458	28572	169561	966116	10610	20200
湖南	Hunan	12551875	288844	5211134	5505955	23907	21432	1454931	43664	2008
广东	Guangdong	16297322	1380743	6949406	4926686	8107	70819	2915156	13000	33405
广西	Guangxi	8857214	800526	3058432	4330186	4627	128689	465227	64629	4898
海南	Hainan	1299597	11228	648814	546716	343	2957	85988	1919	1632
重庆	Chongqing	3905810	310085	89085	3108784	8847	59491	319057	6850	3611
四川	Sichuan	17003751	1481146	520526	13042485	99538	270484	1358564	16723	214285
贵州	Guizhou	6094521	878090	3122739	1967094	8046	9287	91889	2975	14401
云南	Yunnan	7815325	245931	2125049	4921844	23586	138602	328831	14761	16721
西藏	Tibet	608984	117	51757	97278	128501	144161	139665	38911	8594
陕西	Shaanxi	6424826	124190	2783837	3044739	40631	84726	325382	18638	2683
甘肃	Gansu	4538083	4627	2765407	1565037	13750	28703	152652	1247	6660
青海	Qinghai	1052261	867	403859	544557	5844	38614	53922	3695	903
宁夏	Ningxia	1167043	283	374559	592593	3965	26445	166319	2023	856
新疆	Xinjiang	3906710	13987	230321	2985479	9704	32602	605012	25065	4540

6-4 各地区采用各种节育措施人数与上年同期比较

Contraception User Compared with That of Last Year by Method and Region

单位：人 (person)

地 区	Region	合计 Total	男性绝育 Male Sterilization	女性绝育 Female Sterilization	宫内节育器 IUD	皮下埋植 Implant	口服及注射避孕药 Pill/Injection	避孕套 Condom	外用药 Diaphragm	其他 Others
全 国	**National**	**-2734286**	**-781962**	**-2975847**	**-224664**	**89920**	**-10699**	**1176120**	**-2709**	**-4445**
北 京	Beijing	29710	372	-6669	-44897	94	8470	69689	2358	293
天 津	Tianjin	-26717	-181	-10813	-22571	45	-1730	7505	-134	1162
河 北	Hebei	103072	-34317	-240178	385725	-842	-9229	1980	-1414	1347
山 西	Shanxi	59060	-2229	-121958	177101	-474	-2043	8661	-3	5
内蒙古	Inner Mongolia	16787	-528	-65829	20287	-919	-2348	66585	-172	-289
辽 宁	Liaoning	-219643	-98	-59548	-140420	-2075	-3897	-13036	-709	140
吉 林	Jilin	-86925	-47	-98707	-31279	-1838	-4189	47589	1074	472
黑龙江	Heilongjiang	-59599	-270	-101381	11089	-4680	8720	26481	-815	1257
上 海	Shanghai	105598	-3040	32814	97520	-277	39184	-52847	5423	-13179
江 苏	Jiangsu	-21307	-41162	-218240	-26542	-1599	-21689	282923	-3091	8093
浙 江	Zhejiang	-6916	-1832	-51706	-79210	-730	-13051	136467	-950	4096
安 徽	Anhui	-222392	-43382	-208356	17364	-2585	-11255	28350	-188	-2340
福 建	Fujian	-58393	-15683	-79783	16601	-1333	-2072	24975	-341	-757
江 西	Jiangxi	303597	-1049	107037	-3453	-801	3458	196817	2170	-582
山 东	Shandong	699068	99554	-108571	469877	102101	-1092	131746	2103	3350
河 南	Henan	275761	-6271	28742	227554	-1720	-3503	27891	-1523	4591
湖 北	Hubei	43992	-82835	-77110	197613	1722	34165	-12903	-13063	-3597
湖 南	Hunan	-428675	-120127	-431393	47670	-1066	-4198	89023	-8822	238
广 东	Guangdong	-3198895	-281587	-960527	-1710273	-1646	-25562	-198668	1750	-22382
广 西	Guangxi	65472	-46465	-81037	175540	-55	-3201	21924	-1280	46
海 南	Hainan	-14144	-1317	-34524	20147	-56	-153	2361	-557	-45
重 庆	Chongqing	-527100	-86584	-27943	-454975	-2751	3471	38710	1185	1787
四 川	Sichuan	63132	-113235	-17310	91657	3809	5587	79403	1341	11880
贵 州	Guizhou	365143	30204	174341	139481	-2187	5183	14265	2264	1592
云 南	Yunnan	69367	-13777	-21187	73967	1628	3352	23199	-1380	3565
西 藏	Tibet	34396	12	-13365	-45149	11879	4401	60875	16091	-348
陕 西	Shaanxi	70581	-6107	-68047	116348	793	-3571	30303	1044	-182
甘 肃	Gansu	-62257	-147	-115766	40712	-2049	-179	15006	-214	380
青 海	Qinghai	5143	-148	-15408	22226	346	-264	-181	-840	-588
宁 夏	Ningxia	-595	-49	-13110	9051	-769	-6161	10596	-199	46
新 疆	Xinjiang	-110607	-9637	-70315	-23425	-2045	-7303	10431	-3817	-4496

6-5 各地区采取各种避孕措施分布

Distribution of Contraception Method by Region

单位：% (%)

地 区	Region	男性绝育 Male Sterilization	女性绝育 Female Sterilization	宫内节育器 IUD	皮下埋植 Implant	口服及注射避孕药 Pill/Injection	避孕套 Condom	外用药 Diaphragm	其他 Others
全 国	**National**	**4.65**	**29.14**	**54.20**	**0.32**	**0.91**	**10.34**	**0.17**	**0.27**
北 京	Beijing	0.22	2.84	30.56	0.13	3.26	61.81	0.39	0.78
天 津	Tianjin	0.12	7.40	52.95	0.16	1.56	37.14	0.30	0.37
河 北	Hebei	4.14	28.23	58.22	0.11	0.68	7.71	0.04	0.87
山 西	Shanxi	0.49	36.69	61.46	0.09	0.28	0.94		0.06
内蒙古	Inner Mongolia	0.11	18.74	66.12	0.25	0.75	13.95	0.02	0.06
辽 宁	Liaoning	0.01	4.49	81.31	0.15	0.81	13.01	0.16	0.05
吉 林	Jilin	0.01	7.95	79.25	0.43	0.28	11.95	0.08	0.04
黑龙江	Heilongjiang	0.02	10.18	80.45	0.14	1.26	7.64	0.08	0.23
上 海	Shanghai	0.48	8.36	53.72	0.14	3.93	30.99	0.51	1.87
江 苏	Jiangsu	1.51	12.29	69.00	0.10	1.10	15.58	0.27	0.16
浙 江	Zhejiang	0.34	24.93	52.21	0.13	0.78	21.22	0.18	0.21
安 徽	Anhui	2.25	46.27	46.14	0.28	0.80	4.17	0.01	0.10
福 建	Fujian	5.42	42.61	43.90	0.19	0.18	7.62	0.02	0.06
江 西	Jiangxi	0.23	54.93	33.84	0.05	0.35	10.31	0.22	0.06
山 东	Shandong	9.02	19.22	60.16	0.77	0.06	10.69	0.04	0.04
河 南	Henan	11.75	41.84	41.24	0.33	0.34	4.29	0.08	0.12
湖 北	Hubei	2.76	32.26	54.50	0.25	1.49	8.47	0.09	0.18
湖 南	Hunan	2.30	41.52	43.87	0.19	0.17	11.59	0.35	0.02
广 东	Guangdong	8.47	42.64	30.23	0.05	0.43	17.89	0.08	0.20
广 西	Guangxi	9.04	34.53	48.89	0.05	1.45	5.25	0.73	0.06
海 南	Hainan	0.86	49.92	42.07	0.03	0.23	6.62	0.15	0.13
重 庆	Chongqing	7.94	2.28	79.59	0.23	1.52	8.17	0.18	0.09
四 川	Sichuan	8.71	3.06	76.70	0.59	1.59	7.99	0.10	1.26
贵 州	Guizhou	14.41	51.24	32.28	0.13	0.15	1.51	0.05	0.24
云 南	Yunnan	3.15	27.19	62.98	0.30	1.77	4.21	0.19	0.21
西 藏	Tibet	0.02	8.50	15.97	21.10	23.67	22.93	6.39	1.41
陕 西	Shaanxi	1.93	43.33	47.39	0.63	1.32	5.06	0.29	0.04
甘 肃	Gansu	0.10	60.94	34.49	0.30	0.63	3.36	0.03	0.15
青 海	Qinghai	0.08	38.38	51.75	0.56	3.67	5.12	0.35	0.09
宁 夏	Ningxia	0.02	32.09	50.78	0.34	2.27	14.25	0.17	0.07
新 疆	Xinjiang	0.36	5.90	76.42	0.25	0.83	15.49	0.64	0.12

6-6　各地区采取各种避孕措施分布与上年同期对比

Distribution of Contraception Method Compared with That of Last Year by Region

单位：%　　　　(%)

地　区	Region	男性绝育 Male Sterilization	女性绝育 Female Sterilization	宫内节育器 IUD	皮下埋植 Implant	口服及注射避孕药 Pill/Injection	避孕套 Condom	外用药 Diaphragm	其他 Others
全　国	**National**	**-0.27**	**-0.89**	**0.51**	**0.04**	**0.01**	**0.59**		
北　京	Beijing	0.01	-0.32	-2.29		0.32	2.17	0.09	
天　津	Tianjin	-0.01	-0.56	-0.53	0.01	-0.08	1.11		0.08
河　北	Hebei	-0.29	-2.00	2.41	-0.01	-0.07	-0.04	-0.01	
山　西	Shanxi	-0.04	-2.36	2.31	-0.01	-0.04	0.13		
内蒙古	Inner Mongolia	-0.01	-1.53	0.20	-0.02	-0.05	1.43		-0.01
辽　宁	Liaoning		-0.69	0.53	-0.02	-0.03	0.21		
吉　林	Jilin		-1.89	0.77	-0.03	-0.08	1.19	0.02	0.01
黑龙江	Heilongjiang		-1.37	0.85	-0.07	0.14	0.45	-0.01	0.02
上　海	Shanghai	-0.11	0.72	1.22	-0.01	1.05	-2.55	0.15	-0.45
江　苏	Jiangsu	-0.30	-1.58	-0.09	-0.01	-0.16	2.10	-0.02	0.06
浙　江	Zhejiang	-0.02	-0.56	-0.85	-0.01	-0.15	1.55	-0.01	0.05
安　徽	Anhui	-0.29	-0.79	0.90	-0.01	-0.07	0.28		-0.02
福　建	Fujian	-0.18	-0.81	0.62	-0.02	-0.03	0.43		-0.01
江　西	Jiangxi	-0.02	-0.61	-1.08	-0.01	0.02	1.68	0.02	-0.01
山　东	Shandong	0.21	-1.42	0.29	0.56	-0.01	0.33	0.01	0.02
河　南	Henan	-0.20	-0.45	0.59	-0.01	-0.02	0.08	-0.01	0.02
湖　北	Hubei	-0.74	-0.80	1.53	0.01	0.29	-0.15	-0.12	-0.03
湖　南	Hunan	-0.85	-1.95	1.82		-0.03	1.07	-0.06	
广　东	Guangdong	-0.05	2.07	-3.81		-0.06	1.92	0.02	-0.08
广　西	Guangxi	-0.60	-1.18	1.63		-0.05	0.21	-0.02	
海　南	Hainan	-0.09	-2.09	1.99		-0.01	0.25	-0.04	
重　庆	Chongqing	-1.01	-0.36	-0.80	-0.04	0.26	1.84	0.05	0.05
四　川	Sichuan	-0.70	-0.11	0.26	0.02	0.03	0.44	0.01	0.07
贵　州	Guizhou	-0.39	-0.22	0.38	-0.05	0.08	0.15	0.04	0.01
云　南	Yunnan	-0.21	-0.52	0.39	0.02	0.03	0.26	-0.02	0.04
西　藏	Tibet		-2.83	-8.81	0.80	-0.65	9.22	2.42	-0.15
陕　西	Shaanxi	-0.12	-1.55	1.30	0.01	-0.07	0.42	0.01	
甘　肃	Gansu		-1.69	1.35	-0.04		0.37		0.01
青　海	Qinghai	-0.01	-1.66	1.87	0.03	-0.04	-0.04	-0.08	-0.06
宁　夏	Ningxia		-1.11	0.80	-0.07	-0.53	0.91	-0.02	
新　疆	Xinjiang	-0.23	-1.59	1.52	-0.04	-0.16	0.69	-0.08	-0.11

6-7 各地区实施各种节育手术的例数

Number of Birth Control Operations by Region

单位：例 (case)

地 区	Region	合计 Total	男性绝育 Male Sterilization	女性绝育 Female Sterilization	放置宫内节育器 Place IUD	取出宫内节育器 Take Out IUD	人工流产	皮下埋植 Implant
全 国	National	**15590078**	**238544**	**2083344**	**9957831**	**1801318**	**1441013**	**68028**
北 京	Beijing	23662	37	147	6606	7453	9356	63
天 津	Tianjin	44201	8	274	29739	6195	7976	9
河 北	Hebei	1051796	11626	55155	860866	63763	60202	184
山 西	Shanxi	418248	308	39621	354917	20816	2561	25
内蒙古	Inner Mongolia	235288	35	11722	165600	40164	17218	549
辽 宁	Liaoning	281844	3	213	149546	90387	40727	968
吉 林	Jilin	135022	3	1508	114041	12436	6859	175
黑龙江	Heilongjiang	152595	168	1634	130883	14522	5253	135
上 海	Shanghai	287669		4581	60875	118763	103088	362
江 苏	Jiangsu	916138	756	22226	580745	195289	114640	2482
浙 江	Zhejiang	435566	263	54062	214014	86413	80169	645
安 徽	Anhui	1275220	12460	219406	738374	121644	179625	3711
福 建	Fujian	578478	15479	126831	348063	46296	40936	873
江 西	Jiangxi	686807	295	218483	396835	18485	51024	1685
山 东	Shandong	1369785	47419	137873	900071	146780	135690	1952
河 南	Henan	1078534	29811	127624	784442	96745	37961	1951
湖 北	Hubei	938468	5746	90922	505907	145252	185992	4649
湖 南	Hunan	872365	1924	211184	523310	35066	98360	2521
广 东	Guangdong	742912	39688	253567	349901	52649	46653	454
广 西	Guangxi	749706	20441	83637	543674	67266	34623	65
海 南	Hainan	90263	59	15525	64467	3520	6688	4
重 庆	Chongqing	191423	186	344	165777	10781	13860	475
四 川	Sichuan	813647	2839	9907	607721	119304	64918	8958
贵 州	Guizhou	553332	44805	203948	259593	21692	21988	1306
云 南	Yunnan	562870	3303	46162	370281	104147	35747	3230
西 藏	Tibet	38268	16	2164	7535	2963	3957	21633
陕 西	Shaanxi	338951	157	45670	238899	45314	4507	4404
甘 肃	Gansu	241780	11	72804	142487	16512	7263	2703
青 海	Qinghai	55724	2	10081	38333	4881	1525	902
宁 夏	Ningxia	63153		12202	33574	14744	2575	58
新 疆	Xinjiang	366363	696	3867	270755	71076	19072	897

6-8 各地区实施各种节育手术例数与上年同期对比

Number of Birth Control Operations Compared with That of Last Year by Region

单位：例 (case)

地区	Region	合计 Total	男性绝育 Male Sterilization	女性绝育 Female Sterilization	放置宫内节育器 Place IUD	取出宫内节育器 Take Out IUD	人工流产	皮下埋植 Implant
全国	**National**	**-76578**	**-13109**	**-80572**	**-115416**	**-32023**	**162669**	**1873**
北京	Beijing	-8246	5	-154	-1878	-2143	-4102	26
天津	Tianjin	-3040	8	-79	-1114	-1385	-463	-7
河北	Hebei	24121	-1754	-8167	44999	-8000	-2829	-128
山西	Shanxi	-67148	64	-2107	-18738	-45872	-494	-1
内蒙古	Inner Mongolia	6797	1	447	1903	-1085	5634	-103
辽宁	Liaoning	-11933	3	-500	-9750	2132	-3602	-216
吉林	Jilin	-56858	-68	-593	-38354	-7890	-9433	-520
黑龙江	Heilongjiang	-3112	141	-134	309	-1923	-1457	-48
上海	Shanghai	10318		761	861	-991	9770	-83
江苏	Jiangsu	-442	-647	-10771	19549	3672	-6169	-6076
浙江	Zhejiang	-20094	-5	-102	-11906	-5477	-2540	-64
安徽	Anhui	183567	1677	-7186	23280	5435	160861	-500
福建	Fujian	-653	2131	5336	5221	-6628	-6370	-343
江西	Jiangxi	-11933	-55	-21524	26543	-10891	-7287	1281
山东	Shandong	-12182	-2373	-11720	-27955	23364	6003	499
河南	Henan	-15516	-1783	-6223	8537	-4456	-10729	-862
湖北	Hubei	222994	518	7817	80355	49424	83179	1701
湖南	Hunan	491	-477	-9181	5435	46	4209	459
广东	Guangdong	-225192	-4526	-1831	-175039	-14800	-28835	-161
广西	Guangxi	-10720	-4614	-14592	17581	-1695	-7406	6
海南	Hainan	11008	18	5300	5636	1975	-1919	-2
重庆	Chongqing	-31004	-398	-409	-25832	-1275	-3185	95
四川	Sichuan	-37969	-394	-798	-61051	21118	1092	2064
贵州	Guizhou	16553	-56	8370	8021	-4873	5128	-37
云南	Yunnan	-34457	-1088	-10788	-12774	-3547	-6520	260
西藏	Tibet	5129	12	364	-164	6	516	4395
陕西	Shaanxi	-4014	28	-4715	2809	-1794	-644	302
甘肃	Gansu	5970	-4	3586	3192	-602	-685	483
青海	Qinghai	-793	1	-550	1227	-1101	-323	-47
宁夏	Ningxia	-26306	-1	185	-15159	-9658	-1519	-154
新疆	Xinjiang	18086	527	-614	28840	-3109	-7212	-346

第七部分

Chapter Seven

世界部分国家及地区人口和就业统计数据

Population and Employment Data of Selected Countries and Territories of the World

一、世界部分国家人口和就业统计数据

I.Population and Employment Data of Selected Countries of the World

7-1 人口数

Total Population

单位：百万人 (millions)

国 家	Country	2003	2004	2005	2006	2007	2008	2009	2010	2011	2012
世界总计	**Total**	**6211.1**	**6377.6**	**6464.7**	**6540.3**	**6615.9**	**6749.7**	**6829.4**	**6908.7**	**6974.0**	**7052.1**
亚洲	**Asia**										
中国	China	1304.2	1313.3	1315.8	1323.6	1331.4	1336.3	1345.8	1354.1	1347.6	1353.6
阿富汗	Afghanistan	23.9	24.9	29.9	31.1	32.3	28.2	28.2	29.1	32.4	33.4
孟加拉国	Bangladesh	146.7	149.7	141.8	144.4	147.1	161.3	162.2	164.4	150.5	152.4
缅甸	Myanmar	49.5	50.1	50.5	51.0		49.2	50.0	50.5	48.3	48.7
柬埔寨	Cambodia	14.1	14.6	14.1	14.4	14.6	14.7	14.8	15.1	14.3	14.5
印度	India	1065.5	1081.2	1103.4	1119.5	1135.6	1186.2	1198.0	1214.5	1241.5	1258.4
印度尼西亚	Indonesia	219.9	222.6	222.8	225.5	228.1	234.3	230.0	232.5	242.3	244.8
伊朗	Iran	68.9	69.8	69.5	70.3	71.2	72.2	74.2	75.1	74.8	75.6
伊拉克	Iraq	25.2	25.9	28.8	29.6	30.3	29.5	30.7	31.5	32.7	33.7
日本	Japan	127.7	127.8	128.1	128.2	128.3	127.9	127.2	127.0	126.5	126.4
约旦	Jordan	5.5	5.6	5.7	5.8	6.0	6.1	6.3	6.5	6.3	6.5
朝鲜	Korea D.P.Rep.	22.7	22.8	22.5	22.6	22.7	23.9	23.9	24.0	24.5	24.6
韩国	Korea Rep.	47.7	48.0	47.8	48.0	48.1	48.4	48.3	48.5	48.4	48.6
科威特	Kuweit	2.5	2.6	2.7	2.8	2.8	2.9	3.0	3.1	2.8	2.9
老挝	Laos	5.7	5.8	5.9	6.1	6.2	6.0	6.3	6.4	6.3	6.4
黎巴嫩	Lebanon	3.7	3.7	3.6	3.6	3.7	4.1	4.2	4.3	4.3	4.3
马来西亚	Malaysia	24.4	24.9	25.3	25.8	26.2	27.0	27.5	27.9	28.9	29.3
蒙古	Mongolia	2.6	2.6	2.6	2.7	2.7	2.7	2.7	2.7	2.8	2.8
尼泊尔	Nepal	25.2	25.7	27.1	27.7	28.2	28.8	29.3	29.9	30.5	31.0
巴基斯坦	Pakistan	153.6	157.3	157.9	161.2	164.6	167.0	180.8	184.8	176.7	180.0
菲律宾	Philippines	80.0	81.4	83.1	84.5	85.9	89.7	92.0	93.6	94.9	96.5
沙特阿拉伯	Saudi Arabia	24.2	24.9	24.6	25.2	25.8	25.3	25.7	26.2	28.1	28.7
新加坡	Singapore	4.3	4.3	4.3	4.4	4.4	4.5	4.7	4.8	5.2	5.3
斯里兰卡	Sri Lanka	19.1	19.2	20.7	20.9	21.1	19.4	20.2	20.4	21.0	21.2
叙利亚	Syrian Arab Rep.	17.8	18.2	19.0	19.5	20.0	20.4	21.9	22.5	20.8	21.1
泰国	Thailand	62.8	63.5	64.2	64.8	65.3	64.3	67.8	68.1	69.5	69.9
土耳其	Turkey	71.3	72.3	73.2	74.2	75.2	75.8	74.8	75.7	73.6	74.5
越南	Viet Nam	81.4	82.5	84.2	85.3	86.4	88.5	88.1	89.0	88.8	89.7
也门	Yemen	20.0	20.7	21.0	21.6	22.3	23.1	23.6	24.3	24.8	25.6
欧洲	**Europe**										
阿尔巴尼亚	Albania	3.2	3.2	3.1	3.1	3.2	3.2	3.2	3.2	3.2	3.2
奥地利	Austria	8.1	8.1	8.2	8.2	8.2	8.4	8.4	8.4	8.4	8.4
保加利亚	Bulgaria	7.9	7.8	7.7	7.7	7.6	7.6	7.5	7.5	7.4	7.4
捷克共和国	Czech Rep.	10.2	10.2	10.2	10.2	10.2	10.2	10.4	10.4	10.5	10.6
丹麦	Denmark	5.4	5.4	5.4	5.4	5.5	5.5	5.5	5.5	5.6	5.6
芬兰	Finland	5.2	5.2	5.2	5.3	5.3	5.3	5.3	5.3	5.4	5.4
法国	France	60.1	60.4	60.5	60.7	60.9	61.9	62.3	62.6	63.1	63.5
德国	Germany	82.5	82.5	82.7	82.7	82.7	82.5	82.2	82.1	82.2	82.0
希腊	Greece	11.0	11.0	11.1	11.1	11.2	11.2	11.2	11.2	11.4	11.4
匈牙利	Hungary	9.9	9.8	10.1	10.1	10.0	10.0	10.0	10.0	10.0	9.9
意大利	Italy	60.1	57.3	58.1	68.1	58.2	58.9	59.9	60.1	60.8	61.0
荷兰	Netherlands	16.1	16.2	16.3	16.4		16.5	16.6	16.7	16.7	16.7
挪威	Norway	4.5	4.6	4.6	4.6	4.7	4.7	4.8	4.9	4.9	5.0
波兰	Poland	38.6	38.6	38.5	38.5	38.5	38.0	38.1	38.0	38.3	38.3
葡萄牙	Portugal	10.1	10.1	10.5	10.5	10.6	10.7	10.7	10.7	10.7	10.7
罗马尼亚	Romania	22.3	22.3	21.7	21.6	21.5	21.3	21.3	21.2	21.4	21.4
西班牙	Spain	41.1	41.1	43.1	43.3	43.6	44.6	44.9	45.3	46.5	46.8
瑞士	Switzerland	7.2	7.2	7.3	7.3	7.3	7.5	7.6	7.6	7.7	7.7
英国	United Kingdom	59.3	59.4	59.7	59.8	60.0	61.0	61.6	61.9	62.4	62.8
俄罗斯	Russian Federation	143.2	142.4	143.2	142.5	141.9	141.8	140.9	140.4	142.8	142.7

7-1 续表 continued

单位：百万人 (millions)

国 家	Country	2003	2004	2005	2006	2007	2008	2009	2010	2011	2012
非洲	**Africa**										
阿尔及利亚	Algeria	31.8	32.3	32.9	33.4	33.9	34.4	34.9	35.4	36.0	36.5
安哥拉	Angola	13.6	14.1	15.9	16.4	16.9	17.5	18.5	19.0	19.6	20.2
布隆迪	Burundi	6.8	7.1	7.5	7.8	8.1	8.9	8.3	8.5	8.6	8.7
中非共和国	Central African Rep.	3.9	3.9	4.0	4.1	4.2	4.4	4.4	4.5	4.5	4.6
刚果共和国	Congo, Republic of the	3.7	3.8	4.0	4.1	4.2	3.8	3.7	3.8	4.1	4.2
埃及	Egypt	71.9	73.4	74.0	75.4	76.9	76.8	83.0	84.5	82.5	84.0
埃塞俄比亚	Ethiopia	70.7	72.4	77.4	79.3	81.2	85.2	82.8	85.0	84.7	86.5
加蓬	Gabon	1.3	1.4	1.4	1.4	1.4	1.4	1.5	1.5	1.5	1.6
加纳	Ghana	20.9	21.4	22.1	22.6	23.0	23.9	23.8	24.3	25.0	25.5
几内亚	Guinea	8.5	8.6	9.4	9.6	9.8	9.6	10.1	10.3	10.2	10.5
肯尼亚	Kenya	32.0	32.4	34.3	35.1	36.0	38.6	39.8	40.9	41.6	42.7
利比亚	Libya	5.6	5.7	5.9	6.0	6.1	6.3	6.4	6.5	6.4	6.5
利比里亚	Liberia	3.4	3.5	3.3	3.4	3.5	3.9	4.0	4.1	4.1	4.2
马达加斯加	Madagascar	17.4	17.9	18.6	19.1	19.6	20.2	19.6	20.1	21.3	21.9
马里	Mali	13.0	13.4	13.5	13.9	14.3	12.7	13.0	13.3	15.8	16.3
毛里塔尼亚	Mauritania	2.9	3.0	3.1	3.2	3.2	3.2	3.3	3.4	3.5	3.6
摩洛哥	Morocco	30.6	31.1	31.5	31.9	32.4	31.6	32.0	32.4	32.3	32.6
莫桑比克	Mozambique	18.9	19.2	19.8	20.2	20.5	21.8	22.9	23.4	23.9	24.5
尼日利亚	Nigeria	124.0	127.1	131.5	134.4	137.2	151.5	154.7	158.3	162.5	166.6
卢旺达	Rwanda	8.4	8.5	9.0	9.2	9.4	10.0	10.0	10.3	10.9	11.3
索马里	Somalia	9.9	10.3	8.2	8.5	8.8	9.0	9.1	9.4	9.6	9.8
南非	South Africa	45.0	45.2	47.4	47.6	47.7	48.8	50.1	50.5	50.5	50.7
苏丹	Sudan	33.6	34.3	36.2	37.0	37.8	39.4	42.3	43.2	44.6	35.0
突尼斯	Tunisia	9.8	9.9	10.1	10.2	10.3	10.4	10.3	10.4	10.6	10.7
乌干达	Uganda	25.8	26.7	28.8	29.9	30.9	31.9	32.7	33.8	34.5	35.6
喀麦隆	Cameroon, Republic of	16.0	16.3	16.3	16.6	16.9	18.9	19.5	20.0	20.0	20.5
坦桑尼亚	Tanzania, the United Republic of	37.0	37.7	38.3	39.0	39.7	41.5	43.7	45.0	46.2	47.7
赞比亚	Zambia	10.8	10.9	13.0	11.9	12.1	12.2	12.9	13.3	13.5	13.9
大洋洲	**Oceania**										
澳大利亚	Australia	19.7	19.9	20.2	20.4	20.6	21.0	21.3	21.5	22.6	22.9
新西兰	New Zealand	3.9	3.9	4.0	4.1	4.1	4.2	4.3	4.3	4.4	4.5
北美洲	**North America**										
加拿大	Canada	31.5	31.7	32.3	32.6	32.9	33.2	33.6	33.9	34.3	34.7
美国	United States	294.0	297.0	298.2	301.0	303.9	308.8	314.7	317.6	313.1	315.8
拉丁美洲	**Latin America**										
阿根廷	Argentina	38.4	38.9	38.7	39.1	39.5	39.9	40.3	40.7	40.8	41.1
玻利维亚	Bolivia	8.8	9.0	9.2	9.4	9.5	9.7	9.9	10.0	10.1	10.2
巴西	Brazil	178.5	180.7	186.4	188.9	191.3	194.2	193.7	195.4	196.7	198.4
智利	Chile	15.8	16.0	16.3	16.5	16.6	16.8	17.0	17.1	17.3	17.4
哥伦比亚	Colombia	44.2	44.9	45.6	46.3	47.0	46.7	45.7	46.3	46.9	47.6
古巴	Cuba	11.3	11.3	11.3	11.3	11.3	11.3	11.2	11.2	11.3	11.2
多米尼加共和国	Dominican Republic	8.7	8.9	8.9	9.0	9.1	9.9	10.1	10.2	10.1	10.2
厄瓜多尔	Ecuador	13.0	13.2	13.2	13.4	13.6	13.5	13.6	13.8	14.7	14.9
危地马拉	Guatemala	12.3	12.7	12.6	12.9	13.2	13.7	14.0	14.4	14.8	15.1
墨西哥	Mexico	103.5	104.9	107.0	108.3	109.6	107.8	109.6	110.6	114.8	116.1
巴拿马	Panama	3.1	3.2	3.2	3.3	3.3	3.4	3.5	3.5	3.6	3.6
巴拉圭	Paraguay	5.9	6.0	6.2	6.3	6.4	6.2	6.3	6.5	6.6	6.7
秘鲁	Peru	27.2	27.6	28.0	28.4	28.8	28.2	29.2	29.5	29.4	29.7
波多黎各	Puerto Rico	3.9	3.9	4.0	4.0	4.0	4.0	4.0	4.0		
乌拉圭	Uruguay	3.4	3.4	3.5	3.5	3.5	3.4	3.4	3.4	3.4	3.4
委内瑞拉	Venezuela	25.7	26.2	26.7	27.2	27.7	28.1	28.6	29.0	29.4	29.9

资料来源：《世界人口状况》联合国人口基金编。
Sources: UNFPA, State of World Population 2003-2011.

7-2 人口出生率、死亡率、自然增长率
Crude Birth Rate, Crude Death Rate and Rate of Natural Increase

国　家	Country	出生率 Crude Birth Rate(‰)	死亡率 Crude Death Rate(‰)	自然增长率 Rate of Natural Increase(%)
美国	United States	13	8	0.5
日本	Japan	9	10	-0.2
德国	Germany	8	10	-0.2
英国	United Kingdom	13	9	0.4
法国	France	13	9	0.4
意大利	Italy	9	10	-0.1
加拿大	Canada	11	7	0.4
澳大利亚	Australia	14	7	0.7
波兰	Poland	10	10	0.1
匈牙利	Hungary	9	13	-0.4
罗马尼亚	Romania	9	13	-0.4
保加利亚	Bulgaria	10	15	-0.5
印度	India	22	7	1.5
印度尼西亚	Indonesia	19	6	1.3
巴基斯坦	Pakistan	28	8	2.1
孟加拉国	Bangladesh	23	6	1.6
泰国	Thailand	12	7	0.5
菲律宾	Philippines	25	6	1.9
马来西亚	Malaysia	20	5	1.5
韩国	Korea Rep.	10	5	0.4
新加坡	Singapore	10	4	0.5
伊朗	Iran	19	6	1.3
土耳其	Turkey	17	5	1.2
尼日利亚	Nigeria	40	14	2.6
埃及	Egypt	25	5	2.0
埃塞俄比亚	Ethiopia	34	10	2.4
坦桑尼亚	Tanzania	41	11	3.0
肯尼亚	Kenya	35	8	2.7
巴西	Brazil	16	6	1.0
墨西哥	Mexico	20	5	1.5
阿根廷	Argentina	19	8	1.1
哥伦比亚	Colombia	19	6	1.3

资料来源：《2012年世界人口数据表》美国人口咨询局编。
Sources:Population Reference Bureau of United States, 2012 World Population Data Sheet.

7-3 人口年龄构成

Age Composition

单位：% (%)

国 家	Country	0-14岁 Aged 0-14	15-64岁 Aged 15-64	65岁及以上 Aged 65 and Over
美国	United States	20	67	13
日本	Japan	13	63	24
德国	Germany	13	66	21
英国	United Kingdom	18	65	17
法国	France	19	64	17
意大利	Italy	14	65	21
加拿大	Canada	16	70	14
澳大利亚	Australia	19	67	14
波兰	Poland	15	71	14
匈牙利	Hungary	15	68	17
罗马尼亚	Romania	15	70	15
保加利亚	Bulgaria	13	68	19
印度	India	31	64	5
印度尼西亚	Indonesia	27	67	6
巴基斯坦	Pakistan	35	61	4
孟加拉国	Bangladesh	31	64	5
泰国	Thailand	21	70	9
菲律宾	Philippines	35	61	4
马来西亚	Malaysia	27	68	5
韩国	Korea Rep.	16	73	11
新加坡	Singapore	17	74	9
伊朗	Iran	24	71	5
土耳其	Turkey	26	67	7
尼日利亚	Nigeria	44	53	3
埃及	Egypt	32	64	4
埃塞俄比亚	Ethiopia	41	56	3
坦桑尼亚	Tanzania	45	52	3
肯尼亚	Kenya	42	55	3
巴西	Brazil	24	69	7
墨西哥	Mexico	29	65	6
阿根廷	Argentina	25	65	10
哥伦比亚	Colombia	29	65	6

资料来源：《2011年世界人口数据表》美国人口咨询局编。
Sources:Population Reference Bureau of United States, 2011 World Population Data Sheet.

7-4 人口指标
Demographic Indicators

国家	Country	预期寿命(岁) 男 / 女 Life Expectancy at Birth Male / Female (2010-2015)	五岁以下儿童死亡率(‰) Under age 5 Mortality Rate, Per 1000 Live Births (2010-2015)	总和生育率 Total Fertility Rate, Per Woman Aged 15-49, (2010-2015)	人口年均增长率(%) Average annual rate of population change, per cent, (2010-2015)
美国	United States	76 / 81	8	2.1	0.9
日本	Japan	80 / 87	3	1.4	-0.1
德国	Germany	78 / 83	4	1.5	-0.2
英国	United Kingdom	78 / 82	6	1.9	0.6
法国	France	78 / 85	4	2.0	0.5
意大利	Italy	79 / 85	4	1.5	0.2
加拿大	Canada	79 / 83	6	1.7	0.9
澳大利亚	Australia	80 / 84	5	1.9	1.3
波兰	Poland	72 / 81	7	1.4	0.0
匈牙利	Hungary	71 / 78	7	1.4	-0.2
罗马尼亚	Romania	71 / 78	15	1.4	-0.2
印度	India	64 / 68	65	2.5	1.3
印度尼西亚	Indonesia	68 / 72	31	2.1	1.0
巴基斯坦	Pakistan	65 / 67	86	3.2	1.8
孟加拉国	Bangladesh	69 / 70	51	2.2	1.3
泰国	Thailand	71 / 78	13	1.5	0.5
菲律宾	Philippines	66 / 73	27	3.1	1.7
马来西亚	Malaysia	73 / 77	9	2.6	1.6
韩国	Korea,Republic of	77 / 84	5	1.4	0.4
新加坡	Singapore	79 / 84	2	1.4	1.1
土耳其	Turkey	72 / 77	23	2.0	1.1
尼日利亚	Nigeria	52 / 53	141	5.4	2.5
埃及	Egypt	72 / 76	25	2.6	1.7
埃塞俄比亚	Ethiopia	58 / 62	96	3.8	2.1
坦桑尼亚	Tanzania	58 / 60	81	5.5	3.1
肯尼亚	Kenya	57 / 59	89	4.6	2.7
巴西	Brazil	71 / 77	24	1.8	0.8
墨西哥	Mexico	75 / 80	17	2.2	1.1
阿根廷	Argentina	72 / 80	14	2.2	0.9
哥伦比亚	Colombia	70 / 78	23	2.3	1.3

资料来源：《世界人口状况-2012》联合国人口基金编。
Sources: UNFPA, State of World Population 2012.

7-5 全部就业人数

Employment

单位：千人 (1000 persons)

国别	Country	2009	2010	2011	2012
阿根廷	Argentina	10401.9	10531.9	10765.7	10843.6
澳大利亚	Australia	10953.6	11189.0	11393.2	11513.6
加拿大	Canada	16813.1	17041.0	17306.2	17507.7
埃及	Egypt	22775.5	23832.5	23351.8	23502.0
法国	France	25639.5	25694.0	25777.8	25798.4
德国	Germany	38471.1	38737.8	39737.1	40061.7
匈牙利	Hungary	3781.8	3781.2	3811.9	3877.9
印度尼西亚	Indonesia	104678.1	107806.7	110476.1	111805.5
意大利	Italy	23025.0	22872.3	22967.2	22898.7
日本	Japan	62878.3	62563.3	61110.0	62700.0
韩国	Korea, Republic of	23505.7	23828.8	24244.2	24680.7
马来西亚	Malaysia	11020.2	11291.4	12219.6	12545.0
墨西哥	Mexico	43678.1	45301.6	46306.3	47847.2
荷兰	Netherlands	8596.1	8370.2	8368.7	8424.2
新西兰	New Zealand	2164.4	2180.3	2215.4	2216.1
挪威	Norway	2499.5	2500.8	2535.5	2585.4
菲律宾	Philippines	35061.3	36034.8	37191.5	37621.8
葡萄牙	Portugal	5054.1	4978.2	4837.0	4634.7
罗马尼亚	Romania	9243.5	9239.4	9137.7	9262.8
俄罗斯	Russian Federation	69305.1	69803.3	70731.7	71390.7
瑞典	Sweden	4499.1	4522.6	4626.0	4655.2
泰国	Thailand	37706.3	38037.3	38464.7	38939.1
英国	United Kingdom	28922.7	28941.5	29077.7	29428.1
美国	United States	139877.5	139064.0	139869.0	142469.0

注：1)资料来源:国际劳工组织劳动统计数据库(下同)。
a)Date resources:ILO Labour Statistics Database (same as below).

7-6 全部女性就业人数

Female Employment

单位：千人 (1000 persons)

国 别	Country	2009	2010	2011	2012
阿根廷	Argentina	4396.9	4384.4	4441.3	4510.2
澳大利亚	Australia	4994.3	5077.3	5188.0	5258.0
加拿大	Canada	8052.4	8129.5	8221.1	8320.0
埃 及	Egypt	4549.5	4674.5	4626.5	4646.5
法 国	France	12176.8	12198.8	12239.9	12292.4
德 国	Germany	17655.2	17846.2	18334.0	18453.8
匈牙利	Hungary	1737.0	1758.6	1754.6	1795.5
印度尼西亚	Indonesia		41090.7	42669.5	42531.2
意大利	Italy	9235.8	9238.3	9348.6	9458.2
日 本	Japan	26421.7	26414.2	25799.2	26540.8
韩 国	Korea, Republic of	9771.4	9913.8	10091.1	10293.6
马来西亚	Malaysia				
墨西哥	Mexico	16464.0	16998.4	17443.8	18253.6
荷 兰	Netherlands	3947.7	3844.3	3870.0	3899.8
新西兰	New Zealand	1015.9	1018.9	1037.7	1039.9
挪 威	Norway	1190.2	1186.0	1203.7	1223.2
菲律宾	Philippines	13657.3	14113.3	14619.0	14772.8
葡萄牙	Portugal	2366.5	2333.6	2262.5	2191.1
罗马尼亚	Romania	4143.0	4127.9	4111.7	4136.6
俄罗斯	Russian Federation	34295.5	34303.4	34742.3	35030.1
瑞 典	Sweden	2140.0	2129.6	2187.7	2213.3
泰 国	Thailand	17217.1	17384.9	17650.4	17810.0
英 国	United Kingdom	13474.5	13450.7	13502.1	13635.6
美 国	United States	66207.8	65705.0	65579.0	66914.0

7-7 全部男性就业人数
Male Employment

单位：千人 (1000 persons)

国别	Country	2009	2010	2011	2012
阿根廷	Argentina	6005.0	6147.5	6324.4	6333.4
澳大利亚	Australia	5959.4	6111.7	6205.2	6255.6
加拿大	Canada	8760.7	8911.6	9085.1	9187.7
埃及	Egypt	18226.0	19158.0	18725.0	18855.8
法国	France	13462.8	13495.2	13538.0	13506.0
德国	Germany	20815.9	20891.7	21403.1	21607.9
匈牙利	Hungary	2044.9	2022.6	2057.3	2082.4
印度尼西亚	Indonesia		66716.0	67806.6	69274.3
意大利	Italy	13789.2	13634.0	13618.6	13440.5
日本	Japan	36455.0	36150.8	35310.8	36159.2
韩国	Korea, Republic of	13734.1	13915.0	14153.2	14387.0
马来西亚	Malaysia				
墨西哥	Mexico	27214.1	28303.2	28862.5	29593.7
荷兰	Netherlands	4648.4	4525.9	4498.6	4524.3
新西兰	New Zealand	1148.5	1161.5	1177.8	1176.3
挪威	Norway	1309.3	1314.7	1331.8	1362.3
菲律宾	Philippines	21403.5	21921.3	22573.5	22849.3
葡萄牙	Portugal	2687.6	2644.5	2574.5	2443.6
罗马尼亚	Romania	5100.5	5111.4	5026.1	5126.2
俄罗斯	Russian Federation	35063.1	35500.0	35989.5	36360.6
瑞典	Sweden	2359.1	2392.9	2438.3	2441.9
泰国	Thailand	20489.3	20652.5	20814.3	21129.1
英国	United Kingdom	15448.2	15490.8	15575.6	15792.5
美国	United States	73669.7	73359.0	74290.0	75555.0

7-8 非农行业就业人数

Employment in Non-agricultural Activities

单位：千人 (1000 persons)

国别	Country	2009	2010	2011	2012
阿根廷	Argentina	10274.5	10398.6	10636.9	10777.2
澳大利亚	Australia	10557.0	10785.8	11030.2	11148.6
加拿大	Canada	16496.9	16740.2	17000.7	17198.5
埃及	Egypt				
法国	France	24886.9	24944.6	25024.5	25044.2
德国	Germany	37823.9	38104.7	39089.3	39459.7
匈牙利	Hungary	3607.8	3612.5	3627.6	3676.8
印度尼西亚	Indonesia	62358.0	65645.9	69575.7	71761.9
意大利	Italy	22175.8	22005.5	22116.8	22049.6
日本	Japan	60207.5	60035.0	57530.0	59760.0
韩国	Korea, Republic of	21857.4	22262.5	22702.5	23152.7
马来西亚	Malaysia	9512.2	9717.8	10867.1	10862.4
墨西哥	Mexico	37676.5	39020.7	40007.2	41312.1
荷兰	Netherlands	8378.0	8137.6	8160.0	8215.8
新西兰	New Zealand	2021.4	2031.1	2062.4	2065.5
挪威	Norway	2432.1	2437.1	2475.5	2527.9
菲律宾	Philippines	23018.5	24079.3	24924.3	25517.5
葡萄牙	Portugal	4489.3	4436.0	4358.5	4148.7
罗马尼亚	Romania	6554.4	6459.5	6525.2	6580.5
俄罗斯	Russian Federation	63498.9	64275.1	65145.1	66052.7
瑞典	Sweden	4401.6	4428.6	4534.6	4560.1
泰国	Thailand	23013.8	23475.6	23581.6	23903.5
英国	United Kingdom	28601.8	28591.2	28725.0	29080.9
美国	United States	137774.0	136858.0	137615.0	140283.0

7-9 制造业就业人数
Employment in Manufacturing

单位：千人 (1000 persons)

国别	Country	2009	2010	2011	2012
阿根廷	Argentina	1379.4	1434.1	1478.3	1409.3
澳大利亚	Australia	1015.1	993.1	964.0	965.5
加拿大	Canada	1781.8	1744.3	1760.2	1785.5
埃及	Egypt				
法国	France	3509.6	3368.4	3398.1	3307.4
德国	Germany	7848.0	7746.5	7897.6	7917.1
匈牙利	Hungary	792.7	785.1	807.6	803.1
印度尼西亚	Indonesia	12727.6	13438.4	14126.0	14789.4
意大利	Italy	4448.0	4265.3	4310.9	4207.7
日本	Japan	10727.5	10482.5	9967.5	10322.5
韩国	Korea, Republic of	3836.3	4027.5	4092.1	4104.9
马来西亚	Malaysia	1815.7	1898.8	2081.6	2062.7
墨西哥	Mexico	6545.4	6953.3	7083.8	7316.6
荷兰	Netherlands	847.5	800.5	766.2	771.7
新西兰	New Zealand	249.5	247.5	249.6	245.9
挪威	Norway	248.4	236.7	238.3	239.1
菲律宾	Philippines	2893.5	3033.3	3081.5	3130.3
葡萄牙	Portugal	851.6	826.6	813.3	769.5
罗马尼亚	Romania	1751.3	1646.7	1671.6	1683.0
俄罗斯	Russian Federation	10529.0	10582.0	10545.9	10673.0
瑞典	Sweden	605.9	591.1	603.7	586.9
泰国	Thailand	5373.9	5349.6	5359.6	5458.1
英国	United Kingdom	2792.6	2850.9	2836.2	2886.8
美国	United States	14202.0	14081.0	14336.0	14686.0

7-10 失业人数

Unemployment

单位：千人 (1000 persons)

国 别	Country	2009	2010	2011	2012
阿根廷	Argentina	984.4	880.3	832.7	843.4
澳大利亚	Australia	648.9	616.7	611.2	636.0
加拿大	Canada	1516.0	1484.1	1393.1	1368.4
埃 及	Egypt	2359.5	2350.3	3180.3	3413.5
法 国	France	2575.2	2640.0	2612.1	2824.3
德 国	Germany	3228.2	2945.5	2501.4	2316.5
匈牙利	Hungary	420.7	474.8	467.9	475.6
印度尼西亚	Indonesia	9110.8	8456.1	7908.9	7429.6
意大利	Italy	1944.9	2102.4	2107.8	2743.6
日 本	Japan	3355.8	3335.0	2911.7	2847.5
韩 国	Korea, Republic of	888.8	918.1	854.7	819.9
马来西亚	Malaysia	413.7	387.7	389.1	393.1
墨西哥	Mexico	2509.9	2559.9	2549.9	2498.9
荷 兰	Netherlands	303.7	389.9	388.6	468.5
新西兰	New Zealand	141.4	152.2	154.6	164.5
挪 威	Norway	80.0	91.3	84.2	83.3
菲律宾	Philippines	2830.5	2858.8	2814.0	2832.5
葡萄牙	Portugal	528.6	602.6	706.1	860.1
罗马尼亚	Romania	680.7	725.1	730.2	701.2
俄罗斯	Russian Federation	6403.2	5644.9	5020.2	4245.5
瑞 典	Sweden	407.5	424.3	389.5	402.4
泰 国	Thailand	572.3	402.2	264.3	259.1
英 国	United Kingdom	2363.1	2440.2	2533.7	2510.8
美 国	United States	14265.0	14825.0	13747.0	12506.0

7-11 居民消费价格指数

Consumer Price Indices

(2005年=100) (2005=100)

国家和地区	Country or Region	2007	2008	2009	2010	2011	2012
孟加拉国	Bangladesh	116.5	126.9	133.7	144.6	160.1	174.1
文　莱	Brunei Darussalam	101.1	103.2	104.3	104.7	106.8	
柬埔寨	Cambodia	114.3	142.9	141.9	147.6	155.7	160.2
印　度	India	112.9	122.3	135.6	151.9	165.4	180.8
印度尼西亚	Indonesia	120.4	132.1	138.5	145.6	153.4	160.0
伊　朗	Iran	131.2	164.7	187.0	205.9	248.4	316.3
以色列	Israel	102.6	107.4	110.9	113.9	117.9	119.9
日　本	Japan	100.3	101.7	100.3	99.6	99.3	99.3
韩　国	Korea, Rep.	104.8	109.7	112.8	116.1	120.7	123.4
老　挝	Laos	111.6	120.1	120.2	127.4	137.0	142.9
马来西亚	Malaysia	105.7	111.5	112.1	114.0	117.7	119.6
蒙　古	Mongolia	114.6	143.3	152.3	167.8	183.7	
缅　甸	Myanmar	162.0	205.4	208.5	224.6	235.8	
巴基斯坦	Pakistan	116.1	139.7	158.7	180.8	202.3	221.9
菲律宾	Philippines	108.5	117.5	122.4	127.1	133.0	137.2
新加坡	Singapore	103.1	109.9	110.5	113.6	119.6	125.0
斯里兰卡	Sri Lanka	127.4	156.2	161.6	171.7	183.2	195.7
泰　国	Thailand	107.0	112.8	111.8	115.5	119.9	123.6
埃　及	Egypt	117.7	139.2	155.6	173.1	190.5	204.1
尼日利亚	Nigeria	114.1	127.3	142.0	161.4	178.9	200.8
南　非	South Africa	112.1	125.0	133.9	139.6	146.6	154.9
加拿大	Canada	104.2	106.7	107.0	108.9	112.0	113.7
墨西哥	Mexico	107.7	113.3	119.3	124.2	128.5	133.7
美　国	United States	106.2	110.2	109.9	111.7	115.2	117.6
阿根廷	Argentina	120.7	131.1	139.3	154.3	168.9	185.9
巴　西	Brazil	108.0	114.1	119.7	125.7	134.0	141.3
捷　克	Czech Rep.	105.5	112.2	113.4	115.0	117.2	121.1
法　国	France	103.2	106.1	106.2	107.8	110.1	112.3
德　国	Germany	103.9	106.6	107.0	108.2	110.4	112.6
意大利	Italy	103.9	107.4	108.2	109.9	112.9	116.4
荷　兰	Netherlands	102.8	105.4	106.6	108.0	110.5	113.2
波　兰	Poland	103.5	108.0	112.2	115.2	120.1	124.6
俄罗斯联邦	Russian Fed.	119.6	136.4	152.3	162.8	176.5	185.4
西班牙	Spain	106.4	110.7	110.4	112.4	116.0	118.8
土耳其	Turkey	120.2	132.7	141.0	153.1	163.0	177.5
乌克兰	Ukraine	123.1	154.1	178.6	195.4	210.9	212.1
英　国	United Kingdom	104.7	108.5	110.8	114.5	119.6	123.0
澳大利亚	Australia	106.0	110.6	112.6	115.8	119.7	
新西兰	New Zealand	105.8	110.0	112.3	114.9	120.0	120.8

资料来源：国际货币基金组织数据库。
Source: IFS Database

二、香港特别行政区人口和就业统计数据

II.Population and Employment Data of
Hong Kong Special Administrative Region

7-12 人口主要指标
Main Indicators of Population

项　目	Item	2008	2009	2010	2011	2012
年中人口 (万人)	Mid-year Population (10 000 persons)	695.8	697.3	702.4	707.2	715.5
粗出生率 (‰)	Crude Birth Rate (‰)	11.3	11.8	12.6	13.5	12.8
粗死亡率 (‰)	Crude Death Rate (‰)	6.0	5.9	6.0	6.0	6.0
婴儿死亡率 (‰)	Infant Mortality Rate (‰)	1.8	1.7	1.7	1.3	1.4
自然增长率 (‰)	Rate of Natural Increase (‰)	5.3	5.9	6.6	7.5	6.8
总和生育率①	Total Fertility Rate①	1064	1055	1127	1204	1253
登记结婚数 (对)	Registered Marriages (couple)	47331	51175	52558	58369	60273
登记离婚数 (对)	Divorce Decrees (couple)	17771	17002	18167	19597	21125
出生时平均预期寿命 (年)	Expectation of Life at Birth (year old)					
男	Male	79.4	79.8	80.1	80.3	80.6
女	Female	85.5	85.9	86.0	86.7	86.3

注： ①不包括外籍佣工。每千名女性的活产婴儿数目。
Note: ①Excluding female foreign domestic helpers. Refers to live births per 1000 women.

7-13 劳动人口及失业状况
Labour Force and Unemployment

项　目	Item	2008	2009	2010	2011	2012
劳动人口数目(万人)	Labour Force (10 000 persons)	363.7	366.0	363.1	370.3	378.5
男	Male	194.4	194.4	193.1	194.3	197.2
女	Female	169.3	171.6	170.0	176.0	181.3
劳动人口参与率 (%)	Labour Force Participation Rate (%)	60.9	60.8	59.6	60.1	60.5
就业人口 (万人)	Employed Persons (10 000 persons)	350.9	346.8	347.4	357.6	366.1
失业人口 (万人)	Unemployed Persons (10 000 persons)	12.8	19.3	15.7	12.7	12.4
失业率 (%)	Unemployment Rate (%)	3.5	5.3	4.3	3.4	3.3

注：数字是根据每年1月至12月进行的“综合住户统计调查”结果，以及由政府统计处与跨部门人口分布推算小组共同编制按区议会分区划分年中人口估计数字而编制。

Notes: Figures are compiled based on data collected in the General Household Survey from January to December of the year concerned as well as departmental Working Group on Population Distribution Projections.The mid-year population estimates by District Council district compiled jointly by the Census and Statistics Department and an inter-departmental Working Group on Population Distribution Projections.

7-14 按行业划分的就业人数
Employed Persons by Industry

单位：万人 (10 000 persons)

行　　业 (按香港标准行业分类2.0版分类)	Industry (based on HSIC Version 2.0)	2008	2009	2010	2011	2012
制造	Manufacturing	16.6	15.0	13.3	13.3	13.4
建筑	Construction	26.5	26.2	26.5	27.7	29.1
进出口贸易及批发	Import/Export Trade and Wholesale	58.9	56.2	54.7	53.9	56.4
零售、住宿①及膳食服务	Retail, Accommodation① and Food Services	55.2	54.5	55.8	57.8	59.1
运输、仓库、邮政及速递服务、资讯及通讯	Transportation, Storage, Postal and Courier Services, Information and Communications	43.4	42.3	42.2	43.4	43.4
金融、保险、地产、专业及商用服务	Financing, Insurance, Real Estate, Professional and Business Services	63.9	63.7	64.1	67.6	68.7
公共行政、社会及个人服务	Public Administration, Social and Personal Services	84.3	86.7	88.5	91.5	93.5
其它	Others	2.2	2.1	2.3	2.4	2.4
总计	**Total**	**350.9**	**346.8**	**347.4**	**357.6**	**366.1**

注：数字是根据每年1月至12月进行的"综合住户统计调查"结果，以及由政府统计处与跨部门人口分布推算小组共同编制按区议会分区划分年中人口估计数字而编制。
①住宿服务包括酒店、宾馆、旅舍及其他提供短期住宿服务的机构单位。

Notes : Figures are compiled based on data collected in the General Household Survey from January to December of the year concerned as well as the mid-year population estimates by District Council district compiled jointly by the Census and Statistics Department and an inter-departmental Working Group on Population Distribution Projections.
①Accommodation services cover hotels, guesthouses, boarding houses and other establishments providing short term accommodation.

7-15 按每月就业收入划分的就业人数
Employed Persons by Monthly Employment Earnings

单位：万人，另有注明除外) 000 persons, unless otherwise specified)

每月就业收入(港元)	Monthly employment Earnings(HKD)	2008	2009	2010	2011	2012
< 3000	< 3000	12.8	13.3	11.3	10.1	9.9
3000 － 3999	3000 - 3999	26.7	27.5	27.3	28.2	29.1
4000 － 4999	4000 - 4999	9.4	9.2	8.1	6.8	6.9
5000 － 5999	5000 - 5999	14.6	13.2	11.6	8.5	6.2
6000 － 6999	6000 - 6999	22.6	22.0	20.3	16.5	11.3
7000 － 7999	7000 - 7999	23.8	23.1	23.2	22.2	17.8
8000 － 8999	8000 - 8999	26.2	27.7	27.2	28.9	28.6
9000 － 9999	9000 - 9999	23.0	21.4	21.0	21.3	25.7
10000 － 11999	10000 - 11999	32.4	32.8	35.9	38.2	38.3
12000 － 13999	12000 - 13999	28.5	27.7	29.6	33.0	35.2
14000 － 15999	14000 - 15999	25.2	25.2	25.6	26.0	29.6
16000 － 17999	16000 - 17999	9.5	8.7	8.8	9.8	12.3
18000 － 19999	18000 - 19999	9.8	9.5	9.5	10.1	9.6
20000 － 24999	20000 - 24999	26.5	27.6	27.0	30.1	31.6
25000 － 29999	25000 - 29999	14.3	12.8	13.1	14.7	15.4
30000 － 34999	30000 - 34999	13.7	13.9	14.6	17.1	17.0
35000 － 39999	35000 - 39999	5.5	5.5	5.7	6.4	8.0
40000 － 44999	40000 - 44999	5.6	5.9	6.0	6.0	7.5
45000 － 49999	45000 - 49999	3.2	3.2	3.7	3.8	3.7
50000 － 59999	50000 - 59999	6.0	5.8	6.3	6.8	8.9
60000 － 79999	60000 - 79999	5.3	4.7	5.2	5.8	5.6
80000 － 99999	80000 - 99999	2.3	2.3	2.5	2.6	3.0
≧ 100000	≧ 100000	4.0	3.9	4.1	4.8	5.2
总　计	Total	350.9	346.8	347.4	357.6	366.1
每　月 **就业收入中位数(港元)**	Monthly **Median Employment Earnings(HKD)**	**10 600**	**10 500**	**11 000**	**11 300**	**12 000**

注：数字是根据每年1月至12月进行的"综合住户统计调查"结果，以及由政府统计处与跨部门人口分布推算小组共同编制按区议会分区划分年中人口估计数字而编制。

Notes: Figures are compiled based on data collected in the General Household Survey from January to December of the year concerned as well as the mid-year population estimates by District Council district compiled jointly by the Census and Statistics Department and an inter-departmental Working Group on Population Distribution Projections.

7-16 按行业划分督导级(不包括经理级与专业雇员)及以下雇员的工资指数

Wage Indices for Employees up to Supervisory Level (Managerial and Professional Employees Are Not Included) by Industry

(1992年9月 = 100) (September 1992=100)

行业主类	Industry Section	2008	2009	2010	2011	2012
名义工资指数	**Nominal Wage Index**					
制造	Manufacturing	159.9	155.3	153.7	170.0	172.8
进出口贸易、批发及零售	Import/Export, Wholesale and Retail Trades	165.1	166.2	173.5	188.1	195.1
运输	Transportation	149.1	151.6	153.9	161.8	166.4
住宿及餐饮服务活动①	Accommodation and Food Service Activities①	131.6	131.4	135.8	150.6	163.2
金融及保险活动	Financial and Insurance Activities	170.3	174.0	177.9	190.3	201.8
地产租赁及保养管理	Real Estate Leasing and Maintenance Management	162.0	164.0	167.1	186.6	199.8
专业及商业服务	Professional and Business Services	153.0	156.4	162.0	185.8	192.7
个人服务	Personal Services	188.1	187.9	196.3	222.0	240.7
所有选定行业②	All Selected Industries②	156.6	157.9	163.1	178.3	187.5
实际工资指数③	**Real Wage Index③**					
制造	Manufacturing	117.8	111.6	107.0	112.4	109.6
进出口贸易、批发及零售	Import/Export, Wholesale and Retail Trades	121.6	119.5	120.7	124.3	123.7
运输	Transportation	109.8	109.0	107.1	106.9	105.5
住宿及餐饮服务活动①	Accommodation and Food Service Activities①	96.9	94.4	94.5	99.6	103.5
金融及保险活动	Financial and Insurance Activities	125.4	125.1	123.8	125.8	128.0
地产租赁及保养管理	Real Estate Leasing and Maintenance Management	119.3	117.9	116.3	123.3	126.7
专业及商业服务	Professional and Business Services	112.7	112.5	112.8	122.8	122.2
个人服务	Personal Services	138.5	135.1	136.6	146.7	152.6
所有选定行业②	All Selected Industries②	115.3	113.5	113.5	117.9	118.9

注：指有关年度12月份的数字。由2009年的统计期开始，工资统计数字是按“香港标准行业分类2.0版”编制，其数列已作出后向估计至2004年3月。

①住宿服务包括酒店、宾馆、旅舍及其他提供短期住宿服务的机构单位。

②指“劳工收入统计调查”内工资统计调查所涵盖的所有行业，包括并没有列出其统计数字的电力及燃气供应业、污水处理及废弃物管理业与出版活动业。

③实际工资指数是以名义工资指数扣除以2009/10年为基期的甲类消费价格指数而计算出来。

Notes : Figures refer to December of the year. Starting from the reference year of 2009, the statistics are compiled based on the Hong Kong Standard Industrial Classification (HSIC) Version 2.0 and the series has been revised and backcasted to March 2004.

①Accommodation services cover hotels, guesthouses, boarding houses and other establishments providing short term accommodation.

②Figures refer to all industries covered by the wage enquiry of the Labour Earnings Survey, including the electricity and gas supply industry, sewerage and waste management activities industry and publishing activities industry, the statistics of which are not separately shown.

③The Real Wage Indices are derived by deflating the Nominal Wage Indices by the 2009/10-based Consumer Price Index (A).

7-17 消费价格指数（2009年10月-2010年9月=100）
Consumer Price Indices (Oct.2009-Sep.2010=100)

项　目	Item	权 数 Weight	2008	2009	2010	2011	2012
综合消费价格指数	**Composite Consumer Price Index**						
总指数	**All Items**	**100.00**	**97.8**	**98.4**	**100.7**	**106.0**	**110.3**
食品	Food	27.45	97.3	98.6	100.9	108.0	114.2
外出用膳	Meals Bought away from Home	(17.07)	97.4	99.0	100.6	105.9	111.6
食品(不包括外出用膳)	Food(Excluding Meals Bought away from Home)	(10.38)	97.1	98.0	101.4	111.4	118.6
住屋①	Housing①	31.66	96.6	100.3	100.6	107.8	113.9
私人房屋租金	Private Housing Rent	(27.14)	96.1	99.6	100.5	107.7	115.1
公营房屋租金	Public Housing Rent	(2.05)	100.4	110.0	101.3	113.4	105.3
电力、燃气及水	Electricity, Gas and Water	3.10	96.9	72.2	103.6	99.2	91.1
烟酒	Alcoholic Drinks and Tobacco	0.59	81.6	96.9	100.1	117.2	120.7
衣履	Clothing and Footwear	3.45	96.2	98.6	100.5	107.3	110.6
耐用物品	Durable Goods	5.27	104.7	101.7	98.7	95.0	93.7
杂项物品	Miscellaneous Goods	4.17	96.1	98.3	100.6	104.4	106.7
交通	Transport	8.44	99.6	98.8	100.8	105.2	108.3
杂项服务②	Miscellaneous Services②	15.87	100.8	98.7	100.7	104.2	107.1
教育服务	Educational Services	(4.37)	103.0	99.2	100.5	103.0	105.8
资讯及通讯服务	Information and Communications Services	(2.40)	103.6	101.0	100.4	97.9	95.2
医疗服务	Medical Services	(2.74)	96.9	99.3	100.7	104.5	107.6
甲类消费价格指数	**Consumer Price Index (A)**						
总指数	**All Items**	**100.00**	**97.8**	**98.3**	**100.8**	**106.4**	**110.3**
食品	Food	33.68	97.3	98.6	100.9	108.4	115.0
外出用膳	Meals Bought away from Home	(19.23)	97.3	98.9	100.6	106.0	111.9
食品(不包括外出用膳)	Food(Excluding Meals Bought away from Home)	(14.45)	97.2	98.1	101.3	111.5	119.1
住屋①	Housing①	32.19	97.2	101.2	100.7	108.6	113.5
私人房屋租金	Private Housing Rent	(24.78)	96.6	99.5	100.6	107.9	115.6
公营房屋租金	Public Housing Rent	(5.49)	100.4	109.9	101.3	113.4	105.3
电力、燃气及水	Electricity, Gas and Water	4.36	98.7	68.9	104.7	100.2	89.1
烟酒	Alcoholic Drinks and Tobacco	0.91	79.4	96.5	100.2	119.2	123.4
衣履	Clothing and Footwear	2.60	96.1	98.9	100.1	106.5	110.3
耐用物品	Durable Goods	3.73	105.3	102.2	98.5	94.4	92.7
杂项物品	Miscellaneous Goods	3.87	95.9	98.4	100.5	103.5	106.3
交通	Transport	7.22	98.6	99.3	100.5	103.6	106.4
杂项服务②	Miscellaneous Services②	11.44	102.3	99.3	100.5	102.7	104.5
教育服务	Educational Services	(3.35)	108.7	99.2	100.4	102.6	105.2
资讯及通讯服务	Information and Communications Services	(3.19)	103.7	101.0	100.4	98.1	95.6
医疗服务	Medical Services	(2.06)	97.4	99.4	100.6	104.2	107.2
乙类消费价格指数	**Consumer Price Index (B)**						
总指数	**All Items**	**100.00**	**97.8**	**98.4**	**100.6**	**105.8**	**110.4**
食品	Food	27.16	97.3	98.6	100.9	107.9	114.4
外出用膳	Meals Bought away from Home	(17.90)	97.5	99.0	100.6	106.0	111.9
食品(不包括外出用膳)	Food(Excluding Meals Bought away from Home)	(9.26)	97.1	98.0	101.4	111.6	119.2

7-17 续表 continued

项　目	Item	权数 Weight	2008	2009	2010	2011	2012
住屋[①]	Housing[①]	31.43	96.3	99.9	100.5	107.7	114.5
私人房屋租金	Private Housing Rent	(28.13)	95.9	99.6	100.6	107.9	115.3
公营房屋租金	Public Housing Rent	(0.72)	100.4	110.0	101.3	113.6	105.3
电力、燃气及水	Electricity, Gas and Water	2.84	95.4	72.8	103.2	98.5	91.7
烟酒	Alcoholic Drinks and Tobacco	0.56	82.9	97.1	100.1	117.3	120.7
衣履	Clothing and Footwear	3.45	96.2	98.7	100.2	106.4	109.9
耐用物品	Durable Goods	5.73	105.8	102.2	98.6	94.7	93.7
杂项物品	Miscellaneous Goods	4.17	95.9	98.3	100.7	104.8	107.2
交通	Transport	8.35	99.5	98.8	100.7	104.7	107.7
杂项服务[②]	Miscellaneous Services[②]	16.31	100.6	98.6	100.6	104.3	107.2
教育服务	Educational Services	(4.62)	103.3	99.3	100.4	102.7	105.4
资讯及通讯服务	Information and Communications Services	(2.34)	103.7	101.0	100.4	97.7	94.9
医疗服务	Medical Services	(2.84)	96.5	99.1	100.6	104.5	107.8
丙类消费价格指数	**Consumer Price Index (C)**						
总指数	**All Items**	**100.00**	**97.9**	**98.5**	**100.6**	**105.8**	**110.1**
食品	Food	20.87	97.2	98.5	100.9	107.3	112.7
外出用膳	Meals Bought away from Home	(13.55)	97.4	98.9	100.7	105.4	110.5
食品(不包括外出用膳)	Food(Excluding Meals Bought away from Home)	(7.32)	96.8	97.7	101.4	110.7	116.7
住屋[①]	Housing[①]	31.36	96.2	99.7	100.4	107.1	113.6
私人房屋租金	Private Housing Rent	(28.45)	95.9	99.7	100.4	107.4	114.2
电力、燃气及水	Electricity, Gas and Water	2.03	95.8	78.4	101.7	98.1	95.0
烟酒	Alcoholic Drinks and Tobacco	0.29	86.2	97.8	100.0	111.4	112.9
衣履	Clothing and Footwear	4.39	96.2	98.2	101.1	108.8	111.5
耐用物品	Durable Goods	6.39	103.2	101.0	99.0	95.7	94.3
杂项物品	Miscellaneous Goods	4.49	96.6	98.4	100.6	104.9	106.7
交通	Transport	9.93	100.8	98.4	101.1	107.0	110.6
杂项服务[②]	Miscellaneous Services[②]	20.25	100.2	98.5	100.7	105.0	108.7
教育服务	Educational Services	(5.15)	99.2	99.0	100.6	103.7	106.8
资讯及通讯服务	Information and Communications Services	(1.62)	103.2	100.8	100.4	97.8	95.0
医疗服务	Medical Services	(3.38)	97.2	99.5	100.8	104.5	107.8

注：2009年10月起的消费价格指数是根据2009至2010年住户开支统计调查所得的开支权数编制。较早的指数则是根据旧的开支权数而经过按比例换算与新基期的指数拼接。

①除“私人房屋租金”及“公营房屋租金”外，“住屋”类别还包括“管理费及其他住屋杂费”和“保养住所材料”。而丙类消费物价指数中的“住屋”类别并不包括“公营房屋租金”。

②“杂项服务”类别包括“教育服务”、“资讯及通讯服务”、“医疗服务”及其他杂项服务。

Notes : The CPIs from October 2009 onwards are compiled based on expenditure weights obtained from the 2009/10 Household Expenditure Survey. The CPIs for earlier periods are compiled based on old weights and have been re-scaled to the new base period for linking with the new index series.

①Apart from "Private Housing Rent" and "Public Housing Rent", the "Housing" section also includes "Management Fees and Other Housing Charges" and "Materials for House Maintenance". For CPI(C), the "Housing" section does not include "Public Housing Rent".

②"Miscellaneous Services" section includes "Educational Services", "Information and Communications Services", "Medical Services" and other miscellaneous services.

三、澳门特别行政区人口和就业统计数据

III.Population and Employment Data of Macao Special Administrative Region

7-18 人口主要指标
Main Demographic Indicator

项 目	Item	2008	2009	2010	2011	2012
年中人口 (万人)	Mid-year Population (10 000 persons)	54.1	53.5	53.7	55.0	56.8
出生率 (‰)	Crude Birth Rate (‰)	8.7	8.9	9.5	10.6	12.9
死亡率 (‰)	Crude Death Rate (‰)	3.2	3.1	3.3	3.4	3.2
婴儿死亡率 (‰)	Infant Mortality Rate (‰)	3.2	2.1	2.9	2.9	2.5
自然增长率 (‰)	Natural Growth Rate (‰)	5.5	5.8	6.2	7.3	9.6
总和生育率	Total Fertility Rate	1.0	1.0	1.1	1.2	1.4
登记结婚 (宗)	Registered Marriages (case)	2778	3035	3103	3545	3783
离婚 (宗)	Registered Divorces (case)	658	782	889	998	1230
项 目	Item	2005-2008	2006-2009	2007-2010	2008-2011	2009-2012
出生时平均预期寿命 (岁)	Life Expectancy at Birth (years)	81.9	82.2	82.3	82.3	82.4
男	Male	78.9	79.1	79.2	79.1	79.1
女	Female	84.7	85.1	85.3	85.5	85.7

7-19 经济活动人口及失业状况

Labour Force and Unemployment

项　　目	Item	2008	2009	2010	2011	2012
劳动人口　（万人）	Labour Force　(10 000 persons)	32.7	32.3	32.4	33.6	35.0
男	Male	17.3	16.6	16.5	17.1	18.1
女	Female	15.4	15.7	15.9	16.5	16.9
就业人口　（万人）	Employed Population　(10 000 persons)	31.7	31.2	31.5	32.8	34.3
失业人口　（万人）	Unemployed Population　(10 000 persons)	1.0	1.1	0.9	0.9	0.7
劳动力参与率　(%)	Labour Force Participation Rate　(%)	70.7	72.3	72.0	72.5	72.4
失业率　(%)	Unemployment Rate　(%)	3.0	3.5	2.8	2.6	2.0
就业不足率　(%)	Underemployment Rate　(%)	1.6	1.8	1.7	1.1	0.8

7-20 按行业划分的就业人口

Employed Population by Industry

单位：万人　　(10 000 persons)

行　　业	Industry	2009	2010	2011	2012
总数	**Total**	**31.19**	**31.48**	**32.76**	**34.32**
农业、捕渔业及采矿工业	Agriculture, Fishing, Mining & Quarrying	0.11	0.06	0.08	0.08
制造业	Manufacturing	1.64	1.52	1.28	1.03
水电及气体生产供应业	Electricity, Gas & Water Supply	0.09	0.09	0.13	0.15
建筑业	Construction	3.18	2.71	2.82	3.23
批发及零售业	Wholesale & Retail Trades	4.08	4.14	4.34	4.23
酒店及饮食业	Hotels, Restaurants & Similar Activities	4.32	4.28	4.61	5.30
运输、仓储及通信业	Transport, Storage & Communications	1.62	1.82	1.60	1.60
金融业	Financial Intermediation	0.73	0.73	0.81	0.82
不动产及工商服务业	Real Estate & Business Activities	2.53	2.75	2.80	2.43
公共行政及社保事务	Public Administration & Social Security	1.97	2.14	2.30	2.51
教育	Education	1.18	1.15	1.23	1.31
医疗卫生及社会福利	Health & Social Welfare	0.75	0.81	0.85	0.86
文娱博彩及其他服务业	Recreational, Cultural, Gaming & Other Services	7.37	7.54	8.20	8.95
家务工作	Domestic Work	1.60	1.74	1.68	1.80
其他及不详	Others and Unknown	0.01	0.01	0.02	0.01

7-21 按行业划分的月工作收入中位数
Median Monthly Employment Earnings by Industry

单位：澳门元 (MOP)

行 业	Occupation	2009	2010	2011	2012
总数	**Total**	**8500**	**9000**	**10000**	**11300**
制造业	Manufacturing	5000	5700	6500	7500
水电及气体生产供应业	Electricity, Gas & Water Supply	15000	16000	17500	16000
建筑业	Construction	9000	9500	10100	11700
批发及零售业	Wholesale & Retail Trade	7000	7500	8000	9000
酒店及饮食业	Hotels, Restaurants & Similar Activities	6500	7000	7500	8300
运输、仓储及通信业	Transport, Storage & Communications	8500	8500	10000	11000
金融业	Financial Intermediation	12000	13000	12000	14000
不动产及工商服务业	Real Estate & Business Activities	6000	6500	7000	8000
公共行政及社保事务	Public Administration & Social Security	19500	19500	20700	25000
教育	Education	13000	14000	15000	16000
医疗卫生及社会福利	Health & Social Welfare	10300	10000	12000	15000
文娱博彩及其他服务业	Recreational, Cultural, Gaming & Other Services	12000	12000	13000	14500
家务工作	Domestic Work	2800	2900	3000	3100

7-22 消费物价指数

Consumer Price Index

2008年4月至2009年3月=100 (04/2008-03/2009=100)

项 目	Items	权数 Weight	2008	2009	2010	2011	2012
综合消费价格指数	Composite Consumer Price Index						
总指数	Global Index	**100.00**	**100.23**	**101.40**	**104.25**	**110.30**	**117.04**
食品及非酒精饮料	Food and Non-alcoholic Beverages	32.78	97.19	102.57	107.41	116.16	126.06
烟酒	Alcoholic Beverages and Tobacco	1.12	99.34	109.08	114.23	115.59	150.61
服装、鞋	Clothing and Footwear	6.75	95.04	104.07	110.84	118.30	122.15
住房及燃料	Housing and Fuels	22.82	99.05	97.80	98.21	101.58	108.45
家居设备及用品	Household Goods and Furnishings	3.13	99.26	101.44	102.94	107.60	114.98
医疗	Health	2.90	98.68	102.08	106.57	113.04	119.61
交通	Transport	7.88	102.82	96.87	102.97	111.97	114.91
通讯	Communications	3.52	97.32	95.64	92.30	82.45	79.01
康乐及文化	Recreation and Culture	5.93	97.41	100.55	104.56	109.95	112.75
教育	Education	5.16	119.84	107.21	99.42	100.93	101.17
其他商品及服务	Miscellaneous Goods and Services	8.02	99.78	104.22	110.61	120.63	127.63
甲类消费价格指数	Consumer Price Index (A)						
总指数	**Global Index**	**100.00**	**100.65**	**101.45**	**103.77**	**109.49**	**116.49**
食品及非酒精饮料	Food and Non-alcoholic Beverages	36.94	97.11	102.60	107.54	116.33	126.31
烟酒	Alcoholic Beverages and Tobacco	1.44	98.76	109.23	114.74	115.97	151.88
服装、鞋	Clothing and Footwear	4.82	95.41	104.17	110.95	118.25	122.36
住房及燃料	Housing and Fuels	27.22	100.11	98.11	98.32	101.51	107.42
家居设备及用品	Household Goods and Furnishings	2.19	98.41	101.93	103.47	108.21	114.46
医疗	Health	2.71	99.09	102.76	107.31	114.05	121.13
交通	Transport	5.78	102.92	95.65	100.85	109.38	113.01
通讯	Communications	4.22	97.02	95.64	92.45	82.74	79.10
康乐及文化	Recreation and Culture	4.71	97.04	100.53	105.02	110.73	114.05
教育	Education	4.00	119.91	107.13	99.13	101.74	102.86
其他商品及服务	Miscellaneous Goods and Services	5.96	98.54	103.17	108.31	116.49	123.30
乙类消费价格指数	Consumer Price Index (B)						
总指数	**Global Index**	**100.00**	**100.12**	**101.37**	**104.38**	**110.63**	**117.61**
食品及非酒精饮料	Food and Non-alcoholic Beverages	32.59	97.22	102.58	107.42	116.20	126.06
烟酒	Alcoholic Beverages and Tobacco	1.06	98.67	108.60	113.85	115.44	149.96
服装、鞋	Clothing and Footwear	7.63	94.89	103.87	110.59	117.90	121.97
住房及燃料	Housing and Fuels	20.76	99.28	97.82	98.08	101.59	109.57
家居设备及用品	Household Goods and Furnishings	3.60	98.83	101.24	102.50	107.01	114.68
医疗	Health	2.91	98.09	101.68	106.54	113.43	120.26
交通	Transport	8.04	103.65	96.17	102.74	112.49	116.34
通讯	Communications	3.32	97.38	95.50	92.08	81.95	78.38
康乐及文化	Recreation and Culture	6.45	97.90	100.88	104.78	110.28	112.86
教育	Education	5.03	117.68	106.04	99.00	100.43	100.47
其他商品及服务	Miscellaneous Goods and Services	8.60	99.69	104.17	110.56	120.41	127.36

四、台湾省人口和就业统计数据

IV.Population and Employment Data of Taiwan Province

7-23 面积及人口主要指标
Main Indicators of Area and Population

项 目		Item		2008	2009	2010	2011	2012
土地面积	(万平方公里)	Area	(10 000 sq.km)	3.6	3.6	3.6	3.6	3.6
户籍登记人口数	(万人)	Year-end Population	(10 000 persons)	2303.7	2312.0	2316.2	2322.5	2331.6
男		Male		1162.6	1163.7	1163.5	1164.6	1167.3
女		Female		1141.1	1148.3	1152.7	1157.9	1164.3
粗出生率	(‰)	Crude Birth Rate	(‰)	8.64	8.29	7.21	8.48	9.86
粗死亡率	(‰)	Crude Death Rate	(‰)	6.25	6.22	6.30	6.59	6.63
人口自然增长率	(‰)	Natural Population Growth Rate	(‰)	2.40	2.07	0.91	1.88	3.23
一般生育率	(‰)	Fertility Rate	(‰)	31	31	27	32	
结婚率	(对/千人)	Marriage Rate	(couple/1 000 persons)	6.73	5.07	6.00	7.13	6.16
离婚率	(对/千人)	Divorce Rate	(couple/1 000 persons)	2.43	2.48	2.51	2.46	2.41
期望寿命	(岁)	Life Expectancy at Birth	(year old)					
男		Male		75.59	76.03	76.13	75.98	
女		Female		81.94	82.34	82.55	82.65	
人口的年龄分布	(%)	Age-specific Distribution	(%)					
0-14岁		0-14		16.95	16.34	15.65	15.08	14.63
15-64岁		15-64		72.62	73.03	73.61	74.04	74.22
65岁及以上		65 and Over		10.43	10.63	10.74	10.89	11.15
性别比	(女=100)	Sex Ratio	(female=100)	101.89	101.34	100.94	100.57	100.26
人口密度	(人/平方公里)	Population Density	(persons/sq.km)	636.6	638.8	640.0	641.7	644.2

资源来源：台湾省《统计月报》(以下各表同)。
Source: Monthly Statistics Bulletin, Taiwan Province. The same applies in the following tables.

7-24 劳动力和就业状况

Labour Force and Employment

项　　目		Item		2008	2009	2010	2011	2012
劳动力总计	（万人）	Labour Force	(10 000 persons)	1085.3	1091.7	1107.0	1120.0	1134.1
男		Male		617.3	618.0	624.2	630.4	636.9
女		Female		468.0	473.7	482.8	489.6	497.2
就业人数	（万人）	Employment	(10 000 persons)	1040.3	1027.9	1049.3	1070.9	1086.0
男		Male		590.2	577.6	588.0	600.6	608.3
女		Female		450.1	450.2	461.3	470.2	477.7
就业者行业构成	(%)	Distribution of Employment by Industry	(%)	100.0	100.0	100.0	100.0	100.0
农、林、渔、牧业		Agriculture, Forestry, Fishery and Animal Husbandry		5.1	5.3	5.2	5.1	5.0
工业		Industry		36.8	35.8	35.9	36.3	36.2
矿业及土石采取业		Mining and Quarrying		0.06	0.05	0.04	0.04	0.04
制造业		Manufacturing		27.7	27.1	27.3	27.5	27.4
电力及燃气供应业		Electricity, Gas		0.3	0.3	0.3	0.3	0.3
用水供应及污染整治业		Water Supply and Pollution Management		0.7	0.7	0.7	0.7	0.8
建筑业		Construction		8.1	7.7	7.6	7.8	7.8
服务业		Services		58.0	58.9	58.8	58.6	58.8
批发及零售业		Wholesale and Retail Trades		17.0	16.9	16.6	16.5	16.6
运输及仓储业		Transport, Storage, Communications		4.0	3.9	3.9	3.8	3.8
金融及保险业		Finance, Insurance		4.0	4.0	4.1	4.0	3.9
咨讯及通讯传播		Information and Communication		2.0	2.0	2.0	2.0	2.1
住宿及餐饮业		Hotels and Restaurants		6.6	6.7	6.9	6.8	6.9
教育服务业		Education		5.8	6.0	5.9	5.9	5.8
公共行政		Public Administration		3.3	3.7	3.7	3.6	3.5
失业人数	（万人）	Unemployment	(10 000 persons)	45.0	63.8	57.7	49.1	48.1
劳动力参与率	(%)	Labour Force Participation Rate	(%)	58.3	57.9	58.1	58.2	58.4
男		Male		67.1	66.4	66.5	66.7	66.8
女		Female		49.7	49.6	49.9	50.0	50.2
失业率	(%)	Unemployment Rate	(%)	4.1	5.8	5.2	4.4	4.2

7-25 居民消费价格分类指数
Consumer Price Indices

2011年=100 (2011=100)

年 份 Year	总指数 General Index	食品 Food	服装 Clothing	居住 Housing	交通 Transportation	医药保健 Medicines and Medical Care	教育娱乐 Education and Entertainment	杂项 Miscellaneous
2005	92.9	88.0	96.2	95.8	94.4	88.4	99.3	86.5
2006	93.5	87.4	92.8	96.6	96.0	91.3	99.4	90.1
2007	95.2	89.9	95.4	97.5	97.7	94.9	100.0	91.7
2008	98.5	97.6	96.3	99.0	99.9	97.0	101.3	93.3
2009	97.7	97.2	95.6	98.7	95.9	97.6	99.5	95.8
2010	98.6	97.8	97.2	99.2	98.6	98.2	99.5	98.6
2011	100.0	100.0	100.0	100.0	100.0	100.0	100.0	100.0
2012	101.9	104.2	102.5	101.1	100.4	100.9	100.7	102.3

第八部分

Chapter Eight

2012 年人口变动和劳动力调查制度说明及主要指标解释

Explanatory Notes on Main Statistical Indicators

一、2012 年人口变动情况抽样调查制度说明

(一) 总说明

1.调查目的

为了准确、及时地掌握全国和各省（自治区、直辖市）人口变动以及人口计划执行情况，为国家和省级人民政府制定国民经济和社会发展计划、掌握人口增长情况提供可靠的人口数据，为改进宏观调控提供依据，根据国办发[1992]57 号文件的要求，特进行 2012 年人口变动情况抽样调查。

2.调查对象和登记原则

本次调查对象为抽中调查小区内具有中华人民共和国国籍的人。调查以户为单位进行，既调查家庭户，也调查集体户。应在抽中调查小区内各户登记的人包括：①2012 年 10 月 31 日晚居住在本户的人；②户口在本户，2012 年 10 月 31 日晚未居住在本户的人。

抽中调查小区内 2011 年 11 月 1 日至 2012 年 10 月 31 日死亡的人口要登记《死亡人口调查表》。

3.调查项目

《人口变动情况抽样调查表》

(1)按户填报的项目有：

户编号、户别、应在本户登记的人数、本户 2011 年 11 月 1 日至 2012 年 10 月 31 日出生人口、本户 2011 年 11 月 1 日至 2012 年 10 月 31 日死亡人口共 5 个项目。

(2)按人填报的项目有：

姓名、与户主关系、性别、出生年月、民族、调查时点居住地、户口登记地及居住时间、离开户口登记地时间、离开户口登记地原因、户口性质、一年前常住地、是否识字、受教育程度、学业完成情况、婚姻状况、2011 年 11 月 1 日至 2012 年 10 月 31 日生育情况共 16 个项目；

《死亡人口调查表》

填报的项目有户编号、姓名、性别、出生年月、死亡月份。

4.调查标准时间

本次调查的标准时间为 2012 年 11 月 1 日 0 时。

5.抽样方法

以全国为总体，各省（自治区、直辖市）为子总体，按照多阶段、分层、整群、概率比例的方法进行抽样设计，在 2011 年建立的样本轮换框中，根据样本按比例轮换的要求选取本次调查的样本，调查小区为最终样本单位。全国约调查 4800 个调查小区。

调查的调查小区样本由国家统一抽取下发。

6.调查的组织实施

(1)组织领导。本次调查在当地政府的领导下，以统计部门为主组织实施，并在基层组织的协助下，选派调查员到抽中的调查小区，进行入户登记。各级统计部门要积极争取有关部门的支持和配合，确保调查数据质量。

(2)调查指导员、调查员的选聘、培训与管理。调查指导员、调查员的选聘工作由县级统计机构负责。调查指导员、调查员主要从政府统计系统和基层组织人员中选调，也可从社会招聘，应尽可能保持调查员队伍的稳定。各级统计机构要加强对调查员的培训，应尽可能减少培训层次，以提高培训效果。各级统计机构要加强对调查员工作的监督检查。

(3)调查的宣传工作。为使调查工作顺利进行，各级统计部门和调查工作人员要向调查样本点所在地政府领导做好宣传工作，讲明抽样调查的意义，特别要讲清抽样调查数据对本地、县、乡、村没有代表性，

不作为考核本地、县、乡、村人口情况和政绩的依据；要做好对被调查户的宣传工作，使他们解除思想顾虑，如实申报调查资料。

(4)调查摸底、入户登记与复查工作。调查员要按照要求，对所负责调查小区开展调查摸底工作，在此基础上，进行入户登记工作。入户登记完毕后，要采取议查和个别访问的方法认真进行复查。

(5)调查表的报送。调查员在完成登记、复查工作后，要将调查表以调查小区为单位收集，填写调查小区封面，按照调查小区封面在前、《人口变动情况抽样调查表》居中、《死亡人口调查表》放在最后的顺序整理,装入包装袋，交调查指导员统一报县级统计机构。县级统计机构报送调查表方式由各省（自治区、直辖市）统计局根据需要确定。

7.质量控制和抽查

为了保证人口变动调查的质量，各级统计机构应对调查各阶段进行质量控制和抽查。质量控制工作由县级统计机构组织，采用检查、督导等方式进行。地级以上统计机构要对下一级的调查工作进行抽查，具体内容是调查人员的配备和培训以及调查工作的规范性。

8.数据处理与资料管理

(1)数据录入程序和汇总程序由国家统计局人口和就业统计司负责统一编制并下发。

(2)调查数据的录入工作由各省（自治区、直辖市）统计局人口就业处按照规定的格式和要求组织实施。

(3)各省（自治区、直辖市）统计局人口就业处要在规定的时间内，做好有关资料的报送工作：

①摸底数据。2012 年 11 月 2 日前，将调查摸底数据（户主姓名底册中 6、7、10、11 项的合计数、出生人口、死亡人口）报国家统计局人口和就业统计司专项调查处。

②调查原始数据。2012 年 12 月 8 日前，以电子邮件方式报国家统计局人口和就业统计司专项调查处。

(4)全国数据由国家统计局人口和就业统计司负责汇总，各省（自治区、直辖市）的数据要按照国家统一的部署和安排进行汇总。调查数据需经国家统计局审定后方可使用。

(5)报送推算的主要数据。各省（自治区、直辖市）对 2012 年年底本地常住人口总量；出生率、死亡率；城镇人口比重；0-14 岁、15-64 岁、65 岁及以上三个年龄段的常住人口数做初步推算，于 2012 年 12 月 20 日前将初步测算结果及测算方法的简要说明通过电子邮件或传真的方式报送国家统计局人口和就业统计司专项调查处。

(6)数据处理完成后，调查表和原始数据由各省（自治区、直辖市）统计局人口就业处负责妥善管理。

9.调查工作要求

(1)为了保证全国调查数据的范围、分类和计算方法的统一性，各地区必须严格执行调查制度的规定。遇到特殊情况要向上级有关部门请示，不得按照个人的理解擅自处理。

(2)调查员要对其所负责的调查小区的数据质量负责，如果发现调查数据有不实的情况，必须返工重做。

(3)调查员、调查指导员以及各级统计机构及其工作人员都要按照《统计法》的规定，对调查结果、特别是被调查户的情况保守秘密，不得向调查机构以外的任何单位和个人泄漏。

(4)各省（自治区、直辖市）统计局人口就业处要在 2013 年 3 月 1 日前，将本次调查的工作总结报国家统计局人口和就业统计司。

（二）调查表式

2012年人口变动情况抽样调查表

表　　号：R 1 0 1 表
制表机关：国 家 统 计 局
文　　号：国统字[2012]84号
有效期至：2 0 1 3 年 6 月

本户地址：________县（市、区）________乡（镇、街道）________村（居）委会________调查小区

H1. 户编号	H2. 户别	H3. 应在本户登记的人数		H4. 本户 2011 年 11 月 1 日至 2012 年 10 月 31 日出生人口	H5. 本户 2011 年 11 月 1 日至 2012 年 10 月 31 日死亡人口
	1. 家庭户 2. 集体户	2012 年 10 月 31 日晚居住在本户的人数：____人	户口在本户，2012 年 10 月 31 日晚未居住在本户的人数：____人	男____人 女____人	男____人 女____人

每个人都填报											2011 年 11 月前出生者填报	2006 年 11 月前出生者填报			1997 年 11 月前出生者填报	1961 年 11 月至 1997 年 10 月出生的妇女填报	
R1. 姓名	R2. 与户主关系	R3. 性别	R4. 出生年月	R5. 民族	R6. 调查时点居住地	R7. 户口登记地及居住时间		R8. 离开户口登记地时间	R9. 离开户口登记地原因	R10. 户口性质	R11. 一年前常住地	R12. 是否识字	R13. 受教育程度	R14. 学业完成情况	R15. 婚姻状况	R16. 2011 年 11 月 1 日至 2012 年 10 月 31 日生育情况	
	0. 户主 1. 配偶 2. 子女 3. 父母 4. 岳父母或公婆 5. 祖父母 6. 媳婿 7. 孙子女 8. 兄弟姐妹 9. 其他	1. 男 2. 女	____年 ____月	____族	1. 本调查小区 2. 本乡（镇、街道）其他调查小区 3. 本县（市、区）其他乡（镇、街道） 4. 其他县（市、区），请填写下面地址 5. 港澳台或国外	1. 本调查小区→R8 2. 本乡（镇、街道）其他调查小区→R8 3. 本县（市、区）其他乡（镇、街道） 4. 其他县（市、区），请填写下面地址 5. 户口待定→R11 ____省（区、市）____地（市）____县（市、区）	在本乡（镇、街道）居住时间： 1. 不满半年 2. 半年至一年 3. 一年至三年 4. 三年至五年 5. 五年至七年 6. 七年及以上	1. 没有离开户口登记地→R10 2. 不满半年 3. 半年至一年 4. 一年至三年 5. 三年至五年 6. 五年至七年 7. 七年及以上	1. 务工经商 2. 工作调动 3. 学习培训 4. 随迁家属 5. 投亲靠友 6. 拆迁或搬家 7. 寄挂户口 8. 婚姻嫁娶 9. 其他	1. 农业 2. 非农业	1. 本乡（镇、街道） 2. 本县（市、区）其他乡（镇、街道） 3. 本地（市）其他县（市、区） 4. 本省其他地（市） ____地（市） 5. 省外：____	1. 是 2. 否	1. 未上过学→R15 2. 小学 3. 初中 4. 高中 5. 大学专科 6. 大学本科 7. 研究生	1. 在校 2. 毕业 3. 肄业 4. 辍学 5. 其他	1. 未婚→（结束） 2. 初婚有配偶 3. 再婚有配偶 4. 离婚 5. 丧偶	1. 未生育→（结束） 2. 有生育 生育月份：____月 婴儿性别： 1. 男 2. 女 属于第____胎	（12 个月内生育两个以上孩子的第二个孩子的状况） 生育月份：____月 婴儿性别： 1. 男 2. 女
	1. 配偶 2. 子女 3. 父母 4. 岳父母或公婆 5. 祖父母 6. 媳婿 7. 孙子女 8. 兄弟姐妹 9. 其他	1. 男 2. 女	____年 ____月	____族	1. 本调查小区 2. 本乡（镇、街道）其他调查小区 3. 本县（市、区）其他乡（镇、街道） 4. 其他县（市、区），请填写下面地址 5. 港澳台或国外	1. 本调查小区→R8 2. 本乡（镇、街道）其他调查小区→R8 3. 本县（市、区）其他乡（镇、街道） 4. 其他县（市、区），请填写下面地址 5. 户口待定→R11 ____省（区、市）____地（市）____县（市、区）	在本乡（镇、街道）居住时间： 1. 不满半年 2. 半年至一年 3. 一年至三年 4. 三年至五年 5. 五年至七年 6. 七年及以上	1. 没有离开户口登记地→R10 2. 不满半年 3. 半年至一年 4. 一年至三年 5. 三年至五年 6. 五年至七年 7. 七年及以上	1. 务工经商 2. 工作调动 3. 学习培训 4. 随迁家属 5. 投亲靠友 6. 拆迁或搬家 7. 寄挂户口 8. 婚姻嫁娶 9. 其他	1. 农业 2. 非农业	1. 本乡（镇、街道） 2. 本县（市、区）其他乡（镇、街道） 3. 本地（市）其他县（市、区） 4. 本省其他地（市） ____地（市） 5. 省外：____	1. 是 2. 否	1. 未上过学→R15 2. 小学 3. 初中 4. 高中 5. 大学专科 6. 大学本科 7. 研究生	1. 在校 2. 毕业 3. 肄业 4. 辍学 5. 其他	1. 未婚→（结束） 2. 初婚有配偶 3. 再婚有配偶 4. 离婚 5. 丧偶	1. 未生育→（结束） 2. 有生育 生育月份：____月 婴儿性别： 1. 男 2. 女 属于第____胎	（12 个月内生育两个以上孩子的第二个孩子的状况） 生育月份：____月 婴儿性别： 1. 男 2. 女
	2. 子女 3. 父母 4. 岳父母或公婆 5. 祖父母 6. 媳婿 7. 孙子女 8. 兄弟姐妹 9. 其他	1. 男 2. 女	____年 ____月	____族	1. 本调查小区 2. 本乡（镇、街道）其他调查小区 3. 本县（市、区）其他乡（镇、街道） 4. 其他县（市、区），请填写下面地址 5. 港澳台或国外	1. 本调查小区→R8 2. 本乡（镇、街道）其他调查小区→R8 3. 本县（市、区）其他乡（镇、街道） 4. 其他县（市、区），请填写下面地址 5. 户口待定→R11 ____省（区、市）____地（市）____县（市、区）	在本乡（镇、街道）居住时间： 1. 不满半年 2. 半年至一年 3. 一年至三年 4. 三年至五年 5. 五年至七年 6. 七年及以上	1. 没有离开户口登记地→R10 2. 不满半年 3. 半年至一年 4. 一年至三年 5. 三年至五年 6. 五年至七年 7. 七年及以上	1. 务工经商 2. 工作调动 3. 学习培训 4. 随迁家属 5. 投亲靠友 6. 拆迁或搬家 7. 寄挂户口 8. 婚姻嫁娶 9. 其他	1. 农业 2. 非农业	1. 本乡（镇、街道） 2. 本县（市、区）其他乡（镇、街道） 3. 本地（市）其他县（市、区） 4. 本省其他地（市） ____地（市） 5. 省外：____	1. 是 2. 否	1. 未上过学→R15 2. 小学 3. 初中 4. 高中 5. 大学专科 6. 大学本科 7. 研究生	1. 在校 2. 毕业 3. 肄业 4. 辍学 5. 其他	1. 未婚→（结束） 2. 初婚有配偶 3. 再婚有配偶 4. 离婚 5. 丧偶	1. 未生育→（结束） 2. 有生育 生育月份：____月 婴儿性别： 1. 男 2. 女 属于第____胎	（12 个月内生育两个以上孩子的第二个孩子的状况） 生育月份：____月 婴儿性别： 1. 男 2. 女

每个人都填报										2011年11月前出生者填报	2006年11月前出生者填报			1997年11月前出生者填报	1961年11月至1997年10月出生的妇女填报	
R1. 姓名	R2. 与户主关系	R3. 性别	R4. 出生年月	R5. 民族	R6. 调查时点居住地	R7. 户口登记地及居住时间		R8. 离开户口登记地时间	R9. 离开户口登记地原因	R10. 户口性质	R11. 一年前常住地	R12. 是否识字	R13. 受教育程度	R14. 学业完成情况	R15. 婚姻状况	R16. 2011年11月1日至2012年10月31日生育情况
	2. 子女 3. 父母 4. 岳父母或公婆 5. 祖父母 6. 媳婿 7. 孙子女 8. 兄弟姐妹 9. 其他	1. 男 2. 女	____年 ____月	____族	1. 本调查小区 2. 本乡(镇、街道)其他调查小区 3. 本县(市、区)其他乡(镇、街道) 4. 其他县(市、区),请填写下面地址 5. 港澳台或国外 ____省(区、市)____地(市)____县(市、区)	1. 本调查小区→R8 2. 本乡(镇、街道)其他调查小区→R8 3. 本县(市、区)其他乡(镇、街道) 4. 其他县(市、区),请填写下面地址 5. 户口待定→R11	在本乡(镇、街道)居住时间: 1. 不满半年 2. 半年至一年 3. 一年至三年 4. 三年至五年 5. 五年至七年 6. 七年及以上	1. 没有离开户口登记地→R10 2. 不满半年 3. 半年至一年 4. 一年至三年 5. 三年至五年 6. 五年至七年 7. 七年及以上	1. 务工经商 2. 工作调动 3. 学习培训 4. 随迁家属 5. 投亲靠友 6. 拆迁或搬家 7. 寄挂户口 8. 婚姻嫁娶 9. 其他	1. 农业 2. 非农业	1. 本乡(镇、街道) 2. 本县(市、区)其他乡(镇、街道) 3. 本地(市)其他县(市、区) 4. 本省其他地(市) ____地(市) 5. 省外:____	1. 是 2. 否	1. 未上过学→R15 2. 小学 3. 初中 4. 高中 5. 大学专科 6. 大学本科 7. 研究生	1. 在校 2. 毕业 3. 肄业 4. 辍学 5. 其他	1. 未婚→(结束) 2. 初婚有配偶 3. 再婚有配偶 4. 离婚 5. 丧偶	1. 未生育→(结束) 2. 有生育 生育月份:____月 婴儿性别: 1. 男 2. 女 属于第____胎	(12个月内生育两个以上孩子的第二个孩子的状况) 生育月份:____月 婴儿性别: 1. 男 2. 女
	2. 子女 3. 父母 4. 岳父母或公婆 5. 祖父母 6. 媳婿 7. 孙子女 8. 兄弟姐妹 9. 其他	1. 男 2. 女	____年 ____月	____族	1. 本调查小区 2. 本乡(镇、街道)其他调查小区 3. 本县(市、区)其他乡(镇、街道) 4. 其他县(市、区),请填写下面地址 5. 港澳台或国外 ____省(区、市)____地(市)____县(市、区)	1. 本调查小区→R8 2. 本乡(镇、街道)其他调查小区→R8 3. 本县(市、区)其他乡(镇、街道) 4. 其他县(市、区),请填写下面地址 5. 户口待定→R11	在本乡(镇、街道)居住时间: 1. 不满半年 2. 半年至一年 3. 一年至三年 4. 三年至五年 5. 五年至七年 6. 七年及以上	1. 没有离开户口登记地→R10 2. 不满半年 3. 半年至一年 4. 一年至三年 5. 三年至五年 6. 五年至七年 7. 七年及以上	1. 务工经商 2. 工作调动 3. 学习培训 4. 随迁家属 5. 投亲靠友 6. 拆迁或搬家 7. 寄挂户口 8. 婚姻嫁娶 9. 其他	1. 农业 2. 非农业	1. 本乡(镇、街道) 2. 本县(市、区)其他乡(镇、街道) 3. 本地(市)其他县(市、区) 4. 本省其他地(市) ____地(市) 5. 省外:____	1. 是 2. 否	1. 未上过学→R15 2. 小学 3. 初中 4. 高中 5. 大学专科 6. 大学本科 7. 研究生	1. 在校 2. 毕业 3. 肄业 4. 辍学 5. 其他	1. 未婚→(结束) 2. 初婚有配偶 3. 再婚有配偶 4. 离婚 5. 丧偶	1. 未生育→(结束) 2. 有生育 生育月份:____月 婴儿性别: 1. 男 2. 女 属于第____胎	(12个月内生育两个以上孩子的第二个孩子的状况) 生育月份:____月 婴儿性别: 1. 男 2. 女
	2. 子女 3. 父母 4. 岳父母或公婆 5. 祖父母 6. 媳婿 7. 孙子女 8. 兄弟姐妹 9. 其他	1. 男 2. 女	____年 ____月	____族	1. 本调查小区 2. 本乡(镇、街道)其他调查小区 3. 本县(市、区)其他乡(镇、街道) 4. 其他县(市、区),请填写下面地址 5. 港澳台或国外 ____省(区、市)____地(市)____县(市、区)	1. 本调查小区→R8 2. 本乡(镇、街道)其他调查小区→R8 3. 本县(市、区)其他乡(镇、街道) 4. 其他县(市、区),请填写下面地址 5. 户口待定→R11	在本乡(镇、街道)居住时间: 1. 不满半年 2. 半年至一年 3. 一年至三年 4. 三年至五年 5. 五年至七年 6. 七年及以上	1. 没有离开户口登记地→R10 2. 不满半年 3. 半年至一年 4. 一年至三年 5. 三年至五年 6. 五年至七年 7. 七年及以上	1. 务工经商 2. 工作调动 3. 学习培训 4. 随迁家属 5. 投亲靠友 6. 拆迁或搬家 7. 寄挂户口 8. 婚姻嫁娶 9. 其他	1. 农业 2. 非农业	1. 本乡(镇、街道) 2. 本县(市、区)其他乡(镇、街道) 3. 本地(市)其他县(市、区) 4. 本省其他地(市) ____地(市) 5. 省外:____	1. 是 2. 否	1. 未上过学→R15 2. 小学 3. 初中 4. 高中 5. 大学专科 6. 大学本科 7. 研究生	1. 在校 2. 毕业 3. 肄业 4. 辍学 5. 其他	1. 未婚→(结束) 2. 初婚有配偶 3. 再婚有配偶 4. 离婚 5. 丧偶	1. 未生育→(结束) 2. 有生育 生育月份:____月 婴儿性别: 1. 男 2. 女 属于第____胎	(12个月内生育两个以上孩子的第二个孩子的状况) 生育月份:____月 婴儿性别: 1. 男 2. 女

申报人(签字):　　　　调查员(签字):　　　　填报日期:2012 年 11 月　日

死亡人口调查表

（2011 年 11 月 1 日至 2012 年 10 月 31 日死亡的人登记）

表　　号：R　1　0　2　表
制表机关：国　家　统　计　局
文　　号：国统字[2012]84 号
有效期至：2 0 1 3　年　6　月

地址：______县（市、区）______乡（镇、街道）______村（居）委会______调查小区

S1. 户编号	S2. 姓名	S3. 性别	S4. 出生年月	S5. 死亡月份
□□□	□□	1.男 2.女 □	______年 ______月 □□□□ □□	______月 □□
□□□	□□	1.男 2.女 □	______年 ______月 □□□□ □□	______月 □□
□□□	□□	1.男 2.女 □	______年 ______月 □□□□ □□	______月 □□
□□□	□□	1.男 2.女 □	______年 ______月 □□□□ □□	______月 □□
□□□	□□	1.男 2.女 □	______年 ______月 □□□□ □□	______月 □□
□□□	□□	1.男 2.女 □	______年 ______月 □□□□ □□	______月 □□

调查员（签字）：

二、2011-2012 年劳动力调查制度说明

(一)总说明

1.调查目的

为及时、准确地反映我国城乡劳动力资源、就业和失业人口的总量和结构情况，为政府准确判断就业形势，制定和调整就业政策，改善宏观调控，加强就业服务提供依据。根据《国务院办公厅关于建立劳动力调查制度的通知》(国办发[2004]72 号)的要求，建立劳动力调查制度。

2.调查范围

劳动力调查的调查范围为我国大陆地区的城镇和乡村的 16 岁及以上人口。城镇是按国务院于 2008 年 7 月 12 日国函[2008]60 号批复的《统计上划分城乡的规定》中划定的城市和镇，其余地域为乡村。

3.登记对象

劳动力调查以户为单位进行，既调查家庭户，也调查集体户。应在被抽中户中登记的人是：

(1)调查时点居住在本户已满 16 周岁的人；

(2)本户人口中，离开本乡、镇、街道不满半年且已满 16 周岁的人。

在调查时点前死亡的人口，不调查。

4.调查项目

调查项目分为按户填报的项目和按人填报的项目。

(1)按户填报的项目有户编号、户别、调查时点居住在本户的人口数、调查时点居住在本户已满 16 周岁的人口数、本户人口中离开本乡镇街道不满半年且已满 16 周岁的人口数等 5 个项目。

(2)按人填报的项目有姓名、与户主关系、性别、出生年月、户口登记地、住本户时间、离开户口登记地原因、户口性质、受教育程度、婚姻状况、是否为取得收入而工作、工作单位或经营活动类型、就业身份、是否签订劳动合同、未工作原因、是否想工作、是否寻找工作、未寻找工作原因、当前能否工作、不能工作的原因、行业、职业、参加社会保险情况等 25 个项目。

(3)抽中社区居委会（村委会）所在社区的失业登记情况。包括：本社区（居委会、村委会）的总户数、总人数、登记失业人数。

5.调查频率及调查时点

全国劳动力调查每年二、四季度调查两次。每年二季度的调查时点为 5 月 10 日零时，四季度的调查时点为 11 月 10 日零时。

6.抽样方法和样本量

全国劳动力调查的样本，采用分层、多阶段、概率比例抽样的方法抽取调查样本，并实行样本轮换。国家统计局人口和就业司依照第六次人口普查提供的抽样框，抽取各省、自治区、直辖市的村级样本，各省、自治区、直辖市统计局根据国家统计局制定的《劳动力调查抽样方案》，组织基层统计机构在已抽中的村级样本中抽取住户样本。

每次调查的样本量约 15 万户，调查人数约为 46 万人。两次调查间，按 40%的比例进行样本轮换。

各省、自治区、直辖市统计局人口和就业统计机构要在每次调查前，将调查样本的详细变动情况报国家统计局人口和就业统计司。

7.调查的组织实施

全国劳动力调查与大城市月度劳动力调查结合进行，北京、天津、上海三个直辖市、重庆市主城区以

及各省会（首府）城市按《大城市月度劳动力调查制度》要求，组织月度劳动力调查，不再另行组织二、四季度的调查。其他地区则按《本制度》要求，组织二、四季度的劳动力调查。北京、天津、上海三个直辖市以三个月全部调查数据作为本市季度数据，重庆市主城区及其他省会（首府）城市以三个月的全部调查数据参与全省（区、市）季度数据的汇总。

(1)全国劳动力调查由各省、自治区、直辖市统计局的人口和就业统计机构负责组织实施，在基层组织的协助下，采取派调查员入户登记的方式，对被抽中的住户进行调查。

(2)调查员的选调由县级政府统计机构负责。调查员主要从政府统计系统和基层组织人员中选调，也可从社会招聘。调查员的数量，按一个社区（居委会、村委会）至少一名调查员进行配备。调查指导员应由乡、镇、街道统计人员担任。

(3)调查指导员、调查员的培训和管理。各级统计机构要加强对调查员的培训，应尽可能减少培训层次，以提高培训效果。在培训过程中，除对调查项目和样本核实方法进行讲解外，还应注重加强对调查技巧的培训。调查员和调查指导员，每年至少培训一次，每次调查间出现人员变化时，必须对新任调查员进行业务培训，不得由未经培训的调查员承担调查任务。

为加强对调查过程的管理，各地应建立电话核查和入户回访制度。每次调查应选取不少于 10%的户进行电话核查和不少于 5%的户进行入户回访。

(4)样本核实、入户登记和复查。入户登记前，区县统计局要组织调查员对应调查的住户样本进行核实，如有变动应根据相关规则进行更新并向上级统计机构报送更新情况。入户登记时要对被抽中的所有住户（居住单元）逐一进行调查，对应在本户登记的人口不得漏登，对调查项目要仔细询问，认真核对，确保调查数据的质量；在调查登记结束后，要认真进行复查，复查的重点是“F11.您在调查时点前一周是否为取得收入而工作了 1 小时以上?”、“F17.近三个月内您采取过以下哪种方式寻找工作？”、“F19.如有适合的工作，您能否在两周内开始工作?”等项目。样本核实、入户登记和复查的具体要求，参见本制度的相关工作规则。

(5)调查表编码。调查表编码分专项编码和非专项编码两部分，非专项编码由调查员在登记、复查、逻辑审核无误后进行，专项编码由县级统计机构组织经过培训的专项编码员集中进行。

(6)调查表的报送。调查员在完成登记、复查和非专项编码工作后，将调查表以社区居委会（村委会）为单位，加上封面和本社区居委会（村委会）的失业登记情况表一并装入包装袋后，报县（市、区）统计机构。县（市、区）统计机构调查表报送方式由各省、自治区、直辖市根据需要确定。

8.数据处理、资料上报与管理

(1)国家统计局人口和就业统计司负责数据录入程序和汇总程序的编制和下发。

(2)调查数据的录入工作由各省、自治区、直辖市统计局人口和就业统计机构按照规定的格式和要求，组织实施。

(3)各省、自治区、直辖市统计局要对本省调查数据进行汇总并对本省劳动力主要数据进行推算。

(4)资料报送工作。

各省、自治区、直辖市统计局人口和就业统计机构要按照规定的格式，于下列时间将录入、审核无误的调查原始数据，以电子邮件方式报国家统计局人口和就业统计司。2011 年四季度，12 月 5 日前；2012 年二季度，6 月 5 日前。

(5)数据管理。数据录入工作完成以后，调查表和原始数据存放在各省、自治区、直辖市统计局人口和就业统计机构。各省、自治区、直辖市统计局人口和就业统计机构要指派专人登记，建立必要的防火、防盗、防虫、防潮等措施，妥善进行保管。管理期限为两年。

(二)调查表式

根据《中华人民共和国统计法》的规定，公民有义务提供国家统计调查所需要的情况；我们对您提供的信息负有保密义务。

表　　号：R 2 0 1 表
制表机关：国 家 统 计 局
文　　号：国统字（2011）82号
有效期至：2012 年 12 月

劳 动 力 调 查 表

201　　年　　月

应在本户登记的人：

（一）调查时点居住在本户已满16周岁的人；

（二）本户人口中，离开本乡（镇、街道）不满半年且已满16周岁的人。

本户地址：＿＿＿＿县（市、区）＿＿＿＿乡（镇、街道）＿＿＿＿社区居委会（村委会）＿＿＿＿住户组

H1. 户编号	H2. 户别	H3. 调查时点居住在本户的人口数	H4. 调查时点居住本户，已满16周岁的人口数	H5. 本户人口中，已满16周岁，离开本乡（镇、街道）不满半年的人口数
＿＿＿号	1. 家庭户 2. 集体户	共＿＿＿人 其中： 男＿＿＿人 女＿＿＿人	共＿＿＿人 其中： 男＿＿＿人 女＿＿＿人	共＿＿＿人 其中： 男＿＿＿人 女＿＿＿人
□□□	□	□□ □□ □□	□□ □□ □□	□□ □□ □□

调查员（签字）：

申报人（签字）：　　　　申报人在本户人记录中的编码：＿＿＿＿ □□

本户电话：□□□□□□□□□□□

填报日期：20　年　月　日

以下填写已满16周岁，调查时点居住在本户或本户人口中离开本乡、镇、街道不满半年的人的情况

F1. 姓名	F2. 与户主关系	F3. 性别	F4. 出生年月	F5. 户口登记地
	0. 户主 1. 配偶 2. 子女 3. 父母 4. 岳父母或公婆 5. 祖父母 6. 媳婿 7. 孙子女 8. 兄弟姐妹 9. 其他	1. 男 2. 女	______年 ______月	1. 户口在本乡（镇、街道），住本户→**F8** 2. 户口在本乡（镇、街道），离开本户不满半年→**F8** 3. 本县（市、区）其他乡（镇、街道） 4. 本地（市）其他县（市、区） 5. 本省其他地（市） 6. 外省 7. 户口待定→**F9**

F6. 住本户时间	F7. 离开户口登记地原因	F8. 户口性质	F9. 受教育程度	F10. 婚姻状况
1. 住本户半年以上 2. 住本户不满半年，离开户口登记地半年以上 3. 住本户不满半年，离开户口登记地不满半年 4. 不住本户，离开本户不满半年	1. 搬家 2. 婚姻嫁娶 3. 投亲靠友 4. 探亲访友 5. 上学 6. 短期学习或培训 7. 工作调动或务工经商 8. 寄挂户口 9. 找工作 10. 其他	1. 农业 2. 非农业	1. 未上过学 2. 小学 3. 初中 4. 高中 5. 大学专科 6. 大学本科 7. 研究生	1. 未婚 2. 有配偶 3. 离婚 4. 丧偶

F11. 您在调查时点前一周是否为取得收入而工作了1小时以上?	F12. 您目前的工作单位或经营活动属于以下哪种类型?	F13. 您目前的就业身份属于以下哪一类?	F14. 您是否与用人单位或雇主签订了劳动合同?
1. 是 **上周工作时间**（包括加班时间和兼职时间） ______**小时** 2. 在职，正休假、学习、临时停工或季节性歇业 3. 未做任何工作→**F15**	1. 土地承包者 →**F21** 2. 机关团体事业单位 ┐ 3. 国有及国有控股企业 ├→**F14** 4. 集体企业 ┘ 5. 个体工商户 6. 私营企业 7. 外商、港澳台投资企业 8. 其他类型单位 9. 其他	1. 雇员 2. 雇主 ┐ 3. 自营劳动者 ├→**F21** 4. 家庭帮工 ┘	1. 是，已签有固定期限合同 ┐ 期限____个月 │ 2. 是，已签无固定期限（长期）合同 ├→**F21** 3. 否 ┘

本户共登记_____人，第_____人

F15. 您在调查时点前一周未工作是什么原因?	F16. 您目前是否想工作?	F17. 近三个月内您采取过以下哪种方式寻找工作?	F18. 您未找工作是什么原因?
1. 在校学习(**结束**) 2. 丧失劳动能力→**F23** 3. 毕业后未工作 4. 因单位原因失去原工作 5. 因本人原因失去原工作 6. 承包土地被征用 7. 离退休 8. 料理家务 9. 其他	1. 想 2. 不想	1. 在职业介绍机构登记 2. 委托亲戚朋友找工作 3. 应答或刊登广告 4. 浏览招聘广告 5. 参加招聘会 6. 为自己经营做准备 7. 其他 (1–7 →**F19**) 8. 未找工作	1. 参加培训 2. 照顾家庭 3. 健康原因暂时无法工作 4. 总也找不到适合的工作 5. 等待开始新的工作 6. 想找,还未找 7. 不想工作 8. 其他

F19. 如有适合的工作,您能否在两周内开始工作?	F20. 您不能在两周内开始工作是什么原因?	F21. 您上周或失去工作前在什么单位工作?(行业)
1. 能 连续未工作时间 ________月 →**F21** 2. 否	1. 参加培训 2. 照顾家庭 3. 健康原因暂时无法工作 4. 其他个人或家庭原因 5. 其他 (1–5 →**F23**)	1. 详细单位名称 主要产品或从事的主要业务 2. 从未工作→**F23**

F22. 您上周或失去工作前做什么具体工作?(职业)	F23. 您参加了以下哪项养老保险?	F24. 您参加了以下哪项医疗保险?	F25. 您是否参加了失业保险?
从事的具体工作	1. 基本养老保险 2. 城镇居民社会养老保险 3. 新型农村社会养老保险 4. 退休后的养老金由单位发放 5. 商业养老保险 6. 未参加	1. 职工基本医疗保险 2. 城镇居民基本医疗保险 3. 新型农村合作医疗 4. 单位报销 5. 商业医疗保险 6. 未参加	1. 参加 2. 未参加

三、主要统计指标解释

人口数 指一定时点、一定地区范围内有生命的个人总和。年度统计的年末人口数指每年12月31日24时的人口数。年度统计的全国人口总数内未包括香港、澳门特别行政区和台湾省以及海外华侨人数。

城镇人口和乡村人口 城镇人口是指居住在城镇范围内的全部常住人口；乡村人口是除上述人口以外的全部人口。

出生率(又称粗出生率) 指在一定时期内(通常为一年)一定地区的出生人数与同期内平均人数(或期中人数)之比，用千分率表示。本资料中的出生率指年出生率，其计算公式为：

$$出生率=\frac{年出生人数}{年平均人口}\times 1000‰$$

式中：出生人数指活产婴儿，即胎儿脱离母体时(不管怀孕月数)，有过呼吸或其他生命现象。年平均人数指年初、年底人口数的平均数，也可用年中人口数代替。

死亡率(又称粗死亡率) 指在一定时期内(通常为一年)一定地区的死亡人数与同期内平均人数(或期中人数)之比，用千分率表示。本资料中的死亡率指年死亡率，其计算公式为：

$$死亡率=\frac{年死亡人数}{年平均人口}\times 1000‰$$

人口自然增长率 指在一定时期内(通常为一年)人口自然增加数(出生人数减死亡人数)与该时期内平均人数(或期中人数)之比，用千分率表示。计算公式为：

$$人口自然增长率=\frac{(本年出生人数-本年死亡人数)}{年平均人数}\times 1000‰$$

$$=人口出生率-人口死亡率$$

总抚养比 也称总负担系数。指人口总体中非劳动年龄人口数与劳动年龄人口数之比。通常用百分比表示。说明每100名劳动年龄人口大致要负担多少名非劳动年龄人口。用于从人口角度反映人口与经济发展的基本关系。计算公式为：

$$GDR=\frac{(P_{0-14}+P_{65+})}{P_{15-64}}\times 100\%$$

其中：GDR为总抚养比；

P_{0-14}为0-14岁少年儿童人口数；

P_{65+}为65岁及65岁以上的老年人口数；

P_{15-64}为15-64岁劳动年龄人口数。

老年人口抚养比 也称老年人口抚养系数。指某一人口中老年人口数与劳动年龄人口数之比。通常用百分比表示。用以表明每100名劳动年龄人口要负担多少名老年人。老年人口抚养比是从经济角度反映人口老化社会后果的指标之一。计算公式为：

$$ODR=\frac{P_{65+}}{P_{15-64}}\times 100\%$$

其中：ODR为老年人口抚养比；

P_{65+}为65岁及65岁以上的老年人口数；

P_{15-64}为15-64岁的劳动年龄人口数。

少年儿童抚养比 也称少年儿童抚养系数。指某一人口中少年儿童人口数与劳动年龄人口数之比。通常用百分比表示。以反映每100名劳动年龄人口要负担多少名少年儿童。计算公式为：

$$CDR = \frac{P_{0-14}}{P_{15-64}} \times 100\%$$

其中：CDR 为少年儿童抚养比；

P_{0-14} 为0～14岁少年儿童人口数；

P_{15-64} 为 15～64 岁劳动年龄人口数。

经济活动人口 指在 16 周岁及以上，有劳动能力，参加或要求参加社会经济活动的人口。包括就业人员和失业人员。

就业人员 指在 16 周岁及以上，从事一定社会劳动并取得劳动报酬或经营收入的人员。这一指标反映了一定时期内全部劳动力资源的实际利用情况，是研究我国基本国情国力的重要指标。

单位就业人员 指期末最后一日 24 时在各类单位中工作，并取得工资或其他形式劳动报酬的人员数。该指标为时点指标，不包括最后一日当天及以前已经与单位解除劳动合同关系的人员，是在岗职工、劳务派遣人员及其他从业人员之和。从业人员不包括：

(1)离开本单位仍保留劳动关系，并定期领取生活费的人员；

(2)利用课余时间打工的学生及在本单位实习的各类在校学生；

(3)本单位因劳务外包而使用的人员。

城镇私营和个体就业人员 城镇私营就业人员指在工商管理部门注册登记，其经营地址设在县城关镇(含县城关镇)以上的私营企业就业人员，包括私营企业投资者和雇工。城镇个体就业人员指在工商管理部门注册登记，并持有城镇户口或在城镇长期居住，经批准从事个体工商经营的就业人员，包括个体经营者和在个体工商户劳动的家庭帮工和雇工。

在岗职工 指在本单位工作且与本单位签订劳动合同，并由单位支付各项工资和社会保险、住房公积金的人员，以及上述人员中由于学习、病伤、产假等原因暂未工作仍由单位支付工资的人员。在岗职工还包括：

(1)应订立劳动合同而未订立劳动合同人员(如使用的农村户籍人员)；

(2)处于试用期人员；

(3)编制外招用的人员；

(4)派往外单位工作，但工资仍由本单位发放的人员(如挂职锻炼、外派工作等情况)。

工资总额 指根据《关于工资总额组成的规定》(1990 年 1 月 1 日国家统计局发布的一号令)进行修订，在报告期内(季度或年度)直接支付给本单位全部从业人员的劳动报酬总额。包括计时工资、计件工资、奖金、津贴和补贴、加班加点工资、特殊情况下支付的工资，是在岗职工工资总额、劳务派遣人员工资总额和其他从业人员工资总额之和。

工资总额是税前工资，包括单位从个人工资中直接为其代扣或代缴的房费、水费、电费、住房公积金和社会保险基金个人缴纳部分等。

工资总额不论是计入成本的还是不计入成本的，不论是以货币形式支付的还是以实物形式支付的，均应列入工资总额的计算范围。

平均工资 指单位就业人员在一定时期内平均每人所得的货币工资额。它表明一定时期职工工资收入的高低程度，是反映就业人员工资水平的主要指标。计算公式为：

$$\text{平均工资} = \frac{\text{报告期实际支付的全部就业人员工资总额}}{\text{报告期全部就业人员平均人数}}$$

平均工资指数 指报告期就业人员平均工资与基期就业人员平均工资的比率，是反映不同时期就业人员货币工资水平变动情况的相对数。计算公式为:

$$平均工资指数=\frac{报告期就业人员平均工资}{基期就业人员平均工资}\times 100\%$$

平均实际工资指数 就业人员平均实际工资指扣除物价变动因素后的就业人员平均工资。就业人员平均实际工资指数是反映实际工资变动情况的相对数，表明就业人员实际工资水平提高或降低的程度。计算公式为:

$$平均实际工资指数=\frac{报告期就业人员平均工资指数}{报告期城镇居民消费价格指数}\times 100\%$$

城镇登记失业人员 指有非农业户口，在一定的劳动年龄内(16周岁至退休年龄)，有劳动能力，无业而要求就业，并在当地劳动保障部门进行失业登记的人员。

城镇登记失业率 城镇登记失业人员与城镇单位就业人员(扣除使用的农村劳动力、聘用的离退休人员、港澳台及外方人员)、城镇单位中的不在岗职工、城镇私营业主、个体户主、城镇私营企业和个体就业人员、城镇登记失业人员之和的比。

Explanatory Notes on Main Statistical Indicators

Total Population refer to the total number of people alive at a certain point of time within a given area. The annual statistics on total population is taken at midnight, the 3lst of December, not including residents in Hong Kong SAR, Macao SAR, Taiwan Province and overseas Chinese national residing abroad.

Urban Population and Rural Population Urban population refer to all people residing in cities and towns, while rural population refer to population other than urban population.

Birth Rate (or Crude Birth Rate) refers to the ratio of the number of births to the average population (or mid-period population) during a certain period of time (usually a year), expressed in per thousand. Birth rate in the yearbook refers to annual birth rate. The following formula is used:

$$\text{Birth Rate} = \frac{\text{Number of Births in the Year}}{\text{Annual Average Number of Population}} \times 1000‰$$

Where Number of births refers to live births, i.e. when a baby has breathed or showed any vital phenomena regardless of the length of pregnancy.

Annual average number of population is the average of the number of population at the beginning of the year and that at the end of the year. Sometimes it is substituted by the mid-year population.

Death Rate (or Crude Death Rate) refers to the ratio of the number of deaths to the average population (or mid-period population) during a certain period of time (usually a year), expressed in per thousand. Death rate in the yearbook refers to annual death rate. The following formula is used:

$$\text{Death Rate} = \frac{\text{Number of Deaths in the Year}}{\text{Annual Average Number of Population}} \times 1000‰$$

Natural Growth Rate of Population refers to the ratio of natural increase in population (number of births minus number of deaths) in a certain period of time (usually a year) to the average population (or mid-period population) of the same period, expressed in per thousand. The following formula is applied:

$$\text{Natural Growth Rate of Population} = \frac{(\text{Number of Births} - \text{Number of Deaths})}{\text{Annual Average Number of Population}} \times 1000‰$$

$$= \text{Birth Rate} - \text{Death Rate}$$

Gross Dependency Ratio also called gross dependency coefficient, refers to the ratio of non-working-age population to the working-age population, express in percent. Describing in general the number of non-working-age population that every 100 people at working ages will take care of, this indicator reflects the basic relation between population and economic development from the demographic perspective. The gross dependency ratio is calculated with the following formula:

$$GDR = \frac{P_{0\text{-}14} + P_{65}}{P_{15-64}} \times 100\%$$

Where: GDR is the gross dependency ratio,

$P_{0\text{-}14}$ is the population of children aged 0-14,

P_{65+} is the elderly population aged 65 and over,

$P_{15\text{-}64}$ is the working-age population aged 15-64.

Old Dependency Ratio also called old dependency coefficient, refers to the ratio of the elderly population to the working-age population, express in percent. It describes the number of the elderly population that every 100 people at working ages will take care of. Old dependency ratio is one of the indicators reflecting the social implication of population aging from the economic perspective. The old dependency ratio is calculated with the following formula:

$$ODR = \frac{P_{65+}}{P_{15-64}} \times 100\%$$

Where: ODR is the old dependency ratio,

P_{65+} is the elderly population aged 65 and over,

P_{15-64} is the working-age population aged 15-64.

Children Dependency Ratio also called children dependency coefficient, refers to the ratio of the children population to the working-age population, express in percent. It describes the number of children population that every 100 people at working ages will take care of. The children dependency ratio is calculated with the following formula:

$$CDR = \frac{P_{0-14}}{P_{15-64}} \times 100\%$$

Where: CDR is the children dependency ratio,

P_{0-14} is the children population aged 0-14,

P_{15-64} is the working-age population aged 15-64.

Economically Active Population refers to the population aged 16 and over who are capable of working, are participating in or willing to participate in economic activities, including employed persons and unemployed persons.

Employed Persons refer to persons aged 16 and over who are engaged in gainful employment and thus receive remuneration payment or earn business income. This indicator reflects the actual utilization of total labour force during a certain period of time and is often used for the research on China's economic situation and national power.

Persons Employed in Various Units refer to the total number of employees who work at various units and obtain wages or other forms of payment at the end of the reference period. This indicator is a kind of time point index and it equals to the sum of the number of employed staff and workers, labor dispatch personnel and other employed persons. Employed persons do not include:

1) persons who have left their working units while keeping their labour contract (employment relation) unchanged and receiving regular alimony;

2)students who do part-time jobs in spare time and all kinds of enrolled students who do internship in various units;

3)persons employed due to labor outsourcing;

4)persons who dissolve labor contracts with their units on the last day of reference period or before.

Persons Employed in Private Enterprises and Self-Employed Individuals in Urban Areas Persons employed in private enterprises refer to the persons employed in the private enterprises which have been registered at the departments of industrial and commercial administration for which the business operation are situated at a county town (i.e. a town where the county government is located), or at urban areas with administrative hierarchy higher than a county town. The self-employed individuals in urban areas refer to persons who hold the certificates of residence in urban areas or have resided in the urban areas for a long time and have been registered at the departments of industrial and commercial administration and approved to be engaged in individual industrial or commercial business, including self-employed persons as well as helpers and hired laborers who work in individual households.

Employed Staff and Workers refer to persons who signed labor contracts with working units and working units would pay wages, social insurance and housing funds for them. Persons who have their work posts but are temporarily absent from work for reasons of study or on sick, injury or maternal leave and still receive wages from their working units are also included. Employed staff and workers also include:

1)Persons who should have signed the labor contracts but not (like people with rural household registration);

2)Employees on probation;

3)Employees beyond the staffing quota;

4)Employees who are sent to other working units but still obtain wages from their original units (situations like on-the-job placement, expatriated assignment, etc.)

Employed Staff and Workers do not include:

1)Dispatched personnel who work and are paid directly by the working units; they shall be counted into "labour dispatch personnel" of the working units;

2)Personnel through labor outsourcing, they shall be counted into "employed staff and workers" of the units which contracted them.

Total Wage Bill It is revised according to the "Provision of Composition of Total Wages" (Order No.1 by National Bureau of Statistics on January, 1st, ,1990), total wage bill refers to the total remuneration payment to all employed persons in various units during the reporting period (by quarter or by year), including hourly-paid wages, piece-rate wages, bonuses, allowance and subsidies, overtime wages and wages paid under special circumstances. It equals to the sum of total wages of employed staff and workers, dispatch labors and other employed persons.

Total wage bill is pre-tax wages, including the room charges, utility bills, housing funds and social insurance paid or withheld by employee's units.

Total wage bill, whether or not included in cost, whether or not paid in money or in kind, shall be included in the calculation of total wage.

Average Wage refers to the average per capita wage in money terms during a certain period of time for employed persons. It shows the general level of wage income of staff and worker during a certain period of time, one major indicator to reflect the wage level. It is calculated as follows:

$$\text{Average Wage}=\frac{\text{Total Wage Bill of Employed Persons at Reference Time}}{\text{Average Number of Persons Employed at Reference Time}}$$

Average Wage Indices refers to the ratio of average wage of employed persons the reference period to that at the base period, which reflects the change of wage of employed persons at the different period. It is calculated as follows:

$$\text{Average Wage Indices}=\frac{\text{Average Wage of Employed Persons at Reference Time}}{\text{Average Wage of Persons Employed at Base Period}}\times 100\%$$

Average Real Wage Indices average real wage of employed persons refers to the average wage of employed persons after removing the effects of the price changes and average real wage indices of employed persons refers to the change of real wage, which reflects the relative increasing or decreasing level of real wage of employed persons ,which is calculated as follows:

$$\text{Average Real Wage Indices}=\frac{\text{Average Wage Indices of Employed Persons at the Referece Time}}{\text{Urban Consumer Price Indices at Reference Time}}\times 100\%$$

Registered Unemployed Persons in Urban Areas refer to the persons with non-agricultural household registration at certain working ages (16 years old to retirement age), who are capable of working, unemployed and willing to work, and have been registered at the local employment service agencies to apply for a job.

Registered Unemployment Rate in Urban Areas refers to the ratio of the number of the registered unemployed persons to the sum of the number of persons employed in various units (minus the employed rural labour force, re-employed retirees, and Hong Kong, Macao, Taiwan or foreign employees), laid-off staff and workers in urban units, owners of private enterprises in urban areas, owners of self-employed individuals in urban areas, employees of private enterprises in urban areas, employee of self-employed individuals in urban areas, and the registered unemployed persons in urban areas.